धर्मों की कतार में इसलाम

धर्मों की कतार में इसलाम

अरुण भोले

प्रभात प्रकाशन, दिल्ली
ISO 9001:2008 प्रकाशक

प्रकाशक • **प्रभात प्रकाशन**
4/19 आसफ अली रोड,
नई दिल्ली–110002

संस्करण • 2017
मूल्य • चार सौ रुपए
मुद्रक • आर–टेक ऑफसेट प्रिंटर्स, दिल्ली

DHARMON KI KATAAR MEIN ISLAM *by* Arun Bhole ₹ 400.00
Published by Prabhat Prakashan, 4/19 Asaf Ali Road, New Delhi-2
e-mail: prabhatbooks@gmail.com ISBN 978-93-5266-366-8

हार्दिक मंगलकामनाओं के साथ
भावी पीढ़ियों को
समर्पित

आभार

पटना के मशहूर ख़ुदा बख़्श ओरिएंटल पब्लिक लाइब्रेरी के तत्कालीन डायरेक्टर तथा अपने लायक दोस्त डॉ. आबिद रज़ा बेदार साहब का मैं निहायत शुक्रगुज़ार हूँ, जिनकी मेहरबानियों की बदौलत लाइब्रेरी की कई नायाब पुस्तकें घर लाकर इत्मीनान से पढ़ने का मुझे मौका मिला था। इस पुस्तक की ग्रंथ सूची में दी गई अधिकतर पुस्तकें ख़ुदा बख़्श लाइब्रेरी से ही उपलब्ध हुई थीं। साथ ही एन.आई.डी., अहमदाबाद के वाइस चेयरमैन, पब्लिकेशंस, मेरा पुत्र मिहिर भोले भी प्रचुर धन्यवाद के पात्र है, जिसके कुशल संपादन तथा विभिन्न स्तरों पर निपुण संयोजन के फलस्वरूप इस रूप में पुस्तक प्रस्तुत कर पाने में मैं समर्थ हुआ।

प्राक्कथन

हजरत मुहम्मद, कुरआन शरीफ और दीने-इसलाम पर कुछ लिखने का खयाल मेरे मन में क्योंकर आया, जबकि मैं एक हिंदू हूँ। हजरत मुहम्मद खुदा के पैगंबर और दीने-इसलाम के 'नबी ओ रसूल' माने जाते हैं और कुरआन मजीद एक रौशन किताब, जिसकी आयतें उन पर इस गरज से नाजिल हुई थीं कि वे लोगों तक खौफ और खुशखबरी के पैगाम पहुँचा दें, ताकि लोग नेकी की राह पर लग जाएँ और आगे गुमराह न हों। मुसलमान कुरआन की बुनियाद पर मानते हैं कि मुहम्मद खुदा के आखिरी पैगंबर थे, लिहाजा वह्य और गैब (ईश्वर प्रेषित ज्ञान और रहस्य) की बातें जान लेने का अब और कोई जरिया नहीं। उम्मते मुहम्मदिया (मुहम्मद के माननेवालों का संप्रदाय) के लिए किताब और नबी की बताई तमाम बातें पक्की हैं, जिन पर मुसलमानों को ईमान रखना और अडिग रहना है। इंशा अल्लाह। मगर एक गैर-मुसलमान का उन सबसे क्या वास्ता? उसकी दिलचस्पी उनमें क्यों हो? मुसलमान मानते हैं तो मानें। पाक कुरआन का ही कलाम है : लकुम दीनुकुम वलि-य दीन = तुम अपने दीन (धर्म) पर, मैं अपने दीन पर : हमारा हिंदू धर्म तो संसार के प्राचीनतम धर्मों में है। युग-युगांत से हमारे बीच देवदूतों की कौन कहे, साक्षात् देवगण ही अवतरित होते रहे हैं। हमारे अपने ही अनेकानेक कालजयी धर्मग्रंथ हैं—चारों वेद, सहस्त्र वेदांत, रामायण, महाभारत, गीता इत्यादि। हिंदू धर्माकाश में देवर्षियों-मनीषियों का एक वृहत् प्रभामंडल विद्यमान रहा है। फिर हमें किसी और से क्या सीखना, क्या जानना?

एक मगरूर मुसलमान या मतांध हिंदू की मानें तो हमें बात फौरन यहीं खत्म कर देनी चाहिए। आगे कुछ कहने-सुनने की गुंजाइश ही नहीं बच जाती, क्योंकि दोनों तरफ के कट्टरपंथियों का मिजाज एक-दूसरे से कुछ सीखने के सख्त खिलाफ है। लेकिन तब बहुसंख्यक उदारमना लोगों का क्या होगा, चाहे वे हिंदू हों या मुसलमान? इसलिए मैं अपने सुहृद पाठकों से ही पूछ लेना चाहता हूँ—क्या हम इसी मुकाम पर ठहर जाएँ? अगर आप मुसलमान हों तो जवाब देने से पहले नबी मुहम्मद की उस अजीम दुआ का

खयाल जरूर लाएँ : व कुर्रब्बी जिंदनी अिल्मा = ऐ परवरदिगार, मेरा इल्म और बढ़ा और हिंदू हों तो 'केनोपनिषद्' के इस श्लोक का स्मरण अवश्य कर लें—

नाहं मन्ये सुवेदेति नो न वेदेति वेद च।

अर्थात् जो यह मानता हो कि वह भलीभाँति जानता है, वह तो कदापि नहीं जानता। जिसे ऐसा भास हो कि वह नहीं जानता, वस्तुतः वही कुछ-कुछ जानता है। यह भी ध्यान रहे कि ज्ञात पर ठहर जाना अज्ञान के ही लक्षण हैं। इल्म की फितरत (स्वभाव) है जुस्तजू, खोज। इसलिए आप चाहे जो कहें, मेरा ज्ञानपिपासु हिंदू मन भारतीय मनीषा के इस उद्‌बोध से अत्यंत प्रभावित रहा है कि हम जो जानते हैं, वह तो सत्य है ही, किंतु जिसे दूसरों ने जाना है, वे भी सत्य होंगे। और कौन कहे, जो आगे जाना जाएगा अथवा कभी जाना ही न जा सके; शायद वही अंतिम सत्य हो! उन प्रज्ञावानों ने ऐसा इसलिए कहा कि मानवीय बुद्धि की सीमा उन्हें दिख गई थी। बौद्धिक दुराग्रह से मुक्त यही मानसिकता हिंदू मतावलंबियों को सदैव उत्प्रेरित करती आई है कि अध्यात्म, दर्शन, विज्ञान अथवा मानवीय चिंतन-अन्वेषण के किसी भी क्षेत्र में प्रवेश कर वे अपनी सार्वलौकिक विचार-यात्रा निरंतर जारी रखें। हिंदू धर्म के अति नमनशील स्वभाव-संस्कार ने उसे इतना सामर्थ्यवान बना दिया है कि अपने से सर्वथा विपरीत को भी आत्मसात् कर ले। मेरा खयाल है कि किसी भी संप्रदाय के समझदार लोग पश्चिमी विचारक सार्त्र के इस कथन से सहमत हो जाएँगे कि दूसरों को अच्छी तरह जाने बगैर हम खुद को भी ठीक-ठीक परख नहीं सकते। इसलिए मुहम्मद और कुरआन के मुतल्लिक कुछ जानने-कहने में मुझे न तो कोई संकोच है, न भय।

इसलाम कोई आसमान से नहीं टपका था और न ही मुहम्मद जैसे कोई महापुरुष कभी अकेले दिव्यज्ञान को उपलब्ध हुए। संसार के सभी चैतन्य महाप्रभु प्रत्यक्ष अथवा परोक्ष रूप में एक-दूसरे को प्रभावित करते आए हैं। यहूदी-ईसाई परंपरा के अनुगामी मुहम्मद और उनके धर्म इसलाम को समझने के लिए हमें सेमेटिक जाति के संपूर्ण धार्मिक-ऐतिहासिक परिवेश में झाँकना होगा। यह इसलिए भी जरूरी है, ताकि चिरकाल से प्रवाहित आध्यात्मिक लहरियों के भ्रमण मार्गों की झलक भी हमें मिल जाए और इनसानी रिश्तों के ताने-बाने को भी हम देख लें। पैगामे-कुरआन (कुरआन संदेश) पार्थक्य में नहीं समझा जा सकता। कुरआन मजीद एक बड़ी किताब है। इसमें अल्लाह की तारीफ और इबादत (आराधना) है। कायनात (सृष्टि) के किस्से हैं। गिरोहों की गुमराही (भटकाव) की दास्तान हैं। जंगो-जिहाद के तरीके-अमल और हिदायतें हैं। मुसलिम समाज के संगठन-संचालन के नियम हैं। फरियादों की बाबत फैसले व फतवे वगैरह ढेर सारी भली-बुरी बातों के जिक्र हैं। दरअसल कुरआन में वैसी आयतें तो

हैं ही, जो रसूले-इसलाम पर उनकी गहन ध्यानावस्था में प्रकट हुई थीं; मगर वैसे भी बहुत सारे कलाम (वचन) हैं, जिन्हें किसी ने उनसे बुलवाया था। कतिपय कारणों से उन्हें बोलना पड़ा था। लिहाजा उस वक्त के हालात और उस शख्स की समझदारी का खयाल रखते हुए उन्होंने कुछ कहा। मैंने कई बार सावधानीपूर्वक कुरआन शरीफ पढ़ा है। एक जगह लिखा पाया 'जब तुम पढ़ते हो तो रोओ' पाठक जब भावविभोर हो जाता है, तब रो ही पड़ता है। मगर मुझे यह सोचकर रोना आया कि कैसे अहमक हैं वे लोग, जो बिना पढ़े बिदक जाते हैं, और असल अभागे तो वे हैं, जो कुरआन के अंदर दाखिल हो जाते हैं, मगर वहाँ पड़े अमृत-कलश को देखते भी नहीं, और नाहक छोटे-मोटे विष पात्र उठाए बाहर निकल आते हैं। वैसे ही लोगों को लक्ष्य कर यह आयत उतरी थी : 'ऐ पैगंबर! खुदा ही ने तुम पर यह किताब उतारी है, जिसकी बाज आयतें न केवल अटल (मुहकम) हैं, बल्कि किताब के मूल आधार भी वही हैं, जबकि इसकी बाज आयतें अस्पष्ट (मुतशाबिह) हैं।' तो जिनके मन में कुटिलता (कजी) है, वे कुरआन के उन्हीं मुतशाबिह आयतों के पीछे हो लेते हैं, ताकि फसाद फैलाएँ (सुर 3 आयत-7) : 'असल में आदमी को वही दीख पड़ता है, जो वह देखना चाहता है। वेद-धम्मपद, बाइबिल-कुरआन अपने-आप में बहुत अर्थ नहीं रखते। उनमें अर्थ तो पढ़नेवाला डाल देता है और वह निर्भर करता है पाठक की निजी रुचि, उसकी चेतना, उसकी प्रज्ञा-प्रखरता या मंशा पर।'

भारत में इसलाम का प्रवेश मुहम्मद बिन-कासिम के साथ हुआ, जो अरब मूल का आक्रमणकारी था। उसने सिंध पर चढ़ाई कर वहाँ के ब्राह्मण राजा को पराजित कर दिया। लेकिन बिन-कासिम का राज-पाट सिंध और मुल्तान (बलुचिस्तान) तक सिमटकर रह गया, जहाँ के अधिकतर लोग अपने मूल धर्म पर डटे रह गए। यह आठवीं सदी के शुरू की बात है। उन दिनों पूरा अफगानिस्तान हिंदू राज्य था, जहाँ की समस्त प्रजा हिंदू अथवा बौद्ध थी। लगभग दो सौ बरस बाद एक भयंकर तूफान उठा, जब महमूद गजनी सिंध-बलुचिस्तान की सीमा लाँघता हुआ भारत के भीतरी प्रदेशों में घुस आया। लगभग सौ बरस बाद एक नई हलचल फिर शुरू हुई, जब मुहम्मद गोरी ने हिंदुस्तान की ओर कूच किया। महमूद गजनी की तरह मुहम्मद गोरी भी तुर्क-अफगान था। सन् 1175 से 1205 के बीच उसने कई बार हमले किए। कभी हारा, कभी जीता; लेकिन हिंदुस्तान में मुसलिम सल्तनत की गहरी नींव गोरी ने ही डाली।

यह सच है कि अपनी प्रभुता के करीब हजार साल की अवधि में अनेक मुसलमान शासकों ने कई ऐसे जघन्य अतिरेक किए थे, जिनसे हिंदुओं की बहुत सारी अनमोल सांस्कृतिक-धार्मिक धरोहरें विनष्ट हो गईं और उनकी आस्था-अस्मिता को प्रचंड आघात पहुँचा। किंतु इस तथ्य को अस्वीकारना भी बेईमानी होगी कि इस मुल्क

को सजाने-सँवारने में भी मुसलमानों का महत्त्वपूर्ण योगदान है। भारतीय मुसलमानों में एक ढूँढ़ो तो अनेक वैसे लाल मिल जाएँगे, जिनके देशप्रेम के सामने एक निष्ठावान हिंदू भी नतमस्तक हो जाए। प्रसंगवश, अभी केवल एक का ही उल्लेख कर दे रहा हूँ, जिसका नाम था अमीर खुसरो। उसके फारसी में लिखे 'नूह सिफ्र' नामक मसनवी की प्रस्तुत पक्तियाँ पढ़ें : 'कोई भी पूछ सकता है, मेरे मन में हिंदोस्ताँ के लिए इतना आदर तथा आकर्षण क्यों है? वजह यह है कि यही मेरा जन्मस्थान और मेरी मातृभूमि है तथा हजरत पैगंबर ने फरमाया है कि देशप्रेम भी धार्मिक निष्ठा का ही अंग है।' अपने एक-दूसरे मसनवी में उसने दिल्ली को कुरआन वर्णित इदन बाग के समकक्ष रखते हुए उसे 'हजरते देहली' कहकर पुकारा और उसकी तारीफ में यहाँ तक कह गया कि देहली के खूबसूरत बागों का बयान गर मक्का शरीफ सुन ले तो वह भी आदरपूर्वक हिंदोस्तान की ओर ही अपना मुँह घुमा ले। मादरे वतन (मातृभूमि) के शानो-मुहब्बत में इससे ज्यादा पवित्र भावनाएँ हमारे-आपके मन में भी शायद ही उभर पाएँ। इसलामी-दीन में मक्का शरीफ का रुतबा आपको मालूम ही होगा। अमीर खुसरो जैसी मिसालों के बावजूद बहुतेरे भारतीय मुसलमान 'वंदेमातरम्' बोलने पर भी एतराज जताएँ, तो इसे क्या समझा जाए? 'वंदे मातरम्' को उर्दू जुबान में 'अस्सलाम मादरे वतन' ही तो कहा जाएगा, जो महज मातृभूमि की सलामती और खैरियत की चाह है। हैरत की बात है कि बीते दिनों में जिन मुसलमानों ने हिंदुस्तान पर जुल्मो-सितम ढाहे, उन्होंने भी अपने पैगंबर और पाक कुरआन की दुहाई दी थी; और जिन्होंने इस मुल्क को बनाया-सँवारा, इस पर अपने प्राण न्योछावर किए, उनके प्रेरणा-स्रोत भी पैगंबरे-इसलाम और पाक कुरआन ही थे। तो दोनों में सही किसे माना जाए? लिहाजा, यह ठीक-ठीक जान-समझ लेना निहायत जरूरी है कि हजरत मुहम्मद और पाक कुरआन का असली मकसद और पैगाम (संदेश) क्या है?

दरअसल कुरआन की मंशा को समझने में ऐतिहासिक भूलें हुई हैं। इसलामी मुल्ला कुरआन को आसमानी किताब बताने में इस गरज से ज्यादा मुस्तैद रहे, ताकि उसकी व्याख्या का एकाधिकार उन्हीं लोगों तक सिमटकर रह जाए और उस विषय पर मुक्त चिंतन के सभी दरवाजे बंद हो जाएँ।

उन्होंने मुसलमानों के एक तबके को गुमराह कर उनके मन में यह बात जमा दी कि दीन (धर्म) और सियासत (राजनीति) एक ही बात है और इसलाम का अव्वल मकसद (सर्वोपरि लक्ष्य) एक वैसा राज्य कायम करना है, जो शरीअत के बताए उसूलों और कायदों के मुताबिक खुद चले व लोगों को चलाए। और इस मकसद (उद्देश्य) को हासिल करने का सबसे वाजिब और कारगर तरीका जब जिहाद को ठहराया गया, तो उसे आंतकवाद की शक्ल अख्तियार करते कोई हिचक न हुई और इक्कीसवीं सदी

शुरू होते ही दुनिया एक बार फिर दो मुखतलिफ तहजीबों (परस्पर विरोधी सभ्यताओं) की कयामतखेज टक्कर की कगार तक जा पहुँची। दुनिया के तमाम गैर मुसलमानों की तरह भारत के हिंदुओं को भी इसलामी दीन से कोई वैमनस्य नहीं। लेकिन इसलामी सियासत कोई गैरमोमिन क्यों और कैसे गवारा करे? तब फिर आधुनिक लोकतंत्र और राजकीय धर्मनिरपेक्षता के सम्मानित सिद्धांतों का क्या हो?

शायद मुसलमान खुद ही ठीक-ठीक पहचान नहीं पा रहे हैं कि उनकी असली समस्या क्या है? क्या सचमुच इसलाम खतरे में है? क्या किसी साजिश के तहत उनके प्रतिस्पर्धी धर्म उन्हें बदहाल और बेदखल करने पर तुले हैं? बताया जाता है कि मुसलमानों की गरीबी, बेरोजगारी, उनका पिछड़ापन मोमिन नौजवानों को जिहाद और आतंकवाद का रास्ता अख्तियार करने पर मजबूर करता जा रहा है। लेकिन क्या वे समस्याएँ सिर्फ मुसलमानों तक ही सीमित हैं या उनसे दुनिया के गैर मुसलमान भी परेशान हैं? सबसे बढ़कर, आतंकवाद से क्या उन समस्याओं का स्थायी समाधान हो सकता है?

आज मानवजाति के सामने दूसरे भी कई प्रश्न उठ खड़े हुए हैं, जो आतंकवाद से कम चिंताजनक नहीं हैं। पिछले डेढ़-दो सौ बरसों के अंदर विज्ञान और तकनीकी तरक्की की बदौलत दुनिया इतनी बदल चुकी है कि उस वक्त का कोई शख्स किसी कदर जिंदा हो उठे तो बिल्कुल पहचान न पाए कि कहाँ चला आया! प्रकृति के रहस्य नित्य खुलते जा रहे हैं। इतने ज्यादा और जल्दी-जल्दी कि अल्लामा इकबाल के लफ्जों में—

ये कायनात नातमाम है शायद
कि आ रही है दमादम, सदाए कुन-फय-कुन।

लेकिन इल्म और ईजाद (ज्ञान और आविष्कार) के कुप्रभाव और खतरों का अहसास भी हमें होने लगा है। हम इतना सहमे हैं कि अपने भविष्य के बारे में विश्वासपूर्वक कुछ कह नहीं सकते। बस इतना ही महसूस करते हैं कि हमारे रहन-सहन का स्तर भले ही ऊँचा उठ रहा हो, लेकिन जीवन की गुणवत्ता गुम होती जा रही है। फिर भी यह मुमकिन नहीं कि दुनिया को उस मुकाम पर वापस किया जा सके, जहाँ कभी राम-कृष्ण, बुद्ध-लाओत्से अथवा मूसा-ईसा या मुहम्मद खड़े थे। हम यदि इतना ही कर सकें कि उन महाप्राणों के शाश्वत आध्यात्मिक संदेशों के साथ नवोद्घाटित वैज्ञानिक सत्यों की सुर-संगति बिठा लें, तो मानवता धन्य हो जाए। यह तभी संभव हो पाएगा। जब इस दिशा में सम्मिलित चिंतन और प्रयास किए जाएँ, क्योंकि हम सब एक अखंड मानवीय सभ्यता के अंग हैं और जीवन की नई चुनौतियों का साथ मिलकर ही सफलतापूर्वक सामना कर सकते हैं।

इस पुस्तक के माध्यम से प्रबुद्ध पाठकों के संग संवाद स्थापित करने के पीछे मेरा आग्रह यह है कि ऐसे महत्त्वपूर्ण विषयों पर उनके अधिक परिपक्व विचारों की रोशनी भी लोगों तक पहुँचे।

—अरुण भोले

1

सामान्यत: किसी की जीवनी उसके जन्म से प्रारंभ की जाती है। किंतु हजरत मुहम्मद का जीवन-वृत्तांत मैं उनकी मृत्यु के बाद की एक घटना से शुरू करूँगा। जब वे मरे (8 जून, ईस्वी सन् 632) तो सभी शिष्य और समर्थक उनकी पत्नी आयशा बीबी के घर जुट आए, जहाँ उन्होंने दम तोड़ा था। लाश रखी थी। लोग-बाग शोकसंतप्त खड़े थे। मगर शागिर्दे-खास, उमर, यह मानने को तैयार ही न थे कि उनके पैगंबर की मौत भी हो सकती है। वे बता रहे थे कि हजरत मूसा की तरह मुहम्मद साहब भी खुदा से मिलने गए हैं, कुछ देर बाद वापस आ जाएँगे। मगर यह बात बहुतों के गले नहीं उतर रही थी। कानाफूसी चल ही रही थी कि गुस्से में उमर ने अपनी तलवार खींच ली और गरजकर बोले, झूठे और कपटी हैं वे लोग, जो कहते हैं कि हुजूर का इंतकाल (मृत्यु) हो गया। हिम्मत है, तो मेरे सामने बोलें! गरदन उतार लूँगा। इसी बीच बुजुर्गे-उम्मत, अबूबक्र आ पहुँचे। सीधे अंदर गए। आयशा की गोद में पड़े सर मुबारक को गौर से देखा और 'इन्ना लिल्लाहि व इन्ना इल्लैहि राजिऊन' कहते बाहर निकल आए। उमर से कहा, तलवार म्यान में डाल दो। उमर ने अनसुनी कर दी तो भीड़ की ओर मुड़कर अबूबक्र बोले, 'तुम में जो लोग मुहम्मद की उपासना करते हों, वे जान लें कि उनकी मृत्यु हो गई! लेकिन जो खुदा के उपासक हैं, उन्हें मालूम हो कि खुदा कभी मरता नहीं! फिर कुरआन में नाजिल वह आयत दुहराई, 'मुहम्मद इसके सिवा और कुछ नहीं कि बस एक रसूल (धर्मदूत) हैं, जिनके पहले भी और रसूल गुजर चुके हैं। अगर वे मर जाएँ या मारे जाएँ, तो क्या तुम अपने दीन (धर्म) से फिर जाओगे? याद रखो, जो पलटेगा, उससे अल्लाह का कुछ नुकसान न होगा…' (सूर:3 आ.144)

संसार के प्राय: सभी महापुरुषों के अनुयायियों में दो प्रकार के लोग होते रहे हैं। एक वे, जो इतने अंधभक्त कि अनर्गल तक को सच मान बैठें। और दूसरे वे लोग, जिनकी श्रद्धा विवेकसंगत हुआ करती है। दोनों की वफादारी में कोई फर्क नहीं होता, मगर नजरिया और निजाम में काफी फर्क आ जाता है। और इसे अच्छी तरह जान लें, जिस

युगपुरुष के मतावलंबियों में अंधभक्तों का बोलबाला हो जाए, उनका संप्रदाय गुमराह हो ही जाएगा। उससे लोककल्याण की जगह कलह और लोक-क्लेश ही फैलेंगे। नेकी और उन्नति की राह पर तो केवल विवेकशील श्रद्धालु ही ले जा सकते हैं।

दिव्यपुरुष अपनी जीवनलीला समाप्त कर निर्लिप्त भाव से विदा ले लेते हैं। उनका जीवन-वृत्तांत हमें दूसरों से मालूम होता है। मुख्यत: भक्त जनों से। इसलिए वैसी जीवन कथाओं में तथ्यों के साथ-साथ भक्त जनों के निजी उद्‌गार की भी भरमार रहती है। राम हों या कृष्ण, बुद्ध अथवा महावीर या फिर अब्राहम-मूसा-ईसा से लेकर मुहम्मद तक, किसी की गाथा पढ़ लें, उन सब में विचित्र-विचित्र बातें समाई मिलेंगी। जितनी पुरानी कथा, उतना ही अद्‌भुत वैचित्र्य। अतिशयोक्ति की एक सीमा होती है। महापुरुषों के साथ घोर अन्याय कर गए हैं भक्त वृंद। लेकिन वह सब हमें ढोना और झेलना पड़ेगा।

असल में जानने की बात तो यह है कि उनमें कोई भी धर्मदूत हमें बता क्या गए हैं ? उनके संदेश क्या थे ? वे परिस्थितियाँ क्या थीं, जिनसे वे स्वयं आंदोलित हुए थे ? वे लहरें कैसी थीं, जिनसे वे टकराए थे और जिनके कारण वे बातें पैदा हुई थीं, जो वे कह गए हैं ? उस परिवेश को ठीक-ठीक जाने-समझे बिना उनके संदेश-मर्म को हम नहीं पकड़ पाएँगे।

मुहम्मद साहब को गुजरे करीब डेढ़ हजार साल हो गए। आज उनके बारे में जानने के मुख्य जरिया दो ही हैं—कुरआन और हदीस। कुरआन उनके ईश्वर-प्रेरित वचनों का संकलन है तथा हदीस—जिसे हिंदू धर्मशास्त्रीय शब्दावली में हम 'श्रुति-स्मृति' कहते हैं—यानी हजरत मुहम्मद के बारे में जानकारों की देखी-सुनी बातें। कुरआन की अनेक आयतें उनके जीवनकाल में कई लोगों ने कंठस्थ कर ली थीं। उनके अलावा अलग-अलग लोगों ने भी अलग-अलग चीजों पर कुरआन के कई सूर: और आयतें लिख रखी थीं। कागज उस जमाने में अरब तक नहीं पहुँच पाया था और छपाई का तो कोई उपाय ही न था। किसी के पास कोई सूर:, किसी के पास कोई आयत। सब यहाँ-वहाँ बिखरी पड़ी थीं। उन दिनों उन सबको जमा कर उनकी हिफाजत करना जिन लोगों के जिम्मे था, वे 'हाफिज' कहलाते थे। लेकिन एक-एक कर वैसे सभी हाफिज गुजरते जा रहे थे, जिससे कुरआन का बहुत बड़ा हिस्सा बराबर के लिए खो जाने का खतरा पैदा हो गया। मुहम्मद साहब की मृत्यु के पच्चीस-तीस साल बाद उन सब सूर: और आयतों को एक जगह इकट्‌ठा करने का काम शुरू हुआ।

हदीस का भी छोटा सा हिस्सा मुहम्मद साहब के जीते जी कुछ साहिबान ने लिख रखा था, जिसे 'सहीफा' के नाम से जाना जाता है। लेकिन हदीस के संपूर्ण संकलन का काम बहुत बाद में पूरा हुआ। इसलामी साहित्य की दुनिया में जिसे 'तलाबुल-हदीस' यानी 'हदीस की तलाश' कहते हैं, वह सिलसिला सैकड़ों साल तक चलता

रहा। अंदुलीसिया से मध्य एशिया तक इसलामी दुनिया के हर कोने में लोग घूमते फिरे। पैगंबर के वचन तथा उनके निजी आचार-विचार संबंधी सूचनाओं का एक-एक दाना चुन लाने की कोशिश की। उनमें कई तो अपने समय के जाने-माने पारंगत लोग थे, जिन्हें 'तवाफुल-आकलिम' के नाम से आज भी आदरपूर्वक याद किया जाता है। उन सब के भगीरथ प्रयत्न से हदीस-साहित्य का बाद में जो वृहत् संकलन तैयार हुआ, उसे 'अतराफुल हदीस' कहते हैं। उसके अनेक खंड हैं। हाँ, बगदाद के अब्बासी खलीफाओं के जमाने में कुछ नामी इतिहासकार-इब्न-इसाक, इब्न-हिश्म, इब्न-साद, वकीदी वगैरह के वृत्तांतों से भी इसलाम के उदयकाल की हमें अच्छी जानकारी मिल जाती है। लेकिन तब तक मुहम्मद साहब को गुजरे लगभग दो सदी बीत चुकी थीं और उन इतिहासकारों के लिए भी वे सब वैसी ही भूतकालीन बातें बन चुकी थीं, जैसी आज हम सबके लिए हैं। प्रसंगानुसार इन सब की चर्चा कुछ विस्तार से हम आगे करते चलेंगे। लेकिन पैगंबरे-इसलाम के बारे में खुद हजरत मुहम्मद के अलावा ठीक-ठीक कौन बता सकता है कि असल में वे क्या थे? इसलिए कुरआन के उस कलाम को ही पेश कर देना हम उपयुक्त समझते हैं, जिसके जरिए उन्होंने लोगों को आत्म-परिचय दिया था। उन्होंने फरमाया था—

'मैं न तो कोई फरिश्ता (देवदूत) हूँ और न आसमानी (पारलौकिक) बातों का जानकार। न तो मैं यह कहता हूँ कि मेरे पास अल्लाह के खजाने हैं। मैं तो सिर्फ उस हुक्म पर चलता हूँ, जो खुदा की तरफ से आता है', (सू.6 आ. 50)—ये सीधे-सादे वचन हैं उस व्यक्ति के, जिसे दीने-इसलाम के लोग 'पैगंबरे-खुदा' और बाकी दुनिया 'हजरत मुहम्मद' के नाम से जानती है।

भक्तजन बताते हैं कि जिस रात मुहम्मद का जन्म हुआ था, फारस के ससानी सम्राट् अंशुवान (अनुशीरवाँ) का राजमहल अचानक डोल गया। देखते-देखते उसकी चौदह मीनारें ढह गईं। देवालय का चिर-प्रज्वलित अगियारा (अग्निकुंड) बुझ गया और सवाह झील का जलस्तर गिरकर छिछला हो गया। यह घटना ईस्वी सन् 570 की बताई जाती है, जब उधर मक्का में अब्दुल्लाह बिन-अब्दुल मुत्तलिब की पत्नी अमीनाबीबी ने एक बेटे को जन्म दिया था। बच्चे का नाम मुहम्मद रखा गया। अरबी रिवाज के मुताबिक पूरा नाम 'मुहम्मद बिन-अब्दुल्लाह' यानी 'अब्दुल्लाह का बेटा मुहम्मद'।

अरब मूल के लोगों में एक बड़ा ही दबंग कबीला रहा है—'कुरैश'। तिजारत और लूटमार, दोनों के लिए दूर-दूर तक मशहूर। मक्का में तो उस वक्त जैसे उन्हीं का राज-पाट हो। शहर में कुरैशों के कई नामी खानदान थे, जिनमें एक हाशिमी खानदान भी था। पवित्र तीर्थस्थल काबा का प्रबंध और संरक्षण मुख्य रूप से हाशिमी खानदान के ही हाथ में था। मुहम्मद के दादा, अब्दुल मुत्तलिब उसी हाशिमी खानदान के एक

गरीब गोतिआ (फरीक) थे। पूजास्थल की सफाई और निगरानी कुछ समय तक उनके जिम्मे थी। मुहम्मद के जन्म से दो महीने पहले ही उनके पिता की मृत्यु हो चुकी थी। एक तिजारती कारवाँ के साथ वे यथ्रीब (मदीना) जा रहे थे कि रास्ते में ही चल बसे। माँ और दादा ने मिलकर मुहम्मद का पालन-पोषण किया। भक्त जन बताते हैं कि चार साल की उम्र में एक दिन मुहम्मद जब बकरियाँ चरा रहे थे, तब फरिश्तों ने आकर उन्हें अपनी गोद में लिटा लिया। उनका सीना चीरा। अंदर से दिल निकाला, जिस पर एक छोटा सा काला दाग था। उसे अलग कर दिल और आँत को धोया। फिर मुहम्मद को भला-चंगा कर खड़ा कर दिया और खुद गायब हो गए।

संसार के प्रायः सभी धर्मग्रंथ अपने एक हाथ में वरदान और दूसरे में अभिशाप लिये मिलेंगे। उनका अध्ययन या तो आपको भ्रांतियों से मुक्त करेगा अथवा मूढताओं से ग्रस्त। अंततः आप क्या पाएँगे, यह इस बात पर निर्भर करता है कि उन्हें पढ़ते समय, विवेकहीन विश्वासों की तुलना में विवेकपूर्ण संशयों के प्रति आप कितने आदरवान हैं ? इसलिए बेतुकी बातों से जहाँ तक संभव होगा, हम परहेज करते चलेंगे और मुहम्मद के बारे में आगे उन्हीं बातों की चर्चा करेंगे, जिनका उल्लेख अधिक समझदार और संयत ग्रंथकारों ने किया है—चाहे वे अरब-मूल के हों या पश्चिमी देशों के।

मुहम्मद जब छह साल के हुए तो उनकी माँ अमीनाबीबी उन्हें साथ लेकर यथ्रीब (मदीना) चलीं। यथ्रीब दो सौ मील दूर था। उन दिनों सफर में बहुत सी तकलीफें झेलनी पड़ती थीं। अमीनाबीबी का रास्ते में ही देहांत हो गया। पति पहले ही चल बसे थे। बालक मुहम्मद अब अनाथ हो गया। किसी तरह मक्का लौटा। दादा गरीब तो थे ही, बूढ़े भी हो चले थे। दो साल बीतते-बीतते जन्नतमुकामी हो गए। मगर मरने से पहले मुहम्मद को अपने एक-दूसरे लड़के, अबू तालिब के जिम्मे लगा दिया था। मुहम्मद पढ़-लिख तो नहीं सका, मगर गरीबी और गर्दिश ने समय से पहले उसे समझदार और जिम्मेदार जरूर बना दिया। चचा अबू तालिब उस पर खास मेहरबान रहते थे। मुहम्मद भी उनके काम में हाथ बँटाने लगा था। तेरह साल का हुआ, तब तिजारत के सिलसिले में चाचा उसे अपने साथ साम (सीरिया) ले गए। उस दौर में अपने तौर-तरीके से उस किशोर ने कई लोगों को प्रभावित किया था। एक ईसाई पादरी उसमें आध्यात्मिकता की झलक पाकर अचंभित था। कई वर्षों बाद सीरिया जाने का मुहम्मद को एक दूसरा मौका मिला। मक्का में खादिजा बिन-खुवैलिद नामक एक संभ्रांत और धनी विधवा रहती थी। उसका अच्छा कारोबार था। तिजारती सामान लेकर अपने एक गुलाम के साथ उसने मुहम्मद को भी सीरिया भेजा। वह अब सयाना हो गया था। मुहम्मद के लिए वह एक प्रीतिकर अवसर था।

सीरिया सदा से ही अरब बहुल देश रहा है। उन दिनों वह रोमन साम्राज्य का एक

महत्त्वपूर्ण अंग था। व्यावसायिक कारोबार के अलावा यहूदी और ईसाई धर्म का भी वह एक पुराना और प्रसिद्ध केंद्र था। खासकर दमिश्क और अलिप्पो, इन दो नगरों में दोनों ही धर्म के बड़े पुरोहित और धर्माचार्य रहा करते थे। उस यात्रा-प्रवास के दौरान मुहम्मद ने अनेक नई-नई बातें जानी-सीखीं। सारा काम सफलतापूर्वक निबटाकर, जब वे वापस आए, तो उनकी सूझ-बूझ और कार्यकुशलता से खादिजा अत्यंत प्रभावित हुईं। मुहम्मद का व्यक्तित्व भी आकर्षक था। खादिजा के मन में उस होनहार नौजवान को अपना जीवनसाथी बना लेने का विचार उपजा। उसने मुहम्मद के चाचा अबू तालिब के पास विवाह-प्रस्ताव भिजवाया। मुहम्मद पच्चीस वर्ष के थे और खादिजा की उम्र चालीस साल हो चुकी थी। पंद्रह साल का फर्क था। फिर भी राजी-खुशी निकाह हो गया। मुहम्मद को एक अच्छी पत्नी मिली। खादिजा जब तक जीवित रहीं, बड़े प्रेम और वफादारी से शौहर का साथ निभाया।

जन्म से ही मुहम्मद गरीबी व गुरबत झेलते आए थे। लेकिन शादी के बाद उनकी दुनिया बदल गई। अब वे एक दौलतमंद आदमी थे। उन्फुवानेशबाब (चढ़ती जवानी) के दिनों में मिली दौलत मौज-मस्ती में ही मशगूल रखती है। मगर मुहम्मद का रुझान उस ओर न था। वे अब भी प्यासे थे। हालाँकि उन्हें अभी ठीक से पता नहीं था कि उनकी प्यास कैसे बुझेगी ? बस इतना ही लगता था कि उन्हें जो मिला है—दौलत, ऐशो-आराम, यह सब मन बहलाव है। स्वभाव से संवेदनशील थे मुहम्मद। परायी पीर समझनेवाले। मक्कावासियों की हालत उन्हें सोच में डाल देती थी। भिन्न-भिन्न संप्रदाय, अलग-अलग गिरोह। सब अपनी-अपनी डफली बजाते फिरते थे। अरब कबीलों का अजीब मिजाज था। वे जितने मेहमाननवाज थे, उतने ही खूँखार भी। बात-बात में झगड़ा। बात-बात में खून-खराबा। न खेती, न बारी। ज्यादातर् लोग भेड़-बकरी पालकर गुजारा करते थे। अच्छी औकातवाले लोग घोड़े पालते और बेचते थे। अरबी नस्ल के घोड़े दुनिया भर में मशहूर रहे हैं। हाँ, काबा का अति प्राचीन देवालय मक्कावासियों के लिए उनके पूज्य पुरखों का वरदान था। आज भी है। कहते हैं, हजारों साल पहले अब्राहम ने उसे स्थापित किया था। वे यहूदी-ईसाई-मुसलमान, तीनों के परम पितामह थे। कुरआन उन्हें हजरत इब्राहीम के नाम से बार-बार याद करता है। तो काबा यहूदी और ईसाइयों के अलावा दूसरे मतावलंबियों का भी तीर्थस्थल था। लोग बताते हैं, उस देवालय में उन दिनों तीन सौ साठ इष्टदेवों की मूर्तियाँ थीं। दूर देशों के अनगिनत तीर्थयात्री प्रतिवर्ष दो बार हज करने मक्का जुट आते थे (हज का प्रचलन इसलाम के उदय से बहुत पहले का है)। उस मौके पर यमन, अबसीनिया, सीरिया, यरूशलम आदि देशों के हजारों छोटे-बड़े व्यापारी वहाँ अपनी दुकानें सजा देते। कस्बए मक्का मेले में बदल जाता था। कुरैश कबीला और मक्कावासियों की भरपूर कमाई का मुख्य स्रोत था हज-मेला, जो मक्का से सटे उकैज

गाँव में लगा करता था। तीर्थयात्रियों के साथ अनेक पर्यटक भी वहाँ आ पहुँचते जिनमें यहूदी, ईसाई, मजूसी आदि धर्मों के वैरागी भी हुआ करते थे। वैसे संतों-धर्माचार्यों के सत्संग मुहम्मद को बड़े प्रिय थे।

काबा के प्रति मुहम्मद स्वयं भी बड़े श्रद्धालु थे। जब वे पैंतीस वर्ष के हुए तो कुरैश लोगों ने काबा का जीर्णोद्धार करवाया। सब बन जाने के बाद हजरे-असवद (काला पत्थर, जिसका जलाभिषेक किया जाता है) को मूल स्थान पर रख देना बाकी था। सभी कबीले के सरदार और बुजुर्ग व्याकुल थे कि वह महत्त्वपूर्ण कार्य उन्हीं के हाथों संपन्न हो। मतभेद इतना गहराया कि खून-खराबे की नौबत उठ खड़ी हुई। उसी समय मुहम्मद आ पहुँचे। उन्होंने एक तरकीब सुझाई। एक बड़ी सी मजबूत चादर मँगवाई। हजरे-असवद को उस पर रखकर सभी प्रतिस्पर्धियों से चादर का किनारा एक साथ पकड़ लेने को कहा, ताकि सब समझें कि उस पुनीत कार्य में सब की हिस्सेदारी बराबर रही। मुहम्मद की इस तज्वीज (युक्ति) से सभी दंग रह गए। सब इतने खुश हुए कि उनको 'अल-अमीन' (परम विश्वासी) की उपाधि से सम्मानित किया गया। मुहम्मद अब मक्का के एक 'साहिबे-हैसियत' (विशिष्ट व्यक्ति) थे।

समय के साथ-साथ उनकी रूहानी प्यास बढ़ती गई। वे अकसर किसी गहरी सोच में डूबे मिलते। घर से तीन मील दूर गारे-हिरा नामक एक पहाड़ी गुफा थी। व्याकुलता बढ़ जाती, तो वहीं चले जाते। कई-कई दिन उस बियाबान में बिता देते। उस साल रमजान के महीने में शबे-कद्र की रात ध्यान में डूबे-डूबे वे सो गए। शायद तंद्रावस्था में हों। तभी उन्हें एक साफ आवाज सुनाई पड़ी। जागे तो देखा, आसमान और जमीन के बीच एक फरिश्ता खड़ा है। उसके हाथ में एक रेशमी कपड़े पर कुछ लिखा था। फरिश्ता बोला—'इक्रअ' (पढ़)। मुहम्मद ने घबड़ाकर कहा, 'मैं तो अनपढ़ हूँ'। फरिश्ते ने आदेश दुहराया—'इक्रअ'। मुहम्मद काँपते हुए बोले, 'मैं कैसे पढ़ूँ?' फरिश्ता बोला, 'पढ़ : शुरू अल्लाह के नाम से जो बड़ा मेहरबान और रहमवाला है।' इस तरह वह पाँचों आयतें बोलता गया और मुहम्मद दुहराते चले गए—

1. पढ़ो अपने रब (प्रभु) के नाम से, जिसने सब को पैदा किया
2. आदमी को खून की बूँद से बनाया।
3. तुम्हारा रब ही सबसे बड़ा करीम (कृपालु) है।
4. जिसने कलम से लिखना सिखलाया।
5. इनसान को वह सब सिखलाया, जिसका उसे इल्म (ज्ञान) न था, (सूरः 96 आ. 9-5)

घबराहट में मुहम्मद गुफा के बाहर निकल आए। रेगिस्तानी सर्द रात में भी वे पसीने से तर-बतर थे। बाहर फिर उन्हें वही दबंग आवाज सुनाई पड़ी : ऐ मुहम्मद! तू

अल्लाह का पैगंबर है और मैं जिब्राइल हूँ। इसलामी परंपरा बताती है कि उस रात खुदा की ओर से फरिश्ता ने मुहम्मद की पैगंबरी का ऐलान कर दिया। वे तब चालीस साल के थे। मुहम्मद बिल्कुल समझ न पा रहे थे कि यह सब क्या हुआ। वह रातोरात घर लौट आए। खादिजा को सारा हाल सुनाया। अहले सुबह उन्हें लेकर वे अपने एक बुजुर्ग बरका बिन-नौफुल के पास गईं। वे ईसाई थे। उन्होंने फरमाया कि फरिश्ता जिब्राइल, जो हजरत मूसा के पास भेजे गए थे, वे ही मुहम्मद के पास यह बताने आए थे कि वे पैगंबर चुन लिये गए हैं। लेकिन डर है कि लोग मुहम्मद को अपने वतन से बाहर न कर दें। उन दिनों कई नजूमी, टोना-टोटका करनेवाले, यहाँ तक कि कुछ शायर भी यह दावा करते थे कि उन पर जिन्न या कोई अशरीरी आत्मा उतरती है।

बहरहाल, मुहम्मद पर कुरआन की आयतें उतरती ही रहीं। कभी थोड़ी, कभी बहुत। कभी बिल्कुल नहीं। लगभग तेईस सालों तक वह सिलसिला चलता रहा। उनकी पैगंबरी पर सबसे पहले ईमान लानेवालों में थीं उनकी पत्नी बीबी खादिजा। उसके बाद मुरीद बना उनका चचेरा भाई अली। उसकी उम्र सिर्फ ग्यारह साल थी। मक्का के एक अमीर सौदागर अबू बक्र ईमान लानेवालों में तीसरे शख्स थे। इसलाम कबूल करनेवालों में चौथा था जैद। वह एक शरीफ घराने का लड़का था, जिसे बचपन में ही किसी ने चुराकर गुलाम बना लिया। जैद जब जवान हुआ, तो बिकने के लिए मक्का लाया गया था। मुहम्मद ने उसे खरीद लिया और आजाद कर अपना लय-पालक (मुँहबोला बेटा) बना लिया। बाद में उन्होंने अपनी फुफेरी बहन जैनब खातून से उसकी शादी करवा दी। कई वर्षों बाद, जब दोनों में तलाक हो गया, तो जैनब से मुहम्मद ने खुद शादी कर ली।

शुरू में मुहम्मद अपने परिजनों के बीच ही पैगामे-कुरआन सुनाते-समझाते रहे। वे चाहते थे कि कम-से-कम उनके सगे-संबंधी-हाशिमी खानदान के लोग-उनके साथ मिल जाएँ, तो बात आगे बढ़े। सो उन्होंने अपने चाचा अबू तालिब से इसलाम कबूल करने की पेशकश की। छोटी-छोटी बातें भी अहम फैसलों को कैसे बहका देती हैं, इसका एक दिलचस्प नमूना उस समय पेश आया, जब मुहम्मद के प्रस्ताव को अस्वीकार करते हुए अबू तालिब ने कहा, 'अजीजम! मुझे तो माफ ही करो। मुझसे यह हरगिज न होगा कि तुम्हारे अल्लाह की इबादत (नमाज) करते वक्त सर नीचे और चूतड़ ऊपर उठा लूँ। मुझे अपने बाप-दादों के दीन (धर्म) पर ही कायम रहने दो।' अबू तालिब मुसलमान तो नहीं बने, मगर मुहम्मद पर उन्होंने अपना प्रेम बनाए रखा। तकलीफ असल में एक-दूसरे चाचा अबू लहब (पूरा नाम अब्दुल उज्जा बिन अब्दुल मुत्तलिब) और उनकी बीबी उम्मे जमील की ओर से पहुँचती रही। उन दोनों को मुहम्मद की बढ़ती देखकर बड़ी जलन होती थी। दौलतमंद तो वे बन ही चुके थे, अब आहिस्ता-आहिस्ता उनकी शोहरत भी बढ़ती जा रही थी। लोग बात मानें, न मानें, लेकिन उनके चर्चे हर

जुबान पर थे। जमीला उन्हें बददुआएँ देते-देते थक जाती, तो चुपचाप उस पगडंडी पर काँटे बिछा आती, जिधर से रात के अँधेरे में मुहम्मद गुजरा करते थे।

मुहम्मद का पैगामे-कुरआन अभी ज्यादातर लोगों के पल्ले नहीं पड़ रहा था। अजीब-अजीब ऊट-पटाँग बातें—'शुरू खुदा का नाम लेकर जो बड़ा मेहरबान और निहायत रहमवाला है। अबू लहब के हाथ टूटें और वह मर जाए। न तो उसका धन और न ही उसकी कमाई उसके कोई काम आए। वह जल्द भड़कती हुई आग में दाखिल होगा और उसकी जोरू भी जो सर पर अंगार उठाए फिरती है, उसके गले में मूँज की रस्सी का फंदा होगा' (सूर:111 आ.1-5)

'खड़खड़ानेवाली। खड़खड़ानेवाली क्या है? और तुम क्या जानो खड़खड़ानेवाली क्या है? वह कयामत (प्रलय) है, जिस दिन लोग पतंगों की तरह बिखर जाएँगे और पहाड़ ऐसे होंगे जैसे रंग-बिरंगे धुने हुए ऊन, तो जिसके आमाल (आचरण) का वजन भारी होगा। वह दिलपसंद ऐश (ऐश्वर्य) में रहेगा। और जिनके वजन हल्के होंगे, वह हाविया की तरफ लौटेगा। और तुम क्या जानो हाविया क्या चीज है? वह दहकती हुई आग है।' (सूर:101 आ.1-11)

'ऐ मुहम्मद ! हमने तुमको कौसर (स्वर्ग में अल्लाह के सिंहासन के निकट सबसे उत्तम स्थान) अता फरमाई है। तो अपने परवरदिगार (पालनहार) के लिए नमाज पढ़ो और कुर्बानी (पशु बलि) चढ़ाया करो। तुम्हारा दुश्मन ही बेऔलाद (निस्संतान) रहेगा।' (सूर:108 आ.1-3)

श्रोता हक्का-बक्का रह जाते। ऐसा कलामे-खुदा (ईश्वरवाणी) पहले किसी ने न सुना था। कोई उन्हें सनकी कहता, कोई शायर। लोग तरह-तरह के फिकरे (कटाक्ष) कसते रहे, मुहम्मद बेफिक्र बढ़ते चले गए। उन पर यह आयत उतरी—'ये लोग जब तुमको देखते हैं, तो तुम्हारी हँसी उड़ाते हैं कि क्या यही शख्स है, जिसे खुदा ने पैगंबर बनाकर भेजा है!''' कह दो कि इनसान और जिन्न, सब साथ मिलकर कितनी भी कोशिश कर लें, मगर इस जैसा कुरआन हरगिज न बना पाएँगे।' (सूर: 25 आ. 41 : सूर: 17 आ. 88) लोग उन्हें इसलिए सुनने जाते थे कि कुछेक भविष्यवक्ताओं ने सैकड़ों वर्ष से अरबवासियों के मन में यह आस जगा रखी थी कि उनके बीच एक पैगंबर पैदा होनेवाला है। कौन जाने, शायद यही हो!

इलहाम (ईश्वरीय संदेश प्राप्ति) की पहली घटना के बाद लगभग तीन साल तक मुहम्मद कुरआन का संदेश केवल अपने परिजनों को ही सुनाते रहे। किंतु तीसरा साल खत्म होते-होते उन्हें फिर ईश्वरीय आदेश मिला—ऐ मुहम्मद! तू पैगंबर है। जा, और लोगों को सावधान कर! तब से मुहम्मद आम लोगों के बीच जाकर संदेश देने लगे। वे कहने लगे, 'अल्लाह एक है। रात-दिन, जीवन-मरण, विकास-विनाश, सब पर सिर्फ

अल्लाह का ही अधिकार है। उसे छोड़कर अलग-अलग मूरतों की उपासना करना, उनसे मदद की प्रार्थना करना घोर अज्ञानता है।' जिब्रील द्वारा बताई गई पुराने जमाने के गिरोहों और पैगंबरों की कहानियाँ भी उन्होंने लोगों को सुनानी शुरू कीं। लोग-बाग सुन तो लेते, मगर उन्हें विश्वास न होता। वे उनकी हँसी उड़ाते। कुरआन और पैगंबर के बारे में मक्कावासी, जो कुछ कहते, उसे मुहम्मद के शब्दों में सुन लेना ही ठीक रहेगा, जो सब कुरआन में दर्ज है: ···''और काफिर (अविश्वासी लोग) कहते हैं कि यह कुरआन मनगढ़ंत बातें हैं जिन्हें इसने (पैगंबरी के दावेदार ने) दूसरे लोगों की मदद से बना ली हैं। ऐसा कहनेवाले जुल्म और झूठ पर उतर आए हैं और कहते हैं कि यह गुजरे लोगों की कहानियाँ हैं, जो तुमने (मुहम्मद ने) जमा कर रखी हैं और वे सब सुबह-शाम तुम्हें सुनाई जाती हैं। कह दो कि उसको (कुरआन को) उसने उतारा है, जो आसमानों और जमीन की छिपी हुई बातें जानता है···और यह भी कहते हैं कि यह कैसा पैगंबर है, जो खाना खाता है और बाजारों में घूमता-फिरता है? कोई फरिश्ता इसके संग क्यों न लगाया गया, जो इसे हिदायत करता रहता या उसकी तरफ आसमान से खजाना उतारा जाता··कहते हैं कि तुम एक जादूगिरफ्त इनसान हो। देखो तो, लोग तुम्हारे बारे में किस-किस तरह की बातें करते हैं।'' (सूर: 25 आ. 4-9)

एक बात जान लें कि अरब का आम बाशिंदा भले ही जाहिल रहा हो, मगर घोर जाहिलीयत के जमाने में भी कुछ समझदार और जानकार लोग हर जगह रहते आए हैं। उन दिनों मक्का और ताइफ में भी थे। यहूदी-ईसाई, सईबी-मजूसी वगैरह मजहबों के जानकार लोगों का मक्का आना-जाना लगा ही रहता था। मुहम्मद भी वैसे लोगों के संपर्क में थे। उनके बीच विचारों का आदान-प्रदान हुआ करता था। नई बातों की जानकारी के लिए मुहम्मद कितने तत्पर रहा करते थे, यह तो इसी एक आयत से झलक जाता है—'ऐ परवरदिगार, मुझे इल्म (ज्ञान) और सूझ-बूझ अता फरमा और नेकों में शामिल कर।' (सूर: 26 आ. 83) सो, धीरे-धीरे आदम से लेकर ईसा मसीह तक, सारी पुरानी कथाएँ उन्हें मालूम होती गईं। वे जान गए कि यहूदी और अरब जाति के लोग, दोनों एक ही वंश-वृक्ष की शाखाएँ हैं। सबके मूल पुरुष अब्राहम ही थे। वे एकेश्वरवादी थे और मूर्तिपूजन के घोर विरोधी भी। यह सब पुराण कथा जिब्रील ने मुहम्मद तक पहुँचा दी थी। जिब्रील हजारों साल पहले हजरत इब्राहीम के पास भी गए थे। वे मूसा के भी साथ थे। कुँवारी मरीयम को यह पूर्व-सूचना देनेवाले भी जिब्रील ही थे कि उन्हें एक पुत्ररत्न प्राप्त होनेवाला है, जो ईसा मसीह के नाम से जगप्रसिद्ध होगा। हिंदू पुराण कथाओं के विख्यात त्रिलोकव्राजक नारद मुनि की तरह सेमेटिक-परंपरा के जिब्रील भी अजर-अमर माने गए हैं, जो जब जहाँ चाहें, प्रकट हो जा सकते हैं। लेकिन नारद ही की भाँति जिब्रील भी जनसाधारण की नजरों से सदा ओझल रहे। खैर!

जिब्रील द्वारा बताई गई पुराने जमाने के गिरोहों और उनके पैगंबरों की सारी कहानियाँ मुहम्मद ने लोगों को सुनानी शुरू कीं—'आदम और हव्वा वहिश्त (स्वर्ग) से क्यों निकाले गए? सैलाब (बाढ़) के दिनों में हजरत नूह ने क्या कमाल कर दिखाया? आद-समूद-लूत की कौमों ने अपनी बदकारियों (दुराचरण) की कैसी सजा पाई? हजरत इब्राहीम अपने वतन 'उर' से कैसे निकले, कहाँ-कहाँ गए, उन पर क्या गुजरी, उनकी औलादों का क्या हुआ? हजरत मूसा ने अपनी कौम के लिए क्या सब किया, मिस्र के फिरऔन उनसे कैसे मात खा-गए? मरीयम और उनके बेटे ईसा मसीह पर क्या बीती? वगैरह-वगैरह ढेर सारे दिलचस्प किस्से, जो यहूदियों के तौरात और ईसाइयों की इंजिल (बाइबिल) में महफूज (सुरक्षित) हैं। मुहम्मद उन सब की सत्यता को स्वीकारते हुए बेहिचक कहते, '…(यह कुरआन) जो किताबें इससे पहले की हैं, उन सब की तस्दीक (संपुष्टि) करता है और उन्हीं किताबों की इसमें (कुरआन में) तफसील (विस्तृत वर्णन) है। (सूर: 10 आ. 37)

सब किस्से दिलचस्प थे। लोगों का मन लगता था। नसीहतें (उपदेश) भी मिलती थीं। लोग खिंचे चले आते थे। गाहे-ब-गाह (यदा-कदा) ईमान और नेकी की राह लगनेवालों के लिए मुहम्मद जन्नत की खुशखबरी भी सुना देते, 'जहाँ—चश्म-ए-सलसलीब (सलसलीब नामक झरना) के पास एक खूबसूरत बाग होगा, जिसमें लजीज (स्वादिष्ट) मेवों के गुच्छे लटक रहे होंगे। न धूप होगी, न छाँव। रेशमी लिबास पहने बड़ी-बड़ी आँखोंवाली हूरें (परियाँ) मखमली मसनद लगाए तख्तों पर बैठी होंगी। चाँदी के बरतन होंगे। मनपसंद मेवे और गोश्त परसे रहेंगे। आफताबे-शराब और शराबे-लतीफ का दौर चलता रहेगा। कमसिन हसीन (सुंदर) खिदमतगार मुस्तैद मिलेंगे, जिन पर नजर डालो तो लगे कि बिखरे हुए मोती हैं।' (सूर: 52:19, सूर: 56:12, सूर: 76:12…) साथ ही गुमराह लोगों को खबरदार करने के लिए अजाब (प्रलय) के दिन और दोजख (नर्क) की खौफनाक तसवीर पेश कर देने से भी वे बाज न आते। धीरे-धीरे उन पर ईमान लानेवालों की गिनती बढ़ने लगी। खासकर अबू बक्र के इसलाम कबूल कर लेने का अच्छा असर हुआ। वे एक इज्जतदार नेक बुजुर्ग थे। उनकी देखा-देखी उमर, उस्मान, खालिद, बिलाल वगैरह कई लोग खिंचे चले आए। लेकिन कुरैशों के साथ मिले बिना समाँ बँधनेवाला न था। इसलिए सबकी नजरें कुरैशों की ओर ही टिकी थीं।

मुहम्मद का जोर अब दो बातों पर होने लगा था—खुदा एक ही है और वह अमूर्त है—इस बात को वे तरह-तरह से समझाते—'जो सबसे अव्वल है, वही अल्लाह है। और जो आखिर में बचा रह जाएगा, वह भी अल्लाह ही है।' यानी अल्लाह सदा है, सदा रहेगा। बीच की सारी बातें महज खेल-तमाशा हैं, इसलिए शुरू अल्लाह के नाम से और खत्म भी अल्लाह के नाम पर—यहाँ तक कुरैशों के लिए एतराज (विरोध) की

कोई खास बात न थी। मगर मुहम्मद जब मूर्तिपूजा के खिलाफ जोर देने लगे तो उनके कान खड़े हुए। कुरैशों के लिए वह निहायत नुकसानदेह बात होती। बुतपरस्ती अरब में जमाने दराज (प्राचीन युग) से चली आ रही थी। आद-ओला-अमलीक-समूद-जसीद-जरहम; ये तमाम पुरानी जातियाँ बुतपरस्त (मूर्तिपूजक) थीं। खाना-ए-काबा (काबा का प्रांगण) में लात-मनात-सुवाअ-उज्जा-यउक-यगूस-नस्र वगैरह-वगैरह बुतें अलग-अलग जातियों और कबीलों के थे, जिनके पूजन-अनुष्ठान बड़े समारोहपूर्वक किए जाते थे। उनके अलावा कई संभ्रांत परिवारों के कुलदेवता भी वहाँ स्थापित थे। सबसे बढ़कर हजरत इब्राहीम, हजरत इस्माइल, हजरत मूसा, ईसा मसीह और उनकी माँ मरीयम के भित्ति चित्र भी वहाँ मौजूद थे। जिस दिन खाना-ए-काबा से वे मूर्तियाँ विदा ले लेतीं, उसी दिन कुरैशों के पाँव तले की धरती खिसक जाती। इसलिए विषैले नाग की तरह फन काढ़े वे फुफकारने लगे। उन्होंने मुहम्मद के खिलाफ लोगों को भड़काना शुरू किया। उनके दिमाग में यह बात भर दी कि जब सैकड़ों दिग्गज देवी-देवता साथ मिलकर भी लोगों का पूरा भला न कर पा रहे थे, तो मुहम्मद के एक खुदा अकेले क्या कर लेंगे? गँवारों को बरगलाने का इससे ज्यादा सरल और सटीक तर्क क्या हो सकता था। इसका इतना जोरदार असर हुआ कि मुहम्मद की सभाओं में अब शोर-शराबे होने और ईंट-पत्थर बरसने लगे। लोग मुसलमानों और उनके पैगंबर के पीछे हाथ धोकर पड़ गए। उनका आपस में मिलना-जुलना, इकट्ठे नमाज अता करना मुश्किल हो गया। नमाज अता करने की जगह पर लोग पखाना, जानवरों की सड़ी-गली बदबूदार आँत वगैरह फेंक आते। हर तरह से लोगों ने सताना शुरू कर दिया। तंग आकर कई मोमिन मक्का छोड़कर चले गए।

मुहम्मद की परेशानी बढ़ती देख चाचा अबू तालिब बहुत चिंतित हुए। कुरैशों के कई असरदार लोगों के साथ उनके अच्छे संबंध थे। लिहाजा उन्होंने मेल-मिलाप कराने की कोशिश की। मगर बात बनी नहीं। मुहम्मद दिन-ब-दिन मुश्किलों से घिरते जा रहे थे। बदकिस्मती से इसी बीच उनकी पत्नी खादिजा बीबी का इंतकाल हो गया। उस शोक से वे पूरी तरह उबर भी न पाए थे कि मेहरबान चाचा अबू तालिब भी चल बसे। दूसरा चाचा अबू लहब तो पहले से ही उनका दुश्मन था। वह दुष्ट अब पूरी तरह कुरैशों से जा मिला। मुहम्मद पास के एक छोटे से शहर ताईफ गए, ताकि वहाँ के कुछ प्रभावशाली लोगों को मुसलमान बना सकें। मगर उन लोगों ने उनकी एक न सुनी। उलटे कुछ बदमाश लड़कों को उनके पीछे लगा दिया, जो पत्थर मारते, तालियाँ पीटते, दूर तक उन्हें खदेड़ आए। वह रात मुहम्मद ने खजूर के एक बगीचे में काटी। कुछ ही दिनों बाद हज के मौके पर दूर-दराज के लोग मक्का आए। मुहम्मद कई हाजियों के खेमों में गए। लोगों को कुरआन सुनाया और मोमिन बन जाने को कहा। मगर कुछ खास असर

न हुआ। उधर उनके विरोधी मक्का से उन्हें पूरी तरह उखाड़ फेंकने के लिए कमर कस चुके थे। उस दौर में अपनी विफलताओं के कारण मुहम्मद किस हद तक हताश हो रहे थे, यह उस आयत से साफ झलक जाता है, जिसमें कहा है—'ऐ पैगंबर! शायद इस रंज (पीड़ा) से कि ये लोग तुम पर ईमान (आस्था) नहीं लाते, क्या तुम खुद को हलाक (आत्महत्या) कर लोगे।' (26:3) अल्लाह के रहमोकरम (दया और कृपा) पर अटूट विश्वास ने उन कठिन घड़ियों में भी मुहम्मद को थामे रखा।

हालाँकि मक्का में अब तक कई सौ लोग मुसलमान बन चुके थे। लेकिन उनमें ज्यादातर गरीब और गुलाम लोग थे, जिनमें यह हिम्मत न थी कि शक्तिसंपन्न कुरैश और उनके हजारों समर्थकों का मुकाबला कर सकें। मुहम्मद के खिलाफ साजिश बढ़ती जा रही थी। कुछ लोग चाहते थे कि उन्हें कैद कर लिया जाए तो कुछ जलावतन (देश से निष्कासन) की बात करते थे। कई ऐसे भी लोग थे, जो उनकी जान लेने पर तुल गए थे। उनके साथ क्या होनेवाला है, इसका सही अंदाज खुद पैगंबर को भी न था—'मैं नहीं जानता कि मेरे साथ क्या सलूक (बरताव) किया जाएगा और तुम्हारे साथ क्या।' (सू. 46 आ. 9) उन्होंने अबू बक्र, उमर, उस्मान वगैरह साथियों से परामर्श किया। यह तय पाया कि मक्का छोड़ देना ही बेहतर होगा। ताईफ और यथ्रीब, इन दोनों में सब ने यथ्रीब जाना ही ठीक समझा। वहाँ बनी-कुरैजा, बनी-कैनूक और बनी-नादिर नामक तीन मशहूर यहूदी कबीले रहते थे। अरबों के भी दो नामी कबीले थे—औस और खजरज। यहूदियों में मुहम्मद के कुछ परिचित लोग थे, जबकि अरब कबीले के कुछेक लोगों से अबू बक्र के कारोबारी रिश्ते थे। कई अरब ऐसे थे, जिन्होंने यहूदी धर्म अंगीकार कर रखा था। कुछ ही दिनों पहले यथ्रीब के कुछ तीर्थयात्री हज करने मक्का आए थे, जिनमें कुछ लोगों ने मुहम्मद का हाथ थामते हुए इसलाम पर ईमान लाने का उन्हें भरोसा दिया था। इसलिए चंद विश्वासी लोगों को चुपचाप यथ्रीब भेजा गया। उन लोगों ने यहूदी और अरब सरदारों को मक्का के मुसलमानों को पनाह देने के लिए जब राजी कर लिया, तब एक-एक कर यहाँ के सभी मुसलमान यथ्रीब कूच कर गए।

कुछ दिनों बाद यथ्रीब से जब खबर आई कि वहाँ का वातावरण मुसलमानों के अनुकूल है, तब धुल-उल हज की एक रात अपने परम विश्वासी साथी अबू बक्र के संग मुहम्मद भी चुपचाप मक्का से भाग निकले। तीन दिनों तक वे दोनों पास ही की एक पहाड़ी गुफा में छिपे रहे। दुश्मन दिन-रात ढूँढ़ते फिरे, मगर उन्हें पकड़ न पाए। किराए के ऊँट और एक मार्गदर्शक की मदद से आम रास्ता छोड़, लाल सागर के किनारे लुकते-छिपते आगे बढ़ते गए। एक सप्ताह बाद, 20 सितंबर, ईस्वी सन् 622 की दोपहर दोनों यथ्रीब जा पहुँचे। 13 सितंबर, सन् 622 को जिस दिन मुहम्मद ने मक्का से हिजरत (पलायन) किया, उसी दिन से मुसलमानों का हिजरी संवत् शुरू होता है, जो उस अत्यंत

महत्त्वपूर्ण ऐतिहासिक घटना की यादगार है। यथ्रीब और उसके चारों ओर इसलाम का झंडा जब लहराने लगा, तब उस बाजारनुमा गाँव को मुसलमान 'मदीनात-उन-नबी', यानी नबी (धर्मगुरु) का नगर कहकर पुकारने लगे। तभी से यथ्रीब की किस्मत ऐसी चमकी कि दुनिया भर में वह 'मदीना' के नाम से मशहूर हो गया। 'मदीना' से ही इसलाम का उदयकाल प्रारंभ होता है।

बाइबिल की एक कहावत है, 'पैगंबर अपने घर में इज्जत नहीं पाते', यह बात मुहम्मद पर भी लागू हुई। बारह बरसों के अथक प्रयास का कुल नतीजा इतना ही निकला कि अपने संगी-समर्थकों सहित उन्हें चुपचाप मक्का छोड़ मदीना भाग जाना पड़ा था। मदीना के क्षितिज पर ही इसलामी सौभाग्य की किरणें छिटक पाईं। शायद अल्लाह को भी यही मंजूर था। पैगामे-कुरआन, जो मक्का और इर्द-गिर्द के लोगों के लिए नाजिल हुए थे, वे अब दूर-दराज तक पहुँचनेवाले थे।

मदीना में भी मुहम्मद को संघर्ष करने पड़े। मुसलमान, जो मक्का से वहाँ आए थे, उनकी हैसियत मुहाजिरों (शरणार्थी) की थी। धर्म के कारण तो वहाँ उन्हें नहीं सताया जाता था, मगर रोजी-रोटी के मामले में कई मुश्किलें पेश आ जाती थीं। मुसलमानों के मददगार, जिन्हें 'अंसार' कहा जाता था, हर संभव सहयोग देते रहते। मगर ज्यादातर मदीनावासियों के लिए मोमिनों की मौजूदगी कबाब में हड्डी की तरह लग रही थी। अपनी ओर से मुहम्मद सतर्क रहा करते कि तनाव की कोई स्थिति पैदा न हो जाए। मोमिनों को वे समझाते—'जिन लोगों ने तुमसे धर्म के कारण लड़ाई न की और न तो तुम्हें अपने घरों से निकाला, उनके साथ नेकी और न्याय का बरताव करने से खुदा तुम्हें नहीं रोकता। खुदा तो इनसाफ करनेवालों को दोस्त रखता है।' (60:8) फिर भी साथ रहने पर कुछ-न-कुछ अनबन बिल्कुल स्वाभाविक बात थी।

मदीना में यहूदी और ईसाई, दोनों रहते थे। मुहम्मद की कोशिश थी कि वे लोग इसलाम कबूल कर लें। मगर वे तैयार न थे। इसलाम की हस्ती ही क्या थी? अभी तो जुम्मे-जुम्मे आठ दिन भी नहीं हुए थे। उम्र के लिहाज से यहूदी-धर्म हजारों साल पुराना था और प्रसार की दृष्टि से ईसाई धर्म दुनिया के बहुत बड़े इलाके में फैल चुका था। शक्तिशाली रोमन-साम्राज्य का राजधर्म होने के कारण उसका दबदबा संसार के कोने-कोने में था। सीरिया, यरूशलम, अबीसीनिया, इथोपिया, मिस्त्र आदि उन दिनों रोमन साम्राज्य के ही अधीन थे। मुहम्मद से न तो यहूदियों को कुछ सीखना था, न ईसाइयों को, क्योंकि मुहम्मद उन्हीं बातों को दुहराते जा रहे थे, जो यहूदियों के तौरात (तोहरा) और ईसाइयों की इंजील (बाइबिल) में थीं, जिन्हें अब्राहम-मूसा से लेकर ईसा और अनेक पैगंबर समय-समय पर बताते चले आए थे। इसलिए अपनी पैगंबरी के सबूत में जब वे ईसा मसीह की उस तथाकथित भविष्यवाणी का हवाला देते '…और एक पैगंबर, जो मेरे बाद

आएँगे, जिनका नाम अहमद होगा, उनके आने की खुशखबरी सुनाता हूँ…।' (सूर: 61 आ. 6) : तो लोग उसे महज मनगढ़ंत बातें मानकर हँसी में उड़ा देते। मुहम्मद की प्रवचन-गोष्ठी में अकसर यहूदी लोग सम्मिलित हुआ करते थे। वैसे अवसरों पर कोई बात जब वे मुहम्मद से दुबारा सुनाने का आग्रह करते, तो 'उन्जुर्ना' के बजाय जान-बूझकर 'राइना' शब्द का प्रयोग करते। हालाँकि दोनों के एक ही मायने हैं—'कृपया इसे दुहराएँ। मगर 'राइना' के उच्चारण में जरा उतार-चढ़ाव कर दिया जाए, तो उसके कई अर्थ हो जाते हैं, जैसे—मूर्ख, पाखंडी, चरवाहा। हदीसों में जिक्र आता है कि कुछ यहूदी जब मुहम्मद का अभिवादन करते, तो 'अस्सलामु अलै-क' के बदले तेजी से 'अस्सामु अलै-क' कहते। 'अस्सलाम' का मतलब है सलामत रहना', जबकि 'साम' का अर्थ है, 'मौत'। यानी आपकी मौत आए। ऐसे मौके पर जवाब में हजरत मुहम्मद सिर्फ 'व-अलैकुम' फरमा देते, जिसका भावार्थ होता—'मौत तुम्हीं पर आए'।

एक बात में यहूदी और ईसाई, दोनों मुहम्मद की मदद के तलबगार थे। ईसाई चाहते थे कि मुहम्मद अपने प्रवचनों में यहूदियों की जमकर निंदा करें, जबकि यहूदियों का आग्रह रहता था कि वे ईसा मसीह की भर्त्सना करने में कोई कोर-कसर न छोड़ें। उन दोनों का सदियों पुराना वैमनस्य खत्म होने का नाम ही न ले रहा था। झगड़ा खासकर इस बात पर सबसे ज्यादा था कि ईसाई धर्मगुरुओं ने ईसा मसीह को ईश्वर-पुत्र घोषित कर दिया था, जबकि यहूदी लोग उन्हें पैगंबर भी मानने को तैयार न थे। यहूदियों की नजर में जीसस (ईसा) महज एक ढोंगी थे। उन दोनों के विश्वव्यापी कलह का आनेवाले दिनों में इसलाम को भरपूर लाभ मिला। लेकिन उस वक्त मुहम्मद को बारी-बारी से दोनों से जूझना पड़ा था। उधर मक्का के कुरैश भी मुहम्मद की तरक्की के आसार देखकर बेचैन रहा करते थे। इन सबके बावजूद मुहम्मद और मोमिनों की स्थिति आहिस्ता-आहिस्ता मजबूत होती गई और साथ-साथ उनके हौसले भी बढ़ते चले गए।

अरब में साल के चार महीने—रजाब, रमजान, धुल-उल हज और मुहर्रम-अत्यंत पवित्र माने जाते थे। उस चौमासे को 'अशहुर-उल-हुरुम' कहा जाता था, जिसमें किसी प्रकार की अशांति, लूट-पाट, खून-खराबा बिल्कुल वर्जित था। वे अमन-चैन के दिन होते थे, जब लोगबाग बेखौफ घूमते-फिरते, तिजारती कारवाँ लिये दूर-दराज का सफर करते, हज और व्यापार के लिए देश-विदेश से लोग मक्का आते। अशहुर-उल-हुरुम की पवित्रता बनाए रखने के लिए अरबवासी इतने प्रतिबद्ध थे कि उस अवधि में यदि किसी को अपने पिता का हत्यारा सामने दिख जाए, तो उसे हाथ तक नहीं लगाता था। सदियों पुराने इस प्रचलन के सभी पाबंद थे। पर उसी रमजान के महीने में कुछ ऐसी घटनाएँ हुईं, जिन्होंने अरब इतिहास में जबरदस्त मोड़ ला दिया।

मुसलमानों को मदीना आए मुश्किल से दो साल गुजरे होंगे। मुहम्मद ने अपने

फुफेरे भाई अब्दुल्लाह बिन-जैश के साथ कुछ लोगों को नखला भेजा। नखला एक खतरनाक जगह थी, जो मक्का और ताएफ के बीच बसी है। उन लोगों के नखला पहुँचने के दो-एक रोज बाद कुरैशों का एक छोटा काफिला ताएफ से तिजारती माल लेकर वहाँ ठहरा। उसे मक्का जाना था। मौके का नाजायज फायदा उठाकर अब्दुल्लाह गिरोह ने उस पर हमला कर दिया। काफिला निहत्था था, मुसलमानी गिरोह हथियारों से पूरी तरह लैस। काफिला बुरी तरह लुट गया। काफिले का सरदार अम्र हजूरमी मारा गया। कत्ल और लूट की खबर जब मक्का पहुँची तो कुरैशों में खलबली मच गई, क्योंकि अबु सूफीयान की सरदारी में एक दूसरा बड़ा काफिला साम (सीरिया) से उसी रास्ते मक्का लौटनेवाला था। घबराहट और गुस्से में अशहुर-उल-हुरुम की पाबंदी तोड़ते हुए मक्का के कुरैश भी मदीना पर हमला करने निकल पड़े। मुकाबिले के लिए लगभग साढ़े तीन सौ आदमियों के साथ मुहम्मद भी मदीना से कूच कर गए। मदीना से करीब पचास मील दक्षिण-पश्चिम बदर नाम की एक जगह है। वहीं आमना-सामना हुआ। कुरैशी लश्कर में सात सौ ऊँट, दो सौ घोड़े और सौ पैदल सिपाही थे, देखकर मुहम्मद के होश उड़ गए और आसमान की ओर हाथ उठाकर वे बोले, 'मोमिनों की आज अगर हार हुई तो अल्लाह की इबादत (उपासना) बराबर के लिए बंद हो जाएगी।' अबू बक्र ने उन्हें सँभाला। इसी बीच एक संयोग घटित हुआ। जोरों की आँधी चली। रेतीले बवंडर ने कुरैशी-लश्कर को बेहाल कर तितर-बितर कर दिया। वे बुरी तरह हारे। उनके सत्तर आदमी मारे गए। मशहूर लड़ाके अबू जहल समेत नौ चुनिंदा सरदारों को अली ने अपने हाथों कत्ल कर दिया। बहुत सारे माल-असबाब मुसलमानों के हाथ आए। उनकी तरफ से सिर्फ चौदह आदमी ही मारे गए थे, जिनमें छह मोमिन और आठ अंसार थे। बदर की जंग भी रमजान महीने में ही हुई थी।

बदर की जीत से मुहम्मद की धाक जम गई और मुसलमानों के हौसले बुलंद हुए। माले-गनीमत (लड़ाई जीतने पर जो धन-दौलत हाथ लगती है) ने मोमिनों और अंसारों का लोभ बेहद बढ़ा दिया और मुहम्मद का साथ देने के फायदे उन्हें आगे भी नजर आने लगे। बड़ी समझदारी से बदले माहौल (वातावरण) का लाभ उठाते हुए मुहम्मद ने मदीना के यहूदी-ईसाई और दूसरे संप्रदाय के लोगों से एक समझौता किया, जिसके मुताबिक सबकी अपनी-अपनी आस्था के अनुसार पूजा-उपासना की स्वतंत्रता स्वीकार कर ली गई। आपसी झगड़े के निपटारे के लिए सबने मुहम्मद को मुंसिफ मान लिया तथा भविष्य में यदि उनमें किसी एक पर आक्रमण होता, तो सब मिलकर उसका सामना करने को वचनबद्ध हो गए। दूसरी तरफ अपनी हार से मक्का के कुरैश इतने बौखलाए हुए थे कि बदला लेने की तैयारी में जोर-शोर से जुट पड़े। साधन और बहादुरी की कमी के कारण नहीं, बल्कि महज इत्तिफाक (कुसंयोग) की वजह से वे बदर की

लड़ाई हारे थे। अबू जहल के मारे जाने के बाद कुरैशों की सिपहसालारी अबू सूफीयान को सौंपी गई थी। उसकी बीबी हिंद अपने दो बेटों और पिता के मारे जाने से इतने गम और गुस्से में थी कि उसने कसम खा ली कि जब तक हत्यारे हमजा का गुरदा न चख ले, वह अपने पति के साथ एक बिस्तर पर न सोएगी। हमजा न केवल एक नामी योद्धा था, बल्कि रिश्ते में वह मुहम्मद का चाचा भी था।

अबू सूफीयान ने बड़ी चतुराई से मदीनावासियों में फूट डाल दी और यहूदियों के बनी-नादिर कबीले को चुपचाप अपनी ओर मिला लिया। बहुत सारे मौकापरस्त मन-ही-मन इस ताक में लग गए कि जिधर पलड़ा भारी होगा, उधर ही जा मिलेंगे। एक साल बीतते-बीतते तीन हजार ऊँट, आठ सौ घुड़सवार और सैकड़ों पैदल सिपाही लेकर अबू सूफीयान मदीना की ओर कूच कर गया। जोशो-खरोश में कई औरतों के साथ हिंद भी लश्कर में शामिल हो गई।

मदीना से तीन मील हटकर उहुद नामक एक पहाड़ी जगह पर दोनों तरफ की फौज आमने-सामने जा डटीं। ऐन मौके पर सबाथ के पवित्र दिन के बहाने यहूदियों ने मुहम्मद का साथ नहीं दिया। मुनाफिकों में अब्दुल्लाह बिन-ऊबई लड़ाई के बीचोबीच लश्कर की एक टुकड़ी लेकर मैदान से हट गया। मुहम्मद के बहुत सारे सिपाही लड़ने के बजाय लूट-खसोट में जुट गए। ऐसे में नतीजा वही हुआ, जो होना था। अबू सूफीयान और मशहूर लड़ाका खालिद इब्न-वलीद मुसलमानों पर टूट पड़ा। जुबैर के एक अबसीनियाई गुलाम वहशी ने अपने बरछे से हमजा का काम तमाम कर दिया। खुद मुहम्मद बुरी तरह जख्मी हुए और उनके तीन दाँत भी टूट गए। हल्ला हो गया कि मुहम्मद मारे गए। अबू सूफीयान की बीबी हिंद जीत की खुशी में ऐसी पागल हो गई कि उसके लोगों ने घायल पड़े लोगों के नाक-कान काट दिए, अधमरे सिपाहियों को रौंद-रौंदकर मार डाला और हिंद ढूँढ़ती हुई हमजा की लाश तक जा पहुँची। कहा जाता है, अपना कौल पूरा करते हुए उसने लाश का न केवल पेट चीर दिया, बल्कि गुरदे के एक टुकड़े को सचमुच चबाकर थूक दिया। उहुद की हार से मुसलमानों को बड़ा झटका लगा।

इसलामी इतिहास के विद्वान् प्रो. रिचर्ड बेल बताते हैं कि यहूदी लोग उन दिनों मुहम्मद के ऐसे कोपभाजन बन गए थे कि कैनूक कबीले के कई लोगों को मदीना से जान बचाकर भाग जाना पड़ा। कुछ दिनों के बाद बनी-नादिर और बनी कुरैजा कबीलों का भी वही हाल हुआ। कुरैजा लोगों की घेराबंदी कर दी गई तथा आत्मसमर्पण के बाद भी उनके अनेक लोग कत्ल कर दिए गए, औरतों-बच्चों को गुलाम बना लिया गया और उनकी जायदाद जब्त कर ली गई। *(देखें—'ऑरिजिन ऑफ इसलाम इन इट्स क्रिश्चियन इन्वायरमेंट', पृष्ठ 135)*। मुहम्मद की नजरों में वे घोर अवसरवादी और धोखेबाज लोग थे, जो सामने कुछ और पीठ पीछे कुछ और कहते-करते थे। तैसे लोगों

को 'मुनाफिक' की संज्ञा देते हुए उनके बारे में मुहम्मद ने कहा, 'तो जब तक वे खुदा की राह में वतन न छोड़ जाएँ, उनमें से किसी को दोस्त न बनाना। अगर वतन छोड़ने को राजी न हों तो उनको पकड़ लो और जहाँ पाओ, कत्ल कर दो और उनमें से किसी को अपना साथी तथा मददगार न बनाओ।' (4:89)

यह ठीक-ठीक कह पाना तो मुश्किल है कि मक्का में यदि मुहम्मद का मान-मर्दन न किया गया होता तो इसलाम के स्वभाव में कोई अंतर आता अथवा नहीं, किंतु इतना तो साफ है कि मदीना में इसलाम के तेवर आक्रामक होते गए। मुहम्मद के हाथ में कुरआन तो पहले से ही था, मदीना पहुँचकर उन्होंने दूसरे हाथ में तलवार भी थाम ली। तलवार की ताकत ने गरीब मोमिनों के मन में धर्म से अधिक धन का आकर्षण बढ़ा दिया हो तो क्या आश्चर्य! कुरआन की ऐसी आयतें उन्हें भरोसा दिलाने के लिए काफी थीं—'...और अगर तुम्हें गरीबी का डर हो, तो खुदा चाहेगा तो तुमको अपने फजल (कृपा) से गनी (धनवान) कर देगा। बेशक खुदा सबकुछ जानता और हिकमत (उपाय) वाला है।' (9:28) लूटमार के माहिर अरबवासियों के लिए यह वादा खासतौर पर दिलकश था।

मक्का से आए मुहाजिरों को घर की याद भी सताती थी। भाई-बंधुओं से बिछुड़ना उदासी लाता है। कई युक्तिपूर्ण कारणों से मुहम्मद और उनके अंतरंग मक्कावालों से मेल-मिलाप के भी इच्छुक थे। आपसी मशविरे (परामर्श) के बाद मक्का जाने का विचार पक्का हुआ। सवाल था कि कब जाया जाए? साल में दो बार मक्का में हज का जमघट हुआ करता था। मार्च-अप्रैल में छोटा हज (हज अल-अशगर) और अगस्त-सितंबर में बड़ा हज (हज अल-अकबर), जिसमें दूर-दूर से हजारों-लाखों लोग आ जुटते थे। वैसे बड़े मजमे में एक छोटी चिनगारी भी भयंकर विस्फोट के लिए काफी हो जा सकती थी। इसलिए सबको छोटा हज ही ठीक जँचा। उहुद की लड़ाई के तीसरे साल मुहम्मद पूरे ताम-झाम के साथ मक्का की ओर निकल पड़े। उधर मक्कावालों को यह खबर पहुँची कि मुहम्मद उन पर हमला करने आ रहे हैं, तो मुकाबले के लिए वे लोग भी निकले। हालाँकि अमन के महीने में लड़ना कोई नहीं चाहता था। एक प्रबल कारण यह भी था कि प्रसिद्ध योद्धा खालिद इब्न-वलीद, जिसके घुड़सवारों ने पिछले उहुद की लड़ाई में मुसलमानों पर कहर ढाहे थे, इस बीच खुद इसलाम कबूल कर चुका था। इसलिए दोनों तरफ से सुलह-सपाटे की कोशिश हुई। मुहम्मद की ओर से उस्मान कुरैशों के पास यह संदेश लेकर गए कि मुसलमानों का इरादा जंग का नहीं है। वे लोग काबा की जियारत (दर्शन) कर लौट जाएँगे। हुदैबिया में दोनों पक्ष मिले। बातचीत से न सिर्फ गलतफहमी दूर हुई, बल्कि अगले दस सालों के लिए एक समझौता भी हुआ। फिलहाल यह तय किया गया कि इस बार मुहम्मद शांतिपूर्वक लौट जाएँ। अगले साल छोटे हज के मौके पर मक्का आएँ, तीन दिन ठहरें, अपने ढंग से बेरोक-टोक पूजा-

आराधना करें। उस बीच कुरैश लोग हटकर पास की पहाड़ियों पर चले जाएँगे। वैसा ही हुआ। अगले साल हज कर मुहम्मद जब मदीना लौटे, तो उनका रुतबा इतना बढ़ गया कि सुनकर कुरैश भी घबराने लगे। मगर उनके बीच, जो अनुभवी सौदागर थे, उनकी नजर दूर तक गई। इसलामी झंडे तले उन्हें स्वर्णिम भविष्य की झलक मिली, क्योंकि फारस और रोमन साम्राज्य आपसी टक्कर से अब बेहाल होते जा रहे थे। मुहम्मद को भी इन सब बातों की खबर मिलने लगी थी।

हुदैबिया से लौटने के बाद मुसलमानों ने खैबर पर धावा बोलने की योजना बनाई। माले-गनीमत कि लालच में जत्थे-का-जत्था उनके लश्कर में शामिल होने के लिए टूट पड़ा। मगर मुहम्मद ने वैसे लोगों को इजाजत ही न दी, जो हुदैबिया के मौके पर उनके साथ नहीं गए थे। उन्होंने साफ कहा, 'बात यह है कि तुम लोग यह समझ बैठे थे कि पैगंबर और मोमिन अपने बाल-बच्चों के बीच कभी लौट ही न पाएँगे और यही बात तुम्हें अच्छी लगी और तुमने बुरे-बुरे खयाल किए। अब नुकसान में पड़ गए।' (48:12) जानकार बताते हैं कि खैबर में मुसलमानों को ढेरों माल-असबाब हाथ लगा था और पराजितों में अनेकों को गुलाम बना लिया गया था।

दीने-इसलाम की तरक्की के लिए मुहम्मद को दारुल-इसलाम (इसलामी राज्य) की सख्त जरूरत महसूस होने लगी। अपने मकसद की कामयाबी के लिए उन्होंने मजहब और सियासत (राजनीति) का ताना-बाना बुनना शुरू किया। उन्हें मालूम था कि ईसाइयत भी तभी फैल पाई थी, जब शक्तिशाली रोमन साम्राज्य का उसे संरक्षण मिला। मक्का ही वो मरकज (केंद्र) था, जिसके इर्द-गिर्द मुहम्मद की सारी योजनाएँ चक्कर काटने लगीं। वह न केवल समस्त अरबवासियों का सर्वश्रेष्ठ तीर्थस्थल था, बल्कि उन दिनों के कई प्रसिद्ध थलमार्ग मक्का होकर ही गुजरते थे। सदियों से वे रास्ते अंतरराष्ट्रीय व्यापार के नियमित प्रवाह में बड़े सहायक बने रहे। उत्तर का पुराना मार्ग, जो कस्तुंतीनिया (तुर्की) से इटली होता हुआ पश्चिमी यूरोप के व्यापारिक मंडियों में चीन, भारत, ईरान, मिस्र आदि देशों के कीमती सामान पहुँचाया करता था, वह दिन-ब-दिन असुरक्षित होता जा रहा था। उस रास्ते सौदागरों को चुंगी की मोटी रकम चुकाने के अलावा राजकीय अधिकारियों की मुट्ठी गरम करने में ही मुनाफे का बड़ा हिस्सा गँवा देना पड़ता था। मुसलमानों के बीच भी कई अनुभवी कारोबारी थे, जो अपने व्यावसायिक हितों के प्रति सदा जागरूक रहते थे। उन्होंने दूर की देखी और अच्छी तरह समझ गए कि मक्का के राजमार्गों पर प्रभुत्व का सीधा अर्थ होगा, अंतरराष्ट्रीय व्यापार पर नियंत्रण। धर्म, राजनीति और व्यापार के बीच पारस्परिक सहयोग की जो अंतर्धारा बहती रहती है, उसका अधिकतम लाभ चतुर लोग ही उठाते हैं। वैसे लोग मक्का पर जल्द-से-जल्द कब्जा कर लेने के लिए उद्यत थे।

ऐसा नहीं कि एक कुशल नायक जनसमुदाय की सदा अगुआई ही करता रहे, अवसरानुसार वह स्वयं भी जनाकांक्षाओं के पीछे-पीछे चलने लगता है। शायद यही कारण रहा हो कि उन दिनों मुहम्मद को भी जिहाद की बात ज्यादा करनी पड़ी थी। उस दशा में जिनके बलबूते पर जिहाद चलाया जाता, उनकी अनसुनी वे कैसे कर सकते थे? लिहाजा मक्का पर चढ़ाई की तैयारी जोर-शोर से शुरू हुई। बहाना यह बना कि मुसलमानों के संरक्षण में रह रहे खुजामा कबीले पर कुरैशों की मदद से बनूबक्र कबीले ने हमला किया, जो हुदैबिया समझौते का घोर उल्लंघन था। सो रमजान के महीने में, मई-जून ईस्वी सन् 630 (हिजरी संवत्-8) को दस हजार की एक भारी भरकम फौज लेकर मुहम्मद मक्का-फतह के लिए निकल पड़े। कहते हैं कि खालिद बिन-वलीद, जिसने उहुद की जंग में उन्हें मात दी थी, इस बार वह मुसलमानी फौज के आगे-आगे था। उधर मक्का में अबू सूफीयान के इसलाम में दाखिल हो जाने से पस्त हिम्मती छाई थी। मक्का पहुँचकर इसलामी लश्कर के ऊँट जिस करवट बैठे, उसे देखते ही मक्कावासियों के बीच जंग के बजाय मुहम्मद के स्वागत-सत्कार की होड़ लग गई। कीमती रेशमी लिबास में सजे-धजे, सिर पर यमन की बनी लाल-सुनहली टोपी पहने, मुहम्मद जनसमुदाय के बीच पधारे। इस्तकबाल (स्वागत) करनेवालों में अबू सूफीयान ही पहला था।

सबसे पहले मुहम्मद काबा की जियारत (दर्शन) के लिए पहुँचे। सात फेरे लगाए। फिर हजरे-असवद (पूज्य काला पत्थर) को श्रद्धापूर्वक छुआ। अंदर गए, जहाँ सैकड़ों मूर्तियाँ रखी थीं, जिनमें काठ का एक परिंदा भी था। हजरत सुलेमान के पुराने शरीअत के मुताबिक मूर्तियाँ बनाना जायज था। नबियों, फरिश्तों, विद्वानों, संत पुरुषों वगैरह के बुत मसजिदों और इबादतगाहों में इसलिए रख दिए जाते थे, ताकि लोग उनसे प्रेरणा लें। मगर अरबवालों ने उन्हें पूजना शुरू कर दिया था। मुहम्मद ने अपने हाथों से काठ के बने एक परिंदे के दो टुकड़े कर दिए। वे पहले से ही कहते आए थे—'खाना-ए-काबा अम्न (शांति) की जगह मुकर्रर की गई थी। जिस जगह पर हजरत इब्राहीम खड़े थे, उसे नमाज की जगह बना लो। वहीं से अल्लाह को पुकारो, जो निहायत रहीम (दयालु) और करीम (कृपालु) है। वही सारे जहान का मालिक है और सबका परवरदिगार (पालनहार) भी। जब भी कोई उसे पुकारता है, तो वह उसकी दुआ कबूल करता है। इसलिए जो कुछ भी माँगना हो, उसी से माँगो। उन बुतों (मूर्तियों) से क्या माँगना, जो खुद इनसानी हाथों से बनाए गए हैं? वे न कुछ सुन सकते हैं न बोल सकते हैं और न किसी चीज को पैदा करने की ताकत रखते हैं।' लिहाजा, अस्त्र क़ी नमाज के बाद एक-एक कर सारे बुत तोड़-फेंके गए। सिर्फ ईसा मसीह और उनकी माँ मरीयम की तसवीरें छोड़ दी गईं। समर्थन में कुरआन की एक आयत नाजिल हुई—'कह दो कि हक (सत्य) आ गया और बातिल (असत्य) नाबूद (लुप्त) हो गया। बेशक बातिल नाबूद होनेवाला है।' (17:81)

उसके बाद मुहम्मद अल-सफा की पहाड़ियों पर गए, जहाँ कुरैशों का सारा कुनबा हाजिर था। पुरानी यादें सुगबुगाने लगीं। कल तक जिसे जलील (तिरस्कृत) करते रहे, आज उसे ही अपना आका (मालिक) कबूल करना था। सामने खड़े एक बुजुर्ग से मुहम्मद ने पूछा, 'फरमाएँ हजरत, आपके साथ कैसा सलूक किया जाए?' जवाब मिला—'अजीज भाई! हमारे साथ मुहब्बत और मेहरबानी से पेश आओ।' मुहम्मद की आँखों में आँसू छलक पड़े। भरे गले से उन्होंने कुरआन की एक आयत दुहराई—'आज के दिन से आप पर कोई रंज नहीं; खुदा आपको माफ करे, वह बहुत रहम वाला है।' (12:92) तुरंत सैकड़ों गलों से एक साथ आवाज गूँजी 'अल्लाहु अकबर!' और फिर इसलाम पर ईमान लाने का दौरे-रस्म शुरू हुआ। मजमे (जनसमूह) के सभी औरत-मर्द एक-एक कर मुसलमान बनते गए। मक्का फतह हो गया। मुहम्मद मक्का में नहीं ठहरे। वहाँ का सारा बंदोबस्त कर मुहाजिरों और अंसारों के साथ मदीना लौट गए। उन्हें रुखसत करने हजारों मक्कावासी दूर तक काफिले के साथ गए। आहिस्ता-आहिस्ता कारवाँ गुजर गया, लोग गुबार देखते रहे। अगले कुछ वर्षों में अरब के रेगिस्तानी सरहदों के पार दूर-दूर तक वही गुबार नजर आनेवाला था।

मुहम्मद के मदीना लौटने के बाद इसलामी सियासत के नक्शे बनने लगे। सियासत के तकाजे अलग ही होते हैं। उन्हें समझने के लिए उस वक्त के हालात को समझ लेना अच्छा होगा। अरब के ज्यादातर देश सीरिया, जॉर्डन, फिलिस्तीन, इजराइल, मेसोपोटामिया (वर्तमान इराकी क्षेत्र) वगैरह रोमन साम्राज्य के ही अधीन थे। रोमन साम्राज्य ईसाई था। ईसाइयों के साथ यहूदियों का झगड़ा ईसा मसीह के जीवनकाल से ही चला आ रहा था। जीसस (ईसा) हालाँकि खुद यहूदी जाति के थे, लेकिन कट्टरपंथी यहूदी पुरोहितों ने उन्हें 'धर्मद्रोही' करार देकर उनके खिलाफ इतना हंगामा खड़ा किया कि यरूशलम के तत्कालीन रोमन गवर्नर पाँतियस पाइलते को उस दबाव के सामने झुक जाना पड़ा और ईसा मसीह को सूली चढ़ा दिया गया। रोमन साम्राज्य का उससे कोई लेना-देना न था। वह तो चौथी शताब्दी के प्रारंभ की घटना है—मुहम्मद के जन्म से कोई ढाई सौ बरस पहले, जब रोमन सम्राट् कौंस्टैण्टिन ने ईसाई धर्म अंगीकार कर लिया, तब ईसाइयत साम्राज्य का राजधर्म बन गया। तभी से यहूदी लोग साम्राज्य के स्थायी वैरी बन गए। सैकड़ों साल पहले से वे लोग रोमन-साम्राज्य में दूर-दूर तक जा बसे थे और शुरू से ही वे राज्याधिकारियों के लिए सरदर्द बने हुए थे। आए दिन छोटे-बड़े कारणों से यहूदी लोग विद्रोह कर बैठते। उनके साथ सख्ती से निबटना जरूरी हो जाता।

मुहम्मद के समय में रोमन साम्राज्य की स्थिति बड़ी डाँवाँडोल थी। विगत कई सौ वर्षों से चला आ रहा ईसाइयों का धार्मिक विवाद घोर आंतरिक कलह का रूप ले चुका था, जिसके फलस्वरूप दो प्रतिस्पर्धी केंद्र—पूरब में अंताकिया और पश्चिम में

रोम—एक-दूसरे से जूझते रहते। दूसरी चुनौती फारस साम्राज्य की ओर से थी, जिसके साथ पिछली कई सदियों से रोमन साम्राज्य को बार-बार टकराना पड़ रहा था। मुहम्मद जिन दिनों मक्का में थे, रोम और फारस के बीच अंताकिया और यरूशलम में जमकर लड़ाई हुई थी, जिसमें फारस जीता था। सम्राट् खुसरो यरूशलम के गिरजाघर को बुरी तरह क्षतिग्रस्त कर पवित्र सलीब (होली क्रॉस) पर्सिया ले गया था। मुसलमानों की तरह ईसाई भी 'अहल-किताब' थे, यानी उनके पास भी अपना सम्मानित धर्मग्रंथ बाइबिल था। इसलिए मुहम्मद की हमदर्दी रोमन साम्राज्य के ही साथ थी। उन्हें जल्दी ही एक दूसरी टक्कर के आसार नजर आने लगे थे और उन्हें पूरी उम्मीद थी कि अगली बार रोम विजयी होगा—'रोम वाले मग्लूब (पराजित) हो गए। बहुत जल्द एक नजदीक के मुल्क में गालिब (विजयी) आएँगे…उस दिन मोमिन खुश हो जाएँगे।' (30:2-4) हालाँकि अगली लड़ाइयों में भी खुसरो ही विजयी होता रहा और वह मिस्र को जीतता हुआ त्रिपोली (लीबिया) और फिर कस्तुंतूनिया तक जा पहुँचा। लेकिन मुहम्मद के मदीना पहुँचने के बाद रोमन सम्राट् हिरैक्लियस का पासा पलटने लगा और सीरिया, फिलिस्तीन, यरूशलम, मिस्र आदि सभी खोए देश एक-एक कर उसे वापस मिल गए।

जिन दिनों हुदैबिया में कुरैशों के साथ मुहम्मद का समझौता हुआ था, हिरैक्लियस यरूशलम में मौजूद था और फारस से वापस लाए गए पवित्र सलीब की पुनर्स्थापना-समारोह के साथ-साथ पास-पड़ोस के देशों की शासन व्यवस्था ठीक करने में व्यस्त था। उसी सिलसिले में नगरवासियों से यहूदियों के बारे में उसे शिकायत मिली कि पिछली लड़ाई में उन लोगों ने न केवल फारस का साथ दिया था, बल्कि पर्सियन फौज की साँठ-गाँठ से नगर के ईसाई निवासियों पर तरह-तरह के जुल्म भी किए थे। ईसाइयों को संतुष्ट करने के लिए सम्राट् ने अनेक यहूदियों को निष्कासित कर दिया और कहा जाता है कि बड़े पैमाने पर उनकी हत्या भी की गई। इस घटना से पूरे रोमन साम्राज्य के यहूदी बागी हो गए। उसी बीच मुहम्मद ने दोनों सम्राटों को इसलाम स्वीकार कर लेने का संदेश भेजा था। खुसरो को मुसलमानों के बारे में खुफिया जानकारी मिल चुकी थी कि अरब में लुटेरों का एक नया गिरोह कायम हुआ है, जो तिजारती कारवाँ को लूटता-फिरता और इलाके में बदअमनी फैलाया करता है। जानकार बताते हैं कि खुसरो को जब मुहम्मद का पैगाम मिला तो बादशाह उस अदने शख्स की हिमाकत (धृष्टता) पर इतना गुस्से में आ गया कि यमन के अपने राज्यपाल को उसने हुक्म भेजा कि वह मुहम्मद को फौरन गिरफ्तार कर ले। खुसरो की तुलना में रोमन सम्राट् हिरैक्लिअस अधिक संयत व्यक्ति था। उसे जब उस अनजाने पैगंबर का खत मिला तो पढ़कर वह हँसने लगा और अपने अधिकारियों से पूछा कि यह कौन आदमी है और उसका मजहब क्या है ? उससे ज्यादा उसने भी कोई रुचि न ली। मुहम्मद का सपना उनकी मौत के बाद ही पूरा होनेवाला था।

दीन (धर्म) और सियासत (राजनीति) के तकाजे अलग-अलग हुआ करते हैं। इसलामी दीन की बात और थी, इसलामी सियासत की और। राजनीति के लिए समर्थक-संगठन-साधन, तीनों का तालमेल चाहिए। इसलामी योजना के तहत जिहाद ही वो कारगर तरीका था, जिससे सियासत के मकसद (उद्देश्य) पूरे किए जा सकते थे। जिहाद की पुकार देकर असली-नकली मोमिनों की पहचान हो जाती। माले-गनीमत का लोभ लोगों को पास खींच लाता और उसके जरिए समर्थकों की जिंदगी खुशहाल बनाई जा सकती थी। लश्करों के लिए धन तथा साजो-सामान जुटाए जा सकते थे। सबसे बढ़कर विरोधियों पर मुसलमानी ताकत का रोब गालिब हो जाता। इसलिए उन दिनों लोग खुद भी जिहाद का हुक्म माँगते और बारहा (प्रायः) मुहम्मद भी उन्हें जिहाद के लिए ललकारते—

> "और मोमिन लोग कहते हैं कि 'जिहाद की कोई सूर क्यों नाजिल नहीं होती? लेकिन जब कोई साफ मानी की सूर नाजिल हो, जिसमें जिहाद का बयान हो, तो जिन लोगों के दिलों में मर्ज है तो तुम देखोगे कि वे तुम्हारी तरफ इस तरह ताकने लगे, जैसे उन पर मौत की बेहोशी छा गई हो, सो उनके लिए खराबी है (47:20)...और जब कोई सूरः नाजिल होती है कि खुदा पर ईमान लाओ और उसके रसूल के साथ होकर लड़ाई करो, तो जो उनमें दौलतमंद हैं, वे तुमसे इजाजत (आज्ञा) तलब करते हैं कि हमें तो छोड़ ही दीजिए, ताकि हम भी उनके साथ रहें, जो घरों में हैं (9:86)...अगर तुम न निकलोगे तो खुदा तुमको बड़ी तकलीफ वाला अजाब (नर्कदंड) देगा और तुम उसको कुछ नुकसान न पहुँचा पाओगे। खुदा हर चीज पर अख्तियार रखता है (9:39)...और (ऐ पैगंबर!) इनमें से कोई मर जाए, तो कभी उसके जनाजे पर नमाज न पढ़ना और न उसकी कब्र पर जाकर खड़े होना। ये खुदा और उसके रसूल के साथ कुफ्र करते रहे और मरे भी तो ना-फरमान (अवज्ञाकारी) मरे।" (9:84)

जिहाद का मसला उस वक्त कुछ और रंग दिखाता, जब माले-गनीमत का बँटवारा मोमिनों के आपसी कलह की शक्ल अख्तियार कर लेता। नबी मोहम्मद से तरह-तरह के सवालात किए जाते। तोहमतों (लांछनाओं) की बावत उन्हें सफाई देनी पड़ जाती—

> "...(ऐ मुहम्मद! मुहाजिद लोग) तुमसे गनीमत के बारे में सवाल करते हैं। कह दो कि गनीमत खुदा और उसके रसूल का माल है। तो खुदा से डरो और आपस में सुलह रखो और अगर ईमान

रखते हो तो खुदा और उसके रसूल के हुक्म पर चलो…और जान रखो कि जो चीज तुम लूटकर लाओ, उसमें पाँचवाँ हिस्सा खुदा और उसके रसूल, कराबतदारों-यतीमों-मुहताजों और मुसाफिरों का है… (8:1,41)…और जो माल खुदा ने अपने पैगंबर को उन लोगों से (लड़ाई-भिड़ाई के बगैर) दिलाया है, उसमें तुम्हारा कोई हक नहीं, क्योंकि इसके लिए न तुमने घोड़े दौड़ाए, न ऊँट, लेकिन खुदा अपने पैगंबर को जिन पर चाहता है, मुसल्लत (आच्छादित) कर देता है, क्योंकि वह हर चीज पर कादिर (सामर्थ्यवान) है (59:8) …और कभी नहीं हो सकता कि खुदा के पैगंबर खयानत (गबन) करें। कयामत के दिन खयानत किया गया माल खयानत करनेवाले को खुदा के सामने हाजिर करना पड़ेगा… ।"(3:161)

मक्का फतह के तुरंत बाद मुहम्मद एक बड़ी फौज लेकर हुनैन पर कब्जा करने निकल पड़े। हुनैन मक्का और तायफ के बीच एक बड़ी बस्ती थी, जिसमें हवाजिन कबीले के लोग बसते थे। वे लोग तीरंदाजी के लिए दूर-दूर तक मशहूर थे। शुरू में हवाजिन ऐसी बहादुरी से लड़े कि मुसलमानों में भगदड़ मच गई, लेकिन उनकी संख्या मुश्किल से तीन-चार हजार थी, जबकि मुहम्मद के लश्कर में चौगुने ज्यादा लोग थे। लिहाजा जीत मुसलमानों की ही हुई। हवाजिनों के कत्ल और गिरफ्तारी के अलावा उनके बहुत सारे लोग गुलाम बना लिये गए। कहते हैं कि उतना ज्यादा माले-गनीमत मुसलमानों को पहले कभी हाथ न लगा था।

मुसलमानों ने जोर-आजमाइश के लिए अब रोमन आधिपत्य के क्षेत्रों में घुसपैठ शुरू कर दी। साम (सीरिया) और वालिद कुरा के बीच तबूक नामक एक समृद्ध जगह थी। भारी-भरकम फौज लेकर मुहम्मद उस पर कब्जा करने निकल पड़े। कुछ ही दिनों पहले फारस और रोम के बीच घमासान लड़ाई हुई थी, जिसमें रोम जीता था। लड़ाई के बाद भी रोमन सम्राट् कई महीने सीरिया और यरूशलम में ठहरा। सम्राट् हिरैक्लिअस के बाइजैंटियम लौट जाने के बाद भी उसकी सेना की बहुत बड़ी टुकड़ी सीरियाई इलाकों में मुस्तैद थी। इसलिए तबूक में मुहम्मद बुरी तरह परास्त हुए और मुसलमानी फौज किसी तरह जान बचाकर निकल भागी। इससे पहले मूता की लड़ाई में भी उनका बड़ा बुरा हाल हुआ था। इस बार रास्ते में लश्कर के ही किसी आदमी ने उन पर हमला किया। मगर वे बाल-बाल बच गए। उसी सिलसिले में एक बड़ी साजिश का पर्दाफाश हुआ, जिसका अगुआ अबू आमिर नामक एक ईसाई मदीनावासी था। उसने कई लोगों को बरगलाकर नकली मुसलमान बनवा दिया था, जिनमें कई लोग तबूकवाली लश्कर में शामिल हो गए थे। अबू आमिर की साँठ-गाँठ रोमन अधिकारियों के साथ थी और उसका गिरोह मुहम्मद

और मुसलमानों के खिलाफ जासूसी किया करता था। मदीना स्थित 'मसजिदे-जिरार' उन सबका गुप्त मुख्यालय था। मुहम्मद को जब इन सारी बातों की खबर लगी तो उन्होंने उस मसजिद को फौरन ढहा देने का हुक्म भेजा। लिहाजा मुहम्मद के मदीना पहुँचने के एक-दो रोज पहले ही मसजिद जलाकर पूरी तरह ध्वस्त कर दी गई और कई संदिग्ध लोग चुन-चुनकर कत्ल कर दिए गए। अगले कुछ महीने मुहम्मद का ज्यादा समय खासकर सल्तनत का इंतजाम करने और कायदे-कानून तय करने में बीता।

इसी बीच एक हादसा यह हुआ कि उनकी ईसाई पत्नी बीबी मरियम की कोख से जनमे बेटे इब्राहीम की मौत हो गई। वह सिर्फ डेढ़ साल का था। मुहम्मद, जब मक्का में रहा करते थे, उन्हीं दिनों उनकी पहली पत्नी बीबी खादिजा की कोख से जनमे तीनों बेटे बचपन में ही एक-एक कर मर चुके थे। इस बार इब्राहीम की मौत मे मुहम्मद का कोई मर्द वारिस (उत्तराधिकारी) न बचा। सिर्फ तीन बेटियाँ ही रह गईं। इस दुर्भाग्यपूर्ण घटना के डेढ़ महीने बाद मुहम्मद हज के लिए मक्का गए। यह उनका आखिरी हज था। हालाँकि यह छोटे हज (हज अल-अशगर) का मौका था, मगर इस बार (फरवरी-मार्च ई.-सन् 632) लाखों लोग जुट आए थे। आगे चलकर यही हज मुसलमानों का प्रधान हज बन गया और अगस्त-सितंबर महीने में होनेवाले हज अल-अकबर की प्रथा धीरे-धीरे समाप्त हो गई। मदीना से मुहम्मद के साथ सौ ऊँटों का एक शाही-काफिला चला, जिसमें उनके हरम की औरतें, सगे-संबंधी, संगी-साथी, अमीर व उमरा सभी सवार थे। उन सबके अलावा सैकड़ों घुड़सवार और हजारों मुहाजिर तथा अंसार पैदल ही साथ हो लिये।

खाना-ए-काबा में इकट्ठे जनसमूह को हज के कायदे और नमाज के तरीके बताने और अस्र (दोपहर) की नमाज अता करने के बाद मुहम्मद अराफात की पहाड़ियों पर चले गए, जहाँ बेशुमार लोग उमड़ आए थे। उस विशाल जनसमूह के सामने बोलते हुए उन्होंने इस बात की आशंका जताई थी कि शायद उन्हें दुबारा आने का मौका न मिल पाए, इसलिए बहुत सारी हिदायतों के साथ-साथ लोगों को यह भी कहा, 'मेरे बाद तुम काफिर न बनो कि एक-दूसरे की गरदन काटते फिरो।' मदीना वापस आने के तीसरे महीने वे बीमार हुए। आखिरी बार जब उनके शिष्य और समर्थक जमा हुए तो उन्होंने कहा, '…तुम खुदा के हुक्म में ज्यादती न करना और न उसके शहरों और लोगों पर जुल्म करना। खुदा ने मुझसे और तुमसे भी यह कहा है कि जन्नत (स्वर्ग) वह जगह है, जहाँ केवल वैसे लोग ही दाखिल हो सकेंगे, जो धरती पर किसी फसाद के अपराधी न हों, क्योंकि जन्नत पुण्यकर्मों का फल है।' 3 जून ईस्वी सन् 632 के दिन दुनियाबी मशगलों से निजात पाकर, पैगंबरे-इसलाम हजरत मुहम्मद मोमिनों को रोता-बिलखता छोड़ खुद जन्नत-मुकामी हो गए। उन्होंने मदीना में दम तोड़ा था।

□

2

मुहम्मद के मरते ही इसलामी आसमान में काले बादल मँडराने लगे। दुश्मनों को उम्मीद थी कि यह अजनबी मजहब मुहम्मद के बाद मिट जाएगा। वे लोग उस मौके की ताक में थे जब उसे उखाड़ फेंकने के लिए वे सब भी जुट आएँगे। लेकिन उनसे भी बड़ा खतरा मोमिनों के अंदर से ही उभर आया। उनका अगला रहनुमा–काइद–ए–सानी कौन बने, इस सवाल पर भारी झगड़ा उठ खड़ा हुआ। मक्का–मदीना के चारों तरफ एक बड़े इलाके में इसलामी सल्तनत की बुनियाद डालकर मुहम्मद चल बसे थे। इस सल्तनत के पास दौलत थी, फौज थी और दूर–दूर तक अपनी सरहद बढ़ाने के हौसले थे। इसलाम की इब्तिदा (प्रारंभ) भले ही एक वैसे दीन की शक्ल में हुई हो, जिसका जोर इनसान को खुदा से जोड़ने पर था, लेकिन अब तो सियासत उसकी 'फिक्रे–इमरोज' (दैनिक चिंता) बन चुकी थी। इसलिए मोमिन भी दुनियाबी फायदों से ज्यादा जुड़ गए और उनमें कई लोग सल्तनत पर कब्जा करने को बेकरार हो उठे।

दिक्कत यह थी कि विरासत (उत्तराधिकार) के बारे में किसी को मालूम न था कि उसकी शक्ल क्या होगी—पुश्तैनी या चुनावी? न तो कुरआन में इस मुत्तलिक कोई आयत उतरी थी, न मुहम्मद खुद कुछ बता गए थे और न ही उनकी कोई मर्द औलाद जिंदा बची थी। कई तरफ और कई लोगों की ओर से दावे पेश होने लगे। मदीना के अंसार चाहते थे कि सेहरा उन्हीं में किसी के माथे बँधे, जबकि मुहाजिरों की जिद थी कि रहबरे–इसलाम (इसलाम का मार्गदर्शक) कोई मुहाजिर ही बनाया जाए। उधर मक्का के कुरैशों की माँग थी कि चूँकि मुहम्मद की जन्मभूमि मक्का थी और वे बनु–हाशिम खानदान में जनमे थे, इसलिए उसी खानदान का कोई आदमी उनकी गद्दी पर बैठे। इस लिहाज से मुहम्मद की बेटी फातिमा या उसके शौहर अली का हक सबसे जयादा मजबूत बताया गया। बहुत खींचातानी के बाद आखिरकार अबू–बक्र पर सब राजी हुए। वे उन चंद लोगों में थे, जो पैगंबर और इसलाम पर सबसे पहले ईमान लाए थे। अबू बक्र सबके बुजुर्ग थे और मुहम्मद के वफादारों और अजीजों (प्रिय पात्रों) में सबसे

अव्वल भी। एक खास बात यह भी थी कि उम्मुहातुल मोमिनीन (मुहम्मद की पत्नियों) में सबसे प्यारी बीबी आयशा के वे पिता थे। उनके बारे में सबसे बड़ी बात यह बताई गई कि बीमारी की हालत में अपनी जिंदगी की आखिरी नमाज अता करने मुहम्मद जब पहुँचे तो उन्होंने अबू बक्र को ही लोगों को नमाज पढ़ाने के लिए कहा और पैगंबर खुद उनके पीछे जा खड़े हुए। इशारा साफ था। लिहाजा अबू बक्र को मुसलमानों ने अपना खलीफा कबूल कर लिया।

अबू बक्र एक नेकदिल और पाकजाद इनसान थे। आचार-विचार में बहुत ऊँचे। खलीफा मुकर्रर किए जाने के बाद अपने पहले खुतबा (भाषण) में उन्होंने मोमिनों से कहा, 'मैं तो इस लायक न था, ताहम आपने मुझे अपना हाकिम बनाया। अगर मैं ठीक काम करूँ तो आप मेरी मदद करें, और अगर मुझसे गलती हो जाए तो मुझे सुधारें...आप मेरा हुक्म तभी तक मानें, जब तक मैं अल्लाह और उसके रसूल (दूत) का ताबेदार (आज्ञाकारी) बना रहूँ। अगर मैं उनकी नाफरमानी (आदेश उल्लंघन) करने लग जाऊँ, तो आप भी मेरे फरमाबरदार (आदेशपालक) न बने रहना।'

मुहम्मद का सपना था कि फारस और रोमन साम्राज्य की हुकूमत खत्म कर पूरे अरब उप-प्रायद्वीप में इसलामी रियासत (राज्य) कायम की जाए। वे दोनों साम्राज्य पिछली दो सदियों से आपस में लड़ते-लड़ते चूर हो रहे थे। उनके कब्जेवाले देशों में ज्यादातर लोग यहूदी या ईसाई धर्म माननेवाले थे, जिनमें नस्ल के खयाल से अरब जातिवालों की तादाद काफी थी। वैसे लोगों का इसलाम की ओर दो वजहों से खिंचाव होता जा रहा था—एक तो यह कि पैगंबरे-इसलाम हजरत मुहम्मद खुद अरब जाति के थे, दूसरे कि दीने-इसलाम मुसलमानों के बीच भाईचारा, बराबरी और इनसाफ बहाली की बात करता था। यहूदियों को रोमन साम्राज्य से चिढ़ की खास वजह थी कि वह ईसाई था और इस नाते यहूदियों पर जोर-जुल्म किया करता था। (हालाँकि सच यह है कि धर्म के मामले में रोमन साम्राज्य बड़ा सहनशील था। महज राजनैतिक कारणों से यहूदी-उपद्रवों को दबाने के लिए उसे प्रशासकीय सख्ती बरतनी पड़ती थी। प्राचीन रोमन सम्राट् तिबेरियस (14-37 ई.) का यह प्रसिद्ध कथन कि 'देवता यदि अपमानित किए जाते हैं तो वे खुद निबटें', नीति-वाक्य के रूप में साम्राज्य को सदा मान्य रहा)। दूसरी तरफ गुजश्ते कई सौ बरसों से ईसाइयों के भयंकर आपसी फूट और कलह के कारण रोमन साम्राज्य में गहरी दरार पड़ गई थी और उसके दो फाँक हो गए थे—पूरब में बाइजैंटियम, जिसकी राजधानी कस्तुंतुनिया थी, और पश्चिम में रोम। पूरबी ईसाई जगत् भी कई संप्रदायों में बँट चुका था, जिनके धार्मिक विवाद शत्रुता की सीमा तक पहुँच जाते थे। बाइजैंटियम का नगर अंताकिया, सीरिया का दमिश्क, इजराइल का यरूशलम (इजराइल उन दिनों फिलिस्तीन का प्रदेश था) तथा मिस्र का शहर सिकंदरिया—ये चारों उस जामने में ईसाइयत के प्रमुख

केंद्र थे। नाहक बात का बतंगड़ बनाना उनके गिरजामहलों का व्यसन बन गया था, जिससे माहौल इतना बिगड़ गया कि उत्तरी अरब के नसारा-ईसाई, दक्षिणी अरब के साबी-ईसाई को यहूदी या मजूसी धर्म माननेवालों से भी ज्यादा नीच समझने लगे थे। आम जनता धार्मिक कलह और सार्वजनिक व्यभिचार से इतना ऊब चुकी थी कि वह किसी भी नई हुकूमत का स्वागत करने के लिए मन-ही-मन तैयार थी।

खालिद इब्न-वलीद, अबू उबैदा, अम्र इब्न-अल असी और शुराबिल इब्न-हसना की कमान में एक बड़ी मुसलमानी सेना सीरिया की ओर भेजी जा चुकी थी। सिपहसालारों और सैनिकों को खलीफा अबू-बक्र ने हिदायत की थी—'बहादुरी से लड़ना। मिट जाना, मगर झुकना मत। और यह भी याद रखना कि रहम बहुत बड़ी बात है। रहम करनेवालों पर खुदा मेहरबान रहता है। इसलिए बच्चे, बूढ़े और औरतों को हरगिज कत्ल न करना। न तो खेती-बाग-बगीचों और मवेशियों को बरबाद करना और न ही किसी फकीर को तंग करना। अपना वादा निभाने में दोस्त और दुश्मन के बीच कोई फर्क न लाना।' डेढ़ हजार साल लंबी अपनी तवारीख (इतिहास) में मुसलमानों ने इस नेक सलाह और पाक हिदायत के मद्देनजर अकसर जोर-जुल्म से परहेज किया और बारहा जुनूने-जिहाद में उन अजीम हिदायतों को ऐसा रौंदा कि वहशीयत भी उन्हें धिक्कारने लगी। बहरहाल, पूरे सीरियाई जंग के दौरान मुसलमानी फौज ने अपने खलीफा की नसीहतों की कद्र करते हुए बड़ी दिलेरी (वीरता) और दानिशमंदी (बुद्धिमत्ता) से काम लिया।

मदीना से सवा आठ सौ मील उत्तर एक नखलिस्तान के किनारे बसा दमिश्क सीरिया का सबसे खूबसूरत और खुशहाल शहर था। तीन तरफ रेगिस्तान और पश्चिम में लेबनान के पहाड़ों से घिरे दमिश्क में ठंडे पानी के चश्मे और बाग-बगीचों की हरियाली के बीच रंग-बिरंगे फूल और चिड़ियों की चहक से तबीयत खुश हो जाती थी। शहर के बाजारों में अनाज, तरह-तरह की साग-सब्जियाँ और फलों की भरमार रहती। दूर-दराज के मुल्कों से किस्म-किस्म के मसाले आते। हिंदुस्तान और मिस्र से आए रेशमी कपड़े, कीमती जवाहरात, हीरे-मोती-पन्नों से दुकानें चमकती-दमकती रहती थीं। फूलों के रौगन और इत्र की खुशबू से लोगों की तबीयत तर हो जाती। दमिश्क न केवल सीरिया, बल्कि पूर्वी रोमन साम्राज्य का भी नाज था। व्यापारियों और विद्वानों का यह नामी नगर सामरिक और राजनैतिक दृष्टि से भी बड़ा महत्त्वपूर्ण रहा है। सीरियाई सरहद के अंदर रोमन फौज से मुसलमानों का पहला मुकाबला अज्नदान में हुआ। अम्र अल-असी की टुकड़ी बुरी तरह घिर गई थी, मगर ऐन वक्त पर खालिद इब्न-वलीद का बड़ा लश्कर मोरचे पर आ पहुँचा और आखिरकार वे हार गए। ईसाइयों पर मुसलमानों की यह पहली जीत थी।

जीत की खबर बड़े नाजुक मौके पर मदीना पहुँची। वहाँ का माहौल बहुत गरम हो रहा था। खलीफा अबू बक्र सख्त बीमार थे। वे मुश्किल से ढाई साल अपने पद पर रह

पाए थे। अगले खलीफा के चुनाव का सवाल फिर उठ खड़ा हुआ था। महत्त्वाकांक्षी लोग अपना रास्ता साफ करने में इतने मशगूल थे कि उन्हें जायज-नाजायज की कोई परवाह न थी। मुहम्मद के बेटी-दामाद, फातिमा और अली को इस बात का बड़ा गुस्सा था कि पिछली बार उन्हें पूछा तक नहीं गया और इस बार भी खलीफा अबू बक्र अली के बजाय उमर की ओर मुखातिब थे। उमर के खिलाफ तरह-तरह की बातें फैलाई जा रही थीं। फातिमा का घर उमर-विरोधियों का अड्डा बन गया था। इन सब बातों से उमर इतना बौखला गए कि उन्होंने फातिमा के घर को जलाकर खाक कर देने की धमकी दे डाली। लगता था कि इसी चुनावी मुद्दे पर सबकुछ टूटकर बिखर जाएगा। लेकिन स्थिति सँभल गई। हजरत उमर मुसलमानों के दूसरे खलीफा बने।

उधर सीरिया में मुसलमानों की जीत से अरब मूल के बहुत से ईसाई भी उत्साहित थे। खालिद इब्न-वलीद की फौज अज्नदान के बाद दमिश्क की ओर जब बढ़ने लगी तो वैसे बहुत से हमनस्ल ईसाई उनके साथ हो गए। खालिद ने कूटनीति से काम लेना शुरू किया। उसे जल्द ही एक अच्छी कामयाबी मिली। घसन का मशहूर घराना ईसाई से मुसलमान बन गया। उसकी साँठ-गाँठ से दमिश्क के एक प्रभावशाली पादरी के साथ भी खालिद के गुप्त संबंध बन गए। इसलामी इतिहासकार अल-वकीदी का हवाला देते हुए रिचर्ड बेल ने बताया है कि खालिद ने एक लिखित मसौदे में ईसाइयों से वादा किया कि वह उनकी जान-माल और गिरजाघरों की हिफाजत करेगा। न तो शहर की बाहरी दीवार को कोई नुकसान पहुँचाया जाएगा और न ही उनके मकानों पर कब्जा किया जाएगा। शहर की हिफाजत के लिए रोमन फौज की छावनी थी। मुसलमानी फौज ने कई दिनों से उसे घेर रखा था। त्योहार की एक रात पादरी ने खालिद को चुपके से खबर भिजवाई कि जैबियन फाटक की तरफ कोई पहरा नहीं है। रोमन सिपाही अबु उबैदा की टुकड़ी के साथ जब तक दूसरी ओर गुँथे रहे, खालिद के सैनिक सीढ़ी के सहारे दीवार फाँद गए और अंदर से फाटक खोल दिया। मुसलमानी फौज भीतर घुस गई। कुछ देर की मुठभेड़ के बाद रोमन सैनिकों के पास हथियार डाल देने के अलावा कोई चारा न बचा। दमिश्क पर मुसलमानों का कब्जा हो गया। लेकिन सीरिया की किस्मत का आखिरी फैसला कुछ दिनों बाद यारमुक में हुआ, जहाँ लगभग छह महीने लड़ाई चलती रही। बदर की तरह, अंतिम दौर में कुदरत फिर दखलंदाजी कर बैठी। ई. सन् 636 में तपते अगस्त का महीना था। रेगिस्तान में जोरों का बवंडर उठा और रोमन फौज पूरी तरह उसकी चपेट में आ गई। मुसलमानी फौज, जो ऐसे मौसम की अभ्यस्त थी, उन पर बुरी तरह टूट पड़ी। रोमन सेना हार गई। कहा जाता है कि अबु सूफीयान की बीबी हिंद इस बार भी मैदानेजंग में मौजूद थी और उसने अपने बेटों को ललकारा कि वे घायलों के हर अंग काट डालें। हिंद की बदगुमानी और बेरहमी में कोई कमी न आई थी। वह बे-इसलाम जैसी थी, बा-इसलाम

भी वैसी ही रह गई। आदमी मजहब के मिजाज में जितना फर्क ला देता है, मजहब आदमी के मिजाज में उतना फर्क नहीं ला पाता।

युद्धबंदियों के सामने तीन ही विकल्प थे—मौत, गुलामी या इसलाम। ज्यादातर ने इसलाम कबूल कर लिया। बस्तियों के अधिकांश ईसाई मुसलमानों की बढ़ती देख अपना धर्म छोड़कर इसलामी बाड़े में फाँद आए। रोमन साम्राज्य का सितारा गर्दिश में घिरा जा रहा था। उन्हीं दिनों एक भयंकर महामारी फैली और उनके बहुत सारे फौजी जवान मर गए। अगले साल मुसलमानों ने जब यरूशलम पर चढ़ाई की तो रोमनों से कुछ करते न बन पड़ा। उधर कुदैसिया की लड़ाई में फारस साम्राज्य का झंडा भी उखड़ गया।

इसलामी इतिहास में जिन पहले चार खलीफाओं (चहारमीर) का विशिष्ट स्थान है, उन सबके सम्मिलित कार्यकाल कुल तीस वर्ष ही रह पाए थे। अबू बक्र के जमाने में सीरिया का सीमावर्ती क्षेत्र ही जीता गया था। उनके बाद उमर जब खलीफा बने तो उन्होंने न सिर्फ संपूर्ण सीरिया, बल्कि ईरान, इराक और मिस्र तक को जीत लिया। तीसरे खलीफा उस्मान को फकत खुरासान की फतह नसीब हुई। चौथे खलीफा अली तो अंत तक आपसी लड़ाई में फँसे रह गए। लेकिन अगले सौ साल के अंदर उस युग के दो प्रतापी साम्राज्य—रोम और पर्सिया (फारस)—को धूल चटाकर इसलामी-विजेता एशिया-अफ्रीका के पार यूरोप तक जा पहुँचे। मुसलमान खलीफाओं ने ईस्वी सन् 638 में अंतिआक, 648 में सिकंदरिया, सन् 708 में कार्थेज तथा 710 में स्पेन जीत लिया था। उन्होंने मोरक्को से सिंध तक की उपजाऊ धरती जीत ली तथा समरकंद और बुखारा को अपने अधीन कर लिया। कहते हैं कि मात्र सौ वर्षों में स्थापित इसलामी साम्राज्य सात सौ वर्षों में निर्मित रोमन साम्राज्य से भी बढ़-चढ़ गया। मुसलमान खलीफाओं के राज्य-विस्तार के सामने सिकंदर का साम्राज्य कुछ भी न था, क्योंकि दमिश्क के खलीफा की सरहद पार करने में पूरे पाँच महीने लग जाते, जबकि सिकंदर की राज्य-सीमा महज तीन महीने में ही लाँघी जा सकती थी। उल्लेखनीय है कि ईरान के दरायूष तृतीय को पराजित कर सिकंदर उसके विशाल फारस साम्राज्य का उत्तराधिकारी बन गया था। 'दि ग्रेट अलेक्जेंडर' के लेखक बेंजामिन आई. व्हीलर ने बताया है कि अपने बुलंदी के जमाने में भी फारस साम्राज्य की सरहद पूरबी से पश्चिमी छोर तक लगभग ढाई हजार मील ही थी तथा उसकी राजधानी सुसा से सुदूर पश्चिम लिदिया के सारदीस शहर तक जानेवाली पंद्रह सौ मील लंबी सड़क तीन महीने में तय कर ली जाती थी। यह ईसा पूर्व तीसरी शताब्दी में फारस पर सिकंदर की चढ़ाई के समय की बात है।

मुहम्मद की मृत्यु के सौ साल पूरे होते-होते मुसलमान दुनिया के सबसे शक्तिशाली शासक बन बैठे। इसलाम धर्मावलंबी अरबों के संबंध में यूरोपीय इतिहासवेत्ता एच.ए.एल. फिशर ने लिखा है—'उन्होंने सीरिया और मिस्र को जीत लिया। पर्सिया पर

पूरी तरह छा गए और उससे इसलाम कबूल करवा लिया। पश्चिमी तुर्किस्तान और पंजाब के एक हिस्से के मालिक बन बैठे। उन्होंने बाइजैंटियम (रोमन साम्राज्य) और बर्बरों से अफ्रीका तथा विसिगोथ लोगों से स्पेन छीनकर पूरब में कस्तुंतीनिया और पश्चिम में फ्रांस तक को भयभीत कर दिया। भूमध्य सागर में अब एक भी रोमन-सरोवर नहीं बचा। यूरोप के एक छोर से दूसरे छोर तक सभी ईसाई राज्यों के सामने नवीन धार्मिक विश्वास पर आधारित एक नई पूर्वी सभ्यता की चुनौती उपस्थित थी।' *(देखें : 'ए हिस्ट्री ऑफ यूरोप', पृ. 137-8)* ईस्वी सन् 732 में फ्रांसवासियों ने लोआएर तट पर स्थित तूर के निर्णायक युद्ध में इसलामी राज्य-विस्तार की गति नहीं रोक दी होती तो मुसलमानी सेना पोलैंड-स्कॉटलैंड को लाँघती हुई लगातार आगे बढ़ती चली जाती और उसके जहाजी बेड़े जर्मनी की राइन और लंदन की टेम्स नदी में तैरते नजर आते। और तब, जैसाकि विश्वविख्यात इतिहासकार गिब्बन को डर था—'ऑक्सफोर्ड के विद्यालयों में कुरआन की पढ़ाई होती और छात्रों को मुहम्मद के इलहाम (ईश्वरीय-ज्ञान) की सच्चाई और उसका सम्मान करना सिखलाया जाता।' खैर!

खलीफा की गद्दी के लिए उन दिनों जो मारामारी हुई, उसके कई किस्से हैं। कुछ सच, कुछ झूठ। लेकिन इतना बिल्कुल सच है कि सारा खेल, सारी लड़ाई 'मैं' और 'मेरे' की थी। 'मैं' से बड़ा सच कुछ भी नहीं होता—न मजहब, न खुदा। खुदा भी बड़ा इसलिए है कि वह 'मेरा' खुदा है। 'मैं' उसे खुदा मानता हूँ। जो भी हो, सभी खलीफा खुदा, पैगंबर और इसलाम के नाम पर ही चुने जाते रहे। मगर उनमें न कोई चैन से रह पाया, न रहने दिया गया—खुदा, पैगंबर और इसलाम के नाम पर। जिन पहले चार खलीफाओं का जिक्र किया जा चुका है, उनमें पहले खलीफा अबू बक्र बामुश्किल ढाई साल अपने ओहदे पर रह पाए। वे बूढ़े थे, बीमार हुए और चल बसे। उनके कार्यकाल में दो-तीन ऐसे लोग निकल आए थे, जो खुद को पैगंबर ऐलान कर खलीफा को चुनौती देने लगे। उन सबको तो अबू बक्र ने ठिकाने लगा दिया, मगर मुसलिम सरगनाओं की आपसी रंजिश वे मिटा न पाए। नतीजा हुआ कि उनके बाद तीनों खलीफा एक-एक कर मारे गए। फसाद का मौका इसलिए आ खड़ा होता कि खलीफा के चुनाव में क्या तरीका अपनाया जाए, यह किसी को मालूम न था। उसे कौन, कैसे और कितने दिनों के लिए चुने? उसे कब, क्यों और कैसे हटाया जाए? खलीफा अगर खुद हटना चाहे या अपनी जगह किसी दूसरे को बिठाना चाहे, तब क्या हो? ये सारे ऐसे पेचीदे मामले थे जिन पर न तो कुरआन कोई रोशनी डालता था और न ही पैगंबर कुछ बता गए थे। शरीअत, सुन्नत या हदीस—वे सब तो बहुत बाद की बातें हैं। अंजाम यह हुआ कि अबू बक्र तो किसी कदर उम्मत की आम राय से खलीफा चुन लिये गए थे, मगर उनके बाद उमर इसलिए खलीफा बनाए गए कि अबू बक्र ने उन्हें नामजद किया था। उमर जब मरने लगे तो एक छोटी चुनावी मंडली

मुकर्रर कर गए, जिसने उस्मान को तीसरा खलीफा बहाल किया। उस्मान जब मारे गए तो मोमिनों के एक दबंग गुट ने अली को ओहदे पर काबिज करवाया। उसके बाद जो सिलसिला शुरू हुआ, उसमें अकसर तलवार ही तख्त का फैसला करने लगी और वो दौर भी आया, जब कई खलीफाओं, सुलतानों या सूबेदारों ने इसलाम और तलवार, दोनों को एक ही म्यान में डाल कमर से लटका लिया।

खलीफा इसलामी-दीन और इसलामी-सल्तनत, दोनों का प्रधान था। इस नाते उसके अख्तियार बहुत थे, लेकिन जवाबदेही कुछ नहीं। वह खुद तो किसी से भी जवाब-तलब कर सकता था, मगर उससे सवाल करने का हक किसी को न था। उसकी सारी जवाबदेही अल्लाह और उसके पैगंबर के प्रति थी, जिन दोनों में सामने कोई मौजूद न था। इसलिए सबकुछ खलीफा-हुजूर की अपनी समझदारी, नीयत और ईमान पर निर्भर करता था।

उमर तकरीबन दस साल खलीफा रहे। उनकी हत्या के कारणों का जिक्र करते हुए मिस्र के एक विद्वान् डॉ. ताहा हुसैन ने कहा है कि 'उन दिनों मदीना के ईरानी गुलाम इस बात से बहुत बेचैन थे कि उनके बच्चों से भी कड़ी मेहनत के काम लिये जाते थे और उन्हें मुनासिब मजदूरी तक न दी जाती थी। उन्हें डर था कि वे बच्चे जवान होने से पहले खत्म हो जाएँगे। मुगीरा बिन-शुबा, जो हजरत मुहम्मद के संगी-साथियों में एक था और जिसे खलीफा उमर ने हाल ही में कुफा (ईराक) का अमीर बहाल किया था, उसके सैकड़ों गुलाम थे। वैसे गुलामों में नहारवंद (ईरान) का एक युद्धबंदी भी था, जो कई फन का माहिर था। एक दिन वह अपने मालिक मुगीरा बिन-शुबा की शिकायत लेकर खलीफा उमर के पास पहुँचा और बताया कि कैसे उसकी सारी कमाई हड़प ली जाती है। उमर ने अपने फैसले में कहा कि मुगीरा जो करते हैं, सो जायज है। खलीफा की बदइंसाफी से गुलाम तिलमिला उठा और कुछ ही दिनों बाद उमर जब सुबह की नमाज अता करने मसजिद पहुँचे, तो ताक में बैठे उस ईरानी ने उन्हें छुरा मार दिया। खलीफा उमर की अपनी ही बहुत बड़ी जागीर थी और वे कई बेहतरीन नखलिस्तान के मालिक थे। उनकी मिल्कियत में गुलामों की भी बड़ी तादाद थी।' *(देखें, 'खुदाबक्श लेक्चर्स' (पटना), 'इंडियन एंड इसलामिक, भाग-1', पृ. 385)* बैहकी और इब्न-साद जैसे—नामी इसलामी इतिहासकार बताते हैं कि खलीफा बन जाने के बाद भी उमर आयात-निर्यात का धंधा बड़े पैमाने पर चलाते रहे। (वही : पृ. 394) हजरत अबू बक्र तो पहले भी दौलतमंद थे, मगर इसलाम की तरक्की के साथ-साथ उनकी माली-हैसियत में भी इजाफा (वृद्धि) होता गया और बताया जाता है कि अपने गुलामों से उन्हें भी रोजाना काफी आमदनी हुआ करती थी। हालाँकि खलीफाओं में हजरत उस्मान सबसे धनी बन गए थे, मगर चौथे खलीफा अली की भी सलाना आमदनी चालीस हजार दीनार पहुँच गई थी।

पैगंबर के सहाबा (संगी-साथियों) में शायद ही कोई ऐसा हो, जो अल्लाह और

इसलाम की फज्ल (कृपा) से माला-माल न हो गया हो। उनका एक खलेरा भाई जुबैर बिन-अव्वाम, जो खलीफा अबू बक्र का दामाद भी था, उसके पास बहुत बड़ी जायदाद थी, एक हजार गुलाम थे और उसका कारोबार दूर-दूर तक फैला था। समझ में नहीं आता कि वैसे माहौल में खालिद बिन-वलीद जैसा कोई शख्स दिख जाए, तो उसे क्या उपाधि दें—अहमक (महामूर्ख) या फरिश्ता? वह महान् योद्धा, जिसे पैगंबर 'शमशीरे-खुदा' कहा करते थे, जब मरा तो उसके अस्त्र-शस्त्र, एक घोड़ा और एक गुलाम कुल-कुदरत इतनी ही निजी संपत्ति थी। उतनी बड़ी मुसलमानी फौज का शायद वो अकेला सिपाही रहा हो व जो दुनियावी दौलत के बजाय दौलते-ईमान से निहाल हुआ था। उहुद से लेकर अज्नदान, दमिश्क, यरूशलम, अनातोलिया और न जाने कितने और मोरचों पर जी-जान से लड़ा, तो महज अल्लाह और इसलाम पर अपने बुलंद ईमान की खातिर। खालिद बिन-वलीद बेशक एक पाकजाद मुसलमान था, जिसकी अजीम मिसाल काबिले-कद्र है।

खलीफा बनने के समय हालाँकि उस्मान की उम्र लगभग सत्तर साल थी, फिर भी उनका कार्यकाल बारह साल रहा। उनके मुखालिफों (विरोधियों) ने उन पर भाई-भतीजावाद, वित्तीय-भ्रष्टाचार से लेकर कुफ्र तक का इलजाम लगाया, क्योंकि उन्होंने पाक कुरआन की वे सभी नकलें जलवा देने का हुक्म दिया, जो उनकी देख-रेख में तैयार नहीं हुई थीं। खलीफा उमर की इजाजत (अनुमति) से जैद-बिन-साबित ने कुरआन शरीफ की मुकम्मल (संपूर्ण) आयतें लिख रखी थीं। बात यह थी कि अलग-अलग लोगों के पास कुरआन के छोटे-बड़े हिस्से बिखरे पड़े थे। उन सबको एक जगह इकट्ठा करने के लिए खलीफा उमर ने जैद बिन-साबित को इस वजह से चुना था कि आखिरी कुछ सालों से हजरत मुहम्मद पर कुरआन की आयतें उतरनी बंद हो गई थीं, लिहाजा रमजान के महीने में वे कलामें-कुरआन पढ़वाकर सुना करते थे और उनमें से कई आयतें मंसूख (विलोपित) करवा दिया करते थे। इंतकाल (मृत्यु) के साल भी उन्होंने दो बार वैसा किया था, जिन मौकों पर जैद बिन-साबित मौजूद थे। उलमा बताते हैं कि उसके बाद कोई आयत रद्द न हुई थी और जैद को उन सब बातों की पूरी जानकारी थी। खलीफा उस्मान ने अपने कार्यकाल में सभी उपलब्ध संकलनों को परिशोधित करवाकर पाठ संबंधी सारे मतभेद दूर करने की गरज से कुरआन की सात प्रामाणिक प्रतियाँ तैयार करवाईं और उन्हें दूर-दूर के देशों में भी भिजवा दिया। बाकी नष्ट कर दिए गए। कहा जाता है कि उस्मान के इस कारनामे को कुफ्र करार देकर पैगंबर के करीबी साथियों ने उनकी चहेती बीबी आयशा के इशारे पर खलीफा उस्मान की हत्या का षड्यंत्र रचा और उसे अंजाम देनेवाले सरगनाओं में खुद आयशा का भाई भी था। ईस्वी सन् 656 में उस्मान को बड़ी बेरहमी से कत्ल कर दिया गया।

उस्मान की हत्या से गृहयुद्ध ऐसा भड़का कि लगा सब आपस में ही कट-मरेंगे।

आतंक के उसी वातावरण में मोमिनों के एक बाहुबली गुट ने अली को खलीफा की गद्दी पर बिठा दिया। इन कारनामों से स्थिति और भी विस्फोटक हो गई। उस्मान के खानदानवाले बदला लेने के लिए बावले हो उठे। अबु सूफीयान और हिंद का बेटा, मुआविया, उस वक्त सीरिया का सूबेदार (राज्यपाल) था। उसने अली पर उस्मान की हत्या का दोष मढ़ते हुए उसे घेरना शुरू किया। मुआविया ने आयशा से भी साँठ-गाँठ बढ़ा ली। अली अपनी राजधानी मदीना से हटाकर कूफा (इराक) ले गए। कूफावालों ने ही उन्हें वहाँ चले आने के लिए प्रोत्साहित किया था। आयशा की अगुआई में मुसलमानों की फौज वहाँ जा पहुँची। मुठभेड़ में नाहक हजारों लोग मारे गए। उधर सीरिया में मुआविया ने एक दूसरा मोरचा खोल दिया। आयशा भी उधर जा मिली। सीफिन (सीरिया) में दोनों फौजों से अली का मुकाबला हुआ। सुलह-सपाटे की बात चली। अली के समर्थक—खरिज और कूफी लोग सुलह के सख्त खिलाफ थे। जैसे ही सुलह हुई, उन लोगों ने अली को मार दिया।

अली के बाद उसका बेटा हसन (हजरत मुहम्मद का बड़ा नाती) गद्दी पर बिठाया गया। मगर कुछ ही दिनों में मुआविया ने उसे डरा-धमकाकर गद्दी हथिया ली। हसन का अचानक मौत हो गई। कहते हैं, मुआविया ने उसे जहर दिलवा दिया था। जो भी हो, मुआविया ने दमिश्क को अपनी राजधानी बनाया। मुआविया बीस बरसों तक शासक रहा। वह एक कुशल शासक सिद्ध हुआ और उसके जमाने में इसलामी राज्य-सीमा भी आगे बढ़ी। ई. सन् 680 में उसके मरने के बाद उसका बेटा याजिद तख्तनशीं हुआ। वह निहायत निकम्मा, नालायक और बेरहम था। गनीमत थी कि वह महज तीन साल ही खलीफा रहा। याजिद ने अपने बाप की एक भी हिदायत न मानी और हसन के छोटे भाई हुसैन को मरवाने के लिए एक फौज भेज दी। मुहर्रम के पाक महीने में मौजूदा बगदाद से कोई साठ मील दूर कर्बला में उसकी फौज ने हुसैन को उसके संगी-साथी और परिजनों समेत घेर लिया और उस तपते रेगिस्तान में भूख-प्यास से तड़पा-तड़पाकर उन सबको कत्ल कर दिया। सिपहसालार उबैदुल्लाह ने जब वह तोहफा हुसैन का कटा सिर जब अपने आका याजिद को पेश किया, तो सभी दरबारी नाचने-कूदने लगे और नीचता की इंतिहा (पराकाष्ठा) तब हुई, जब उनमें से कुछ उस नाचीज नजराने (तुच्छ उपहार) को सरे-मजलिस ठोकरों से गेंद की तरह लुढ़काने लगे। एक गैरतमंद मुसलमान ने खलीफा से जब गुजारिश (विनती) की कि कम-से-कम पैगंबरे-इसलाम का लिहाज कर उनके नाती के साथ वैसी बदसलूकी (दुर्व्यवहार) न की जाए, तब जाकर मंजर (दृश्य) थमा। मगर डेढ़ हजार साल बाद आज भी उस शर्मनाक वाकया (घटना) के कारण तमाम इसलामी दुनिया में शिया-सुन्नी की आपसी दुश्मनी बरकरार है। कुछ ही दिनों बाद मुख्तार नामक एक जोशीले मुसलमान ने ठीक उसी जगह, जहाँ हुसैन कत्ल हुआ था, कातिल उबैदुल्लाह के भी टुकड़े-टुकड़े कर दिए।

याजिद की मौत के एक साल के अंदर एक दूसरा शख्स अब्दुल मलिक ई. सन् 684 में दमिश्क का खलीफा बन गया। हालाँकि वह एक मशहूर खलीफा हुआ, जिसने बड़े-बड़े काम किए, मगर उसके समय की एक विशेष घटना यह भी हुई थी कि अल-जुबैर नामक एक बागी मुसलमान ने मक्का-मदीना पर कब्जा कर खुद को खलीफा ऐलान कर दिया था। मलिक की फौज दोनों शहरों का कब्जा वापस लेने के बाद बागी जुबैर का कटा सिर बरछे की नोक पर टाँग दमिश्क ले आई।

इसलामी खलीफाओं की दास्ताँ बड़ी लंबी-चौड़ी है और मुमकिन नहीं कि पूरे तेरह सौ साल की उनकी तवारीख चंद पन्नों में समेट ली जाए। फिर भी अगर हम उनके शानदार कारनामों का जिक्र न करें, जो खासकर दो-तीन सौ साल के दरमियान दमिश्क-बगदाद से लेकर कारडोवा-अंदुलूसिया तक किए गए थे, तो यह निहायत बेईमानी और नाशुक्रगुजारी (कृतघ्नता) होगी। दरअसल, रोना भी इसी बात का है कि उसके बाद न जाने इसलाम को क्या हो गया! फिलहाल इस मुकाम पर नाटक के अंतिम दृश्य की झलक ही पहले देख लें तो कोई हर्ज नहीं। 3 मार्च, 1924 को खलीफा का निजाम (व्यवस्था) बराबर के लिए खत्म कर दिया गया। दो साल पहले महमूद वहीदुद्दीन, जो तुर्की का सुलतान और तमाम मुसलमानों का खलीफा था, उसने ब्रिटिश कमांडर सर चार्ल्स हैरिंग्टन से मिन्नत की कि इस्तांबूल में उसकी जान खतरे में है, लिहाजा उसे जल्द-से-जल्द कहीं और पहुँचा दिया जाए। उसकी आरजू कबूल करते हुए अंग्रेजों ने अपनी हिफाजत में उसे माल्टा पहुँचवा दिया, जहाँ चार साल बाद उसकी मौत हो गई। कर्जदारों ने दो हफ्ते तक उसकी लाश रोक रखी थी। उसके वारिस और मुसलमानों के आखिरी खलीफा अब्दुल मजीद ने सन् 1924 में इस्तांबूल से जब चुपचाप विदा ली, तो उस पर भी इनायत (कृपा) फरमाते हुए ब्रिटिश सरकार ने स्विट्जरलैंड का वीसा और दो हजार स्टर्लिंग पाउंड की रकम उसके सुपुर्द कर दी। आधी रात को जब वह ट्रेन के डिब्बे में सवार हुआ, तो बवक्ते-अलविदा उसे 'खुदा-हाफिज' कहनेवाला बूढ़े स्टेशन मास्टर के सिवा कोई न था।

अमन (शांति) और तरक्की के करीब चार सौ साल लंबे दौर के मुकाबले इसलामी जंग का जमाना छोटा था। जंग (युद्ध) और फतह (विजय) का वह सिलसिला महज सौ साल ही जारी रहा। मैदानेजंग में मुसलमानों ने बहादुरी और बेरहमी, दोनों की एक-से-बढ़कर-एक मिसाल (उदाहरण) पेश की, मगर इतना तो गैर-मुसलिम इतिहासकार भी मानते हैं कि अरब-विजेताओं के युद्ध-नियम, युद्धबंदियों तथा विजित प्रजा के साथ उनके बरताव दूसरी राजशक्तियों से अधिक मानवीय और उदार थे। मंगोल-तार्तार, चंगेज और तैमूरलंग जैसे आततायियों की तरह मुसलमानों ने न तो बेरहमी से बस्तियों को बरबाद किया, न ही बेगुनाहों पर बर्बरतापूर्वक कहर ढाए। बेशक उनके हाथों भी विध्वंस हुए, किंतु एम.एन. रॉय जैसे विख्यात विप्लवी विचारक की राय में—'विध्वंस तो (इसलामी)

उद्देश्य का मात्र एक पूरक अंग था। उन्होंने आवश्यक नवनिर्माण के लिए अनुपयोगी प्राचीन को ढहा दिया। सीजर और खुसरो की पूजित अट्टालिकाओं को उन्होंने इसलिए नष्ट कर दिया, ताकि उनके अवश्यंभावी विनाश से पहले मानवीय ज्ञान की चिर संचित निधि का उद्धार कर भावी पीढ़ियों के लिए उन्हें सुरक्षित और समृद्ध कर दिया जाए।' *(दि हिस्टोरिकल रोल ऑफ इसलाम, पृ. 7)*

इसलाम दुनिया में आहिस्ता-आहिस्ता फैला। उसके पूरे प्रसार में सदियाँ बीत गईं। शुरू में इसलाम कबूल करनेवाले ज्यादातर वे लोग थे, जो अपने धर्म-यहूदी, ईसाइयत, मजूसी या साबी वगैरह की गिरावट से खीज उठे थे या फिर वे लोग, जिन्हें ओहदा-वो-आफियत (पद और सुख-सुविधा) का लोभ इसलाम की ओर खींच लाया था। खासकर पहले चार खलीफाओं के जमाने में जीते गए मुल्कों के बाशिंदों पर इसलाम कबूल करने के लिए कोई जोर-जबरदस्ती नहीं की गई थी। लोगों को अपने-अपने धर्म और रीति-रिवाजों पर कायम रहने की छूट थी। दारुल-इसलाम (इसलामी राज्य) की गैर-मुसलिम प्रजा 'धीम्मी' कहलाई और उनकी हिफाजत की पूरी जिम्मेदारी सल्तनत ने अपने ऊपर ले ली। बदले में उन पर जजिया (धार्मिक कर) की एक मामूली रकम बाँध दी गई थी। कुरआन और तलवार के बीच जजिया एक ऐसी नायाब तज्वीज (अनुपम युक्ति) थी, जिससे धीम्मिओं ने बड़े चैन की साँस ली। खलीफा उमर के जमाने में दमिश्कवासियों के साथ किया गया इकरारनामा (सहमति-पत्र) ही पूरे सीरिया और फिलिस्तीन में लागू हुआ तथा फारस साम्राज्य के विजित देशों के साथ समझौते का आधार भी वही बना। ईसाइयत का प्रसिद्ध केंद्र इदेसा, जिसे अरब के लोग 'राहा' और तुर्की वाले 'उर्फा' कहते हैं, जब मुसलमानों के अधीन हुआ, तो उसकी शर्तें ये तय की गईं कि उनके इबादतगाह (पूजास्थल) और उसके ईद-गिर्द का इलाका ईसाइयों की मिल्कियत (संपत्ति) तो बनी रहेगी, लेकिन मौजूदा गिरजाघरों के अलावा वे लोग कोई नया गिरजा नहीं बनवाएँगे। मुल्क पर बाहरी हमले की हालत में ईसाइयों को भी मुसलमानों का साथ देना जरूरी होगा।

यरूशलम जब मुसलमानों के कब्जे में आया, तो न सिर्फ शहर का एक हिस्सा ईसाइयों के आवास, पूजा-अनुष्ठान और कारोबार के लिए आवंटित कर दिया गया, बल्कि उस पवित्र नगर के तीर्थाटन को भी मुसलमानी हुकूमत ने पूरा बढ़ावा दिया। उन सबके बदले ईसाइयों को अपने सारे समुदाय की ओर से दो सोने के सिक्के अदा करने होते थे। उनके पूजास्थलों की पवित्रता भंग न होने पाए, इसलिए ईसाइयों के लाख आग्रह करने पर भी खलीफा उमर यरूशलम के गिरजाघर में नमाज अता करने को राजी न हुए। उन्हें अंदेशा था कि इसे अपना दस्तूर बनाकर मुसलमान इस गिरजा को आगे कभी मसजिद में न बदल डालें। खलीफा उमर जैसे विचारवान शासक का यह अनुकरणीय आचरण समस्त सभ्य समाज में सदा सराहा जाएगा। साढ़े चार सौ साल बाद लंबे क्रूसेड (धर्मयुद्ध) के

परिणामस्वरूप यरूशलम का पवित्र नगर जब फिर यूरोप के ईसाई शासकों के अधीन हुआ, तो खुद यरूशलम के ईसाई लोग ही खलीफाओं की सहनशील सरकार को याद कर अफसोस करने लगे। बर्नर्ड लेविस का तो यह दावा है कि तमाम सीरिया और मिस्र के ईसाई और यहूदी, दोनों ही रोमन सरकार की अपेक्षा मुसलमानी शासन से अधिक खुश थे।

नेकी का संबंध किसी खास मुल्क या मजहब से नहीं होता। वह तो एक सर्वव्यापी मानवीय गुण है, जिसे केवल सुयोग्य पात्र ही प्रकट करते हैं। खलीफा उमर जैसी ही एक उत्तम कथा ईरान के सम्राट् अंशुवान, जिसे अरबवाले नौशेरवाँ कहते हैं, के संबंध में है, जिसका उल्लेख प्रसिद्ध इतिहासकार पर्सी साइक्स ने अपनी पुस्तक 'हिस्ट्री ऑफ पर्सिया' (पृ. 459) में किया है। हजरत मुहम्मद के जन्म से कोई चालीस साल पहले, ससानी राजघराने का वह महान् शासक अपनी न्यायप्रियता के लिए जग-विख्यात रहा है। कहते हैं कि रोमन सम्राट् का राजदूत जब नौशेरवाँ का राजमहल देखने गया, तो उसकी खूबसूरती और भव्यता का कायल तो जरूर हुआ, मगर सामने की तिरछी चारदीवारी उसे खटक गई। उसने वजीर बुजुर्ग मीर से वैसे दोषपूर्ण निर्माण का कारण पूछा। वजीर ने बताया कि बगलवाली जमीन एक बूढ़ी औरत की थी, जो किसी भी कीमत पर उसे बेचने को तैयार न हुई। सम्राट् बलपूर्वक जमीन ले लेने के सख्त खिलाफ थे, इसलिए दीवार ही तिरछी बनवाई गई। वजीर का जवाब सुनकर राजदूत मुग्ध हो गया और बोला—तब तो यह दोष परम सुंदर है।

लेकिन ऐसे शानदार किस्सों के उल्टे दास्ताँ भी हैं। खलीफा उमर की मौत के कोई पचास साल बाद उनका हमनाम उमर द्वितीय जब दमिश्क का खलीफा बना, तो कहा जाता है कि उसने अरबिआ से सारे यहूदी और ईसाइयों को भगा दिया। दमिश्क में संत जॉन का चर्च बड़ा मशहूर था। उसके बगल में ही एक छोटी मसजिद भी थी, जिसे खलीफा नए सिरे से बनवाने की सोच रहे थे, ताकि सारी इसलामी दुनिया में वह बेमिसाल मानी जाए। यह तभी मुमकिन था, जब बगलवाले चर्च की सारी जमीन ले ली जाती। ईसाई किसी भी कीमत पर इसके लिए तैयार न थे। जब वे लोग नहीं माने तो खलीफा वलीद ने गुस्सा कर चर्च के एक हिस्से को तुड़वा दिया और जबरदस्ती जमीन दखल कर मसजिद बनवा दी। हालाँकि अपनी-अपनी रुझान के मुताबिक जानकारों का इस बारे में अलग-अलग बयान है, फिर भी यह किस्सा कतई बेबुनियाद नहीं।

बगदाद का खलीफा हारून रशीद (ई. सन् 786-804) अपने नेक कारनामों के लिए इसलामी तवारीख की एक अजीम (प्रतिष्ठित) और शानदार शख्सियत है, लेकिन जानकार बताते हैं कि उसके पोते खलीफा मुतवक्किल के हरम में चार हजार रखैलें थीं। ई. सन् 632 से 1924 तक के पूरे तेरह सौ साल के दरम्यान ऐसे-ऐसे खलीफा, सुलतान और अमीर होते रहे, जिनकी खुदगर्जी और एय्याशी की हकीकतों के सामने 'अरेबियन-

नाइट्स' के किस्से फीके पड़ जाएँ। वे लोग वह सब कर गुजरे, जिसकी इजाजत इसलाम हरगिज नहीं देता। लेकिन यह सब खेल सिर्फ इसलामी दुनिया में ही हुआ था, सो बात नहीं। आगे बहुत सारी ऐसी घटनाओं का जिक्र होता चलेगा, जिन्हें जानकर आपके कंठ से बरबस तुलसी कृत 'रामचरित मानस' की वह पंक्ति फूट पड़ेगी—को बड़ छोट कहत अपराधू।

मेरे दोस्त! दुनिया का कोई धर्म बुराई नहीं सिखाता। सच तो यह है कि बुराइयों से बचने के लिए ही धर्म की व्यवस्था की गई थी। लेकिन विडंबना देखें कि धर्म के नाम पर या धर्म की आड़ में बेहयाई, बेशर्मी और बेरहमी का जैसा नंगा नाच अब तक होता आया है, वैसा शायद ही किसी दूसरे कारण से हुआ हो। जब से सृष्टि है, न जाने कितने नर-नारी इस धरती पर जनमे, जिए और मिट गए। सबने अपने-अपने हिस्से का दुःख-सुख भोगा। मगर उनमें मुट्ठी भर लोग ही ऐसे हुए, जिन्होंने सुख-दुःख के कारणों, जगत्-जीवन के रहस्य और नियमों को समझने की कोशिश की। उन अल्पसंख्यक प्रज्ञावानों में कुछ ही वैसे हुए, जिन्होंने खुद जो जाना-समझा, उसे दुनिया को भी बता गए। वे सूचनाएँ, वे ज्ञान अब भी संसार के विभिन्न ग्रंथों में कहीं-न-कहीं उपलब्ध है। जगत्-जीवन के बारे में हमारा-आपका सारा ज्ञान चाहे धर्म के संबंध में हो या दर्शन के, विज्ञान-कला, राजनीति या कुछ भी उन्हीं गिने-चुने महापुरुषों की अनमोल देन है। बीती बातें होने के कारण वे सब मानवीय इतिहास के ही अंग हैं, इसलिए इतिहास को केवल एक मनुष्य के नाते, निष्पक्ष भाव से पढ़ें। किसी खास देश के नागरिक या विशेष धर्म के मतावलंबी के नाते नहीं। विश्व इतिहास के पन्नों को जब पलटेंगे तो आपको ऐसे-ऐसे घृणित प्रकरण मिलेंगे कि आप लज्जा और ग्लानि से गलने लग जाएँ। साथ ही अनेक ऐसे उत्प्रेरक प्रसंग भी उपलब्ध हो जाएँगे, जिन्हें पढ़कर तन-मन रोमांचित और पुलकित हो उठेगा। उन सबको महज इस नजरिए से पढ़ें, केवल यह जानने-समझने के लिए पढ़ें कि मानवीय सभ्यता अब तक अपने विकासक्रम में कैसे-कैसे दौर से गुजरी है। किस-किस मुकाम पर रुकते-थमते हम आज यहाँ तक आ-पहुँचे हैं। तभी मन में सहिष्णुता, सद्भाव और सहयोग की भावना जगेगी, जो बेहतर भविष्य का सही रास्ता बताएगी।

इनसानी जिंदगी बेहतर बनाने की इसलामी कोशिश दरअसल तब शुरू हुई, जब इसलाम मक्का-मदीना और अरब की सरहदों को पार कर उन मुल्कों में पहुँचा, जो इल्म और तहजीब (सभ्यता) से अच्छी तरह वाकिफ (परिचित) थे। इसलाम अरब की सरजमीन से उपजा था, जहाँ के बाशिंदों का जाना-पहचाना पेशा या तो लूटमार या तिजारत था। मुहम्मद से छह सौ साल पहले के रोमन इतिहासकार प्लिनी ने भी अरबों के उन दो मुख्य पेशों की चर्चा की है। गरज ये कि बहुत पुराने जमाने से अरबवालों की वही जीवनशैली रही। लिहाजा, अरबवालों ने जब इसलाम अपनाया तो इसलाम ने अरब की शैली अपना ली। मगर दोनों के तकाजे जुदा-जुदा हैं। लूटमार के लिए जंग और तिजारत

के लिए अमन ज्यादा माकूल (अनुकूल) होता है। इसलिए एक लंबे अरसे तक इसलामी प्रवाह में जंग और अमन, दो परस्पर विरोधी अंतर्धाराएँ साथ-साथ बहती रहीं। कभी जंगपरस्तों की तूती बोली, तो कभी अमनपरस्तों (शांति प्रेमियों) का बोलबाला रहा। उन दिनों लगभग तीन सौ साल तक (8वीं से 11वीं सदी) तिजारत की इतनी तरक्की हुई कि एक तरफ भारत और चीन तथा दूसरी ओर यूरोप का सारा व्यापार अरबों की मुट्ठी में आ गया। सीरिया, मेसोपोटामिया और पर्सिया (फारस) की फतह के बाद तो ऐसा हो गया कि अंतरराष्ट्रीय व्यापार के सारे रास्ते उत्तर-पश्चिमी अफ्रीका, मोरक्को, स्पेन जैसे इसलामी मुल्कों से होकर ही गुजरने लगे। सफर की आफियत (सुविधा) और हिफाजत का मुसलमान अरबों ने ऐसा पुख्ता बंदोबस्त कर दिया था कि सुदूर चीन, भारत और दूसरे मुल्कों के तिजारती कारवाँ बेखौफ उन राहों से आ-जा सकें। तब ताज्जुब नहीं कि उन सबकी बदौलत रोम, वेनिस, पेरिस और दूसरे यूरोपीय देशों में चीन के रेशमी कपड़े, भारत के सूती कपड़े, जवाहरात, हाथी दाँत के बने सामान, ईरान की कालीन, मिस्त्री और सीरियाई इत्र-फुलेल, अफ्रीकी मसालों के बाजार ऐसे गरम हो जाएँ कि अरब सौदागरों की छत पर दिन-रात सोने-चाँदी के सिक्के बरसते रहें।

न सिर्फ जमीन के रास्ते, बल्कि लाल सागर, अरब सागर, भूमध्य सागर पर भी अरब जहाजी बेड़ों का ऐसा दबदबा छा गया कि उन्हें चुनौती देने की किसी में हिम्मत न रही। वे जिसे चाहते लूट लेते, जिसे चाहते बख्श देते। अरबों को खुश किए बगैर गैर-मुसलिम मालवाहक पोतों का उन समुद्री मार्गों से गुजरना बड़ा मुश्किल हो गया। बेहतर यही था कि अरब सौदागरों के मार्फत ही कारोबार चलाए जाएँ। नतीजतन यमन, अदन, सिकंदरिया जैसे बंदरगाहों पर असबाब व गट्ठरों के ढेर और गुलामों की लंबी कतारें लगने लगीं। किनारों से काफी दूर जहाज लंगर डाले कई-कई दिन इंतजार करते रह जाते। सौदागर निहाल होने लगे। सल्तनत का खजाना भरता गया। तिजारती मुनाफे ने सौदागरों को और सौदागरों ने सियासत को मजबूर कर दिया कि जंग-वो खून-खराबे का रास्ता छोड़ अमन की राह अपनाई जाए। इल्म को भी अमन का ही इंतजार था।

पैगंबर का एक दुआ तो अल्लाह ने कबूल फरमाई। मोमिन गनी (धनाढय) हो गए। इसलामी साम्राज्य के खलीफा-सुलतान, सौदागर, अमीर-वो-उमरा, इमाम-वो-काजी सब के सब ऐशो-आराम से बसर करने लगे। मगर मुहम्मद की दूसरी चाहत इससे बहुत अजीमोअहम (श्रेष्ठ और महत्त्वपूर्ण) थी। वे अच्छी तरह जानते थे कि जो इल्म (ज्ञान) नहीं रखते, वे इल्म रखनेवालों की बराबरी हरगिज नहीं कर सकते। इसलिए एक सच्चे ज्ञानानुरागी की भाँति उन्होंने बार-बार दुआ माँगी थी : 'व कुर्रब्बि जिद्नी अिल्मा-ऐ परवरदिगार! मेरा इल्म और बढ़ा…।' *(सू. 39:9 सू. 20:114)* मुहम्मद के उन वाक्यों ने सचमुच ज्ञान की महिमा बढ़ा दी। वह व्यक्ति, जिसके अनुयायी उसे सर्वज्ञाता मान उसके

वचनों को अंतिम सत्य के रूप में स्वीकार करते रहे, जब वह स्वयं ही अपनी ज्ञानवृद्धि के लिए खुदा से प्रार्थना करता हो, तो इसमें संदेह ही कहाँ बच जाता कि ज्ञान की कोई सीमा नहीं तथा परम सत्य तक पहुँचना अभी बहुत दूर की बात थी ? न केवल मुसलमान, बल्कि समस्त मनुष्यजाति के लिए यह अत्यंत सौभाग्यकारी हुआ कि पाक कुरआन के वे कलाम (कथन) उन दिनों इसलामी हुक्मरान (अधिकारी वर्ग) और आलिमों (विद्वानों) के प्रेरणा-सूत्र बन गए। पूरे चार सौ साल तक इसलामी विद्वानों ने जिस लगन-उत्साह के साथ ज्ञान-विज्ञान का कोना-कोना झाँका, प्राचीन ज्ञान के जहाँ-तहाँ बिखरे अनमोल रत्नों को बटोर उन्हें जाँचा-परखा और परिष्कृत कर आगे बढ़ा दिया, उन सबके लिए संपूर्ण मानव समाज उनका सदा ऋणी रहेगा। उन दिनों जब सारा यूरोप घुप्प अँधेरे में डूबा था, इसलामी विद्वान् भी यदि सोए रह जाते, तो कहना बड़ा कठिन है कि साइंस और तकनीक की तरक्की आज हमें जहाँ ले आई है, यह दिन देखना हमें नसीब होता या नहीं! न सिर्फ कुरआन-हदीस-सुन्नत और शरीअत, बल्कि लेखनकला, कोश-रचना, अनुवाद, विभिन्न धर्मों के तुलनात्मक अध्ययन, तर्कशास्त्र, न्यायशास्त्र, चिकित्साशास्त्र, वनस्पतिशास्त्र, भूगोल, इतिहास, दर्शन, विज्ञान, खगोल विज्ञान, गणित, ज्यामिति, नाविक-ज्ञान इत्यादि सबको उन्होंने सँवारा-सजाया और समृद्ध कर दिया। उनकी सबसे बड़ी विशेषता थी, उनका दृष्टिकोण और साहस। धर्म-दर्शन-विज्ञान अथवा इतिहास को उन्होंने बिल्कुल अलग नजरिए से देखा और उन क्षेत्रों की स्थापित मान्यताओं की परवाह किए बगैर उनके संबंध में खुली खोज शुरू कर दी। सैकड़ों साल बाद इटली में पाडुवा विश्वविद्यालय के उस साहसिक प्राध्यापक गैलीलियो ने जब यह कहा कि वैज्ञानिक प्रश्नों के संबंध में मात्र एक व्यक्ति का विवेकसंगत विचार हजारों अपरीक्षित अवधारणाओं से श्रेष्ठ है, तो दरअसल वह उन्हीं इसलामी विद्वानों के संशयवादी दृष्टिकोण तथा तर्कपूर्ण विचारशैली का विस्तार था।

विजय, वाणिज्य और उपनिवेश; ज्ञान-प्रसार के यही तीन मुख्य वाहक रहे हैं। जिसे हम ज्ञान कहते हैं, असल में वह सूचना और विचारों के पारस्परिक आदान-प्रदान, घात-प्रतिघात का फल है। मक्का-मदीना का इसलाम जब फारस और मेसोपोटामिया, जो अब 'मध्य-पूर्व' के नाम से जाना जाता है, पहुँचा तो वह एक अंतरराष्ट्रीय धर्म बन गया और उसका परिचय उन लोगों से हुआ, जिनके पास प्राचीन सभ्यता और ज्ञान की धरोहरें थीं। मध्य-पूर्व का क्षेत्र बहुत बड़ा है। इसकी परिधि में अफ्रीका महादेश के मोरक्को, अल्जीरिया, ट्यूनीसिया, लीबिया, सूडान और मिस्र तथा एशिया महादेश के तुर्की, सीरिया, लेबनान, जोर्डन, इजराइल, सऊदी अरब, यमन, इराक, ईरान और अफगानिस्तान जैसे देश शामिल हैं। मध्य-पूर्व के एशियाई खंड में अधिकतर वे ही देश हैं, जिन्हें हजारों वर्ष पहले सामूहिक रूप से कभी सुमेरिया, कभी असुरिया, कभी मेसोपोटामिया तो कभी

बेबीलोनिआ के नाम से पहचाना गया है। भारत की सिंधु घाटी सभ्यता, दूरस्थ मिस्त्र और मेसोपोटामिया की प्राचीनतम सभ्यताओं की निकट समकालीन थी और उन तीनों के आपसी संपर्क के अनेक पौराणिक-ऐतिहासिक प्रमाण उपलब्ध हैं। मध्य-पूर्व नामक यह विस्तृत भू-भाग पूरब और पश्चिम की सभ्यताओं का मिलनस्थल रहा है, जिसकी गौरवगाथा बखान करते हुए प्रख्यात इतिहासकार ऑर्नल्ड टॉनबी ने बताया है कि संसार की इक्कीस ज्ञात सभ्यताओं में आधे से अधिक या तो यहीं जनमी अथवा विकसित हुई थीं। थोड़े विस्तार से इसकी चर्चा शायद प्रसंगवश हम आगे करें, लेकिन अभी खासकर भारत-अरब रिश्तों के बारे में इसलामी इतिहास के विद्वान् प्रो. आसफ अली असगर फैजी ने जो बताया है, उसी का हल्का जिक्र काफी होगा : 'भारत-अरब रिश्तों की निशानियाँ हमें बहुत पुराने जमाने तक ले जाती हैं। सुमेरिआ और मिस्त्र से मिले अवशेष मध्य-पूर्व के देशों के बीच ईसा से तीन हजार साल पहले भी तिजारती रिश्तों की तरफ इशारा करते हैं। सूती-रेशमी कपड़े, कीमती मोती और मसालों से लदे भारत के मालवाहक जहाज अरब और मेसोपोटामिया जाया करते थे। भारतीय रुई की उन देशों में बड़ी माँग थी। अरबी भाषा में रुई को 'कुत्न' कहते हैं, जिससे अंग्रेजी का 'कॉटन' शब्द प्रचलित हुआ। राजा हर्षवर्धन की सेना में अरबी घोड़ों की भरमार थी और अरबवाले भारतीय इस्पात की बनी 'हिंदवानी' तलवार लटकाकर फख्र महसूस करते थे। *(खुदा बख्श लेक्चर्स' : 'इंडियन एंड इसलामिक' (पटना), खंड-1 पृ. 705)।*

प्रसिद्ध इतिहासकार अल-बेरूनी, जो महमूद गजनी के साथ भारत आया था और सोमनाथ मंदिर की तोड़-फोड़ और लूटमार का एक चश्मदीद गवाह भी था, वह संस्कृत, तुर्की, गणित, ज्योतिष, दर्शन और विश्व इतिहास का भी बड़ा विद्वान् था। ऐतिहासिक घटनाओं के प्रति हिंदुओं की उदासीनता पर आफसोस जताते हुए उसने कहा है कि वे लोग ऐतिहासिक क्रमबद्धता पर कोई ध्यान नहीं देते और अगर उनसे सिलसिलेवार ब्योरा माँगो तो वे लोककथा सुनाने लगते हैं। इसीलिए विभिन्न सूत्रों से छानबीन कर अल-बेरूनी ने लिखा है कि पुराने जमाने में खुरासान, फारस, इराक, मोसुल और सीरिया की सरहद तक का सारा इलाका बौद्ध मतावलंबी था। सीरियाई लेखक जैनब के मुताबिक, ईसा से दो सौ साल पहले फरात नदी की ऊपरी घाटी में वान झील के पास, भारतीय लोगों की एक बड़ी बस्ती थी, जहाँ उनके वैसे दो विशाल मंदिर भी थे, जिनमें अठारह और बाइस फीट ऊँची मूर्तियाँ थीं। सैकड़ों साल बाद ईसाई धर्माधिकारी ग्रेगरी ने भारतीयों के प्रतिरोध के बावजूद उन सब को तुड़वा दिया। लेकिन सदियों पुराने रिश्ते के असर को पूरी तरह मिटा देना मुमकिन कहाँ था?

पड़ोसी मुल्क अफगानिस्तान में तालिबानी आका, मुल्ला मुहम्मद उमर के हुक्म पर बुद्ध की डेढ़ हजार साल पुरानी मूर्तियों का विध्वंस तो कल-परसों की बात है। उनमें

बामियान की पहाड़ी चट्टानों में बनी बुद्ध की दो वैसी खड़ी मूर्तियाँ भी थीं, जिनकी ऊँचाई एक सौ पचहत्तर फीट के करीब थी। ईस्वी सन् 2001 के मार्च महीने में विश्व की वे विशालतम मूर्तियाँ जब बारूद से उड़ाई जा रही थीं, तो लोकप्रिय अफगानी नेता हमीद करजाई चीत्कार उठा; उसने कहा कि सिरफिरे तालिबानी अफगान-इतिहास और जनता की प्राचीन स्मृतियों को मिटाने का जघन्य अपराध कर रहे हैं। उधर पाकिस्तान स्थित इटली के राजदूत जेब्रील सिगली ने उस पालगपन की निंदा करते हुए कहा कि वे मूर्तियाँ समस्त संसार की सांस्कृतिक विरासत थीं।

इतिहास हमें बताता है कि ईसा से लगभग ढाई सौ साल पहले अशोक के शासनकाल से ईसा के सौ साल बाद कनिष्क के जमाने तक, बल्ख, बामियान, गजनी, हेरात, जलालाबाद वगैरह सारे अफगानिस्तान में न जाने कितने बौद्ध-विहार और स्तूप तथा हिंदू देवी-देवताओं के मंदिर एवं शिवालय बने थे। वे मठ-मंदिर-विहार शिक्षा के भी केंद्र हुआ करते थे, जिनमें विद्वानों और विद्यार्थियों का डेरा रहता था। निकट ही तक्षशिला का जग-प्रसिद्ध विश्वविद्यालय था, जहाँ सुदूर चीन, यूनान और न जाने कहाँ-कहाँ के लोग ज्ञान-ग्रहण करने आते थे। यह वही तक्षशिला विश्वविद्यालय है, जहाँ मगध साम्राज्य का प्रधानमंत्री बनने से पहले कूटनीति और अर्थशास्त्र का महापंडित चाणक्य एक प्राध्यापक था। उन्हीं दिनों की एक उल्लेखनीय घटना यह भी है कि बौद्ध एवं हिंदू दर्शन से अवगत होने के लिए विश्व-विजेता सिकंदर ने प्रसिद्ध ग्रीक (यूनानी) दार्शनिक दिजनीस के शिष्य आनसक्रितस को तक्षशिला विश्वविद्यालय ही भेजा था, जहाँ से वह कल्याण (कालानूस) नामक एक ब्राह्मण विद्वान् के साथ सिकंदर के पास लौटा। भारत-अफगानिस्तान संबंधों की एक गौरवपूर्ण कड़ी यह भी रही है कि आज से लगभग ढाई हजार वर्ष पहले काबुल और सिंधु नदी के संगम क्षेत्र में बसे शलातुर ग्राम में संस्कृत के सर्वश्रेष्ठ वैयाकरण पाणिनि का जन्म हुआ था तथा उनका कुटुंब वहीं का मूल निवासी था।

बल्ख, जिसका भारतीय पौराणिक साहित्य में 'वह्लीक' नाम से उल्लेख हुआ है, उसके बारे में प्राचीन भारतीय इतिहास के विद्वान् भगवत शरण उपाध्याय ने अपनी पुस्तक 'वृहत्तर भारत' में कहा है कि बल्ख एक समय ईरान, अफगानिस्तान और मध्य एशिया की सांस्कृतिक सीमा पर बौद्ध-दर्शन का एक विख्यात विद्यापीठ बन गया था। उसके 'नौविहार' के महापंडित, स्थविर और आचार्य उस भारतीय कुल के थे, जो अरबों-ईरानियों के बीच 'बरमक' के नाम से प्रसिद्ध हुए। बरमकों का परिवार आगे चलकर मुसलमान बन गया, मगर भारत और संस्कृत के प्रति उनका अनुराग सदा बना रहा। बगदाद के अब्बासी खलीफा अल-मसूल, हारून अल-रशीद, अल-मामून ने तो बरमकों से ही अपने वजीर भी चुने। बरमक खानदान का खालिद पहला व्यक्ति था, जो सफ्फा और मंसूर की सल्तनत में एक हाकिम बनाया गया। खालिद का बेटा यहिया हारून अल-रशीद का

उस्ताद (शिक्षक) रह चुका था। सो, हारून रशीद जब खलीफा बना, तो उसने यहिया को अपना वजीरे-आला (प्रधानमंत्री) बनाया। बरमक वजीरों की पहल पर ही उन दिनों अनेक भारतीय पंडित बगदाद बुलवाए गए थे, जिनकी सहायता से मुसलिम विद्वानों ने कई दुर्लभ संस्कृत ग्रंथों के अरबी अनुवाद किए। अपने उदारवादी नजरिए के कारण अब्बासी खलीफाओं ने अहम और ऊँचे ओहदों पर बहाली के लिए मजहब के बजाय सलाहीयत (योग्यता) को तरजीह (प्रश्रय) दी। लिहाजा उनके राज्य में यहूदी, ईसाई, मगी, जरथ्रुस्ती सभी मजहब के लोग हाकिम बने। खलीफा मुताजीद ने एक यहूदी को अपना वजीर बनाया, तो उसके बाद खलीफा मुत्तक्की का वजीर एक ईसाई हुआ था। ईसाई वजीरों में इब्न साद-यकूत का बड़ा नाम है।

ईरान के जुंदीशपुर में बहुत पहले से नस्तूरी ईसाइयों ने ग्रीक दर्शन और विज्ञान के अध्ययन की एक पीठ कायम कर रखी थी, जहाँ ग्रीक ज्ञान के अलावा भारतीय ज्ञान-विज्ञान के अध्ययन और अनुवाद कार्य किए जाते थे। उसी की तर्ज पर खलीफा अल-मामून ने ई. सन् 830 में बगदाद में भी 'बायत-अल-हिकमा' (बैतुल-हिकमत) नामक एक शोध-संस्थान की स्थापना की, जो आगे चलकर भारतीय, ग्रीक, लातीनी, चीनी, यहूदी, ईरानी और अरब-विद्वानों का क्रिया-स्थल बन गया। बैतुल-हिकमत पहुँचकर भारतीय विद्वानों को तो अपनी प्राचीन तक्षशिला याद आ जाती थी।

मिस्त्र के फातिमी सुलतान भी तरक्कीपसंद लोग थे। खासकर उनके पहले तीन सुलतान बड़े शिक्षित और ज्ञानानुरागी थे। उन्होंने ऊँची तालीम (शिक्षा) के लिए कई मदरसे खोले और उनके साथ बड़े कुतुबखाने (पुस्तकालय) भी बनवाए। मिस्त्र का शहर सिकंदरिया, जिसे ईसा से सवा तीन सौ साल पहले विश्व-विजेता सिकंदर ने बसाया था, धीरे-धीरे पुरानी दुनिया का महत्त्वपूर्ण वाणिज्य एवं विद्याकेंद्र बन गया। भारत के पश्चिमोत्तर सीमा प्रांत और अफगानिस्तान की तरह तुर्की के शहर अंताकिआ और मिस्त्र के सिकंदरिया जैसे नगरों में यूनानियों के तो बाजाब्ता उपनिवेश ही बस गए थे। अंताकिआ और सिकंदरिया, ये दोनों शहर भारतीय, यूनानी, यहूदी, सीरियाई और मिस्त्र के विद्वानों के प्रसिद्ध मिलन-केंद्र थे। उनमें विशेषकर सिकंदरिया के ज्ञानपीठ का मानवीय विचारों की समृद्धि में अतुलनीय योगदान हुआ है। इसलामी विजय के बाद सिकंदरिया का महत्त्व तो कम होता गया, लेकिन मुसलमानों ने सिकंदरियाई चिंतन परंपरा को बगदाद, काहिरा और कारडोवा (स्पेन) में जोर-शोर से पनपाना शुरू कर दिया और कुछ हद तक कामयाब भी हुए। फिर भी काहिरा सिकंदरिया न बन पाया। सिकंदरिया की बात ही निराली थी।

उधर इसलामी स्पेन भी बगदादी खलीफाओं के नक्शेकदम पर चलता गया। बगदाद के खलीफा अल-मामून की तरह कारडोवा का अल-हकम भी सियासत-वो-सल्तनत के मामले में शरीअत (इसलामी धर्मशास्त्र) की दखल के खिलाफ था। उसने इमाम और

मुल्लाओं पर साफ जाहिर कर दिया कि वे लोग सिर्फ मजहबी मसलों से ही अपना वास्ता रखें। खलीफा अब्दुर्रहमान पहला खलीफा हकम और अब्दुर्रहमान तीसरे की धर्मनिरपेक्ष नीतियों का निहायत खुशगवार नतीजा यह निकला कि स्पेन के ज्ञान-गगन में वैज्ञानिकों, विद्वानों, कवि-कलाकारों का एक तारामंडल जगमगाने लगा। उस जमाने की इसलामी दुनिया की खास बात यह थी कि उनके सितारों में कई ऐसे लोग थे, जो गैर-अरब और गैर-मुसलमान थे। मसलन, अल-रजी और इब्न-खुर्दजबीह ईरानी थे, तो अल-फराबी एक तुर्किस्तानी। इब्न-रूश्द और अल-गजाली स्पेन के थे, तो अल-मुथन्ना एक यहूदी परिवार में जनमा था। उबैद कासीम बिन-सल्लम एक यूनानी गुलाम का बेटा था, जबकि स्टीफन और हुनैन इसाफ ईसाई थे। इन सब बातों के जिक्र का मकसद महज इतना है कि इनसानी रिश्तों के ताने-बाने को हम समझें। यह देखें कि आपसी लेन-देन का यह सिलसिला कितना पुराना है। हम एक-दूसरे के व्यवहार-विचार को कैसे प्रभावित करते आए हैं; और बात निकलती है तो कितनी दूर तक जाती है।

ऐसा नहीं कि उन तीन-चार सौ साल के दरम्यान इसलामी अर्श (आकाश) में सदा पूनम की छटा ही छाई रही। पूनम का चाँद भी घटता-बढ़ता रहा। उसके अँधेरे-उजाले पखवाड़े आते-जाते रहे। लेकिन अमावस के घनघोर अँधेरे में भी असहाबे-फिक्र (चिंतनशील लोग) ने अपना साहस न छोड़ा और आगे बढ़ते गए। कठमुल्लाओं के बहकावे में हुक्मरानों ने उन्हें हर तरह से सताया, क्योंकि तंगनजर मुल्लाओं के मुताबिक इलहाम (दैव प्रेषित ज्ञान) के सामने कश्फ (मानवीय चिंतन) की कोई वक़्त (महत्त्व) ही नहीं, और ऐसा कोई सोच-विचार, जो कलामे-कुरआन (कुरआन के कथनों) के खिलाफ पड़ता हो, महज कुफ्र (धर्म की अस्वीकृति) है। ऐसी मोरचेबंदी के खिलाफ इब्न-रूश्द (1129-1198 ई.) जैसा कोई निहत्था फर्द (व्यक्ति) जब डट-खड़ा हो, तो उसके साहस को श्रद्धांजलि अर्पित किए बगैर हम कैसे आगे बढ़ें? कारडोवा (स्पेन) के उस विद्वान् तर्कशास्त्री ने जो कहा था, उसका निकटतम भावार्थ है : 'सृजित संसार का अध्ययन दार्शनिकों का अनूठा धर्म है, क्योंकि ईश्वर की इससे अधिक उत्तम उपासना हो ही नहीं सकती कि सृजित वस्तुओं का ज्ञान उपलब्ध कर, उसी माध्यम से हम सृजनकर्ता तथा उसकी सच्चाई को जान लें। अल्लाह (ईश्वर) की नजर में यह एक उत्कृष्ट कार्य है, जिसमें संलग्न लोग पवित्रतम धर्म का निर्वाह कर रहे हैं, जबकि उन्हें प्रताड़ित करनेवालों का काम अत्यंत घृणित माना जाएगा।' इसलामी विद्वानों की यह अनूठी उपासना-पद्धति, क्रूसेड (धर्मयुद्ध) तथा रिनेसाँ (यूरोपीय नवजागरण) की दौर से गुजरती हुई आधुनिक विज्ञान के चमत्कारी युग में प्रवेश कर गई।

तो आइए, अब हम यह देखें कि इल्म-वो-अदब की दुनिया में इसलामी हुक्काम और आलिमों ने उन दिनों क्या सब किया। जैसाकि इब्न-रूश्द के कथन से साफ है,

उनका जोर सृजित-संसार (कुदरत) के अध्ययन पर ज्यादा था, जिसके जरिए वे सृजनकर्ता (अल्लाह) तक पहुँचना चाहते थे। लिहाजा उन्होंने दर्शन (फलसफा) के साथ-साथ ग्रह-नक्षत्र, प्रकृति विज्ञान, प्राणी-जगत्, वनस्पति-जगत् जैसे विषयों तथा उनकी सहायक विद्या में विशेष रुचि ली और इस सिलसिले में इल्म के पुराने पन्ने पलटने शुरू किए। वे पन्ने सिरयानी (सीरिया की भाषा) में लिखे थे, जो असल में यूनानी (ग्रीक) और इब्रानी (हिब्रू) तथा संस्कृत ग्रंथों के अनुवाद (तर्जुमा) थे। इसलामी विद्वानों ने उन सबका अरबी भाषा में अनुवाद करना शुरू किया। उनके अलावा अनेक अनुवाद सीधे मूल यूनानी ग्रंथों से किए गए। इस काम में उन्होंने बड़ी सावधानी बरती। खोज-खोज कर वैसे लोगों को जुटाया, जो उन भाषाओं के अलावा उस विषय का भी ज्ञान रखते हों, क्योंकि विषयवस्तु, उस जाति के भाव-जगत्, विचारक के अनुभव-विस्तार को जाने बिना किसी भाषा के शब्द-विशेष का ठीक अभिप्राय समझ पाना बड़ा कठिन है। साथ ही, भिन्न व्याकरण-नियमों के कारण भाषाओं की वाक्य-संरचना में भी भेद हुआ करते हैं। इसलिए केवल शाब्दिक अनुवाद से देह भले खड़ी हो जाए, आत्मा अनुपस्थित रह जाती है। तर्जुमा (अनुवाद) सच में बड़ा मुश्किल काम है।

इसकी एक दिलचस्प मिसाल यूनान के नामी वनस्पति शास्त्री दियोस्कोरदिस की किताब के तर्जुमे की है। उस किताब का अरबी अनुवाद बगदाद के स्टीफन नामक विद्वान् ने किया था। किताब जब मुसलिम-स्पेन पहुँची तो उसमें दिए गए विवरण के मुताबिक पौधों की खोज शुरू हुई। मगर लाख कोशिश के बावजूद पौधे पहचाने न जा सके। किसी का नाम मिले तो गुण नहीं, गुण मिल जाए तो नाम नहीं। आखिरकार स्पेन के सुलतान अब्दुर्रहमान ने कुस्तुंतुनिआ के सम्राट् रोमनस को लिखा तो उसने निकोलस नामक एक ईसाई विशेषज्ञ को स्पेन भेजा, जो एक यूनानी था। तब जाकर पौधे पहचाने गए। यह बात ई. सन् 948 की है। देखने की बात यह भी है कि इल्म के इजाफे (उन्नति) के लिए उस जमाने के इसलामी सुलतान कितने मुस्तैद रहा करते थे।

प्रसंगवश यूनानियों (ग्रीक) का भी थोड़ा जिक्र कर लें, तो कड़ी ठीक से जुड़ती चलेगी। मानवीय सभ्यता के प्राचीन इतिहास में मिस्र, मेसोपोटामिया, भारत तथा चीन की तरह यूनानियों का भले ही स्थान न रहा हो, किंतु अपनी चिंतन शैली के कारण सचमुच वे अनूठे लोग हुए हैं। पुरानी सभ्यताओं की विरासत उन तक जब पहुँची तो उस ज्ञान-संपदा को उन्होंने ज्यों-का-त्यों स्वीकार नहीं कर लिया। प्राचीन संसार में जगत्-जीवन की सारी सूचनाएँ, चाहे वे सृष्टि-रचना से संबंधित रही हों अथवा सूरज-चाँद-तारों-ग्रह-नक्षत्रों की गति-स्थिति से या फिर रोशनी, हवा-पानी, जीव-जंतु अथवा जीवन-मरण के प्रश्नों से; प्रायः सब-की-सब मिथकों में लिपटी पड़ी थीं। उन सब का बौद्धिक-विश्लेषण एक अत्यंत महत्त्वपूर्ण काम था। जे.डी. बर्नल के मुताबिक, 'विज्ञान का एक विशिष्ट पक्ष

यह भी रहा है कि विज्ञान ने विश्लेषण-पद्धति द्वारा पौराणिक मिथकों से ठोस तथ्यों को अलग कर उनकी विवेकसंगत व्याख्या सामने रखी है। बर्नल के इस मंतव्य को यूनान के प्रसिद्ध आयुर्विद् हिपोकृतस के इस कथन से जोड़कर देखें, जो ईसा से साढ़े चार सौ साल पहले उसने कहा था कि प्रकृति के सभी पदार्थ इस दृष्टि से एक समान हैं कि किसी भी घटना को उसके पूर्ववर्ती कारणों में ढूँढ़ लिया जा सकता है। बस इसी चिंतन-शैली से वह विश्लेषण-प्रक्रिया विकसित होती गई, जिसकी चोट से ठोस तथ्य, पौराणिक मिथकों से अलग होते गए और समस्त ब्रह्मांड में व्याप्त कारण-कार्य शृंखला की तर्कसंगत व्याख्या धीरे-धीरे सामने आने लगी। इस प्रारंभिक मानवीय चेष्टा में यूनानी दार्शनिकों का सचमुच कोई जवाब न था।

सैकड़ों साल बाद यूनानियों ने जब ईसाई धर्म अपनाया तो ईसाइयत की धार्मिक अवधारणाओं में न केवल दार्शनिक तत्त्व डाल दिए, बल्कि अपनी वैज्ञानिक मानसिकता की छौंक भी मार दी। इसलिए ईसाइयत में जहाँ एक तरफ ऑरगिन, क्लेमेंट, अगस्तीन जैसे दार्शनिक-धर्मशास्त्री दिखेंगे, वहीं दूसरी ओर गरबर्ट, ग्रास्तेस्ते, संत अलबर्ट, रोगर बेकन, कोपरनिकस, ब्रूनो जैसे विज्ञानी धर्मगुरु भी मिल जाएँगे। इतिहास की लहरों पर तैरता इसलाम, जब उन मुल्कों में पहुँचा, जहाँ सदियों से ईसाई विद्यापीठ के घंटनाद गूँजते आए थे, तो कुरआन का पाक कलाम 'व कुर्रब्बि जिद्नी अिल्मा' भी स्पंदित होने लगा।

यों तो शुरुआत सातवीं सदी के आखिर में दमिश्क के उम्मैयाद खलीफा के जमाने में (661-750 ई.) हुई थी। खलीफा मुआविया के पोते खालिद की दिलचस्पी कीमिया (ऐलकमी) में रहा करती थी। उसने मिस्र से इस विषय पर यूनानी विद्वानों की किताबें मँगवाई और अरबी भाषा में उन सबका अनुवाद करवाया। कीमिया की प्रारंभिक विधि ही उन्नत होते-होते रसायनविज्ञान में विकसित हो गई है। रसायनविद्या में इसलामी आयुर्विज्ञानी, धातुमिश्रक और अत्तार (गंध निर्माताओं) का उल्लेखनीय योगदान हुआ था। हालाँकि कुछ लोग अल-जबीर को इसलामी रसायनविद्या का जनक मानते हैं, मगर इस शास्त्र का सर्वमान्य पहला नाम ईरानी तबीब (चिकित्सक) अबू बक्र जकारिया अल-रजी (865-925 ई.) का है, जो बगदाद के अब्बासी खलीफाओं के जमाने में हुआ था। उसके जगप्रसिद्ध ग्रंथ 'किताबु-सिर्रिल-असरार' के बारे में विद्वानों का मत है कि वह एक ऐसी अनमोल किताब है, जो पुरानी कीमिया की गुम कड़ियों को आधुनिक रसायनशास्त्र से जोड़ देती है। इस क्षेत्र में अल-रजी, अल-फराबी और इब्न-सीना जैसे विद्वानों की दिलचस्पी के कारण प्राचीन यूनान के मशहूर चिकित्सा-विज्ञानी हिप्पोकृतस तथा गेलेन की किताबों के अरबी अनुवाद तो किए ही गए, साथ ही उनके सिद्धांतों के आधार पर इसलामी आयुर्विदों ने जो अनुसंधान किए, उनसे आगे, खासकर जीव-रसायन (बायो-केमिस्ट्री) के विकास में बड़ी मदद मिली। इस सिलसिले में भारतीय

आयुर्वेद की पुस्तकें भी बड़ी सहायक सिद्ध हुईं, जिनका अरबी अनुवाद करवाकर उन लोगों ने गहन अध्ययन किया तथा चरक, सुश्रुत और धन्वंतरि जैसे विशेषज्ञों के विचारों से भरपूर लाभ उठाया।

लेकिन सचमुच एक कमाल का काम तो हुआ था चिकित्सा-प्रणाली के उपक्षेत्र-प्रकाशिकी और नेत्र-दृष्टि (लाइट एंड विजन) के प्रसंग में। ग्यारहवीं सदी के नेत्र-चिकित्सक इब्न अल-हैथम और अल-हसन ने यह विद्या यूनानियों से सीखी थी, किंतु अपने विस्तृत अध्ययन और गहन शोध के बल पर उन्होंने सिद्ध कर दिया कि इस संबंध में यूनानियों के आधारभूत सिद्धांत ही गलत थे। दुनिया के और लोगों की तरह यूनानी भी यह मानते आए थे कि रोशनी आँखों से निकलती है और अपनी नयन-ज्योति के कारण ही हम चीजों को देख पाते हैं। अल-हसन ने शरीर-संरचना तथा ज्यामितीय (रेखागणित) नियमों के तर्कपूर्ण विश्लेषण द्वारा सदा-सर्वदा के लिए यह तथ्य उजागर कर दिया कि असल में प्रकाश किरणें तो वस्तु से ही बाहर आती हैं और वे किरणें हमारे दृष्टिपटल (रेटिना) से टकराकर जब बिंब बनाती हैं, तभी हम कुछ देख पाते हैं। प्रकाशिकी बनाम नैत्रिकी (लाइट वर्सेस ऑप्टिक) के क्षेत्र में यह एक ऐसी सैद्धांतिक क्रांति थी, जिसने मानवीय बुद्धिपटल पर प्रकृति की चिरकालीन उलटी तसवीर सीधी कर सजा दी। अल-हसन का सिद्धांत अगर उजागर न हुआ होता, तो शायद किसी के लिए यह संभव न था कि लेंस, दूरबीन, खुर्दबीन, फोटो कैमरा जैसे उपकरण विकसित कर ले। गैलीलियो, केपलर, हव्वल से लेकर आधुनिक सापेक्षतावाद और 'क्वांतम युग' के सभी सैद्धांतिक एवं प्रायोगिक वैज्ञानिक इस अद्‌भुत देन के लिए प्रत्यक्ष अथवा परोक्ष रूप से अल-हसन के ऋणी हैं; उन सब के साथ-साथ हम-आप भी।

आज जिसे हम प्राकृतिक-विज्ञान (इल्में तबईयात) कहने लगे हैं, उसकी दो विद्याएँ—गणित और ज्योतिष—अत्यंत प्राचीन हैं। उनकी प्रारंभिक अवस्था यदि ढूँढ़ने चलें, तो हम ईसा से चार-पाँच हजार वर्ष पहले नील प्रदेश के मिस्र तथा दजला-फरात के दोआब में बसे सुमेरिया निवासियों के बीच जा पहुँचेंगे। यही नहीं कि सुमेरियन लोग ग्रह-नक्षत्रों की स्थिति-गति को जानते थे, बल्कि विशेषज्ञों का कहना है कि उन्हीं लोगों की पद्धति का अनुसरण करते हुए हम आज तक अपने सप्ताह के सातों दिनों के नाम सूरज-चाँद, मंगल-बुध आदि आकाशीय पिंड के साथ जोड़कर पुकारते आए हैं तथा समय की गणना साठ और चौबीस खंडों में विभाजित सेकेंड, मिनट और घंटा के अनुसार करते रहे हैं। सुमेरिया से ही गणित और ज्योतिष ईरान, भारत और यूनान के आर्यों तक पहुँचा था। ईरान के मगी लोग ग्रह-नक्षत्रों की अच्छी जानकारी रखते थे और ऐसी किंवदंती है कि बाइबिल में पूरब के जिन ज्ञानियों का उल्लेख है, वे मगी लोग ही थे जिन्होंने सितारों की स्थिति देखकर मरीयम के नवजात शिशु जीसस के दैवी लक्षणों को पहचान लिया

था। इतिहास के कई जानकारों का यह मानना है कि भारत के प्रसिद्ध गणितज्ञ वराहमिहिर के कुटुंबी ईरान के उन्हीं मगी ब्राह्मणों की संतति थे।

पुराने सुमेरी लोग ज्योतिष की जानकारी तो रखते थे, लेकिन उन्हें यह ठीक-ठीक मालूम न था कि आकाशीय पिंड आखिर क्यों और कैसे घूमते रहते हैं। शायद यह जानने की जरूरत उन्हें इसलिए महसूस न हुई हो कि उतनी जानकारी से ही उनका काम चल जाता था। परंतु यूनानी लोग उतने से संतुष्ट न हुए। उन्हें लगा कि प्रकृति की कोई घटना यदि नियमित रूप से हुआ करती है, तो वह अवश्य ही किसी नियम द्वारा संचालित होती होगी। उन्हीं नियमों को जानने-समझने के लिए वे व्यग्र थे। उन्हें भास होने लगा कि वे नियम गणित और तर्क के आधार पर ही अच्छी तरह जाने जा सकते हैं। इसलिए यूनानियों ने गणित और तर्क (इल्में रियाजी वो इल्में मंतिक) की विधा विकसित करने की ओर सर्वाधिक ध्यान दिया। पाइथागोरस जैसे दार्शनिक तो अंकगणित को ही वह चाबी मानते थे जिससे विराट् विश्व के सभी रहस्य खुल जाएँ। उसकी नजर में सबकुछ अंक था और अंक में ही सबकुछ था। प्लेटो ने तो अपनी अकादमी के प्रवेशद्वार पर ही लिख रखा था, 'गणित न जाननेवाले अंदर न आएँ'।

लगभग तीन-चार सौ वर्षों तक ईसाइयत की दुनिया में भीषण वैचारिक उथल-पुथल मचा रहा। अपनी मुक्त चिंतन शैली के कारण अनेक यूनानी विचारक कट्टर ईसाई धर्माधिकारियों के कोपभाजन बनते रहे। प्राणरक्षा के लिए उन्हें जहाँ-तहाँ भागना-भटकना पड़ता था। सदियों बाद बगदाद के ज्ञानानुरागी अब्बासी खलीफाओं ने वैसे विद्वानों के स्वागत में अपने दरवाजे खोल दिए और उनकी हिफाजत के अलावा इल्म की तरक्की के लिए भी उनकी हर मुमकिन मदद की। उन सब के सहयोग से युक्लिद, युदोक्सस (355 ई.पू.) आर्किमिडीज (287 ई.पू.) अपोलोनियस, दियोफैनतस, हिप्पारकस (120 ई.पू.) जैसे सदियों पुराने यूनानी ज्ञानियों के सिद्धांत-सूत्र इकट्ठा कर उनके अरबी अनुवाद किए गए, जिनके आधार पर अल-फराबी, इब्न-सीना, अल-मसूली, अल-फरगनुस, अल-ख्वारिजमी, अल-वफा जैसे इसलामी विद्वानों ने भारतीय गणित की शून्य एवं दशमलव पद्धति के साथ उन सूत्रों का तारतम्य बिठाया। अलजबरा, ज्योमेट्री, ट्रिग्नोमेट्री सब उसी की करामात हैं। संक्षेप में कहें तो इसलामी विद्वानों ने यूनानी और भारतीय ज्ञान-संपदा के साथ वही बरताव किया, जो सैकड़ों साल पहले यूनानी दार्शनिक, सुमेरिया आदि स्रोतों से प्राप्त जानकारियों के साथ कर चुके थे; उस अनमोल ज्ञानकोष का संग्रह, संशोधन, संवर्धन और संरक्षण।

प्रकृति विषयक ज्ञान (इल्में तबईयात) को, विज्ञान की प्रतिष्ठा दिलाने का सर्वाधिक श्रेय ज्योतिष को दिया जाता है। हजारों वर्ष तक धर्म और प्राकृतिक दर्शन के बीच घोर विवाद और कलह की जड़ में कुछ ऐसे मूलभूत प्रश्न थे, जिनका सही उत्तर उसी विद्या

के पास था, जो प्राचीन संसार में ज्योतिषशास्त्र तथा आधुनिक युग में खगोलविज्ञान (ऐस्ट्रोनॉमी/ऐस्ट्रो-फिजिक्स) के नाम से विख्यात है। वे विकट प्रश्न सृजनकर्ता, सृजित संसार, सृजन काल की प्रारंभिक घटनाओं के अलावा इस विषय से भी जुड़े थे कि ग्रहमंडल का केंद्र पृथ्वी है अथवा सूर्य तथा उन दोनों में कौन किसकी परिक्रमा करता है? 'हिस्टरी ऑफ साइंस' के विज्ञानी लेखक जे.डी. बर्नल बताते हैं कि आधुनिक विज्ञान की शुरुआत ही आकाशीय पिंडों की गति संबंधी विवाद से हुई थी और आज भी विज्ञान के सभी उपकरणों की धार ऐस्ट्रोनॉमी की सिल पर ही तेज की जाती है। इस अति महत्त्वपूर्ण विषय की अधिक चर्चा का अवसर तो आगे आएगा, फिलहाल इस सिलसिले में बगदाद के अब्बासी खलीफाओं के जमाने की कुछ बातें हम पहले कर लें।

अब्बासी खलीफा हारून रशीद (786-802 ई.) ने अपने बरमक वजीर यहिया की सलाह पर आसमानी खोजबीन के लिए आवश्यक यंत्र बनवाए और अबी मंसूर जैसे योग्य खगोलविदों को प्रोत्साहित किया कि वे लोग खुद से ग्रह-नक्षत्रों का पर्यवेक्षण कर यह बताएँ कि उस संबंध में ग्रीक विज्ञानियों के सिद्धांत कहाँ तक ठीक थे। अपने पर्यवेक्षण के आधार पर मंसूर-मंडली ने जो तालिका तैयार की थी, वह 'अल-जीजुल मुस्तमल' के नाम से आज तक मशहूर है। ई. सन् 833 में सिंद बिन-अली की अगुआई में इसी काम के लिए एक दूसरी मंडली तैनात की गई थी। अल-मामून जब खलीफा बना, तो उसने ध्रुववृत्तीय-रेखांश की नापजोख के लिए भूगोल विज्ञानियों की एक टोली सुदूर उत्तर दिशा में भेजी, जो उस मुकाम तक जा पहुँची जहाँ ध्रुवीय ऊँचाई में सिर्फ साठ मिनट का फर्क बच जाता है। उसके बाद तो पर्यवेक्षकों का मानो ताँता ही लग गया। भूगोल के मुसलिम विद्वानों में इब्न-खुर्दजबीह का बड़ा नाम है, जो एक ईरानी था। लेकिन उन सब में याकूत बिन-अब्दुल्लाह, जो एक यूनानी (ग्रीक) था, अव्वल माना जाता है। उसकी ज्योग्राफिकल डिक्शनरी, 'मुजामुल बुलदान' तो जैसे भौगोलिक सूचनाओं का विशाल भंडार हो। बड़ी बात यह थी कि गहरी छानबीन की बदौलत मुसलमान भूगोलवेत्ताओं ने सैकड़ों साल पुराने ग्रीक भूगोलविद् टालमी के सिद्धांतों में कई गलतियाँ निकालीं, जिन्हें सुधारते हुए कई जगहों के सही रेखांश-अक्षांश तय किए गए और नए नक्शे बने।

समुद्री भूगोल (इल्में बह्री) के तो अरबवाले माहिर थे। समुद्री फैलाव, उसकी धाराएँ, हवाओं की हरकत और उसके नियम, चाँद के घटने-बढ़ने के असर, दिशासूचक सितारों की पहचान, किनारों की करीबी की निशानियाँ वगैरह-वगैरह जरूरी बातों से वे इस कदर वाकिफ थे कि उनका जोड़ा ढूँढ़ना मुश्किल था। भूमध्य सागर, हिंद महासागर, लाल सागर, अरब की खाड़ी, हिंद-चीन द्वीप समूह के जैसे चप्पे-चप्पे से वे वाकिफ हों। शिहाबुद्दीन अल-मजीद, सुलेमान अल-महरी, इब्नुल मजीद वगैरह की किताबों में उन समुद्री राहों की तफ्सील है, जो अरबिया के बसरा, ओमान, मसकट, सिंहरा, अदन

जैसे बंदरगाहों से भारत के पश्चिमी तट, बंगाल, जावा, फारमोसा और चीन के तटीय प्रदेशों तक पहुँचा देती है। पुर्तगाली वास्को-डि-गामा को पूरे हिंद महासागर के तटीय क्षेत्र का नक्शा दिखाने और उसे मलिंदी से कालीकट तक पहुँचानेवाला समुद्री कप्तान अल-मजीद एक अरब निवासी ही था। अरब जहाजियों से ही वास्को-डि-गामा, मार्को पोलो, कोलंबस जैसे मशहूर पश्चिमी नाविकों को शायद कंपास की जानकारी मिली थी।

असल में इल्मी तरक्की का इजहार यूनिवर्सिटी, शोध संस्थान, संग्रहालय, कुतुबखानों (पुस्तकालयों) की तादाद और उसके दर्जे से होता है। यह कोई मामूली बात न थी कि जिस जमाने में यूरोप के किसी मुल्क में यूनिवर्सिटी और पब्लिक लाइब्रेरी (सार्वजनिक पुस्तकालय) का कोई पता न हो, इसलामी दुनिया के हर छोटे-बड़े शहर—बगदाद, बसरा, बुखारा, शिराज, समरकंद, मर्व, अंताकिआ, अलेप्पो, अंदुलिसिया, कारडोवा में एक-से-एक अच्छे मदरसे और कुतुबखाने थे। उस जमाने के यूरोप की तरफ हम नजर डालें तो पाएँगे कि सैकड़ों साल बाद उनका ध्यान उस ओर गया, जब ग्यारहवीं सदी के मध्य में इटली के सैलर्नो विश्वविद्यालय की स्थापना की गई थी। लगभग सौ साल बाद पेरिस, मांटपेलियर, बोलोगना तथा ऑक्सफोर्ड विश्वविद्यालय स्थापित हुए, जबकि इटली की पाडुआ और ब्रिटेन की कैंब्रिज यूनिवर्सिटी तेरहवीं सदी में सामने आई और जिसे 'पब्लिक लाइब्रेरी' कहते हैं, यूरोप के लिए वह तो और तीन सौ साल बाद की बात है, जब सोलहवीं सदी में सबसे पहले फ्रांस के पेरिस शहर में 'नेशनल लाइब्रेरी' की स्थापना की गई थी। लंदन का विश्वविख्यात ब्रिटिश म्यूजियम तथा जर्मनी के बर्लिन और आस्ट्रिया के वियना पुस्तकालय के लिए लोगों को सत्रहवीं सदी तक इंतजार करना पड़ा था। उनके मुकाबले इसलामी दुनिया में सैकड़ों साल पहले यह सब इसलिए मुमकिन हुआ कि मुसलमान हुक्मरान और अमीरों ने इस मामले में खास दिलचस्पी ली थी।

बगदाद की लाइब्रेरी, जिसे खलीफा अल-मंसूर ने आठवीं सदी के उत्तरार्ध में कायम किया था, उसे खलीफा हारून रशीद ने अपने शासनकाल में 'बैतुल हिकमत' का हिस्सा बना दिया। बैतुल हिकमत अपने जमाने का मशहूर विद्याकेंद्र और शोध संस्थान था। एशिया माइनर (तुर्की) की जीत के बाद हारून रशीद ने बहुत सारे ग्रीक ग्रंथ हासिल किए थे और उसके बाद उसके बेटे खलीफा अल-मामून ने विज्ञान संबंधी अनेक यूनानी पुस्तकें बजंतियम से मँगवाई थीं। बताया जाता है कि बजंतियम के रोमन सम्राट् के साथ अब्बासी खलीफा की शांति-संधि में यह शर्त भी शामिल थी कि सभी दुर्लभ ग्रंथों की पांडुलिपियाँ बगदाद भेज दी जाएँ।

उधर इसलामी स्पेन के उम्मी शासक अल-हकम ने भी दूर-दराज के देशों से अनगिनत किताबें इकट्ठी कीं। कहा जाता है कि उसकी लाइब्रेरी में लगभग चार लाख जिल्दें थीं। इब्न-खाल्दुन ने बताया है कि अल-हकम से पहले किसी भी सुलतान ने उतनी

किताबें इकट्ठी नहीं की थीं। खास बात यह है कि सुलतान ने उनमें से बहुत सारी किताबें खुद पढ़ी थीं और उनपर अपनी टिप्पणी भी लिख दी थी। सुलतान अब्दुल रहमान तृतीय किताबों का बड़ा प्रेमी था और उसने भी ढेर सारी किताबें मँगवाई थीं। मिस्त्र के फातिमी सुलतान भी इस मामले में बहुत पीछे न थे। इन सब की बदौलत उन दिनों ऐसा माहौल बना कि इल्म के पुजारियों की नजर में कुतुबखाने का दर्जा इबादतगाह से कुछ कम न था। खुरासान के मशहूर खगोलविद् (ऐस्ट्रोनॉमर) अबू मसहर ने तो इस मामले में एक मिसाल ही कायम कर दी। घर से वह मक्का हज करने निकला था। रास्ते में जब बगदाद के अपने मशहूर खगोल विज्ञानी दोस्त अली बिन-यहया से मिला, तो उसकी लाइब्रेरी में ऐस्ट्रोनॉमी (इल्मुल अफ्लाक) की ऐसी-ऐसी अदीम (दुर्लभ) किताबें देखीं जिन्हें पढ़ने के लिए वह बेचैन हो उठा। अबू मसहर ने हज का अपना सफर मुल्तवी (स्थगित) कर दिया और एक लंबे अरसे तक वहीं रुककर पढ़ता-लिखता रह गया। कहने की जरूरत नहीं कि उन किताबों से हासिल जानकारियों से वह निहाल हो उठा था। इल्म और इनसान सदा एक-दूसरे से लेते-देते आए हैं। मसहर ने भी बाद में अपना कर्ज चुका दिया। लेकिन उस जमाने में कई ऐसे भी मुसलमान हुए थे, जिनके कारनामों की खबर आपकी शर्मिंदगी और मायूसी के सबब बन जाएँगे।

बताया जाता है कि मुहम्मद गोरी के एक नायब बख्तियार खिल्जी ने उदंतपुर, विक्रमशिला और नालंदा के बौद्ध विद्यापीठों को तहस-नहस कर दिया था। नालंदा के जग-प्रसिद्ध पुस्तकालय में प्राचीन ज्ञान और बौद्ध-दर्शन के अनगिनत दुर्लभ ग्रंथ थे। बख्तियार खिल्जी ने जब उन सब को जलवा देने का हुक्म दिया, तो प्रधान-पुस्तकालयाध्यक्ष ने वैसा न करने की उससे बड़ी मिन्नतें कीं। बख्तियार खिल्जी ने यह जानना चाहा कि क्या उन किताबों में इल्म की वे बातें थीं, जो कुरआन शरीफ में मौजूद हैं? उपस्थित बौद्ध विद्वानों ने उसे बताया कि उन पुस्तकों में वे सब बातें तो हैं ही जो कुरआन में हैं; साथ ही ज्ञान की वैसी बहुत सारी बातें हैं, जो कुरआन और दूसरे ग्रंथों में बिल्कुल नहीं मिलतीं। सुनकर खिल्जी बोला—'अगर उनमें भी वही सब बातें हैं, जो कुरआन में हैं, तो उन किताबों की क्या जरूरत? और अगर उनमें कुरआन से बाहर की बातें हैं, तब तो वे सब निहायत फिजूल हैं। उन्हें जरूर जलवा दिया जाए।' और इस तरह नालंदा का वह अनमोल ज्ञानागार राख के ढेर में बदल गया। यह बारहवीं सदी के अंत की घटना बताई गई है। बहरहाल, हम बगदाद और दीगर इसलामी मुल्कों की तरफ ही लौट चलें।

उन दिनों वक्त का मिजाज अमूमन इतना मुफीद (हितकारी) रहा करता था कि जहाँ एक तरफ इमाम जाफर सदीक (मृ. 765 ई.), अबू हनिफा (मृ. 767), मलिक इब्न-अनस (मृ. 795), मुहम्मद अल शफी (मृ. 820), अहमद बिन-हनबल (मृ. 855) जैसे मुफस्सिर (व्याख्याकार) शरीअत के कायदे-कानून और दीगर मजहबी मसले सुलझाने

में मशगूल (व्यस्त) रहे, वहीं दूसरी, तरफ अल-किंदी, अल-फराबी, अल-गजाली, अबू बक्र जैसे—मुनाजिर (तार्किक) खुदा, कुदरत और इनसानी फितरत (स्वभाव) की सच्चाइयों को पहचानने की कोशिश में आजाद उड़ान भरते रहे। बेशक उस दौर में ऐसे हादसे भी हुए जिनका मलाल लोगों को आज भी है। अल-मामून, जो मूताजिला खयालों का हिमायती (समर्थक) होने के बावजूद एक निहायत अदबनवाज (विद्या प्रेमी) खलीफा था, इब्न-हनबल के पीछे महज इसलिए हाथ धोकर पड़ा रहा कि हनबल की नजरों में कुरआन के कलाम अबद (शाश्वत) थे। आगे चलकर जब मुकतदीर खलीफा बना, तो उसने मूताजिला समर्थकों को सताना शुरू किया क्योंकि यूनानी फलसफे (दर्शन) के असर से वे सब आजाद खयाल लोग माने जाने लगे थे। इमामों के दबाव में आकर बुखारा के अमीर मुस्तनजीद ने इब्न-सीना को न सिर्फ अपने दरबार से निकाल दिया, बल्कि ई. सन् 1150 में उसकी सारी किताबें जलवा दीं। बगदाद के अमाइम ने मशहूर आलिम (विद्वान्) अब्दुस सलाम को काफिर करार कर उसका पूरा कुतुबखाना राख करवा डाला। यह वाकया ई. सन् 1192 का है।

लेकिन सबसे अलमअंगेज वाकया (शोकप्रद धटना) तो ईरान के सूफी फकीर हल्लाज मंसूर के साथ हुआ, जिसे बगदाद में निहायत बेरहमी से तड़पा-तड़पाकर कत्ल किया गया था। इमामिया की तौकी ने उस पर ईसाई होने का इलजाम लगाया, जिसके आधार पर जहीरिया ने उसे इसलाम से बाहर कर देने का फतवा जारी कर दिया। बात जब वजीर इब्न-ईसा तक पहुँची, तो उसने मंसूर को कैदखाने में डाल दिया। इन सब के बावजूद मंसूर ने 'अनल हक' की अपनी रट बंद न की, तो आठ साल बाद, 26 मार्च, 922 के दिन, कादी अबू उमर के फतवे और वजीर हमीद के हुक्म पर पहले तो मंसूर के हाथ-पाँव काट डाले गए और कुछ घंटे बाद उसका सिर काटकर धधकती आग में फेंक दिया गया। मंसूर का जुर्म फकत इतना था कि वह 'अनल हक' की बात करता था, जिसका माने है—'मैं वही (खुदा) हूँ' : मुल्ला-इमाम वो काजी की राय में किसी इनसान का ऐसा दावा कलामे-कुरआन और इसलामी उसूलों के सख्त खिलाफ माना गया, जिसका अंजाम सजा-ए-मौत के अलावा और कुछ नहीं। हम भारतीयों के लिए तो यह घोर आश्चर्य की बात है कि ऐसे परम-बोध (इंशिराहे कल्ब) के लिए किसी व्यक्ति को यंत्रणापूर्ण प्राणदंड दिया जाए। 'अनल हक' तो वही ऋषि-वाक्य है, जिसे हजारों वर्ष पहले वैदांतिक मनीषियों ने अपनी भाषा संस्कृत में 'अहं ब्रह्मास्मि—मैं ही ब्रह्म हूँ', कहकर प्रकट किया था। ऐसे पवित्र वचनों से हम हिंदू न केवल भलीभाँति परिचित हैं, बल्कि उन वंदनीय बुद्धपुरुषों के प्रति सदा अनुगृहीत (शुक्रगुजार) भी, जिन्होंने हमें उस आध्यात्मिक-चेतना (अहसासे-तसव्वुफ) की ओर संकेत किया जिसे विकसित कर आत्मा-परमात्मा का द्वैत धीरे-धीरे मिटता जाता है, और अंततः परम-बोध की वह स्थिति

उपलब्ध हो जाती है जब अहंकार (खुदी) को जाननेवाला 'मैं' कहीं बचता ही नहीं, सबकुछ ब्रह्ममय दिखता है, सर्वत्र ब्रह्म-ही-ब्रह्म! चेतना के ऐसे सूक्ष्म तरंगों को शब्दों में बाँधना बड़ा कठिन है। गहन समाधि (वज्द) की परम शांत तुरीयावस्था में ही उनका स्पर्श संभव बताया गया है; अन्यथा कदापि नहीं।

हमारी समझ में कसूर उस देशकाल का था, जब और जहाँ मंसूर ने वे बातें कही थीं। उस युग और क्षेत्र के निवासियों का भाव-जगत् (आलमें-जज्बात) ही भिन्न था। उन लोगों को वैसी आध्यात्मिकता (जज्ब-ए-तसव्वुफ) का कोई अनुभव ही न था, जो मंसूर के इशारों को पकड़ सके। हालाँकि यह कोई कम आश्चर्यजनक बात नहीं कि यह घटना बगदाद में घटी, जो संभवतः उस वक्त तक ईरान का ही अंग था। पूर्वकाल (अस्ने-गुजश्ता) में तो वह निस्संदेह था। ईरान आर्यों की अति प्राचीन भूमि है, जिसका पुराना नाम 'आर्यान या आर्यवीर्यान' था। ईरानी शुद्ध आर्य जाति के लोग हैं। मध्य एशिया के काकेशिया से प्रस्थान के बाद यहीं आकर आर्य लोग दो शाखाओं में बँटे थे। एक समूह अफगानिस्तान और हिंदूकुश पवर्तों को लाँघता हुआ भारत (आर्यावर्त्त) के सप्तसिंधु क्षेत्र में आ पहुँचा और दूसरी शाखा के लोग यूनान, रोम, जर्मनी जैसे यूरोप के अन्य इलाकों में जा बसे थे। बहुत आगे चलकर 'आर्यान' ईरान के नाम से मशहूर हो गया। भारत-ईरानी संबंध पाषाण-युग (अहदे-संग) जितने पुराने हैं। ईरानियों के प्राचीनतम धर्मग्रंथ 'जंदावेस्ता' की गाथाओं को पढ़ें, तो ऐसा लगेगा जैसे वैदिक-ऋचाओं का पाठ कर रहे हों—

दक्ष्त उष्या तुष्णा मइतिश वहिश्ता
नाइत् ना पोउरुश् द्रेगवतो ख्यात चिक्ष्नषो
अत् तो वीस्पेंग अषाउना आदरे। (य. 18/12)

ईरानियों के साथ अपने सहनिवास की यादें भारतीय आर्यों को सप्तसिंधु क्षेत्र में बस जाने के बहुत बाद तक सताती रहीं। ऋग्वेद में 'पृथु' एवं 'परसु' (पर्थीयन और पारसी) तथा पुराणों में ईरानी अराध्यदेव 'अहुरमज्दा' का 'उर महाध्य' नाम से उल्लेख उन्हीं मधुर स्मृतियों की झंकार हैं। 'चाल्डियन एंड इंडियन वेदाज' शीर्षक अपने विद्वत्तापूर्ण लेख में लोकमान्य बाल गंगाधर तिलक ने भारतीय तथा खल्दी (चाल्डियन) धर्मग्रंथों के समानार्थक शब्दों (तवाफुके-लिसानैन) की निरुक्त (तर्कीबे-सर्फी) के आधार पर विवेचना करते हुए भारतीय तथा तुरानी (तुर्फान की) जातियों के घनिष्ठ धार्मिक-सांस्कृतिक संबंधों की ओर विद्वानों का ध्यान खींचा था (अति प्रचीन इतिहास के संदर्भ में पर्सिया और अरबिया के बीच बसे भू-भाग को चाल्डिया, असूरीया, मेसोपोटामिया, बेबीलोनिया आदि नामों से पहचाना गया है)। समान उपासना शब्दों की ऋग्वेद में इतनी अधिक उपस्थिति देखकर यूरोपीय विद्वान् हिलेब्रांट ने तो यह धारणा बना ली कि ऋग्वेद के जिन मंडलों में ईरानी नाम और शब्द बहुतायत से आए हैं, उनकी रचना संभवतः ईरान निवास-काल में ही हो चुकी

थी। जो भी हो, इतना तो बिल्कुल साफ है कि भारतीय तथा ईरानी आर्यों की आध्यात्मिक मनोवृत्ति (मिजाजे-तसव्वुफ) बहुत-कुछ एक जैसी रही है और इस लिहाज से यही लगता है कि उन दिनों मंसूर के खिलाफ हाय-तौबा मचानेवाले लोग खासकर गैर-आर्य मुसलमान ही ज्यादा रहे होंगे। अरबनजाद (अरब नस्ल के) और अजमी (गैर अरब) मुसलमानों के मिजाज और सलूक में फर्क कोई हैरत की बात नहीं।

पुरानी दुनिया के जानकार सभी यूरोपीय विद्वान्-फ्रैंकफर्ट, कनिंघम, लैंग्डन, डी-मार्गन, पर्सी साइक्स वगैरह ने ईरानी आर्यों की बड़ी तारीफ की है। ईसा से तकरीबन पाँच सौ साल पहले से लेकर इसलाम के उदयकाल तक, पर्सिया (ईरान) दुनिया का एक बहुत बड़ा साम्राज्य था। उसका इतिहास बेहद शानदार था। 'लाइफ एंड थॉट इन दि एंशिएंट वर्ल्ड' के लेखक सिरिल इस्टवुड ने लिखा है (पृ. 88) कि 'यद्यपि पर्सियन लोगों ने एक विशाल साम्राज्य पर शासन किया था, लेकिन वे आक्रामक (मुकातिल) नहीं थे। न तो वे असुरियों की तरह क्रूर (सफ्फाक) थे, न बेबीलोनियन की तरह दकियानूस और न ही यूनानियों की तरह जोशीले।' ईस्टवुड इस बात से अचंभित दिखते हैं कि वैसे दयावान, सुसंस्कृत और सहनशील लोगों ने उतनी व्यापक राजनैतिक प्रभुता कैसे हासिल कर ली थी! मानव इतिहास की सचमुच वह एक बेमिसाल घटना है।

बहरहाल, इसलाम के बौद्धिक विकास में जिन लोगों की अहम भूमिका थी, उनमें ज्यादातर गैर-अरब थे। वैसा ही एक मशहूर नाम अल-फराबी का है, जो मंसूर का समकालीन था। उसकी भी हत्या कर दी गई थी। अस्सी साल का वह बूढ़ा विद्वान् जब दमिश्क से अस्कलीन जा रहा था, तो बताया जाता है कि रास्ते में उसे किसी ने कत्ल कर दिया। यह ई. सन् 950 की बात है, मंसूर की हत्या के अट्ठाईस साल बाद। अल-फराबी एक शिया मुसलमान था और मंसूर की ही तरह सूफी-खयालों से ओत-प्रोत। वह एक ऐसा इसलामी दार्शनिक था जिसके विचारों पर प्लेटो और अरस्तू का बड़ा प्रभाव था। लिहाजा इसलामी धार्मिक विश्वासों के साथ यूनानी विवेकशीलता का सामंजस्य कायम करने की कोशिश में वह लगातार जुटा रहा। फकीराना मिजाज के उस शख्स की गिनती इसलामी फलसफे की तवारीख में 'अल-मुअल्लिम अल-सनी' (द्वितीय गुरु) की हैसियत से की जाती है। जानकार बताते हैं कि इसलामी विद्वानों ने ही 'अल-मुअल्लिम अल-अव्वल' (प्रथम गुरु) का दर्जा अरस्तू को दिया था, जिसे बाद में ईसाई संत थॉमस अक्वीनस और संत अलबर्ट, 'मजिस्टर-प्राइमस' कहकर बार-बार याद करते रहे।

अल-फराबी, तअस्सुब (धर्मांधता) के सख्त खिलाफ था। अपनी एक मशहूर किताब 'फिल्हसा अल-उलूम' में उसने भाषाशास्त्र, तर्कशास्त्र, गणित, भौतिकी, अध्यात्म, राजनीति जैसे विषयों पर बड़ी गहरी बातें की हैं। उसने इनसानी जिंदगी में मजहब के बजाय फलसफा, नैतिकता और अक्ल को ज्यादा अहमियत दी तथा जमायते-इख्वान अल-सफा

के इस खयाल से पूरी तरह इत्तफाक (सहमति) जताया कि 'कुंद जेहन (मंदबुद्धि) लोगों के लिए शरीअत (इसलामी धर्मशास्त्र) भले ही जरूरी हो, मगर जहीन (कुशाग्र बुद्धि) और जानकार लोगों को तो फलसफा (दर्शनशास्त्र) से ही रोशनी मिलेगी।' साइंस उन दिनों फलसफे में ही शामिल था। कुरआन की अवधारणा के खिलाफ उसने यह बताया कि कायनात (सृष्टि) की कोई इब्तिदा (प्रारंभिक रचनाकाल) नहीं, वह सदा से मौजूद है। उसकी बहुत सारी बातें चौंका देनेवाली थीं, जिनसे इसलामी धर्मगुरुओं का वर्ग बेचैन रहने लगा। अल-फराबी ने कहा कि एक ही मूलभूत सच्चाई (अस्लुल उसूल) के इर्द-गिर्द दुनिया के तमाम मजहबों ने अलग-अलग इबादत के तौर-तरीके, रस्मो-रिवाज, कायदे-कानून अख्तियार कर लिये हैं। लिहाजा, जमायते-इख्वान की तरह वह भी इस बात के लिए फिक्रमंद था कि अलग-अलग मजहबों के उसूल और उपदेशों को साथ मिलाकर कैसे सबको एक ही फलसफे के दायरे में लाया जाए!

इसलामी तवारीख की उन बीती सदियों की अहमियत असहाबे-फिक्र (चिंतनशील लोगों) की बड़ी तादाद में मौजूदगी नहीं, बल्कि जगत्-जीवन के रहस्यों को बुद्धि और तर्क के आधार पर समझने-सुलझाने की उनकी काविशो-कोशिश (जिज्ञासा और प्रयास) के कारण मानी जाएगी। विवेकपूर्ण संशय और विवेकहीन आस्था के बीच उन दिनों जिस सेतु की उन्होंने नींव डाली थी, सैकड़ों साल बाद यूरोप के ईसाई साइंसदानों ने उसी को विकसित कर आधुनिक विज्ञान के चमत्कारी युग में हमें पहुँचा दिया है। बदकिस्मती यह हुई कि दीने-इसलाम के लोग वह पुल पार कर इल्मों-ईजाद की नूरानी दुनिया की ओर आगे बढ़ने के बजाय खुदफरेबी वो गफलत की अपनी तंग गुफाओं में वापस लौट गए। बहुत मुमकिन है कि तकरीबन तीन सौ साल तक ईसाइयों के साथ चले धर्मयुद्ध (जिहाद-क्रूसेड) और जालिम मंगोलों के हमले ने उन्हें अपनी किवाड़ें मुकफ्फिल (तालाबंद) कर लेने को मजबूर कर दिया हो! लेकिन इसकी क्या कैफियत होगी कि उसी कयामतखेज दौर से ईसाइयत भी तो गुजरी थी? यह एक विचारनीय प्रश्न है।

□

3

धार्मिक-जगत् की एक विडंबना यह रही है कि स्वयं आस्तिकों ने एक-दूसरे को जितना मारा-काटा है, नास्तिकों ने शायद ही उनका वैसा संहार किया हो। अब तक संसार के प्राय: सभी तथाकथित धर्मयुद्ध आस्तिकों के बीच ही लड़े गए हैं। यहूदी-ईसाई-मुसलमान अथवा हिंदू—ये सब-के-सब आस्तिक हैं। परमेश्वर की परम सत्ता में विश्वास रखनेवाले लोग। नास्तिक तो ईश्वर के अस्तित्व को ही नहीं स्वीकारते। फिर उसकी रक्षा या हत्या के लिए उतावले क्यों हों? ईश्वर और धर्म की रक्षा के लिए एक वैसा ही भीषण युद्ध ईसाई और मुसलमानों के बीच ग्यारहवीं सदी के अंत में शुरू हुआ था, जो लगभग ढाई-तीन सौ बरसों तक चलता रहा। ईसाइयों ने उसे 'क्रूसेड' और मुसलमानों ने 'जिहाद' की संज्ञा दी थी। धर्म के मर्म से अनजाने लोग भले ही उसे 'धर्मयुद्ध' के रूप में महिमामंडित करने का प्रयास करें, किंतु अपनी तह में वह नितांत एक 'अर्थयुद्ध' था—ईसा और मुहम्मद के अनुयायियों की घातक विस्तार-लिप्सा और व्यावसायिक प्रतिस्पर्धा का नतीजा! एक सुविचारित योजना के तहत दोनों पक्षों के सौदागर, शासक और धर्माचार्यों ने उसे धार्मिक उन्माद का वैसा विकराल रूप दिलवा दिया, जिसमें यूरोप, अफ्रीका और एशियाई देशों के न जाने कितने बेगुनाह लोग मौत की भेंट चढ़ गए। उस दीर्घकालीन कुचक्र के बड़े दूरगामी परिणाम हुए। गंभीर चिंता की बात यह है कि उस दुष्प्रवृत्ति और मानसिकता से लोग आज भी मुक्त नहीं हो पाए हैं। इसलिए विश्वासपूर्वक कह पाना बड़ा कठिन है कि ज्ञान-विज्ञान की अपनी अभूतपूर्व उपलब्धियों के सहारे मानव समाज किसी दिव्य-भविष्य की ओर बढ़ता जा रहा है अथवा सर्वनाश की ओर!

क्रूसेड (जिहाद) के अधिकतर किस्से या तो ईसाई सूत्रों से फैले या फिर इसलामी खेमे से। भिन्न धार्मिक परिवेश के कारण नजरिए का फर्क बहुत ताज्जुब की बात नहीं, लेकिन तथ्यों को तोड़-मरोड़कर पेश किया जाए, तो निष्पक्ष निर्णय जरूर मुश्किल हो जाता है। वैसी स्थिति में किसी स्थायी समाधान की बात अरण्यरोदन के अलावा और क्या होगी?

हमें मालूम है कि आठवीं से ग्यारहवीं सदी के दरमियान, पूरे तीन सौ साल तक, इसलामी दुनिया में तिजारत की इतनी तरक्की हुई थी कि एक तरफ भारत और चीन तथा दूसरी तरफ अफ्रीका और यूरोप का सारा व्यापार अरबों की मुट्ठी में आ गया था। अंतरराष्ट्रीय वाणिज्य के सभी थल मार्ग उत्तर-पश्चिमी अफ्रीका, मोरक्को, स्पेन जैसे इसलामी मुल्कों से होकर ही गुजरने लगे थे। न केवल जमीनी रास्ते, बल्कि लाल सागर, अरब सागर, भूमध्य सागर पर भी अरब जहाजी बेड़ों का ऐसा दबदबा छा गया था कि उन्हें ललकारने का साहस उन दिनों कोई नहीं जुटा पाता। वे जिसे चाहते लूट लेते, जिसे चाहते बख्श देते। कई चीनी बंदरगाहों के इर्द-गिर्द अरब मूल के लोगों की छोटी-छोटी बस्तियाँ आबाद होती जा रही थीं। उन दिनों कैंटन और शंघाई में उन्होंने जो मसजिदें बनवाई थीं, वे आज भी मौजूद हैं। चीन में इसलामी वाणिज्य दूतावास की स्थापना के कुछ ही दशक बाद, ईस्वी सन् 758 में अरब समुद्री लुटेरे चीनी मालवाहक पोतों को लूटते हुए मलाया तक जा धमके थे। वह सिलसिला दिनोदिन बढ़ता ही गया। क्रूसेड से कुछ पहले तक वे आततायी उत्तरी इटली के तटवर्ती इलाकों में लगातार धावा बोलते रहे। इतिहास बताता है कि दस्युता पुराने समय से ही व्यापार का एक प्रचलित अंग रहा है। अरबवासी तो उस फन के माहिर थे। बाजारों पर एकाधिपत्य जमा लेने का वह बड़ा कारगर उपाय था। निस्संदेह मुनाफा सदा से व्यापार का मुख्य उद्देश्य रहा है, आगे भी रहेगा। हर युग में कम-से-कम लागत पर अधिक-से-अधिक लाभ कमाने की हिक्मत अपनाई गई है। एक लंबे अरसे तक लूट वो तरकीब बनी रही, जिसमें लागत कम और लाभ अधिकतम मिल जाया करता था। दस्यु सौदागर अपने प्रतिद्वंद्वियों को इस बुरी तरह लूट लेते थे कि उन बेचारों के पास बाजार तक पहुँचाने के लिए कुछ भी नहीं बच जाता। मैदान खाली पाकर लुटेरे व्यापारी मुफ्त हाथ लगे माल का मंडियों से मुँहमाँगी कीमत बटोर लाते थे। उस दोधारी तलवार के कारण उनसे टक्कर लेना न तो प्रतियोगी विक्रेताओं के लिए संभव हो पाता और न ही खरीदार महाजनों के लिए।

यह वह जमाना था जब वैसे जलयान विकसित ही नहीं हुए थे जो प्रशांत या अटलांटिक जैसे महासागरों की छाती चीर उनके आर-पार चले जाएँ। इसलिए जलपोतों का आना-जाना सागरों तक ही सीमित रहता था; वह भी खुले सागर के अंदर दूर तक नहीं। यूरोप के जहाज तो प्रायः तटों के समानांतर ही तैरते रहते। उनकी दूरी-सीमा उतनी ही हुआ करती थी, जहाँ से किनारे नजर आते रहें। तब के तिजारती बेड़े मानो तैरते-बहते बाजार हों, जिन पर दैनिक उपयोग की चीजें भी लदी होती थीं और वे जगह-जगह रुकते-ठहरते आगे बढ़ते रहते थे। हर रोज-दो रोज बाद वे किसी-न-किसी बंदरगाह पर लंगर डाल ही देते। अपने माल बेचते। नए माल खरीदते। खाते-पीते और आगे बढ़ जाते थे। लेकिन मजबूत-से-मजबूत जहाज को भी खुला सागर सर्दियों में अपने पास

फटकने नहीं देता था। उस मौसम के खौफनाक तूफानों को झेल पाना किसी के बूते की बात न थी। इसलिए अप्रैल से नवंबर के बीच ही अपना जहाजी काफिला लिये सौदागर समुद्र-यात्रा पर निकलते थे। उनके जहाजों पर न केवल ऊनी-सूती कपड़ों के गट्ठर, कीमती रेशमी परिधान, मखमली कालीन, बहुमूल्य हीरे-मोती, मूँगा-पन्ना, खातमकारी (हाथीदाँत की अनमोल शिल्पकारी) या दुर्लभ मिर्च-मसाले लदे होते; बल्कि गुलामों का खरीद-फरोख्त भी उनके लिए बेशुमार दौलत कमाने का बड़ा जरिया बन गया था। स्कैंडिनेविया के कुख्यात वाइकिंग लुटेरे अरब सौदागरों के उन जहाजों को खास निशाना बनाते रहे, जो गुलामों से भी खचाखच भरे हों। देखा-देखी यूरोप के ईसाई मुल्कों ने भी मुसलमानों की तिजारत बरबाद कर देने की ठान ली। क्रूसेड के बढ़ते जुनून के साथ इस मोरचे पर भी जंग तेज होती गई और उस लंबी लड़ाई का नतीजा यह निकला कि पहले तो इटली के जहाजी जंगबाजों ने भूमध्य सागर से और बाद में पुर्तगालियों ने हिंद महसागर से अरब सौदागरों को पूरी तरह खदेड़ दिया।

क्रूसेड के कोलाहल में हम गरीब गुलामों की भी सुन लें तो उस हंगामे का राज थोड़ा और खुले। यों तो गुलामी का सिलसिला बहुत पुराना था। प्राचीन भारतीय ग्रंथों में भी दास प्रथा के उल्लेख मिलते हैं। विद्वानों का कहना है कि लौहयुग से ही गुलामों का उपयोग गृह-सेवा के अलावा उत्पादन के प्रमुख साधन के रूप में होने लगा था। सिंधु घाटी, मिस्र, मेसोपोटामिया जैसी सभी पुरानी सभ्यताएँ अपने दासों की बदौलत ही युद्ध से लेकर छोटे-बड़े निर्माण कार्य सफलतापूर्वक कर पाई थीं। चकित कर देनेवाले मिस्र के पिरामिड-समूह आज भी उस बात की गवाही देते हैं। बताया जाता है कि मिस्र में नामीबिया (सूडान), सीरिया आदि देशों से बड़ी तादाद में गुलाम मँगवाए जाते थे और मिस्र से पहुँचे गुलाम बेबीलोनिया के बाजारों में बिकते थे। फारस-यूनान-रोम, सभी साम्राज्यों ने गुलामों का भरपूर फायदा उठाया था। उस जमाने के बाँध-नहर-सड़क और इमारतों के भग्नावशेष से अब भी गुलामों के खून-पसीने की गंध आती है। ये वो गुमनाम अभागे लोग थे, जो खुद घोर अमानुषिकता के शिकार बनकर सम्राटों के यश और अहंकार को अलंकृत कर गए हैं।

बताया जाता है कि प्रारंभिक रोमन सेनापति पांतियस अपनी एशियाई-विजय के दौरान कई लाख गुलाम रोम ले आया था। उस जमाने में रोम के लोग अपने गुलामों को जंजीर से बाँधकर रखते थे। लेकिन आहिस्ता-आहिस्ता बात बदलने लगी। गुलामों में भी लोगों ने जीव और आत्मा की झलक देखी। उनके प्रति मालिकों के व्यवहार नरम पड़ते गए। उन्हें अपनी मुक्ति खरीदने के अधिकार और अवसर दिए जाने लगे। गुलामों की हत्या कानूनन अपराध बन गया। हालाँकि मध्य युग तक इंग्लैंड में मालिक अपने दासों का कत्ल बेखौफ कर सकते थे। मध्य युग के दौरान एशिया के अनेक मुल्कों में

गुलामी का नजारा रोम जैसा ही था। मुसलिम सुलतान, अमीर व कारोबारी बड़े पैमाने पर, खासकर दक्षिण अफ्रीका से गुलाम मँगवाते थे, जिन्हें खेती-बारी और खादानों से लेकर जंग तक में तैनात किया जाता था। मेहनत-मशक्कत के सारे खतरनाक काम उन्हीं मजबूर व मज्लूम इनसानों के जरिए अंजाम दिए जाते थे, जिन्हें वक्ते-नागहां, लोग चाहें तो बाजारों में ऊँट-घोड़े-खच्चर या गदहों से अदला-बदली कर लें।

उन बदनसीब लोगों में ज्यादातर युद्धबंदी तो होते ही थे, जिन्हें गुलाम बना लेने का प्रचलन विश्वव्यापी था। लेकिन उन दिनों वैसे लोग भी गुलाम बना लिये जाते जो अपना कर्ज चुकाने से लाचार हों। वैसे लोगों की भी भरमार थी जो गरीबी और अकाल से निजात पाने के लिए खुद या बीबी बाल-बच्चों को बेच देने पर मजबूर हो जाएँ। कई राज्यों में छोटे-बड़े जुर्म की सजा गुलाम बनकर भुगतनी पड़ती थी। मुसलमान विजेता अपने युद्धबंदियों के सामने प्राय: तीन विकल्प रखते—इसलाम, मौत अथवा गुलामी। ऐसा न था कि गुलामों में सब गरीब-गँवार, जाहिल मजदूर ही हों। युद्धबंदियों में अनेक वैसे लोग भी होते, जो अनुभवी योद्धा, कुशल कारीगर, किसी व्यवसाय के विशेषज्ञ या धुरंधर विद्वान् थे। वैसे लोगों को इस बात की इजाजत तो थी कि अपने पेशे से जुड़े रहें, लेकिन अपनी कमाई का बड़ा हिस्सा उन्हें अपने आका को उनके अधिकार शुल्क के रूप में देना पड़ता था।

गुलामों के शोषण की और भी कई तरकीबें अपनाई जाती थीं, जिनके विरुद्ध समय-समय पर विद्रोह उभरते रहे। खलीफा उमर की हत्या के कारण हमें मालूम हैं। नौवीं सदी में बसरा के खाड़ी तट पर नमक तैयार करनेवाले गुलामों की बगावत ने तो मजहबी टक्कर की शक्ल अख्तियार कर ली थी, जिसने ऐसा जोर पकड़ा कि कुछ समय तक दक्षिणी इराक और पश्चिमी ईरान का बहुत बड़ा इलाका बागियों के ही कब्जे में रहा। आगे चलकर मध्य तेरहवीं सदी में बगदाद से अब्बासी खलीफाओं को पूरी तरह उखाड़ फेंकने में तुर्की गुलामों की बगावत काफी मददगार बनी, जिसका पूरा फायदा मंगोल हमलावर हलाकू के हक में गया। खलीफा के वारिसों ने भागकर दिल्ली के सुलतान बलबन की पनाह ली और उसके वजीफे पर बसर करने लगे। तुर्की के सेल्जुक और मिस्र के मम्लूक वैसे दबंग मुसलिम गुलाम थे जिन्होंने उन मुल्कों की सल्तनत अपनी मुट्ठी में जकड़ रखी थी। फौज से लेकर शाही महल और सरकारी महकमों तक ऊँचे-ऊँचे ओहदों पर वे काबिज थे और जंग व सुलह जैसे संगीन मामलों में भी ऐसा जबरदस्त दखल रखने लगे थे कि उनकी मरजी के खिलाफ कोई फैसला मुश्किल था। इसलामी निजाम के तहत गुलामों का वह तबका, जो खासकर सेना और सैन्य-संचालन से जुड़ा था, उसे 'मम्लूक' कहते थे। इस अरबी शब्द का अर्थ है—'वह वस्तु या व्यक्ति, जो किसी की मिल्कियत हो'। इधर हिंदुस्तान में मुसलमानी राज की नींव सच पूछें तो

गुलामों ने ही डाली थी। महमूद गजनी, जिसने सत्रह बार भारत पर चढ़ाई की थी और थानेश्वर, मथुरा और सोमनाथ के भव्य मंदिरों को ध्वस्त कर धूल में मिलाया था, वह भी मम्लूक गुलामों का ही वंशज था। सौ साल बाद जिस कुतुबुद्दीन ऐबक ने भारत में इसलामी सल्तनत की सरहद बढ़ाकर उसकी जड़ें गहरी और मजबूत कीं; वह खुद मुहम्मद गोरी का एक तुर्की गुलाम सिपहसालार था। सुलतान इल्तुत्मिश, बलबन, रजिया सुल्ताना—सब गुलाम वंश के ही शासक थे।

उधर यूरोप में मध्य छठी सदी बीतते-बीतते महाप्रतापी रोमन साम्राज्य के दो टुकड़े हो गए थे, जिसका पूर्वी भाग 'बजंतियम' कहलाया; जिसमें तुर्की, सीरिया, उत्तरी अफ्रीका समेत पूर्वी यूरोप के अधिकतर देश शामिल थे। कस्तुंतुनिया उसकी राजधानी बनी। सातवीं सदी खत्म होते ही इसलाम बजंतियम के ईसाई साम्राज्य पर चढ़ बैठा। लेकिन मूल रोमन साम्राज्य रोम में ही टिका रहा। पश्चिमी यूरोप के सभी देशों की किस्मत इसी पवित्र रोमन साम्राज्य के साथ जुड़ी रह गई। इस साम्राज्य को कमजोर पाकर स्लाव, सरासीन, नोर्स, ट्यूटैनिक जैसी बर्बर जनजातियाँ धीरे-धीरे घुसती आईं और तमाम इलाके में लूटमार, बदअमनी फैलाती रहीं। शहर एक-एक कर वीरान होने लगे। इंग्लैंड में तो वे पूरी तरह विलुप्त ही हो गए। कारोबार, खेती-बारी सब खस्ताहाल! आहिस्ता-आहिस्ता एक नए तौर का कृषि प्रधान समाज और सल्तनत उभरने लगी, जिसे 'सामंतशाही' के नाम से जाना जाता है।

सामंत लोग (फ्यूडल लॉर्ड्स) ग्रामीण क्षेत्रों में ही रहते थे। उनके पास न केवल बड़ी-बड़ी जागीरें, बल्कि अपनी फौज भी हुआ करती थी। इलाके का अमन-इनसाफ उन्हीं के अख्तियार में था। प्रत्येक सामंत के अधीन शक्ति-सुविधा संपन्न बैरन और नाइटों का एक बड़ा वर्ग फलने-फूलने लगा था। खुद राजा भी एक बड़ा सामंत ही था, जिसके मातहत औपचारिक तौर पर राज्य के अनेक छोटे-बड़े सामंत थे। लेकिन अपने सामंतों पर राजा का प्रभुत्व बहुत प्रभावी नहीं था। इसलिए अपनी मौजूदगी जताने की गरज से सैन्य टुकड़ी और हाकिमों सहित वह लगातार सारे राज्य का दौरा करता फिरता था। अकसर सामंतों से उसकी भिड़ंत हो जाया करती थी। अपने एकांत ग्रामीण दुर्ग में चैन की बाँसुरी बजाते रहना बेचारे राजा को उन दिनों नसीब न था।

सामंती कृषि व्यवस्था एवं सहायक कुटीर उद्योग पूरी तरह दासों पर निर्भर थे। सभी बड़े सामंत की जागीर में हजारों कृषिदास (सर्फ) बसते थे, जो न तो दूसरा धंधा कर सकते थे और न ही इलाका छोड़ कहीं और जा सकते थे। यहाँ तक कि अपने मालिक की इजाजत बगैर उन्हें शादी-ब्याह तय करने का भी हक न था। यूरोप की जनसंख्या उन दिनों इतनी कम होती जा रही थी कि गुलामों को एशिया और अफ्रीकी मुल्कों से मँगवाए बिना कोई चारा ही न था। बताया जाता है कि रोम की आबादी, जो सम्राट्

कॉन्सटैंटिन के जमाने में (306–337 ई.) सात लाख थी, सन् 1050 ई. तक घटकर मात्र पैंतीस हजार बच गई। पूरे मध्य युग के दौरान श्रम-शक्ति का क्रमिक ह्रास यूरोप की एक विकराल समस्या बना रहा। क्रूसेड शुरू होने के कुछ समय बाद तक, एशिया-अफ्रीका से आने-जानेवाले सभी प्रमुख जल-थल मार्ग पर मुसलमानों का नियंत्रण होने के कारण गुलामों का व्यापार भी अरब सौदागरों के ही कब्जे में चला गया था। लिहाजा यूरोप की कृषिप्रधान सामंतशाही को भी अपने आवश्यक श्रमबल की आपूर्ति के लिए उन्हीं मुसलमान ताजिरों (व्यापारियों) का मोहताज रहना होता था।

पश्चिमी यूरोप की सारी अर्थव्यवस्था चरमराने लगी थी। वह व्यापक अज्ञान और गरीबी से बुरी तरह ग्रस्त होता जा रहा था। यह स्थिति लगभग पाँच सौ बरस (पाँचवीं से दसवीं सदी) तक बनी रही। उस बीच पश्चिमी यूरोप पर ऐसा घुप अँधेरा छाया रहा कि उस कालखंड का उल्लेख करने के लिए इतिहासकारों ने 'अंधकार युग' का विशेषण प्रयोग किया है। ऐसा लगता था मानो यूरोपवासियों के चिंतन-उद्यम की सारी प्रक्रिया ही थम गई हो और उनके सुखद जीवन के सारे रास्ते जैसे बंद हो गए हों! अराजकता और अनिश्चय से व्याकुल लोगों के मन में केवल ईश्वर और धर्म संघों के प्रति थोड़ा-बहुत भरोसा बचा था। एक शक्तिशाली केंद्रीय राजनैतिक सत्ता के अभाव में कैथोलिक चर्च के लिए अपना प्रभाव-प्रभुत्व बढ़ाना सहज होने लगा। राजाओं और सामंतों से मिली विशाल जागीर तथा धनाढ्य साहूकारों से प्राप्त अपार दानराशि के सहारे उसका बल-वैभव दिनोदिन बढ़ता गया। मठाधीश और पुश्तैनी पुरोहितों के जाल चारों ओर बिछते चले गए। उनमें अधिकतर अल्पशिक्षित-अनाड़ी लोग थे, जिन्हें वैवाहिक जीवन बिताने की भी छूट थी। उनके कर्मकांड मुख्यतः जादू-टोने और अंधविश्वासों पर आधारित थे। चर्च एक ऐसा वैधानिक वर्ग बन गया, जिसके स्वनिर्मित कायदे-कानून और अपनी अदालतें थीं। तुर्रा यह था कि उसके धर्माधिकारियों के पद भी बिकाऊ थे। स्वाभाविक ही था कि सुविधाभोगियों के वैसे समाज में घोर प्रतिस्पर्धा, कलह और षड्यंत्र एक सामान्य बात बन जाए।

ईसाई धर्मसंघों ने बहुत सारे वैसे आपत्तिजनक काम करने शुरू किए, जो केवल लौकिक अधिराज्य के दायित्व एवं विशेषाधिकार के अंतर्गत निहित और मान्य हैं। किंतु वे सब इस कारण क्षम्य माने जाएँगे कि उन दुर्भाग्यपूर्ण दिनों में कोई अन्य कारगर विकल्प ही न था। महामारी-अकाल-बाढ़-भूचाल आदि प्राकृतिक विपदाओं से पीड़ित लोगों की सहायता, रोगियों की चिकित्सा, राहियों के विश्राम, बाहरी अथवा आंतरिक आततायियों से सुरक्षा या शिक्षा-दीक्षा की सीमित व्यवस्था जनसाधारण को कमोबेश उन्हीं लोगों द्वारा उपलब्ध होती रहीं। इस भाँति रोमन कैथोलिक चर्च का पोप, जो समस्त ईसाई जगत् के धार्मिक मामलों का प्रधान था, अब राजनीति पर भी उसका पंजा इतना

कसता गया कि उसकी अवहेलना करना बड़े-से-बड़े ईसाई राजा के सामर्थ्य से बाहर की बात हो गई। मोटे तौर पर, उस बहुचर्चित 'अंधकार युग' की यही सब झाँकियाँ हैं जो अब भले ही दिखाई न पड़ें, किंतु उनके परोक्ष प्रभाव से हम-आप आज भी अछूते नहीं। यशस्वी रोमन साम्राज्य का विभाजन, इसलाम का उदय और पराक्रम, दीर्घकालीन क्रूसेड—ये सब उसी काल-विस्तार की युग-प्रवर्तक घटनाएँ रही हैं।

लेकिन पश्चिमी ईसाई जगत् के दुःख-दारुण्य के विपरीत, पूरब में इसलामी दुनिया की उन दिनों बात ही अलग थी। वहाँ आसमान में सूरज दमक रहा था और चारों तरफ खुशगवार धूप फैली थी। अपने जोश व रवानी में बढ़ता हुआ इसलाम उन मुल्कों का मालिक बन चुका था, जहाँ पहाड़ों पर जन्नत का नजारा था, तो मैदानों में लहलहाती फसलों की हरियाली। खलिहानों में किस्म-किस्म के अनाज के अंबार लगे होते। फूलों और लजीज फलों से लदे लुभावने बाग चप्पे-चप्पे पर आबाद थे। झरने ऐसे, मानो दूध उड़ेल रहे हों! नदियाँ ऐसी लबालब कि वर्ष भर इस छोर से उस छोर तक बलखाती बहती रहें—सिंचाई और सफर, दोनों में सहायक। अपार वन संपदा, मजबूत लकड़ियाँ, सुगंधित मसाले, कायाकल्पकारी जड़ी-बूटियाँ। सोने-चाँदी, लोहे-ताँबे की खानें। मोती-मूँगा उगलते सागर। एक-से-बढ़कर-एक खूबसूरत शहर, जिनके बाजारों की चहल-पहल, आलीशान इमारतों की रौनक, मसजिद-मदरसे-कुतुबखाने और आलिमों की शोहरत, न जाने कहाँ-कहाँ के लोगों को खींच लातीं। उस जमाने की इसलामी दुनिया की शानो-शौकत, ऐशो-आराम ईसाइयों के लिए ललक और ललकार की बात बन गई थी। सैकड़ों साल जिस विशाल भू-भाग पर उन्होंने राजसुख भोगा था, एक-एक कर उसके सारे मुल्क मुसलमानों के कब्जे में चले गए। ईसाई बेदखल-बदहाल होते रहे और प्रभुपुत्र यीशु से कुछ करते न बन पड़ा! तो क्या यह सब दीने-इसलाम का करिश्मा था? क्या मुसलमानों के 'अल्लाह' ईसाइयों के 'गॉड' से अधिक पराक्रमी थे? क्या कुरआन के पैगाम में बाइबिल के सुसमाचार (गॉसपल्स) से ज्यादा सच्चाई थी? और तब क्या मुसलमानों का यह दावा ठीक था कि मुहम्मद ही यहूदी-ईसाई परंपरा के आखिरी पैगंबर थे, लिहाजा इसलाम पर ईमान लाना ही बेहतर होता?

दमिश्क-बजंतियम से लेकर काहिरा-कारडोवा के गली-बाजारों में आए दिन ऐसे सवालात उछाले जाते जो ईसाइयों को तिलमिला दें। सितमजरीफ मुसलमान छोकरों की बहकी-बहकी बातें, उनके तंजो-ताने सुन ईसाई नौजवानों की रगों में बहते गरम खून उनकी आँखों में उतर आता था। वे भले ही गर्दिशों में घिरे हों, मगर उनमें पुरजोश खुद्दारी (आत्मसम्मान) थी और अपने मसीहा पर बेहद नाज भी। उन्हें पक्का यकीन था कि ईसाइयों की मौजूदा पस्ती व तंगहाली महज एक आरिजी (अस्थायी) दौर है, जिससे गुजरे बगैर वे नया सवेरा नहीं देख पाएँगे। तस्दीक (समर्थन) के लिए वे किताबों का हवाला

देते, जिनमें साफ दर्ज था कि उद्धारक यीशु तब तक प्रकट न होंगे जब तक यरूशलम की तख्त पर एक वैसा विधर्मी बैठ न जाए जिसके बहकावे में आकर सब लोग अपना धर्म त्याग दें और पूरी तरह गुमराह हो जाएँ। लिहाजा वे पतन की पराकाष्ठा तक प्रतीक्षा के लिए तैयार थे, जहाँ उत्थान का प्रारंभ भी छिपा बैठा था। ईसाई इसे हरगिज मानने को तैयार न थे कि जीसस के बलिदान और निर्मलता की बराबरी मुहम्मद कर सकेंगे, जिनका जीवन पाखंड-आडंबर और विलासिता में लिप्त रहा। उनका परोपकारी यीशु तो गरीबी में जनमा, गरीबी में जिया और गरीबी झेलता-झेलता मर मिटा। किंतु उसके सदाचार की सहचरी बनकर स्वयं गरीबी धन्य हो गई। दरअसल वह तो एक खुदाई नूर था, जो इनसान की शक्ल अख्तियार कर इस धरती पर उतरा, और सलीब से टपके अपने पवित्र लहू से आदम-हव्वा की तमाम औलाद के गुनाहों को धोकर वापस चला गया।

सन् 650 ई. की बात है। मुसलिम स्पेन की राजधानी कारडोवा में ईसाई मठवासी परफेक्ट्स के साथ एक वाकया पेश आया। कुछ मगरूर मुसलमानों ने ईसाइयत को नीचा दिखाने की गरज से उसके साथ बहस छेड़ दी, और उसे दो-टूक यह बाताने को कहा कि मुहम्मद और ईसा में कौन बड़ा है ? उन सब की चाल भाँपकर परफेक्ट्स बहुत देर तक गोल-मटोल बात करता रहा। मगर मुसलमान ईसा मसीह के खिलाफ अनाप-शनाप बकते गए और उसे इतना उकसाया कि परफेक्टस भी आपा खो बैठा। दोनों तरफ से गाली-गलौज शुरू हो गई। परफेक्ट्स ने भी पलटकर मुहम्मद के लिए कुछ अपशब्द प्रयोग किए। अच्छा-खासा मजमा जुट आया और लोग परफेक्ट्स को घसीटकर काजी के पास ले गए। शरीअत के मुताबिक पैगंबर की शान के खिलाफ कुछ बोलना कुफ्र है, जिसकी सजा है— मौत। लिहाजा ईद के मुबारक दिन परफेक्ट्स की गरदन उतार ली गई। उसी दिन एक हादसा यह हुआ कि कश्ती पर मौज-मस्ती करते मुसलमान नौजवानों की एक पूरी मंडली दरिया में डूब गई। उसे एक मोजिजा (ईश्वरीय संकेत) बताया गया, जो इस बात की खबरदारी थी कि एक ईसाई के कत्ल के बदले दर्जनों मोमिन मारे जाएँगे। सारे शहर में सनसनी फैल गई। ईसाई परफेक्ट्स रातोरात अमर शहीद बन गया।

परफेक्ट्स की शहादत रंग लाने लगी। दूर-दूर तक माहौल गरम होता गया। गुस्से से भरे ईसाई नौजवान सरफरोशी की तमन्ना लिये सड़कों पर उतरने लगे। अगले ही साल दीवानों का एक बड़ा जत्था काजी के सामने जा डटा और सरेआम इसलाम तथा मुहम्मद की लानत-मलामत करता काजी को ललकारने लगा कि उसमें हिम्मत हो तो उन सबकी गरदन उतारे! इस तरह शुरू हुआ वह सिलसिला, जो अगले सैकड़ों साल तक थमा नहीं। ईसाइयों ने मुहम्मद को 'मुतनब्बी' (नकली पैगंबर) करार देकर उनकी बखिया उधेड़नी शुरू की। चारों तरफ उनकी कामुकता के किस्से, लूट और खयानत के कारनामे, शिकाक, शरंगेजी व सफ्फाकी (वैमनस्य-उपद्रव और रक्तपात) के वृत्तांत

प्रसारित होते रहे। इटली के महाकवि दांते ने अपने काव्य में मुहम्मद की भर्त्सना करते हुए उन्हें दंभी-दुष्ट-दुराचारी दरशाया और उतने से भी उनका जी न भरा तो मुहम्मद को आठवें दर्जे के दोजख में दाखिल कर आए। शायद दांते को भारत के जैनियों से प्रेरणा मिली हो, जिन्होंने अपने ग्रंथ में वासुदेव श्रीकृष्ण को उनकी रासलीला और महाभारत के विनाशकारी युद्ध-योजना के दंडस्वरूप रैरव नरक में डाल रखा है। जो भी हो, अठारहवीं सदी तक हाल यह रहा कि फ्रांस में वाल्टेअर की कोटि के संयत दार्शनिक, जिसका यह सुभाषित संसार के सभी सहिष्णु लोगों का मान्य आदर्श वाक्य है, 'मैं भले ही तुम्हारे कथन के प्रत्येक शब्द से असहमत होऊँ, किंतु बोलने के तुम्हारे अधिकार की रक्षा में अपनी जान लगा दूँगा'; वह भी मुहम्मद का नाम सुनते ही बिदक जाता था। ईसाइयों के साथ जो बदसलूकी हुई थी, उन्हें भूल पाना नामुमकिन था। यही नहीं कि उनकी औरतें और बच्चे गुलाम बनाकर बाजारों में बेच दिए गए थे, बल्कि मठवासिनी साध्वियों का सरेआम तमाशा बनाया गया और ऐय्याश अमीर उन्हें बाँदी और लौंडिया बनाकर अपने-अपने हरम में ले गए थे। ऐसा बहुत कुछ हो चुका था जिनका जिक्र न करना ही बेहतर होगा; ताहम उन्हें याद कर ईसाई लोग तो गम और गुस्से से भर ही जाते थे।

जंग तो पहले जेहन (मस्तिष्क) में शुरू होती है। मरने-मारने के लिए मैदानों में लोग बाद में उतरते हैं। सो जैसे-जैसे मुसलमान शरीअत के इस तकाजे से प्रोत्साहित होते गए कि इसलाम के मुखालिफ (विरोधी), चाहे वे इनसान हों या बुत, उन्हें नेस्तनाबूद कर दारुल-इसलाम की सरहद बढ़ाना उनका पाक फर्ज बनता है, वैसे-वैसे ईसाइयों का डर बढ़ता गया कि ईसाइयत को पूरी तरह मिटाए बिना मुसलमान दम न लेंगे। उनका अपना तजुरबा बताता था कि मुहम्मद का अल्लाह ईसाइयों के कायदे-कानून को बिल्कुल बरदाश्त नहीं करता और यह भी कि दारुल-इसलाम में मजहब, समाज और सरकार—सब पर शरीअत की पाबंदी रहती है। जानकार बताते हैं कि शरीअत के प्रावधानों को अगर पूरी सख्ती से अमल में लाया जाए, तो दारुल-इसलाम में गैर-मुसलमान की हैसियत एक गुलाम के बराबर रह जाएगी। आज हमें भी लगता है कि शरीअत के दृष्टिदोष के कारण दीने-इसलाम अपने असल मकसद से दूर भटक गया है। हाल ही में (6 दिसंबर, 2002) अखबारों में खबर छपी थी कि जामिया-तेहरान के प्रोफेसर हशीम आगा जरी को महज इसलिए सजा-ए-मौत सुनाई गई कि उसने यह सवाल खड़ा किया कि पाक कुरआन और दीगर सहीफा (धर्मग्रंथ) की तशरीह (व्याख्या) का अख्तियार केवल मुफ्ती-उलेमा तक ही क्यों महदूद (सीमित) रखा जाए? उसने यह भी पूछ लिया कि बाकी लोग क्या बंदर हैं कि आँख मूँदकर उनकी नकल करते चलें? बस, इतनी सी बात और शरीअत ने सजा-ए-मौत की इजाजत दे दी! विरोध में हजारों ईरानी छात्र सड़कों पर उतर आए और वह सिलसिला हफ्तों चलता रहा।

दरअसल, शरीअत की स्थापना मुहम्मद की मृत्यु के करीब दो सौ साल बाद हुई थी। कुरआन के वचन की व्याख्या उन लोगों ने की, जिन्हें मुहम्मद या उनके करीबी लोगों से कोई संसर्ग न था। न ही उस जमाने के हालात का उन्हें कोई प्रत्यक्ष अनुभव था, जो किसी कथन के संदर्भ को याद कर उसका प्रयोजन निश्चित करें। इसलिए हनीफा हों या हनबल या फिर सफी मलिक या इमाम जाफर ही क्यों न हों; किसी में हमनवाई (मतैक्य) नहीं। उनके आपसी मतभेद ही हमें आगाह करते हैं कि शरीअत पैगंबर के बजाय उन इसलामी भाष्यकारों के मन की खबर ज्यादा देती है। यह बता देना भी अच्छा है कि इसलाम के स्वभाव-संस्कार को ठीक-ठीक पहचानने के लिए हमें अरब-तुर्क-मंगोल-ईरानी मानसिकता को समझ लेना आवश्यक होगा, जो दीने-इसलाम की अंतर्धाराएँ रही हैं। उन जातियों की चित्तवृत्ति के भेद यद्यपि उनके भौगोलिक-सामाजिक-सांस्कृतिक परिवेश की भिन्नता के कारण हैं; किंतु वे सारे अंतर्द्वंद्व इसलामी सोच की मुख्यधारा में ऊपर-ऊपर तैरते भी दिख जाएँगे।

इसलाम के आचार-विचार पर तुर्कों का खासा असर रहा है। इतिहासकार ठीक-ठीक नहीं बता पाते कि तुर्क कौन थे? उनके मूल स्थान, जातीय-संरचना के बारे में निश्चित रूप से कुछ नहीं कहा जा सकता। बस इतना मालूम है कि अन्य जनजातियों की तरह उनकी भी कई उपजातियाँ थीं। दाना-पानी की खोज में उनके कबीले दूर-दूर तक धावा बोलते थे। यद्यपि वे प्रकृति-उपासक तथा मूर्तिपूजक थे, किंतु स्वभाव से बड़े उग्र, खूँखार, निडर और लड़ाकू भी। वे अत्यंत निर्दयी और असहिष्णु थे, साथ ही उन्हें पैंतरा बदलते भी देर न लगती थी। इसलाम से उनका सामना तब हुआ, जब सातवीं सदी में दमिश्क के उम्मैयाद खलीफा अपनी राज्य सीमा बढ़ाते-बढ़ाते चीन के उत्तर-पश्चिम इलाके में (वर्तमान सिंजियांग प्रदेश) पहुँच गए। वहीं अपनी पराजय के बाद कई तुर्की कबीलों ने इसलाम कबूल कर लिया और बाकी बाल-बच्चों समेत गुलाम बनाकर बेच दिए गए, जिनमें बहुत से लोग मुसलमान शासकों की नौकरी में लगे रहे। महमूद गजनी, मुहम्मद गोरी, तैमूर लंग—सब तुर्क ही थे। सुख-सुविधा के लोभ में धीरे-धीरे 'बरला', 'चगताई', 'सेल्जुक' जैसी कई तुर्क उपजातियाँ अपनी मरजी से मुसलमान बनती गईं। इसलाम में दाखिल होने के बाद भी उनका जातीय स्वभाव-संस्कार नहीं बदला। उलटे लोभ-निर्ममता-असहिष्णुता जैसे अपने दुर्गुण उन्होंने इसलामी आचार-संहिता में उड़ेल दिए। खासकर आर्य मूल के सभ्य-सुसंस्कृत ईरानी मुसलमानों की उन असभ्य-उपद्रवी तुर्कों से बिल्कुल न बनती थी। उनके मुकाबले सेमेटिक जाति के अरबवासी कहीं बेहतर थे। लेकिन अपने जोश-खरोश और लोभ के कारण तुर्क लोग ही इसलामी झंडा दूर-दूर तक गाड़ आए थे। तुर्क फौजी सिपाहियों का चलन तो यह था कि लूटमार की छूट दे दी जाए, तो वे तनख्वाह की माँग ही नहीं करते थे। इसलिए जंगोजिहाद के वास्ते तुर्क लोग ज्यादा ही बेचैन रहे और जान-जान से लड़े भी।

इसलामी साम्राज्य-विस्तार का तीसरा दौर उन्हीं सल्जूक तुर्कों की पेशवाई में शुरू हुआ। बगदाद के अरबनजाद (अरब मूल के) खलीफाओं का जमाना लदता जा रहा था। मुहम्मद के इंतकाल के बाद खलीफा ही इसलामी निजाम (व्यवस्था) की सबसे बड़ी हस्ती था। इसलामी उसूलों के मुताबिक जब मोमिनों के लिए एक ही अल्लाह, एक ही पैगंबर और एक ही किताब (कुरआन) मान्य है, तो तमाम उम्मते-मुहम्मदिआ (पैगंबर मुहम्मद के माननेवालों का संप्रदाय) का भी एक ही पेशवा (प्रमुख) होना लाजिम था। लिहाजा हजरत मुहम्मद के बाद मोमिनों ने वह रुतबा खलीफा अबू बक्र को ही बख्शा, जो न सिर्फ पैगंबर के अजीज यारेगार (गुफा में साथ छिपनेवाले प्रिय मित्र), बल्कि एक अरबनजाद भी थे। खलीफा के ओहदे की अहमियत कलामे-कुरआन की इस हिदायत से भी बढ़ गई, जिसमें मोमिनों से कहा गया था, '(तुम सब) अल्लाह, पैगंबर और हुक्मरान (राज्याधिकारी) के फर्माबरदार (आज्ञाकारी) बने रहना'। मगर दसवीं सदी बीतते-बीतते खलीफा का दबदबा खत्म होने लगा। तुर्क मुसलमान उन्हें दरकिनार करते जा रहे थे।

मध्य-एशिया में सीरिया, तुर्किस्तान, ईरान, अफगानिस्तान, हिंदुस्तान समेत कई मुल्कों में अपना एकछत्र साम्राज्य कायम करने का मंसूबा बाँधे एक सल्जूक तुर्क-महमूद गजनी मैदान में उतर पड़ा था। उसकी वारस्तगी (स्वच्छंदता) इतनी बढ़ गई थी कि उसने बगदाद के खलीफा को यह धमकी दे डाली कि खलीफा अपनी सलामती चाहता है, तो समरकंद (उजबेकिस्तान) फौरन उसके हवाले कर दे। सत्ताईस बरसों के दरमियान (सन् 1000-27 ई.) महमूद गजनी ने हिंदुस्तान पर सत्रह बार चढ़ाई की थी और उत्तर में कश्मीर से लेकर दक्षिण में कलिंजर तथा पूरब में कन्नौज से पश्चिम में सोमनाथ (गुजरात) तक के इलाके को रौंद डाला था। मुल्तान में हजारों बेगुनाहों को मौत के घाट उतारा, तो भटिंडा (पंजाब) में कत्लेआम का हुक्म दे दिया और तब तक नहीं रुका, जब तक जिंदा बचे लोगों ने इसलाम न कबूल कर लिया। सोमनाथ में उसने पचास हजार ब्राह्मणों की बलि चढ़ा दी और आखिरी बार जाटों के गाँवों और मर्दों को जलाता-काटता, असहाय औरतों-बच्चों को गुलाम बनाता गजनी लौटा। थानेश्वर-मथुरा-सोमनाथ के मंदिरों से जितने सोने-चाँदी-हीरे-जवाहरात उसने लूटे थे, उन्हें गजनी तक ढोने में महीनों गुजर गए। बताया जाता है कि सोमनाथ के पुजारियों ने जब आग्रह किया कि वह शिवलिंग भंग न करे, बदले में अनगिनत स्वर्णमुद्राएँ ले ले; तो महमूद ने अकड़ते हुए कहा था कि उसकी दिली तमन्ना यह है कि कयामत के दिन अल्लाह के दरबार में यह कहकर उसकी पुकार हो, 'बुलाओ उस जाँबाज बुतशिकन (मूर्तिभंजक) महमूद को, जिसने बुते-अव्वल (शिवलिंग) तोड़ा था; यह नहीं कि हाजिर करो उस गुनहगार महमूद को, जिसने बुते-आला का सौदा कर लिया था।' महमूद गजनी की

सौलतेशाही (राज्यातंक) के किस्से दूर-दूर तक फैल चुके थे जिन्हें सुनकर खलीफा कादिर बिल्लाह भी इतना सहमा हुआ था कि मथुरा और सोमनाथ के वैभवशाली मंदिरों के विध्वंस की खबर जब उसे मिली तो उसने महमूद गजनी को 'यमीनुद्दौलाह' तथा 'अमीनुल-मिल्लत' (साम्राज्य का दायाँ हाथ एवं धर्मसंरक्षक) के खिताब से नवाजने में ही अपनी खैरियत समझी।

मध्य-ग्यारहवीं सदी के बाद दूसरे सल्जूक तुर्क नायकों ने पश्चिम में बजंतियम की ओर अपना रुख कर आगामी साम्राज्य-विस्तार की कमान अपने हाथ में ले ली। सन् 1070-75 के बीच उन्होंने बजंतियम के कई अधीनस्थ ईसाई राज्यों पर कब्जा कर लिया। इस अभियान में जब उन्होंने यरूशलम पर इसलामी झंडा गाड़ दिया, तो समस्त ईसाई जगत् में खलबली मच गई और अगले पच्चीस बरस के अंदर विध्वंसकारी क्रूसेड भभक उठा। दरअसल यरूशलम, यहूदी-ईसाई और मुसलमान—तीनों का पवित्र तीर्थस्थान है। ईसा से एक हजार साल पहले यहूदी राजा सॉलमन ने वहीं संसार का भव्यतम यहूदी मंदिर बनवाया था। स्वयं ईसा मसीह के जन्म-मरण और चमत्कारों से जुड़े सभी स्थल नजारथ, बेथलेहम, गोलगोथा—यरूशलम और उसके इर्द-गिर्द ही बसे हैं। उधर मुसलमानों का विश्वास है कि यरूशलम के ही एक टीले से उड़कर हजरत मुहम्मद अल्लाह ताला से मुलाकात के लिए ऊपर गए थे। सो यरूशलम वापस लेने के लिए ईसाई-जगत् भी बावला हो उठा। धर्म के नाम पर मरना-मारना वे भी खूब जानते थे। ईसाई 'गॉड' ने भी अपनी रक्षा में मारे गए शहीदों के लिए अपने मनोरम स्वर्ग में विशेष व्यवस्था कर रखी थी। वहाँ पहुँचने के लिए कैसे-कैसे लोग जुट आए और किसने क्या किया, थोड़ा यह जान लेना भी दिलचस्प होगा।

रोमन कैथोलिक पोप, अरबन प्रथम के इस अटल वरदान के साथ कि मुसलमानों के विरुद्ध धर्मयुद्ध में सम्मिलित होनेवालों के सभी पाप सदा के लिए धुल जाएँगे, नवंबर 1095 में क्रूसेड का बाजाब्ता ऐलान हो गया। भूतपूर्व पोप ग्रेगरी सप्तम ने 'पीटर दि हरमिट' नामक एक सनकी संन्यासी के अधीन ईसाइयों की एक भ्रमणकारी नागरिक सेना (नाइट्स ऑफ सेंट पीटर) कायम कर दी थी, जिसका उद्देश्य तुर्क मुसलमानों को बजंतियम साम्राज्य से बाहर खदेड़कर पवित्र यरूशलम पर फिर से अधिकार जमा लेना था। फटा-पुराना मैला लिबास पहने, लंबे-उलझे बालोंवाला संन्यासी पीटर ठिगने कद का एक झक्की आदमी था, जो सदा गदहे पर सवार होकर जहाँ-तहाँ घूमता-फिरता था। लोग चाव से उसका प्रवचन सुनने आते और उसके प्यारे गधे की पूँछ और गरदन के बाल बड़े भक्तिभाव से साथ लेकर लौटते। तुर्कों से अनातोलिआ मुक्त कराने के लिए जब सम्राट् अलेक्सियस ने गुहार लगाई तो पोप अरबन के आह्वान पर लगता है, 'नाइट्स ऑफ सेंट पीटर' की नागरिक-सेना ही सबसे पहले हरकत में आई थी। प्रस्तुत

विवरण के कुछ भाग जे.ए.पी. जोंस द्वारा संपादित, 'हिस्टरी इन दि मेकिंग सिरीज' की प्रसिद्ध पुस्तक 'द मेडिईवल वर्ल्ड' पर आधारित हैं (पृ. 106-16)।

ई. सन् 1095 की बात है। धर्मप्रचार अभियान में संन्यासी पीटर फ्रांस की ओर निकला और अपने कुछ शिष्यों को उसने जर्मनी की तरफ भेज दिया। यात्रा पर साथ निकले लोगों में ज्यादातर गरीब खेतिहर थे, जो दुपहिया बैलगाड़ी पर गठरी-पोटरी लादे बाल-बच्चे सहित निकल पड़े थे। राईन और डैन्यूब नदी के तट तक पहुँचते-पहुँचते उनकी संख्या चालीस हजार हो गई और सारा रसद-पानी खत्म होने लगा। हंगरी में दाखिल होते ही वे सब भयंकर भुखमरी की चपेट में आ गए। बेहाल लोगों ने जब शहर लूटना शुरू कर दिया तो हंगरीवासी उनपर टूट पड़े और लुटेरों को कत्ल कर उनकी लाशें खंभों पर टाँग दीं। पीटर-सहयात्रियों का मुख्य दल जब वहाँ पहुँचा, तो दृश्य देख बौखला उठा और गुस्से में चार हजार नगरवासियों को मार डाला। उसके बाद वे कस्तुंतुनिआ की ओर बढ़ चले और वहाँ भी लूटमार मचा दी। एक ईसाई इतिहासकार ने उस घटना का बयान करते हुए लिखा है, 'उनके कारनामे निहायत शर्मनाक थे। उन्होंने न सिर्फ इमारतों को जलाकर शहर को तबाह कर दिया, बल्कि गिरजाघरों से चुराए शीशे के सामान यूनानियों के हाथ बेच डाले।' एशिया माइनर में आगे बढ़ने पर तुर्कों से उनका सामना हुआ, जिन्होंने करीब सत्रह हजार ईसाई धर्मयोद्धाओं के टुकड़े कर फेंक दिए।

संन्यासी पीटर-हादसे के बाद फ्रांस, जर्मनी और सिसली के ईसाई राजाओं की सेना अलग-अलग दिशाओं से कस्तुंतुनिआ आ पहुँची। धीरे-धीरे कई और ईसाई राज्यों की सेना भी उनसे आ मिली। करीब दो लाख से ज्यादा लोग धर्मयुद्ध में मर-मिटने निकल पड़े थे। उनमें यूरोप के बहुत वैसे ईसाई जन भी शरीक थे, जो पूरब की धनी धरती पर सुखद घर-संसार बसाने की लालसा में अपना सबकुछ बेच आए थे। यद्यपि यह सेना बजंतियम सम्राट् की गुहार पर मदद में पहुँची थी, किंतु उतने योद्धाओं का बोझ ढोना सम्राट् अलेक्सियस के लिए बहुत महँगा पड़ता। इसलिए उसने जल्द-से-जल्द उन सबको फिलिस्तीन की ओर भेज दिया। ईसाई सेना ऐसे क्षेत्र में जा पहुँची, जो निर्जन-बियाबान था। भूख-प्यास से व्याकुल लोग घोड़े-गधे मारकर खाने लगे। छाल-पत्ते चबाकर उन्होंने प्यास बुझाई। फिर भी जब तुर्कों से उनका सामना हुआ, तो बौखलाए बाघ की तरह वे उनपर टूट पड़े। तुर्कों के पाँव उखड़ते गए और ईसाई फौज यरूशलम के अंदर दाखिल हो गई। शहर में जो कहर उन्होंने बरपाया, उसका हाल एक ईसाई वृत्तांतकार गेस्टो फ्रैंकोरम के शब्दों में ही सुनिए—'सरासीनों (मुसलमानों) का पीछा करते हमारे लोग शहर में दाखिल हुए और उन्हें कत्ल करते सॉलमन के मंदिर में घुस आए, जहाँ बहुत सारे भयभीत लोगों ने शरण ले रखी थी। दिन भर तुर्क हमसे कड़ा मुकाबला करते रहे, मगर रात चढ़ते मंदिर से उनके लहू की धारा बहने लगी। अनेक

मुसलमान मंदिर की छत पर छिप गए।...हमारे लोग शहर में चारों ओर निकल पड़े और घरों से सोना-चाँदी, तरह-तरह के सामान, घोड़े-खच्चर लूटते-पाटते, खुशी मनाते पवित्र समाधि के गिरजाघर में प्रार्थना करने जुट आए। अगली सुबह वे सॉलमन-मंदिर की छत पर चढ़ गए और वहाँ छिपे सरासीनों की गरदन उतारते चले गए। बहुत से आतंकित मुसलमान जान बचाने की कोशिश में छत से कूद पड़े और सर के बल गिरने से मर गए।'

एक अन्य स्रोत के अनुसार वह निर्मम नरसंहार तीन दिनों तक चलता रहा, जिसमें यहूदी और मुसलमान दोनों संप्रदाय के औरत-मर्द-बच्चे मार दिए गए थे। अकेले अल-अक्सा मसजिद में दस हजार मुसलमानों का कत्ल हुआ था। उसी तरह यहूदियों को भी उनके सिनगाग (प्रार्थनाघर) में घेरकर मारा गया। मगर यरूशलम और अन्य प्रदेशों पर अपनी जीत से ईसाइयों का हौसला बुलंद था। उन्होंने उन इलाकों में चार नए राजवाड़े भी कायम कर दिए, जिनमें फिलिस्तीन का इदेस्सा (अरबवाले उसे 'राहा' कहते थे) तथा तुर्की का अंताकिआ बड़ा प्रसिद्ध रहा है। प्रसंगवश यह भी जरूर जान लें कि प्रारंभ से ही ईसाई वैचारिक-मंथन के प्रमुख केंद्र रहे सभी स्थल, जैसे सिकंदरिया, अंताकिआ, अलेप्पो, दमिश्क, जुंदीशपुर, नैशापुर, इदेस्सा वगैरह, सब-के-सब पूरबी दुनिया में ही स्थित हैं। स्मरणीय है कि विश्वविख्यात ईरानी महाकवि उमर खैयाम नैशापुर का ही निवासी था।

बहुत स्वाभाविक था कि ईसाइयों की कामयाबी से मुसलमानों में गम और बेचैनी बढ़ जाए। कोई पैंतीस साल बाद मोसुल (वर्तमान इराक) के अताबेग, इमादुद्दीन जेंगी ने जिहाद के लिए मुसलमानों से फिर कमर कसने को कहा। खुरासान और दूसरे इसलामी सूबे से तुर्क जुट आए। उन्होंने इदेस्सा पर हमला कर उसे दखल कर लिया। ईसाई हक्के-बक्के रह गए। लेकिन जल्द ही सारे ईसाई-जगत् में तीव्र प्रतिक्रिया हुई। संत बरनर्ड ने फ्रांस के राजा-रानी को स्वर्ग में स्थायी सुखभोग का वचन देते हुए मुसलमानों के विरुद्ध फिर से क्रूसेड छेड़ने के लिए उकसाया। जर्मनी का राजा भी प्रोत्साहित हुआ और दमिश्क पर जमकर हमला बोल दिया। मगर इस बार वे दोनों जीतते-जीतते हार गए। कुछ ही बरसों बाद पोप क्लिमेंट ने यूरोप के तमाम ईसाई राजाओं से आपसी झगड़े भुलाकर ईसाइयत की खातिर एकजुट हो तब तक क्रूसेड चलाते रहने का आह्वान किया, जब तक इस्माइल की शैतान औलादों के नापाक मंसूबे चकनाचूर न हो जाएँ और हर तरफ लोग फिर से अमन-भाईचारा और खुशहाली हासिल न कर लें।

उधर इसलामी खेमे में भी काफी हलचल मची थी। सन् 1150 तक पुर्तगाल से उत्तर के सभी क्षेत्र मुसलमानों के हाथ से निकल गए थे। अगले तीस बरसों में स्पेन में भी कई जगह उन्हें मुँह की खानी पड़ी। खुशकिस्मती से उनके बीच एक नया पेशवा उभर रहा था, जिसका असल नाम तो था यूसुफ इब्न अय्यूब, मगर इसलामी तवारीख

में सलादीन के नाम से उसकी शोहरत अब तक गूँजती है। उसने महसूस किया कि जिहाद की कामयाबी सीरिया और मिस्र की एकता पर निर्भर करेगी। लिहाजा उसने मुसलमानों को एकजुट करने की ठान ली। सन् 1175 ई. में सलादीन को मिस्र और सीरिया का सुलतान घोषित किया गया। इस नाते वह मक्का-मदीना और यरूशलम के पवित्र इसलामी तीर्थस्थलों का भी प्रधान संरक्षक था। न जाने यह कैसा संयोग था कि ठीक उन्हीं दिनों भारत की उत्तर-पश्चिम सीमा से सटे अफगानिस्तान में गोरी वंश का एक घोर महत्त्वाकांक्षी तुर्क मुसलमान मुहम्मद गोरी (शाहबुद्दीन मुहम्मद उर्फ मुइजुद्दीन मुहम्मद बिन-साम-1173 से 1203) गजनी के तख्त पर बैठा था और अपने आक्रमणों के दौर में उसने काशी के हिंदू मंदिरों से लेकर नालंदा-विक्रमशिला के बौद्ध ज्ञानकेंद्रों को मटियामेट करवा दिया था।

कुछ ही साल पहले ईसाई और मुसलमानों के बीच त्रिपोली (वर्तमान लीबिया) में संधि हुई थी, जिसका उल्लंघन करते हुए एक ईसाई शासक ने सन् 1186 में हज पर निकले अनेक मुसलमानों को मार डाला और बहुतों को गुलाम बना लिया। सुलतान के नाते सलादीन के लिए यह एक बड़ी चुनौती थी। अगले ही साल जिहाद का ऐलान करते हुए पच्चीस हजार सैनिकों के साथ वह गैलिली (वर्तमान इजराइल) की ओर कूच कर गया। आनेवाले दिनों में फिलिस्तीन का पूरा इलाका भयंकर समरक्षेत्र बननेवाला था। सच पूछें तो यह तीसरा क्रूसेड इस कारण विशेष उल्लेखनीय है कि इसमें प्रतिद्वंद्वी खेमे के दो ऐसे महारथियों के बीच टक्कर हुई थी, जो आनेवाली पीढ़ियों पर अपने युद्ध-कौशल के साथ-साथ अपनी शालीनता की भी अमिट छाप छोड़ गए हैं।

उन दिनों इंग्लैंड और फ्रांस, इन दो महाशक्तियों का दबदबा सारे यूरोप पर छाया था। क्रूसेड में भागीदारी के लिए पोप क्लिमेंट ने इंग्लैंड के राजा रिचर्ड प्रथम तथा फ्रांस के राजा फिलिप द्वितीय के पास अपने विशेष दूत भेजे थे। उसने राजा रिचर्ड पर क्रूसेड का नेतृत्व-भार सौंपा था, जिसे स्वीकारते हुए रिचर्ड ने राजा फिलिप से मंत्रणा की। स्वीकृत योजनानुसार भारी-भरकम सेना के साथ दोनों पहले सिसली में मिले। रिचर्ड बड़ा साधन-संपन्न और बहादुर राजा था। लोग उसका जिक्र शेर दिल रिचर्ड (रिचर्ड द लॉयन-हर्टेड) के नाम से करते थे। सोलह महीने चले उस धर्मयुद्ध में उसकी हिम्मत और बहादुरी से सभी दंग रह गए। सारे ईसाई-जगत् में उसकी इतनी लोकप्रियता बढ़ गई कि जनभावनाओं का आदर करते हुए पोप ने उसे 'धर्मसंरक्षक' (डिफेंडर ऑफ फेथ) की उपाधि से विभूषित किया। इसलामी खेमे के लोग भी उसके राज्योचित वीरता और व्यवहार के कायल थे। खुद सुलतान सलादीन, राजा रिचर्ड का बड़ा कद्रदाँ बन गया। लेकिन सुलतान सलादीन भी दिलेरी (शूरता) और अख्लाक (शिष्टाचार) की एक अजीम मिसाल था। अपने विचार और आचरण में वह मानवीय मूल्यों की ऊँचाई छू

लेता था, जिसका वर्णन सुन कोई भी संजीदा शख्स रोमांचित हो उठेगा। यरूशलम का ईसाई शासक जब बंदी बनाकर उसके सामने पेश किया गया, तो वह इतना भयकंपित था कि प्राणदान के लिए सुलतान के सामने उसने घुटने टेक दिए। उसे बाइज्जत उठाते हुए सलादीन ने कहा, 'इत्मिनान रखें। नेक रुक्ने-सल्तनत (भले राजप्रमुख) एक-दूसरे की जान नहीं लेते।' चंद महीने बाद मैदानेजंग में राजा रिचर्ड सलादीन के सैनिकों से बुरी तरह घिर गया और अकेले लड़ते-लड़ते घोड़े से अचानक गिर पड़ा। सलादीन ने लड़ाई रोक दी और रिचर्ड के पास अरबी नस्ल के दो बेहतरीन घोड़े भिजवा दिए।

जिसके बड़प्पन पर शत्रु भी भरोसा करने लग जाए, तो समझ लीजिए कि वह सचमुच कोई महान् व्यक्ति है। रिचर्ड और सलादीन के बड़प्पन का जिक्र करते समय विश्व-विजेता सिकंदर महान् की याद बरबस आ जाती है। पुरानी दुनिया के प्रख्यात इतिहासकार प्लूतार्क ने सिकंदर की जीवनी लिखी है। अत्यंत प्रामाणिक वृत्तांत हैं। पढ़कर पुलकित हो जाएँगे। प्रसंगवश सिर्फ एक-दो घटना का उल्लेख कर दे रहा हूँ—'फारस सम्राट् दरायूष को पराजित कर सिकंदर उसके विशाल साम्राज्य का उत्तराधिकारी बना था। अंतिम संग्राम में अपनी पत्नी-माँ-बहनों को खेमे में ही छोड़कर दरायूष को समरक्षेत्र से भागना पड़ा। सिकंदर ने उन सबको राजकीय सम्मान-सत्कार के साथ अपने संरक्षण में रखा। सम्राज्ञी और राजकुमारियाँ परम रूपवती थीं। सिकंदर स्वयं भी सुंदर-सलोना युवक था और कुँवारा भी। उधर दरायूष को अपने परिजनों की चिंता दिन-रात सता रही थी। भीतर-भीतर उसे सर्वाधिक भय सम्राज्ञी और राजकुमारियों के शीलहरण का था। सच तो यह था कि उतनी निकटता के बावजूद सिकंदर ने उन शाही महिलाओं को न तो कभी देखा था, न ही देखने की कोई इच्छा प्रकट की थी। यहाँ तक कि अपने अंतरंग सहयोगियों को भी उसने हिदायत दे रखी थी कि उन सम्मानित महिलाओं के रूप-लावण्य की कोई चर्चा उसके सामने न की जाए। इस बीच शाही मेहमानों के हरम का तिरयस नामक एक हिजड़ा खादिम निकल भागा और किसी तरह दरायूष के पास जा पहुँचा। प्रारंभिक कुशल-क्षेम जान लेने के बाद दरायूष सेवक को एकांत में ले गया और कसम खिलाकर उससे पूछताछ की। तिरयस सम्राट् के चरणों पर गिर पड़ा और बोला, 'हे महाराज! ऐसी कुशंकाओं को मन से बिल्कुल निकाल दें। इन कुविचारों से सिकंदर के प्रति घोर कृतघ्नता हो जाएगी।' दरायूष विह्वल होकर बाहर निकला। प्लूतार्क ने आगे जो बताया है, उसे ध्यानपूर्वक पढ़िए—'आसमान की ओर हाथ उठाते हुए दरायूष बोला—हे फारस साम्राज्य के संरक्षक देवगण! मुझे आशीष दें कि मैं फारस के सुख-सौभाग्य को फिर वापस ले आऊँ और सिकंदर ने मेरे प्रियजनों पर जो उपकार किए हैं, उनका ऋण चुका सकूँ। यदि यह अस्वीकार्य हो, तो इतनी कृपा करें कि फारस के महान् सम्राट् कैकायुष के राजसिंहासन पर सिकंदर के सिवा अन्य कोई विजेता विराजमान न हो।'

सिकंदर को एक ईरानी सामंत ने बताया था कि दरायूष के अपने ही कुछ क्षत्रप उसे बंदी बनाकर बल्ख (बैक्ट्रिया) ले गए हैं। सिकंदर तुरंत खोज में निकल पड़ा। बीहड़ रास्तों पर रात-दिन चलने के बाद तीसरे-चौथे दिन खोजी दस्ते के एक सैनिक की नजर सड़क से दूर गड्ढे में गिरी एक घोड़ागाड़ी पर पड़ी। पास जाकर देखा तो खून से लथपथ सम्राट् दरायूष गाड़ी में अधमरा पड़ा था। दुष्टों ने उसे बुरी तरह घायल कर दिया था। दरायूष ने इशारे से पानी माँगा। पानी पीकर उसकी जान थोड़ी लौटी। प्लूतार्क ने आगे लिखा है कि सैनिक पोलिस्त्रातस का हाथ पकड़ते हुए सम्राट् दरायूष बोला, 'महानुभाव! अपने दुर्भाग्य पर आज मुझे इस कारण घोर पीड़ा हो रही है कि आपके उपकार का बदला चुकाने की स्थिति में मैं बिल्कुल नहीं हूँ, किंतु महामना सिकंदर आपको अवश्य निहाल कर देंगे। उन्होंने मेरे परिजनों पर जो अनुकंपा की है, आपके माध्यम से उनके प्रति अपना आभार प्रकट करने के लिए आदरपूर्वक मैं आपका हाथ चूमता हूँ।' इतना कहकर दरायूष ने दम तोड़ दिया। कुछ समय बाद दूसरे दस्ते के साथ सिकंदर भी वहीं आ पहुँचा। वह स्तब्ध रह गया। अपने राजकीय आवरण उतारकर शव ढक दिया। कुछ देर सर झुकाए मौन खड़ा रहा और राजधानी पर्सिपोलीस में शाही अंत्येष्टि आयोजित करने का आदेश देकर विदा हुआ।

डेढ़ हजार साल पहले अपने देवताओं से सम्राट् दरायूष ने जो याचना की थी, तीसरे क्रूसेड के अंतिम दिनों में ठीक वैसे ही मनोभाव सुलतान सलादीन ने व्यक्त किए थे। अंचल वही था; सिर्फ संदर्भ और अवसर भिन्न। स्वदेश विदा होने से पहले राजा रिचर्ड ने सुलतान सलादीन को संदेश भेजा कि केवल युद्धविराम के तीन वर्ष की अवधि के लिए ही वह वतन लौट रहा है। अगली बार इससे भी अधिक विशाल सेना के साथ वह वापस आएगा। जवाब में सलादीन ने खबर भिजवाई, तब खुदा न ख्वास्ता (ईश्वर न करे) वह हार भी गया, तो भी तसल्ली इस बात की जरूर रहेगी कि उसकी सल्तनत रिचर्ड जैसे दिलेर व मुअज्जज (सम्माननीय) बादशाह के सुपुर्द हुई, किंतु विधि का विधान कुछ और था। अगले कुछ ही वर्षों में दोनों अल्लाह के प्यारे हो गए। सलादीन तो कुछ ही महीने बाद चल बसा (मार्च 1193 ई.) और उसके छह साल बाद रिचर्ड की भी मृत्यु हो गई (1199 ई.)। अलबत्ता फिसलता-भटकता क्रूसेड (जिहाद) आगामी सदियों में भी चलता ही रहा। मगर उसे फिर न तो दूसरा रिचर्ड मिला और न ही सलादीन। अजीब था वो सुलतान, जो मरा तो दफन-कफन के पैसे भी पास न थे! उसकी अकीदत (निष्ठा) और ईमानदारी के सामने किसका माथा न झुक जाए! नेकी फकत किसी खास मजहब से जुड़े रहने से नहीं आती। वह तो एक ऐसा नैसर्गिक गुण है, जो बारहा लामजहब लोगों में भी मिल जाएगा। बर्ट्रेंड रसेल की ही मिसाल देख लें, जिन्हें आप किसी भी युग के श्रेष्ठ विचारवान लोगों की तुलना में थोड़ा भी कम

न पाएँगे। महानता और बड़प्पन का संबंध किसी एक देश-काल, जाति या धर्म तक सीमित नहीं। मानवी ने हर युग में ऐसे पुत्ररत्न जनमे हैं, जिनका लालन-पालन भले ही भिन्न भौगोलिक-धार्मिक परिवेश में हुआ हो, किंतु उनके आचरण समस्त मानवजाति को नेकी की राह पर चलने की प्रेरणा देते रहे हैं। वे सबके लिए एकसमान आदरणीय हैं और अनुकरणीय भी।

यरूशलम के मामले में सलादीन ने बड़ी दानिशमंदी (बुद्धिमत्ता) से काम लिया था। बताया जाता है कि नगर का एक भी ईसाई नहीं मारा गया। गुलाम बनाए गए बहुत से गरीब लोग यों ही आजाद कर दिए गए। सीरिया-अर्मेनिया के ईसाइयों की कौन कहे, उसने यहूदियों को भी शहर में वापस बुला लिया। शहर की घेरेबंदी के दरमियान ईसाइयों ने धमकी दी थी कि यरूशलम में जबरदस्ती घुसने और मार-काट की कोशिश की गई, तो वे लोग गुंबदवाले टीले और अल-अक्सा मसजिद को तहस-नहस कर देंगे। उस गुस्से में मुतअस्सिब मोमिन (धर्मांध मुसलमान) उतावले थे कि अब जब यरुसल फिर से दारुल-इसलाम बन गया, तो ईसा मसीह की समाधि और गिरजाघर को मटियामेट कर दिया जाए। मगर पवित्र समाधि तो क्या, ईसाइयों के साधारण धार्मिक स्थल को भी कोई नुकसान न पहुँचाने की सलादीन ने सख्त हिदायत कर दी। चहारमीरों में उसने खलीफा उमर का रास्ता अख्तियार किया और नाहक खून-खराबे के बजाय मेल-मिलाप का माहौल बनाने की कोशिश शुरू कर दी। उसे मालूम था कि शिया-सुन्नी की तरह ईसाइयों में भी आपसी मतभेद रहा करते हैं। पूरबी दुनिया के ईसाई 'ग्रीक ऑरथोडॉक्स चर्च' के अनुयायी थे, जबकि पश्चिम में यूरोप के ईसाई 'रोमन कैथोलिक चर्च' के संग जुड़े थे। सलादीन अच्छी तरह जानता था कि क्रूसेड का तूफान खासकर यूरोपीय ईसाइयों का ही खड़ा किया हुआ है। इसलिए बजंतियम साम्राज्य में बसे ईसाइयों को वह हमवतन मानता था और उनके प्रति बड़ा नरम रहा करता था। बेशक यह सलादीन की शख्सियत का ही कमाल था कि क्रूसेड की उस प्रचंड आँधी को मुसलमान झेल गए, वरना एशिया-अफ्रीका के ज्यादातर देशों से इसलाम उखड़ ही जाता।

सदियों बाद घटित फ्रांस या रूस की मायावी क्रांतियों की भाँति मध्ययुगीन क्रूसेड भी कैसे दिग्भ्रमित होता जा रहा था, इसकी एक झलक के लिए हम फिर जे.ए.पी. जोंस द्वारा संपादित 'द मेडिइवल वर्ल्ड' के ही पन्ने पलटें (पृ. 108-13) : 'सन् 1212 के जून माह में करीब तीस हजार किशोर धर्मयुद्ध में भाग लेने फ्रांस के वेंडोम नगर में जुट आए, जिनके पास न तो कुछ खाना था, न ही कोई हथियार या रास्ते का नक्शा। फिर भी वे सब मार्सिल्स बंदरगाह की ओर बढ़ चले। भूख-प्यास से परेशान उनमें से बहुत लड़के या तो राह में ही मर गए या दल का साथ छोड़ निकल भागे। बाकी सब जो अपने जोशो-जुनून में सागर तट तक पहुँच पाए, वे यह देख हैरान और भयभीत थे कि

विशाल सागर की असीम जलराशि सूखने के बजाय अब भी मौजें ले रही है। गरेड़िया परिवार का स्टीफन नामक एक बारह वर्षीय किशोर, जो उन नादानों का नेता था, उसने विश्वास दिला रखा था कि (चमत्कारी यीशु के प्रताप से) धर्मयोद्धाओं को देखते ही समुद्र बिल्कुल सूख जाएगा और आगे बढ़ने का रास्ता दे देगा (जैसाकि पवित्र बाइबल के अनुसार, हजारों वर्ष पहले हजरत मूसा के साथ हुआ था)। सबसे मजेदार बात तो यह थी कि उस साल यात्रा पर निकलने से पहले स्टीफन ने फ्रांस के राजा फिलिप को ईसा मसीह द्वारा भेजा इस आशय का एक पत्र भी दिखलाया था। जरा आगे देखते चलें, धार्मिक अंधविश्वास भोले-भाले लोगों को कैसे ले डूबता है!'

जोंस की किताब में आगे बताया गया है कि सागर जब नहीं सूखा तो उन बदहाल बच्चों की मदद में दो समुद्री कप्तान (देवदूत?)—वीलियम द पिग तथा ह्यूग द आइरन—सामने आए और उन सबको अपने जहाज से पावन यरूशलम मुफ्त पहुँचा देने की असीम अनुकंपा दिखलाई। कहते हैं, 'डूबते को तिनके का सहारा!' यहाँ तो विशाल जलपोत उपलब्ध हो गए थे! इसे कहते हैं प्रभु का चमत्कार! बहरहाल, सभी धर्मयोद्धा जहाज पर सवार हो गए। पावन धर्मयुद्ध में देवदूतों को भी पुण्य कमाने की कामना हुई। जहाज पूरब के बजाय दक्षिण की ओर चल पड़ा और यरूशलम की जगह अफ्रीका के तट पर जा लगा। जिंदा बचे सभी किशोर-धर्मयोद्धा गुलाम बनाकर मुसलमानों के हाथ बेच दिए गए। अठारह बरस बाद रुदादे-क्रूसेड (क्रूसेड की शोककथा) सुनाने उनमें से एक किसी तरह फ्रांस लौट पाया।

पाक जिहाद की हकीकत आगे न सुनिए, सो ही अच्छा। 'हरि अनंत, हरि कथा अनंता' की भाँति जिहाद बनाम क्रूसेड की कथा भी शायद अंतहीन है। फिर भी एक और प्रकरण का उल्लेख कर देना चाहूँगा, जिसे 'सुखांत' अथवा 'दुःखांत', जो जी चाहे, मान लें। इस बार फिर सलीबी जंग (क्रूसेड) में दो निहायत नेक मिजाज लोग आमने-सामने आ खड़े हुए, मिस्र का सुलतान मलिक अल-कामिल और पवित्र रोमन साम्राज्य का सम्राट् फ्रेडरिक द्वितीय। अल-कामिल भूतपूर्व सुलतान सलादीन का भतीजा था। गुजरते सवा सौ साल से चले आ रहे जिहाद के खर्च और खतरे से सभी समझदार लोग वाकिफ हो चुके थे। इस दौर में मुसलमानों को फायदा कम और नुकसान ज्यादा हुआ था। इसलिए सुलतान अल-कामिल जंग टालने के हर मुमकिन रास्ते की तलाश में था। एक बार तो उसने न सिर्फ यरूशलम, बल्कि जॉर्डन नदी के पश्चिम के तमाम फिलिस्तीनी इलाके ईसाइयों को लौटा देने की पेशकश भी की थी। दरअसल हालात बिगड़ते ही जा रहे थे। सलीबी जंग जमीन के अलावा समंदर तक उतर चुकी थी। इटली के लोग उस मोरचे पर जी-जान से जुटे थे। उसके तीनों प्रमुख व्यावसायिक केंद्र—वेनिस, जिनोआ तथा पीसा ने मिल-जुलकर अरब सौदागरों को भूमध्य सागर से बाहर खदेड़ने के लिए

एक संयुक्त मोरचा बना रखा था। प्रथम क्रूसेड के दिनों में ही वेनिस अपने तीन सौ समुद्री जहाजों के साथ मिस्र के जंगी बेड़े पर टूट पड़ा था (सन् 1123) और एस्केलान के निकट उसे पूरी तरह तहस-नहस कर दिया था। तभी से इसलामी सौदागर भूमध्य सागर से दिनोदिन उखड़ते जा रहे थे।

उधर मंगोलों के कारण मध्य-पूर्व एशिया में भयंकर राजनैतिक भूचाल आया था। मंगोल बड़े रक्तपाती लोग थे और इसलाम विरोधी भी। उनका सरदार चंगेज खाँ (1220-60 ई.) अपने जमाने का सबसे जालिम हमलावर था, जिसने पूरब में चीन से लेकर पश्चिम में हंगरी तक के इलाके में तबाही मचा दी थी। उसने ईरान के ख्वारिज्मी साम्राज्य को उखाड़ फेंका और गजनी, हेरात, मर्व, बुखारा, खुरासान, नैशापुर जैसे नामी नगरों को मटियामेट कर लाखों लोगों को मौत के घाट उतार दिया था। एक पश्चिमी इतिहासकार, जॉन एम. स्मिथ के अनुसार—'उन दिनों अजरबेजान, खुरासान और इराक की आबादी सत्ताईस लाख से गिरकर ढाई लाख हो गई थी। इन सारे हालात के पेशेनजर ईसाइयों से निबटने के लिए सुलतान अल-कामिल सुलह-सपाटे का सहारा लेना बेहतर समझता था।'

उधर ईसाइयों की तरफ क्रूसेड की सरदारी इस बार फ्रेडरिक द्वितीय के जिम्मे थी। फ्रेडरिक की मुसलमानों से अच्छी बनती थी। फ्रांस के साथ-साथ वह सिसली का भी राजा था, जहाँ की अधिकतर प्रजा मुसलमान थी। उनके आचार-विचार, तौर-तरीकों से वह पूरी तरह परिचित था। खासकर इसलामी विद्वानों के लिए उसके मन में बड़ी कद्र थी। वह खुद भी दर्शन, तर्कशास्त्र और अरबी भाषा का अच्छा जानकार था। राजनैतिक चालबाजियाँ तो समझता ही था, उसे धार्मिक पाखंडों की भी परख थी। कहा जाता है कि फ्रेडरिक की नजर में हजरत मूसा, ईसा और मुहम्मद—तीनों एक जैसे पाखंडी लोग थे, जिन्हें नाहक मसीहा (पैगंबर) मान लिया गया था। मजहब की असलियत उसके देखे-चाहे जितनी भी बेजा रही हो, मगर उसकी अहमियत से उसे इनकार न था। इसलिए यरूशलम हासिल करना तो वह जरूर चाहता था, मगर खून-खराबा कतई नहीं। उसकी दिली ख्वाहिश थी कि ईसाई और मुसलमानों के बीच सद्भाव व सहयोग बढ़े। लिहाजा आते ही उसने मुसलमानों से गुप्त-मंत्रणाएँ शुरू कर दीं और बात बन भी गई। दोनों ओर से दस साल के लिए एक समझौता हुआ। यरूशलम-बेथलेहम-नजारथ स्थित ईसाइयों के सभी पवित्र स्थल बिना रक्तपात के उन्हें वापस मिल गए। फिर भी दोनों खेमे के धर्मोन्मत्त (मुतअस्सिब) गुट ने हंगामा बरपा कर दिया। सुलह के दो दिनों बाद सम्राट् फ्रेडरिक किसी तरह जान बचाकर यरूशलम से भाग पाया। पोप ग्रेगरी ने गुस्से में उसे धर्म-निष्काषित कर दिया। उधर जमायते-इसलामी के मुफ्ती-मुल्ला सुलतान अल-कामिल के पीछे पड़ गए। उसे काफिरो-गद्दार बताकर काहिरा से दमिश्क तक

मोमिन हाय-तौबा मचाने लगे। वैमनस्य (शिकाक) के वैसे माहौल में क्रूसेड और जिहाद की हयात बढ़ती गई और अगली सदियों में भी वे जोर आजमाते रहे; हालाँकि उनकी साँसों से बेबरदाश्त बदबू आने लगी थी।

यहूदी-ईसाई और मुसलमानों के आपसी झगड़ों का इतिहास बहुत पुराना और लंबा है, जबकि वे तीनों सहवंशीय (हमनसब) हैं। मूसा, ईसा और मुहम्मद—तीनों हजरत इब्राहीम के वंशवृक्ष की शाखा बताए गए हैं। अब्राहम (इब्राहीम) उन तीनों के परम पितामह (अबुलहसन) की हैसियत से उनके धर्मग्रंथों में प्रतिष्ठित हैं। तीनों के धर्मतंत्र उसी एक मूलग्रंथ पर आधारित हैं, जिसे यहूदी (सियोन धर्मावलंबी) 'तौरात', ईसाई लोग 'बाइबिल' तथा मुसलमान 'इंजील' के नाम से पुकारते हैं। उस महत्त्वपूर्ण पौराणिक पुस्तक में इस्माइल के बारे में देवदूत की यह भविष्यवाणी (अभिशाप?) दर्ज है, जिसके अनुसार, 'वह (इस्माइल) आततायी होगा, सबके साथ उसका वैर रहेगा, और सभी उसके वैरी होंगे।' (जेनिसिस-16-12) इस्माइल कौन थे, यह आगे मालूम हो जाएगा।

□

4

यद्यपि अब्राहम का कोई उल्लेख मिस्र अथवा मेसोपोटामिया के पुरातन अभिलेखों में नहीं मिलता, किंतु इब्रानी (हिब्रू) पुराण कथा के अनुसार वे नूह-वंशावली (शज्रा) की ग्यारहवीं पीढ़ी की संतति थे। नूह (नोआ) इस कारण विख्यात हैं कि उन्हीं के जीवनकाल में वह प्रलयंकारी बाढ़ आई थी, जिसका जिक्र प्रकारांतर से संसार के प्रायः सभी प्राचीन साहित्य में किया गया है। पौराणिक साहित्य के एक भारतीय विद्वान् के अनुसार, 'शतपथ ब्राह्मण' तथा 'मत्स्य पुराण' में भी वह घटना वर्णित है, जिसमें लिखा है कि मनु के हाथ एक मछली (मत्स्य) लगी थी, जिसने उनकी रक्षा की। यह मनु संभवतः मन्यु अथवा उसके वंशधर थे, जिसे जरदुश्ती पारसियों के धर्मग्रंथ 'जंदो-उस्ता' में 'अहिरमन' तथा 'अंगिरामन्यू' कहा गया है। बाबुल (प्राचीन बेबीलोनिया) की दंतकथा के अनुसार, जलप्लावन के पहले उस भू-भाग में मत्स्य जाति के लोगों का ही राज था, जिन्हें बाद में मद्र अथवा मिडीज कहा जाने लगा। मनु ने संभवतः उसी मद्र जाति के किसी पराक्रमी व्यक्ति की सहायता से अपने परिजनों की प्राणरक्षा की होगी। पर्सियन इतिहास के विशेषज्ञ पर्सी साइक्स अन्य विद्वानों के इस विचार से सहमत हैं कि मद्र लोग (मिडीज) आर्य जाति की ही एक शाखा थे, जो दक्षिणी रूस से आकर ईरानी पठार के पश्चिमी भाग में बस गए थे। हिंदू धर्मकाव्य 'महाभारत' में भी महारथी शल्य नामक एक मद्रनरेश का प्रसंग है, जो पांडवों के मामा थे, किंतु कौरवों ने छलपूर्वक उन्हें अपने पक्ष में लड़ने को विवश कर दिया था।

उस जल-प्रलय के विषय में यूनानी पुराण कथा बताती है कि लोगों के अनाचार से क्रुद्ध होकर देवता ज्यूस ने एक भीषण बाढ़ फैला दी, जिसके प्रकोप से केवल एक सदाचारी दंपती बच पाए थे तथा उन्हीं की संतति से बाद में सारा संसार बसता गया। उस प्रलयकथा का प्राचीनतम उल्लेख सुमेरयुगीन माटी की टूटी पट्टिओं पर अंकित है, जो वर्तमान इराक के निप्पुर नगर के निकट भूमिगत अवशेषों (अत्लाल) में दबी पड़ी थीं। उन्हें प्रो. लैंगडन ने खोदकर निकाला। पुरातत्त्ववेत्ता (आर्कियोलॉजिस्ट) बताते हैं कि वे

पट्टियाँ ईसा से चार हजार वर्ष पुरानी हैं। प्राचीन सुमेरी लिपि में लिखी जलप्लावन की इस कथा का नायक धर्मात्मा उत्नपिश्तिम दरशाया गया है। बाद में इराक के एक अन्य स्थल निनवेह के निकट जब खुदाई हुई तो वैसी और भी पट्टियाँ मिलीं, जो बाबुल-कालीन थीं। किंतु उन पट्टियों पर वर्णित कथा में उस विभीषिका से बच निकलनेवाला भाग्यवान नायक जियुत्सुद्दु नामक एक सदाचारी पुरुष बताया गया है। कथा बताती है कि एनलिल देवता के आदेशानुसार जियुत्सुद्दु ने एक नाव बनाई, जिसमें पशु-पक्षी तथा आवश्यक सामग्री रखकर वह अपने परिजनों सहित सवार हो गया। प्रसिद्ध पुरातत्त्वविद प्रो. लैंग्डन तथा पौराणिक साहित्य के पश्चिमी विद्वान् ऑर्थर मी के विचारों की समीक्षा करें, तो उसका निष्कर्ष यह निकलता है कि ईसा पूर्व नौवीं सदी में यहूदी जाति के हिब्रू शास्त्रकारों ने अपने धर्मग्रंथ 'तौरात' में उस विनाशकारी घटना को अपने जातीय इतिहास से जोड़ते हुए नोआ (नूह) को उसका महानायक बना दिया, जो बेबीलोनियन (बाबुली) जियुत्सुद्दु की भाँति जलप्रलय से बच निकले थे। कालांतर में उसी कथा को ईसाइयों ने अपने बाइबिल तथा मुहम्मद ने कुरआन में पूरी तरह अपना लिया। जल-प्रलय के अलावा सुमेरी-मूल के और भी कई प्रसंग बाइबिल और कुरआन में अंगीकार कर लिये गए हैं, जैसे—अदन का बाग, बाबुल की मीनार, अनबूझ बोली वगैरह।

वह जल-प्रलय कोई कल्पित कथा नहीं, बल्कि एक वास्तविक घटना थी जिसकी पुष्टि पुरातात्त्विक उत्खनन से हुई है। सन् 1920 के दौरान सर लेनर्ड वूली ने 'उर' नामक इराकी नगर के निकट खुदाई की तो धरती के नीचे उसी स्तर पर उन्हें कीचड़ की ठोस परतें मिलीं, जो जलप्लावन के अनुमानित काल से मेल खाती थीं। इसमें कोई संदेह न था कि कीचड़ की वे जमी परतें बाढ़ जैसी विराट् प्राकृतिक घटना के ही अवशेष थे। वह जलप्रलय, जो मेसोपोटामिया के आंचलिक प्रदेशों में हुआ था, उसका विस्तार इतना व्यापक था कि दजला-फरात का सारा दोआब जलमग्न हो गया। आधुनिक नक्शे पर देखें तो ईरान-इराक सहित उत्तर-पूर्वी सीरिया तथा दक्षिण-पूर्वी तुर्की का संपूर्ण क्षेत्र उसमें समा जाएगा। अनुमान किया जाता है कि उस बाढ़ का कारण कोई भयंकर ज्वालामुखी विस्फोट रहा होगा, जिसके परिणामस्वरूप बर्फ की चट्टानें टूट गईं तथा दजला-फरात नदियों के स्रोत, फारस की खाड़ी और कश्यप सागर—सबने मिलकर प्रलय मचा दी।

संसार की सभी उन्नत सभ्यताओं का जन्म और विकास सरिताओं के अंचल में हुआ था, चाहे मिस्र में नील नद का अंचल हो अथवा चीन में हाँग-हो का। आर्यावर्त्त (भारत) के सिंधु-गंगा-यमुना की भाँति इलावर्त (एलम) के दजला-फरात का दोआब भी अनेक प्राचीन सभ्यताओं का प्रमुख क्रीड़ास्थल रहा है। वह विशाल भूखंड उत्तर में कश्यप सागर तथा दक्षिण में फारस की खाड़ी से भी घिरा है, जिसे यूनानियों ने 'मेसोपोटामिया' नाम से पुकारा था। यूनानी भाषा में मेसोपोटामिआ का

अर्थ होता है—जलराशिओं से घिरा प्रदेश। इसी महत्त्वपूर्ण अंचल में क्रमशः सुमेरिया, असीरिया, निनवेह, बेबीलोनिया (बाबुल), पर्सिया जैसी प्रसिद्ध सभ्यताएँ जनमी और फली-फूली थीं। इस अंचल की सर्वाधिक महिमा इस कारण है कि यहीं संसार के तीन प्रसिद्ध धर्म—सियोन (यहूदी), ईसाई तथा इसलाम का जन्म हुआ था। उन सभी सभ्यताओं तथा धर्म के पारस्परिक संबंध के चिह्न लगातार मिलते जा रहे हैं। किंतु अब भी अनेक महत्त्वपूर्ण कड़ियाँ लुप्त हैं। सौभाग्यवश आज विकसित वैज्ञानिक विधियों और उन्नत तकनीक ने मनुष्य को इतना सक्षम बना दिया है कि सुहृद विद्वान् चाहें तो विलुप्त सूत्रों को ढूँढ़कर बिखरे विचार-पुष्पों की सुगंधित माला गूँथ लें। इसी संदर्भ में प्राचीन हिंदुओं तथा तत्कालीन यहूदियों के एक धार्मिक अनुष्ठान की ओर उनका ध्यान खींचने में मेरी विशेष उत्सुकता है : 'आश्वलायन गृह-सूत्र (अध्याय-4 खंडिका-8 मंत्र 23-29) के अनुसार शरत् अथवा वसंत ऋतु के आद्रा नक्षत्र में शुल्गव यज्ञ आयोजित कर एक चितकबरे बैल की बलि चढ़ाने के बाद—'रुद्राय महादेवाय तुष्टो···पशुपतये रुद्राय स्वाहा'—इस मंत्रपाठ के साथ उसके सिर, पैर, चाम और पूँछ की आहुति देने का विधान है। अब आप इसके साथ ओल्ड टेस्टामेंट बाइबिल के लेविटिकस—अध्याय-4 छंद-11-12 तथा एक्जोडस—अध्याय-29 छंद-14 को भी पढ़ लें और तब बताएँ कि उन दोनों दूरस्थ जातियों का यह कर्मकांड एक जैसा था या नहीं?

धर्माचरण संबंधी मतैक्य का भी एक महत्त्वपूर्ण उदाहरण देख लें : 'ईसा के जन्म से कुछ ही दशक पहले बेबीलोन का एक यहूदी धर्मोपदेशक था रब्बी हिल्लेल, जो बाद में यरूशलम में रहने लगा। एक स्थानीय सामंत ने उससे कहा कि मात्र एक पंक्ति में यदि उसे यहूदियों के सियोन धर्म का उद्देश्य समझा दिया जाए, तो वह तुरंत उस धर्म में दीक्षित हो जाएगा। हिल्लेल ने बताया—'अपने प्रति जो बरताव तुम दूसरों से नहीं चाहते, वैसा तुम भी दूसरों के साथ मत करो—सियोन धर्म का यही मुख्य संदेश है, बाकी सब तो इसी की व्याख्या है।' यहूदियों के उस प्रसिद्ध धर्मवेत्ता से हजारों बरस पहले, भारत के महर्षि वेदव्यास ने लोगों को धर्म का बीज मंत्र बताते हुए कहा था—

'श्रूयतां धर्मसर्वस्वं श्रुत्वा चैवावधार्यताम्
आत्मनः प्रतिकूलानि परेषां न समाचरेत।।'

'धर्म का सार तत्त्व सुनकर इसे अपने चित्त में धारण कर लो कि दूसरों का जो व्यवहार तुम्हारे प्रतिकूल (अहितकारी) हो, वैसा तुम भी उनके साथ मत करना।' भाषा भिन्नता के अतिरिक्त हिल्लेल और वेदव्यास के मनोभावों में अंतर कहाँ है? लोकाचार के प्रयोजन से धर्म की इससे अधिक श्रेयकारी सीख और क्या हो सकती है? साथ ही इस बिंदु पर भी गंभीरतापूर्वक विचार करें कि आध्यात्मिक चेतना की सूक्ष्म तरंगें देश-काल की सीमा लाँघकर संसार के कोने-कोने में कैसे पहुँच जाती हैं?

विभिन्न धर्मों के इतिहास को समझने की अपनी चेष्टा में मेरा विश्वास निरंतर बढ़ता जा रहा है कि मानव समाज की कोई भी धार्मिक-आध्यात्मिक अवधारणा न तो सर्वथा एकांत है और न ही परिपूर्ण। युग-युगांत से हम सब एक-दूसरे से कुछ-न-कुछ उधार लेते रहे हैं। यह बात और है कि उद्धृत-निधि का सदुपयोग कर सुपात्रों ने उसे संवृद्ध कर दिया, जबकि कुपात्र उसका दुरुपयोग करते गए और अंततः सब सत्यानाश कर बैठे। खैर, इस प्रसंग को स्थगित कर चलिए हम खलीलुल्लाह (ईश्वर के मित्र) हजरत इब्राहीम से मिल आएँ!

इस उपाख्यान का मुख्य स्रोत बाइबिल का ओल्ड टेस्टामेंट है, जिससे मालूम होता है कि अब्राहम तत्कालीन मेसोपोटामिया स्थित उर के निवासी थे। उर आजकल इराक में अवस्थित है, किंतु विद्वानों का विचार है कि उस समय वहाँ सुमेरी सभ्यता फल-फूल रही थी। इस आधार पर अब्राहम की जीवनलीला, ईसा से लगभग सवा दो हजार वर्ष पहले की घटना है। अब्राहम के पिता का नाम तेराह था, जो उर छोड़कर अपने कुटुंब के साथ पश्चिम दिशा में चले गए थे। वे सब हर्रान (वर्तमान सीरिया स्थित दमिश्क) पहुँचे और वहीं रहने लगे। हर्रान में ही अब्राहम के पिता की मृत्यु हो गई और वे वहीं दफन कर दिए गए। अब्राहम को ईश्वर का संदेश मिला कि वे अपने पिता के घर, उनके रिश्तेदारों और अपना देश त्यागकर उस धरती की ओर चले जाएँ, जिसे ईश्वर उन्हें दिखानेवाले हैं। ईश्वर ने यह वचन भी दिया कि वे अब्राहम को एक प्रसिद्ध पुरुष त[illegible]नकी संतति को एक महान् जाति बना देंगे। आदेशानुसार, अब्राहम फरात नदी की प्रवाह दिशा में दक्षिण की ओर आगे बढ़ते-बढ़ते कनान प्रदेश जा पहुँचे। इतिहास में कनान के कुछ पर्यायवाची नाम फोनिशिया, सीरिया, फिलिस्तीन आदि हैं। कुछ काल बाद कनान में जब अकाल पड़ने लगा, तो अब्राहम मिस्र चले गए [illegible]ाँ के शासक फरोन ने उन्हें उदारतापूर्वक आश्रय दिया। कुछ दिन सुख-चैन से बसर कर लेने के बाद अब्राहम जब धन-धान्य से परिपूर्ण हो गए, तो मिस्र से विदा हुए और यरूशलम के निकट हेब्रोन में जा बसे।

अब्राहम की उम्र बढ़ गई थी और वे अब भी निस्संतान थे। उनकी पत्नी साराह ने अपनी सेविका हागर से उनका विवाह करा दिया। हागर गर्भवती हुई। यह देख साराह को डाह हुई और वह उसके साथ कठोर व्यवहार करने लगी। हागर घर छोड़कर चली गई। एक निर्जन स्थान पर देवदूत ने उसे रोते-बिलखते पाया तो समझा-बुझाकर घर वापस भेज दिया। उसी अवसर पर देवदूत ने हागर के गर्भस्थ पुत्र इस्माइल के उपद्रवी और लोक बैरी होने की बात कही थी। अब्राहम जब 86 वर्ष के थे, तो इस्माइल का जन्म हुआ, जिसे अरब नस्ल के लोग अपना पुरखा मानते हैं। उल्लेखनीय है कि ढाई-तीन हजार साल बाद इस्माइल की ही संतति-शृंखला में पैगंबरे-इसलाम हजरत मुहम्मद का जन्म हुआ था।

अब्राहम जब सौ साल के हुए तो दैव-कृपा से उन्हें अपनी मुख्य पत्नी साराह की कोख से भी एक बेटा हुआ, जिसका नाम इसाक रखा गया। उस समय साराह नब्बे वर्ष की वृद्धा हो चुकी थीं। ईश्वर ने अब्राहम को बताया कि यद्यपि इस्माइल को भी उन्होंने वंशवृद्धि और संपन्नता के आशीष दिए थे, किंतु उनका विशेष कृपापात्र साराहसुत इसाक ही होगा, जिसके साथ वे अपनी प्रतिज्ञा से सदा बँधे रहेंगे। समय के साथ-साथ साराह और हागर के बीच सौत डाह बढ़ती गई, खास कर बेटों के कारण उनमें आपसी कलह रहने लगा। तंग आकर अब्राहम ने हागर और उसके बेटे इस्माइल को परिवार से अलग कर दिया। दोनों माँ-बेटे दूर चले गए और दुर्दिन झेलते रहे। एक सौ सत्ताईस वर्ष की आयु में साराह की मृत्यु हो गई। उन्हें यरूशलम के निकट हेब्रॉन में दफनाया गया, जो उन दिनों कनान प्रदेश का अंग था। साराह की मृत्यु के बाद अब्राहम ने और भी शादियाँ कीं, जिनसे उन्हें कई बाल-बच्चे हुए। किंतु बाइबिल-कथा का मुख्य प्रवाह इसाक के बेटे और उसके वंशधरों के संग ही आगे बढ़ता गया है। पौने दो सौ बरस की आयु में अब्राहम चल बसे और वे भी हेब्रोन में उसी स्थल पर दफन किए गए, जहाँ उनकी प्रथम पत्नी साराह की कब्र थी। इसाक और इस्माइल, दोनों ने मिलकर उन्हें मिट्टी दी थी।

इसाक का विवाह उसके पिता अब्राहम ने अपने देश मेसोपोटामिया की एक कन्या से किया था, जबकि इस्माइल की माँ हागर ने, जो खुद भी इजिप्ट (मिस्र) की रहनेवाली थी, अपने ही देश की कन्या को अपनी पुत्रवधू बनाया था। इसाक के दो बेटे हुए इसाउ और जैकब (याकूब)। जैकब अपने पिता का लाड़ला तो था ही, ईश्वर की भी उस पर अनुकंपा रहती थी, जिन्होंने उसका नाम बदलकर इजराइल कर दिया था। जैकब (इजराइल) की दो पत्नियाँ तथा दो रखैल थीं, उन सबसे कुल मिलाकर उसे बारह बेटे हुए। उन्हीं बारह बेटों के कुनबे, इजराइलियों की बारह उपजातियाँ हैं, जिनमें जोसफ तथा जुडा यहूदी इतिहास के प्रमुख स्तंभ रहे हैं। वही इतिहास यहूदियों के धर्मग्रंथ 'तौरात' और बाइबिल के 'ओल्ड टेस्टामेंट' में संकलित और सुरक्षित है। क़ुरआन भी उसे ही ढोता चलता है।

आइजेक न्यूटन के मतानुसार, बाइबिल समस्त मानवजाति का प्रथम लिखित इतिहास है। यह जानकर शायद आश्चर्य हो कि युगप्रवर्तक वैज्ञानिक न्यूटन (1642-1727) न केवल एक निष्ठावान ईसाई, बल्कि बाइबिल के धुरंधर विद्वान् भी थे। अपने जीवन के अंतिम वर्षों में उन्होंने पुराण कथा और धर्मशास्त्रों से मिथकों को अलग कर उनकी विवेकसंगत व्याख्या प्रस्तुत करने के गंभीर प्रयास किए थे। सन् 1963 में कैंब्रिज यूनिवर्सिटी प्रेस द्वारा प्रकाशित : 'आईजैक न्यूटन-हिस्टोरियन' : के लेखक फ्रैंक इमैन्यूएल ने लिखा है कि अन्य किसी भी प्राचीन साहित्यिक स्रोत की अपेक्षा बाइबिल के ओल्ड टेस्टामेंट की ऐतिहासिक विश्वसनीयता को न्यूटन ने इस कारण अधिक स्वीकार

किया है, क्योंकि उसके कुछ प्रारंभिक अध्याय तो मोजेज (हजरत मूसा) के जीवनकाल में ही लिपिबद्ध हो गए थे। न्यूटन की आधारभूत धारणा यह थी कि किसी भी घटना का मौखिक वृत्तांत अपने मूलरूप में सौ साल से अधिक बचा नहीं रह सकता। अत: दंतकथाओं की अपेक्षा लिखित विवरण अधिक भरोसेमंद होते हैं।

'ओल्ड टेस्टामेंट' के संबंध में प्राचीन काल से यहूदियों के बीच यह विश्वास चला आ रहा था कि उसके प्रथम पाँच उपग्रंथ (जेनिसिस, ऍक्जोडस, लेविटिकस, नंबर्स, डयूटरानमि), जिन्हें सम्मिलित रूप में धर्मशास्त्रियों ने 'पेनट्टयूक' की संज्ञा दी थ उन्हें मोजेज (मूसा) ने स्वयं ही लिखा था। कुछ लोग तो छठे उपग्रंथ, 'जोशुआ', को भी 'पेनट्टयूक' का ही अंग मानते हैं। यहूदियों का यह विश्वास प्रारंभिक क्रिश्चयन चर्च ने भी ग्रहण कर लिया। चिल्ड्रेंस इनसाइक्लोपीडिया के संकलनकर्ता आर्थर मीन ने पेनट्टयूक-शृंखला के विभिन्न संभावित स्रोतों की ओर ध्यान खींचते हुए बताया है कि उन उपग्रंथों में एक ही घटना के अलग-अलग वृत्तांत तथा विधि-विवरण के तीन स्वतंत्र संहिता की उपस्थिति को हिब्रू सभ्यता की विकास-प्रक्रिया का द्योतक मानना ज्यादा ठीक होगा। आर्थर भी मानते हैं कि असल में उन उपग्रंथों का संकलन ईसा पूर्व नौवीं शताब्दी में पुरोहित ग्रंथकारों द्वारा हुआ था। बाइबिल के बहुस्रोतीय-रचना का आधुनिक सिद्धांत उन्नीसवीं सदी में प्रकट होने लगा, जब शोधकर्ताओं ने इसके चार प्रमुख स्रोत बताए—(1) आदिकालीन जेहोवा तथा एलोहिमवादी ग्रंथकार, (2) विधि-विवरणवादी (डयूटरानमिक) शास्त्रकार, (3) पुरोहित लिपिकार तथा (4) सप्तदशकी अनुवादक (सेप्ट्युजिऑरिऑन)।

बाइबिल की विवेकसंगत व्याख्या की कोशिश सबसे पहले जर्मनी में शुरू हुई थी, जिससे उत्साहित होकर आधुनिक विज्ञानवेत्ताओं ने 'ओल्ड टेस्टामेंट' के 'जेनिसिस प्रकरण' के प्रथम ग्यारह अध्याय में इस कारण विशेष रुचि दिखलाई है कि उनमें मानववंश-विस्तार के अतिरिक्त सृष्टि-रचना संबंधी आदिकालीन अवधारणाओं की भी अच्छी झलक मिल जाती है। प्रसिद्ध विज्ञानी-लेखक आईजैक ऐसिमोव उनसे इतना अधिक प्रभावित दिखते हैं कि अपनी पुस्तक 'इन द बिगनिंग' की प्रस्तावना में उन्होंने लिखा है—'आधुनिक विज्ञान की खोजों से पहले, आदिकालीन इतिहास का ऐसा कोई विवरण उपलब्ध नहीं, जो जेनिसिस के प्रथम ग्यारह अध्याय जैसे विवेकसंगत और प्रेरणादायक हों।' यद्यपि उन्होंने स्वीकार किया है कि यहूदियों की सृष्टिकथा का उद्‌गमस्थल आदिकालीन सुमेरी-सभ्यता थी, जिसकी तत्संबंधी अवधारणा बाद की बाबुली सभ्यता में भी प्रचलित हो गई। उन्होंने यह भी बताया है कि ईसापूर्व छठी सदी में यहूदी लोग, जब बाबुल (बेबीलोन) में निर्वासित जीवन बिता रहे थे, तो उनके पुरोहित-ग्रंथकारों ने उन्हीं स्थानीय विचारों को बटोर लिया।

किंतु इससे आगे ऐसिमोव जब यह कहते हैं कि दजला-फरात के तत्कालीन लोगों की सोच वैज्ञानिक दृष्टिकोण के अधिक निकट थी तथा इस विषय में वे लोग मिस्र, चीन और भारतीय विचारकों से आगे थे, तो मुझे लगता है कि कम-से-कम भारतीय पुराण-साहित्य से ऐसिमोव का अच्छा परिचय नहीं रहा है। सच तो यह है कि सृष्टि-रचना संबंधी भारतीय पौराणिक ग्रंथों की परिकल्पना, सुमेरिया-बेबीलोनिया से उधार लिये गए बाइबिल के विवरणों से अधिक उन्नत हैं। यह ठीक है कि ओल्ड टेस्टामेंट का वृत्तांत सृष्टिकथा से ही प्रारंभ होता है, किंतु वह सब केवल एक प्रासंगिक उल्लेख जैसा है। जबकि पुराण-परिचर्चा का सारा बल ब्रह्मांडीय-उत्पत्ति से जुड़े उन आधारभूत प्रश्नों पर केंद्रित है, जो पूछते हैं : 'यह चराचर जगत् किस प्रकार उत्पन्न हुआ? उत्पत्ति से पहले वह किसमें लीन था? उसकी उत्पत्ति के क्रम क्या हैं ? पुनः वह कहाँ विलीन हो जाएगा तथा इस भाँति उत्पत्ति और विलय के अंतराल की कितनी अवधि है ?' इन्हीं सब के विवरणक्रम को पुराणकारों ने सृष्टि, प्रतिसृष्टि, वंश, वंशानुचरित तथा मन्वंतर नाम से पुकारा है।

जेनिसिस के प्रथम दो अध्यायों में बताया गया है : 'ईश्वर ने सर्वप्रथम धरती और आकाश बनाए, धरती आकारहीन और शून्य थी। गहन अंधकार छाया था। जलराशि पर ईश्वर के उसाँस तैरने लगे। ईश्वर ने कहा, प्रकाश हो जाए, और प्रकाश हो गया। ईश्वर ने प्रकाश से अंधकार को अलग कर दिया, इत्यादि' : जिन विज्ञानप्रेमी लेखकों को बाइबिल के ऐसे प्रसंग इस कारण रोचक लगते हों कि उनमें अनियोजित से सुनियोजित ब्रह्मांड के सृजन संबंधी वैज्ञानिक सिद्धांत (केऔस टू कॉसमॉस) के अविकसित रूप झलकते हैं, उन्हें 'विष्णु पुराण' के उस प्रकरण को भी ध्यानपूर्वक पढ़ लेना चाहिए, जिसमें सृष्टिपूर्व स्थिति का वर्णन करते हुए कहा गया है—'उस अवस्था में आकाश-भूमि, प्रकाश-अंधकार, रात-दिन जैसा कुछ भी न था। परमात्मा के मन में सृष्टि-रचना की कामना जगी। तब उनके अंतर्मन में जो-जो विचार आते गए, वे बोलते चले और तदनुसार सृजन होता गया। इस भाँति संसार परमात्मा की मनःसृष्टि है। उसी क्रम में जब अर्धनारीश्वर रुद्र प्रकट हुए, तब ब्रह्मा ने उनसे कहा, 'अपना विभाग कर'। रुद्र इस प्रकार नर और नारी काया में विभक्त होकर अलग-अलग हो गए—पुराणों में एक उपकथा यह भी है कि क्षीर सागर के बीच शेषनाग की शैया पर नारायण विराजमान थे। व्युत्पत्ति के विचार से 'नारायण' शब्द का अर्थ शास्त्रकारों ने बताया है—'नार (जल) हो अयन (आश्रय) जिसका'। इस मिथक के संकेत को समझने में यदि 'नारायण' पद के इस शास्त्र सम्मत समास की सहायता ली जाए, तो क्या जल से जीवन की उत्पत्ति के वैज्ञानिक सिद्धांत के निकट हम नहीं पहुँच जाते हैं।

यहाँ तक तो फिर भी पुराण तथा बाइबिल के विवरणों में साम्य दिखता है। किंतु

बात बाइबिल से बहुत आगे निकल जाती है, जब पुराणकार यह बताते हैं कि वर्तमान सृष्टि करीब एक अरब सतानबे करोड़ वर्ष पुरानी है, जबकि बाइबिल के आधार पर आर्क बिशप जेम्स उशर (1654 ई.) तथा स्कैलिगर, मार्शम, पित्यू, डूवेल आदि प्रसिद्ध ईसाई मन्वंतरकारों का यह मत था कि सृष्टि रचना ईसा से केवल चार हजार चार वर्ष पहले की घटना है। अब यह फैसला तो ऐसिमोव सरीखे विज्ञानविदों को ही कर लेना चाहिए कि दोनों में कौन सा मत वैज्ञानिक गणना के करीब है! वैसे इस विवाद का सर्वोत्तम निष्पादन ऋग्वेद ने (मंडल-10 सू. 12 मंत्र-6) अपनी काव्यमय भाषा में बड़े तथ्यपूर्ण एवं तर्कसंगत ढंग से यह कहते हुए कर दिया है—'ठीक-ठीक कौन बता सकता है कि विशेष गुणोंवाली यह सृष्टि कब और कहाँ से उत्पन्न हुई थी; क्योंकि सृष्टि-रचना तो पहले ही हो चुकी थी, जबकि उसे जाननेवाले लोग बहुत बाद में जनमे'—ऐसे गूढ़ विषय के सामने अपनी असमर्थता का बोध आधुनिक विज्ञान को भी होने लग जाता है, जब अल्बर्ट आइंस्टीन जैसे महाविज्ञानी यह कहते पाए जाते हैं, 'गणित के सिद्धांत जिस हद तक वास्तविकता की ओर संकेत करते हैं, वे निश्चित नहीं होते और जिस सीमा तक वे निश्चित होते हैं, वे वास्तविकता को छू नहीं पाते।'

पौराणिक साहित्य के पारंगत महामहोपाध्याय पं. गिरिधर शर्मा चतुर्वेदी का यह मत भी जान लेना प्रासंगिक होगा, जिसे उन्होंने अपनी प्रसिद्ध पुस्तक 'पुराण-परिशीलन' (पृ. 10) में लिखा है—'हमारे दर्शन, पुराण आदि सभी का सिद्धांत है कि ऐसा कोई समय नहीं होता, जिसमें यह कहा जाए कि सृष्टि-रचना आज ही हुई है; इससे पूर्व सृष्टि थी ही नहीं। वर्तमान सृष्टि का आदिकाल तो निकाल सकते हैं, किंतु उससे पूर्व प्रलय और प्रलय से पूर्व भी सृष्टि थी। यों सृष्टि और प्रलय का प्रवाह अनादि काल से निरंतर चलता रहता है'—अपनी पूर्वोक्त पुस्तक (पृ. 125) में ऐसिमोव ने खुद भी इस संभावना का उल्लेख किया है कि ब्रह्मांड की उत्पत्ति और अंत का कोई एक वास्तविक क्षण नहीं रहा होगा। ब्रह्मांड सदैव मौजूद रहा है, भले ही यह बताना कठिन हो कि तब ब्रह्मांडीय-डिंब तथा ब्रह्मांडीय-व्यवस्था कहाँ से आई? आधुनिक विज्ञान (ऐस्ट्रो-फिजिक्स) आज जब प्रसरणशील विराट् विश्व (एक्सपैंडिंग यूनिवर्स) की बात करने लगा है, तो उसे वैदिक-वाङ्मय की ओर विशेष ध्यान देना चाहिए, जिनमें न जाने कितनी बार ब्रह्मांड की चर्चा हुई है। वहाँ उन मनीषियों ने बार-बार 'ब्रह्मांड' शब्द का प्रयोग अकारण नहीं किया होगा, जबकि उस शब्द के धातुरूप से वे भली-भाँति परिचित थे। 'ब्रह्मांड' शब्द 'वृ' धातु से बना है, जिसका गुणभाव है विस्तार। इस दृष्टि से 'ब्रह्मांड' शब्द के प्रयोग में सतत विस्तार की अवधारणा निहित थी। यह जान लेना आवश्यक है कि वेदों में प्रयुक्त शब्दों की व्युत्पत्ति और अर्थ का पारिभाषिक ज्ञान केवल 'निरुक्त' द्वारा ही उपलब्ध हो पाता है, जिसकी सहायता के बिना वैदिक साहित्य को ठीक-ठीक

समझ पाना बड़ा कठिन है। ऐसे तथ्यों के आलोक में वैदिक ऋषियों के निरुक्त सम्मत विचारों का वैज्ञानिक मूल्यांकन क्या श्रेयकर नहीं होगा?

पश्चिमी विद्वानों की गहन शोधवृत्ति का मैं भी कायल रहा हूँ। मानवीय ज्ञानकोष की समृद्धि में निश्चय ही यह बात बड़ी सहायक होगी, यदि ऐसिमोव जैसे गंभीर विद्वान् निरुक्त की सहायता से हिंदू वैदिक साहित्य तथा पौराणिक ग्रंथों की गहरी छान-बीन कर उनमें उपलब्ध संकेतों की दिशा में बौद्धिक-यात्रा पर निकलें। इस चर्चा को विराम देने से पूर्व दो-एक विनोद प्रसंगों का उल्लेख कर देना चाहूँगा। चौथी सदी के विख्यात ईसाई तत्त्ववेत्ता संत अगस्तीन के संबंध में एक दंतकथा प्रचलित रही है कि एक जिज्ञासु ने जब उनसे यह जानना चाहा कि सृष्टि रचना यदि कुल पाँच हजार वर्ष पहले की घटना है, जबकि ईश्वर अनश्वर और अनादि बताए गए हैं, तो सृष्टिपूर्व की उस अनंत काल अवधि में बैठे-बैठे आखिर ईश्वर कर क्या रहे थे? सवाल सुनकर अगस्तीन इतना चिढ़ गए कि झुँझलाते हुए कहा—'ईश्वर उस अवधि में आप जैसे अश्रद्धालुओं के लिए नरक की प्रचंड आग बना रहे थे।' ऐसिमोव ने भी इस प्रसंग का जिक्र किया है, लेकिन आधुनिक युग के शीर्षस्थ वैज्ञानिक स्टीफेन हॉकिंग ने इस प्रश्न के उत्तर में अगस्तीन को यह कहते बताया है कि सृष्टि से पहले काल (टाइम) का भी अस्तित्व न था। परंतु स्टीफेन ने अपनी किताब 'ए ब्रीफ हिस्टरी ऑफ टाइम' (पृ. 122) में जिस आपबीती का जिक्र किया है, वह भी कम दिलचस्प नहीं। सन् 1981 में जब ब्रह्मांडिकी विषय पर वैटिकन सिटी में आयोजित एक सम्मेलन में भाग लेने वे गए तो सम्मेलन खत्म होने के बाद भेंट के लिए पोप ने उन लोगों को आमंत्रित किया। भेंटवार्त्ता में अपने वैज्ञानिक मेहमानों से पोप ने कहा कि 'बिग-बैंग' के बाद ब्रह्मांड की विकासीय प्रक्रिया का अध्ययन करना तो ठीक है, किंतु जिस क्षण तथाकथित बिग-बैंग हुआ था, उसकी कोई वैज्ञानिक छानबीन न की जाए; क्योंकि सृजन की घड़ी होने के कारण वह पावन क्षण स्वयं ईश्वर का कार्यकाल था। मजे की बात यह थी कि कुछ ही देर पहले हाकिंग सम्मेलन में इस बात की संभावना बता चुके थे कि देश-काल (स्पेस-टाइम) की कोई परिसीमा न होने के कारण, उनका न तो कभी प्रारंभ हुआ होगा और न ही सृजनकाल जैसी कोई निश्चित घड़ी उत्पन्न हुई होगी।

बेवजह नहीं कि दीने-इसलाम के मुतल्लिक किताब लिखते समय कुरआन के बजाय इंजील (बाइबिल) का मैं इतना ज्यादा जिक्र करूँ। इसलाम आसमान से नहीं टपका था। कैफियत यह है कि कुरआन का तकरीबन दो-तिहाई हिस्सा इंजील के किस्सों और इबरतों की महज पुनरुक्ति है। बाकी बचा भाग लोकाचार की वे सामान्य बातें हैं, जिन्हें जानने के लिए कम-से-कम एक संस्कारवान हिंदू को परमेश्वर का एकांत भंग करने की कोई जरूरत नहीं। मुझे भी भारतीय दर्शन (जिसमें बौद्ध और जैन

भी शामिल हैं) के बाद बाइबिल में ही यथेष्ट चिंतन-तत्त्वों की मौजूदगी दिखती है, जिसका श्रेय मुख्य रूप से सीरिया के तत्कालीन प्रज्ञावान यहूदी तथा सिकंदरिया के तर्कशील यूनानियों को ही जाएगा, जिनकी जिज्ञासु प्रवृत्ति उन्हें अपनी विचार-यात्रा में अपेक्षाकृत दूर तक ले गई थी। लिहाजा हम भी बाइबिल की डोर थामकर इस चर्चा को आगे बढ़ाना बेहतर समझते हैं।

बाइबिल-वर्णित जलप्रलय के समय जिस नूह (नोआ) से हम मिल चुके हैं, उनके तीन बेटे थे—सेम, हैम और जाफेथ। जलप्लावन के बाद उन्हीं तीन बेटों के बीच नूह ने सारी धरती बाँट दी थी। वर्तमान नक्शे के मुताबिक बड़े बेटे सेम के हिस्से में एशिया, जाफेथ को यूरोप तथा हैम को अफ्रीका महादेश मिला था। सेम के वंशजों को ही सेमेटिक जाति के नाम से जाना जाता है, जिनमें इब्राहीम-मूसा-ईसा-मुहम्मद जैसे मशहूर लोग जनमे थे। न्यूटन सरीखे विद्वान् भले ही बाइबिल को सारी मनुष्य जाति का प्रथम लिखित इतिहास मानते हों, लेकिन असल में वह सेमेटिक जाति का ही सामाजिक-राजनैतिक और धार्मिक इतिहास है। बाइबिल की तालिकाओं में जिन जगहों और जातियों के नाम आए हैं, उनमें अनेक ऐसे नाम हैं, जिनका भारतीय पौराणिक ग्रंथों ने भी उल्लेख किया है, जैसे—श्रीनार, एलम, सुमेर, असुर, उर, पुर, यह्वे (हिब्रू, यहोबा), उमा, केदार, राम, रामाशीष, मैत्री, किश, बुदी, अर्राट आदि। तब क्या यह जानना जरूरी नहीं कि इन समानताओं की आखिर वजह क्या हो सकती है? जब हम इतना जानते-मानते हैं कि मिस्र, मेसोपोटामिया तथा भारत की सिंधु घाटी और उत्तरवर्ती वैदिक सभ्यताएँ समानांतर चली थीं, तो क्या मुमकिन नहीं कि मानवीय इतिहास के प्रारंभिक पन्ने उन सभी जगहों में यहाँ-वहाँ बिखरे पड़े हों? जब तक उन सबको साथ मिलाकर न पढ़ा जाए, अकेले बाइबिल के विवरणों को समस्त मानवजाति का प्रामाणिक इतिहास मान लेना ठीक होगा क्या? दरअसल न्यूटन के समय तक पुरातत्त्व विज्ञान का उदय ही नहीं हुआ था, अन्यथा वैसे नतीजे पर पहुँचने में शायद वे खुद भी हिचकते।

भारत के सभी वैदिक तथा पौराणिक साहित्य को साथ मिलाकर देखा जाए, तो जैसाकि आचार्य चतुरसेन शास्त्री बताते हैं, 'उनमें ईसा पूर्व चार हजार वर्ष तक की कथाएँ मिलेंगी। भारतीय पुराणों में तीन आदि राजवंश दिखाए गए हैं, जिनमें मनुपुत्र सूर्य से सूर्यवंश तथा मनुपुत्री इला से चंद्रवंश चला था। इला (हिब्रू. एल या एलम) के नाम पर जिस इलावर्त का उल्लेख हुआ है, आधुनिक नक्शे से अगर उसका मेल बिठाकर देखा जाए, तो गिलगित के उस तरफ ईरान, रूस का दक्षिण-पश्चिम भाग तथा दजला-फरात के दोआब का करीब-करीब सारा इलाका उसमें समा जाएगा।' पर्सी साइक्स बताते हैं कि एलम ही पर्सिया का पहला भू-भाग था, जहाँ आर्यों के आगमन से सदियों पहले सभ्यता मौजूद थी (देखें, 'हिस्टरी ऑफ पर्सिया'—भाग-1, पृ. 3)।

इधर भारतीय विद्वानों ने बताया है कि 'ऋग्वेद' में यह्व (हिब्रू. यहोवा) के अतिरिक्त उर तथा उम्मा निवासियों के प्रति भी आदरभाव प्रकट किए गए हैं, जो एलम (इलावर्त) के अंतर्गत अवस्थित थे। 'मनुस्मृति' ने तो शेख (अरब पुरोहित) को ब्राह्मणों की संतान बताया है (अध्याय-10 श्लोक-21)। यह ठीक है कि वंशानुक्रम तथा मन्वंतर (ज्योतिष के आधार पर काल-निर्धारण) की दृष्टि से पौराणिक वंशावलियों में अनेक विसंगतियाँ हैं। जिन विद्वानों ने उन वंशावलियों को सतर्कतापूर्वक मिलाया है, वे बताते हैं कि उनमें हर जगह पिता के बाद पुत्र का स्थान नहीं पाया जाता, बल्कि दूर-दराज के किसी संबंधी अथवा अन्य किसी व्यक्ति का उल्लेख मिलता है। काल-गणना भी इतनी बढ़ा-चढ़ाकर की गई है कि सब बेकार हो जाता है। आचार्य चतुरसेन बताते हैं कि महाभारतपूर्व की वंशावलियों में बहुत अधिक दोष है, जबकि महाभारत के बाद वाली वंशावलियाँ अपेक्षाकृत सही हैं। उनका कहना है कि ग्रह-नक्षत्रों की गति-स्थिति पर आधारित मन्वंतरों को छोड़कर आदिकालीन घटनाओं का ठीक काल-निर्धारण करने का दूसरा कोई भरोसेमंद उपाय भी नहीं। लेकिन ऐसी समस्याओं से न्यूटन को भी जूझना पड़ा था, जब सही पौराणिक कालानुक्रम (क्रोनोलॉजिकल ऑर्डर) निर्धारित करने के लिए वे बाइबिल और मिस्र के उपलब्ध अभिलेखों पर गहन शोध कर रहे थे। फ्रैंक मैन्यूएल ने अपनी पूर्वोक्त पुस्तक में उनकी पांडुलिपि का एक अंश उद्धृत किया है (पृ. 57), जिसमें न्यूटन कहते हैं कि दोष केवल राजाओं के गलत कालक्रम तक ही सीमित नहीं, बल्कि अकसर एक ही नाम घूम-फिरकर आते रहे हैं; नाम विकृत भी कर दिए गए हैं तथा किसी अन्य महापुरुष अथवा महिला के वृत्तांत उन राजाओं की जीवनकथा के साथ जोड़ दिए गए हैं। उन सबसे संबंधित काल-विस्तार को भी उन्होंने प्राय: अतिरंजित पाया है। ऐसे फरेबों के लिए न्यूटन ने ईसापूर्व दूसरी सदी के मिस्री राजपुरोहित मैनेथो तथा यहूदी इतिहासकार जोसेफस जैसे लोगों को जिम्मेदार ठहराया है। पौराणिक ग्रंथों के ऐसे विश्वव्यापी दोषों का निवारण कैसे हो, विद्वानों को यह चुनौती भी स्वीकारनी होगी।

बाइबिल का 'ओल्ड टेस्टामेंट' (तौरात) जिस रूप में आज उपलब्ध है, उसे ईसापूर्व पाँचवीं से पहली सदी के बीच द्वितीय देवालय (सेकंड टेंपल) के पुरोहित और धर्मशास्त्रियों ने संकलित किया था। यद्यपि उसकी अनेक पुस्तिकाएँ सदियों पुरानी थीं, किंतु उन सबको बटोरकर उन्हें संपादित और सुव्यवस्थित करने का महत्त्वपूर्ण काम उन्हीं लोगों ने किया। फिर भी ईसाई धर्मशास्त्रियों के बीच आज भी यह विवाद जारी है कि 'ओल्ड टेस्टामेंट' की केवल उन्हीं उनतालीस पुस्तिकाओं को मान्यता दी जाए, जिन्हें फिलिस्तीन के यहूदियों ने स्वीकार किया था अथवा वे बारह पुस्तिकाएँ भी मान्य हों, जिन्हें सिकंदरियावासी यहूदी लोग विहित (कनानिकल) मानते आए थे। स्थिति

यह है कि अंग्रेजी के अनेक बाइबिल उन बारहों को कूटग्रंथ (अपॉक्रिफ) मानकर मूल पुस्तक में शामिल ही नहीं करते।

प्राचीन यहूदियों के आचार-विचार पर मिस्र और बेबीलोन का विशेष प्रभाव रहा है, जहाँ अपने हजारों वर्ष पुराने इतिहास के दौरान वे लोग प्रवासी और निर्वासित जीवन बिताने पर मजबूर हुए थे। आम तौर पर जिन्हें हम यहूदी कहते हैं, असल में उनकी कई शाखाएँ हैं। नियमनिष्ठा के साथ देखा जाए तो उनमें यहूदी केवल वे लोग ही हैं, जो यहूद (जुडा) की आल-औलाद थे और फिलिस्तीन के दक्षिण भाग में जा बसे थे। हमें याद है कि जैकब (इस्राइल) के बारह बेटों में यूसुफ और यहूद (जोसेफ और जुडा) खासतौर पर नामी हुए। मुख्तसर दास्ताँ यह है कि यूसुफ के बाकी भाइयों ने मिलकर साजिश की और चाँदी के बीस टुकड़ों के बदले इस्माइली सौदागरों के हाथ उसे बेच दिया। सौदागर यूसुफ को मिस्र ले गए, जहाँ कई साल वह कैदखाने में पड़ा रहा। वह एक स्वप्नविचारक था और मिस्र के फिरौन के सपनों के बारे में उसने जो कुछ बताया था, वह सब सच निकला। फिरौन ने खुश होकर उसे नौकरी दे दी। अपनी समझ-बूझ और सच्चाई के बल पर यूसुफ प्रधानमंत्री बन गया। उसके कार्यकाल में मिस्र की बड़ी तरक्की होती गई। बाद में उसकी मेहरबानी से उसके सभी बंधु-बांधव भी मिस्र जा बसे। इस तरह यहूदियों का सारा कुनबा लगभग पाँच सौ बरस तक मिस्र में ही फलता-फूलता रहा। उस बीच धन-धान्य के साथ उनकी जनसंख्या भी बढ़ती गई और एक से अनेक कबीले बन गए। स्वाभाविक था कि उनकी बढ़ती देखकर मिस्र के मूल निवासियों में जलन पैदा हो जाए। धीरे-धीरे उनके बीच वैमनस्य और तनाव बढ़ता चला गया। बाद वाले फिरौन यहूदियों पर जोर-जुल्म करने लगे। सौभाग्यवश यहूदियों को मोजेज (मूसा) नामक एक चमत्कारी नायक मिल गया, जिसने फिरौन के अत्याचारों का न केवल प्रतिरोध किया, बल्कि लाखों यहूदियों के साथ लाल सागर पार करता हुआ मिस्र से निकल भागा। यद्यपि अब्राहम की तरह मोजेज का भी कोई जिक्र इजिप्ट के पुराने अभिलेखों में नहीं मिलता, लेकिन तीन-साढ़े तीन हजार बरस बीत जाने के बाद भी आज तक उस चमत्कारी महापुरुष की पावनस्मृति यहूदी जनमानस में रची-बसी है। मिस्र से यहूदियों के बहिर्गमन की वह कथा 'ओल्ड टेस्टामेंट' के 'एक्जोडस प्रकरण' में सुरक्षित मिल जाती है।

ऐतिहासिक प्रसंगों में यहूदियों का उल्लेख इस्राइली तथा हिब्रू नाम से भी होता आया है। हमें याद है कि ईश्वर ने जैकब (याकूब) का नाम बदलकर इस्राइल रख दिया था। हिब्रू भाषा का 'इस्राइल' शब्द 'एल' धातु से बना है, जिसका भाव है 'महान्'। 'एल' धातु से ही अब्राहम के देवता 'इलोहिम' तथा अरबी कुरआन का 'अल्लाह' बना है। संस्कृत पुराण ग्रंथों में वर्णित मनुपुत्री 'इला' का भी शाब्दिक भाव और अर्थ वही

है। लेकिन 'हिब्रू' शब्द का असल रूप है 'हिब्रिम', जिससे तात्पर्य था '(यूफ्रेत या जॉर्डन) नदी के उस पार के लोग'। ऐसे ही आधारों पर मेसोपोटामियावासियों की उन दिनों अलग-अलग पहचान बनती गई। इस्राइली, यहूदी, हिब्रू—ये सब पुराने कबीलाई नाम हैं, जो सम्मिलित रूप में 'यहूदी' नाम से प्रचलित हो गए। उसी तरह समूद, हक्कोस, अक्कद, असुरी, एलामी, अरामी आदि सब विभिन्न जगह और अरब नस्ल की उपजातियों के नाम हैं। मगर वे सब एक ही स्रोत, यानी सेमेटिक जाति से संबंध रखते हैं, जो मिस्र, इथोपिया, अरबिया, सीरिया, ईरान, इराक, फिलिस्तीन आदि पश्चिमी एशिया और निकटवर्ती अफ्रीकी इलाकों तक पसर गए थे। अलबत्ता उनमें कनान के दक्षिणी तट पर बसे फिलिस्तीनी लोग सेमेटिक जाति के नहीं थे। बाइबिल ने उन्हें हाम का वंशज दरशाया है (जेनिसिस-10:14-15); जबकि आधुनिक शोधकर्ता उन्हें जाफेथ की संतति मानते हुए यूनानी आर्यों के निकट ला खड़ा करते हैं। मिस्र से बहिर्गमन के बाद यहूदी लोग कनान के दक्षिणी क्षेत्र में जब पहुँचे, तो वहाँ बसे फिलिस्तीनियों से उनकी जोरदार टक्कर होती रही, जो आज भी जारी है।

संसार भर के धर्मग्रंथों ने अपनी कथा सुनाने में जिस विधा का उपयोग किया है, उससे घटना की सच्चाई में संदेह होना स्वाभाविक है। वैसे चमत्कारपूर्ण विवरणों में बच्चे भले रस लें, सयाने उनसे तनिक भी प्रभावित नहीं होते। फिर भी उनका जिक्र हमें इसलिए करना पड़ता है कि उनमें छिपे संदेशों को हम समझ सकें। कोई भी घटना तो क्षणभंगुर ही होती है; घटी और बीत गई। किंतु उनका संदेश चिरंजीवी होता है। युग-युग तक उसी की यात्रा चलती रहती है; यदि उसमें जीवन-तत्त्व हो तो! बाइबिल में वर्णित मोजेज की कथा का जिक्र हम इसी कारण करेंगे।

लाल सागर पार करने के बाद मोजेज विशाल जनसमुदाय को साथ लिये (बाइबिल के अनुसार छह लाख लोग) सिनाई के रेगिस्तान में दाखिल हुए। वहाँ मुसीबतें जैसे उन लोगों का इंतजार कर रही हों। उनसे रू-ब-रू होते ही लोगों के होश उड़ गए। कहाँ तो दूध और शहद की नदियों से आबाद धरती का सुनहला सपना और कहाँ यह बेरहम तपता रेगिस्तान! दूर-दूर तक न अनाज की एक बाली और न पानी का एक कतरा! भूख-प्यास से बदहाल लोग बगावत पर उतारू हो आए। उनकी शिकायत थी कि मोजेज सब को बहकाकर खूँखार मौत के मैदान में घसीट लाए हैं। मिस्र में क्या कब्रगाहों की कमी थी कि यहाँ उन्हें रेत के दहकते समंदर में दफन होना पड़े? मिस्र में फिरौन और उनके लोगों की गुलामी इससे लाख बेहतर थी, जहाँ उन्हें दाना-पानी तो नसीब हो जाता था। क्या यही वो देश है, जिसे हजार बरस पहले परमेश्वर ने अब्राहम से उनकी संतति को देने का वादा किया था? जनाक्रोश इतने उबाल पर था कि लगे मोजेज को लोग पत्थर मार-मार कर खत्म कर देंगे। मोजेज खुद भी बहुत व्याकुल थे। ईश्वर को अपनी

फरियाद सुनाने वे सिनाई पर्वत चले गए। पूरे चालीस दिनों तक बिना कुछ खाए-पिए, दिन-रात वहीं ध्यानमग्न बैठे रहे। आखिरकार ईश्वर को आना पड़ा। घनघोर काली घटा छा गई। बिजलियाँ चमकीं। मेघ जोरों से गरजने लगे। पर्वत से बादलों की तरह धुआँ उठता रहा। परमेश्वर, जिनका नाम 'जेहोवा' था, प्रकट हुए। उन्होंने मोजेज को नाम लेकर पुकारा और पत्थर के दो पटल लाने को कहा जिन पर जेहोवा के दस आदेश (टेन कमांडमेंट्स) लिख दिए गए। उन्हीं के आधार पर जो आचार और विधि-संहिता विकसित हुई, वे ही सब 'मोजेज के विधि-विधान' के नाम से यहूदी समाज में अब तक प्रचलित हैं।

बाइबिल बताता है कि लाखों यहूदी नर-नारी, बालक-वृद्ध, माल-मवेशी के साथ पूरे चालीस बरस तक मोजेज अपनी प्रतिज्ञाती प्यारी भूमि (प्रॉमिस्ड लैंड) की खोज में दर-दर भटकते रहे। अंत में वे जेरिको के निकट जॉर्डन नदी के इस पार मोआब पहुँचे थे, जहाँ कई साल जीवित रहने के बाद एक सौ बीस बरस की आयु में उनकी मृत्यु हो गई। उनकी कब्र कहाँ है, यह आज तक किसी को पता नहीं। बाइबिल भी अनभिज्ञ है। वह केवल इतना ही बताता है कि अंत तक न तो उनकी आँखों की रोशनी मद्धिम हुई थी और न ही उनके अंग शिथिल पड़े थे। मोजेज के बाद जोशुआ के नेतृत्व में यहूदियों का अधिग्रहण अभियान आगे बढ़ा। मिस्त्र छोड़े पचासों बरस बीत चुके थे और उस पीढ़ी के ज्यादातर लोग अब तक दुनिया भी छोड़ चुके थे। यहूदियों की वह बिल्कुल नई पीढ़ी थी जो जोशुआ के पीछे चली। मोजेज की तरह जोशुआ भी बुद्धिमान और चमत्कारी था। मोजेज की मदद में यदि लाल सागर दो-फाँक हो गया था जिसके बीच से लाखों लोग उस पार निकल गए, तो जोशुआ का कमाल भी कुछ कम न था जिसके लिए जॉर्डन नदी सूख गई और चालीस हजार यहूदी योद्धा आसानी से पैदल उस पार जेरिको जा पहुँचे।

बाइबिल में उपलब्ध जोशुआ के आक्रमण और प्रसार की कथा उसके पराक्रम के साथ-साथ उसकी क्रूरता की कहानी भी कह जाती है। भयंकर आँधी की तरह एक के बाद एक बस्तियों को उजाड़ते-जलाते, औरत-मर्द, बच्चे-बूढ़ों की गरदन उतारते; आई, एगलान, जॉर्डन, लेबनान, यरूशलम, हेब्रान जैसे नगरों पर कहर बरसाते हुए उसने कुल इकतीस राजाओं को धूल चटा दी। उनमें कई शासकों की लाश उनके नगरद्वार के सामने पेड़ से झूलती रही। फिर भी फिलिस्तीन जैसे कई देश जोशुआ के प्रहार से अछूते रह गए। विजित धरती उसने इस्राइली कबीलों में बाँट दी और एक सौ दस वर्ष की आयु में खुद संसार से विदा हो गया। लोगों ने उसे गास की पहाड़ियों में इफराइम पर्वत के पास दफना दिया।

इस्राइलियों का इतिहास क्रूरता, करुणा और प्रेरणा की एक मिश्रित कथा है। वह

कहानी है उनके दीर्घकालीन संघर्ष और पीड़ा की, आकांक्षा और उपलब्धियों की, वैचारिक संकीर्णता और विशालता की तथा आपसी द्वेष और कलह की भी। मोजेज ने इस्राइलियों का जिस जेहोवा से परिचय कराया था, वह न केवल सर्वश्रेष्ठ और सर्वशक्तिमान परमेश्वर था, बल्कि वह इतना ईर्ष्यालु और कठोर भी था कि यदि उसकी अवहेलना कर किसी दूसरे देवता की आराधना की जाती तो उस अपराध के लिए न केवल अवज्ञाकारी व्यक्ति, बल्कि उसकी तीन-चार पीढ़ियों को भी सख्त सजा भुगतनी पड़ती। वैसे भयंकर जेहोवा के प्रति प्रेम और निष्ठापूर्वक समर्पित रहने की सलाह देते हुए मोजेज ने इस्राइली जाति से कहा, 'सुनो, आज मैं तुम सब के लिए आशीष और अभिशाप के नियम तय कर देता हूँ; यदि तुमने अपने प्रभु जेहोवा के उन आदेशों का पालन किया, जो मैं बता रहा हूँ, तो तुम सब सदा उनके कृपापात्र बने रहोगे और बीहड़ प्रदेशों तथा लेबनान से लेकर यूफ्रेट नदी और दूरस्थ सागर तट तक जहाँ-जहाँ तुम्हारे पाँव पड़ते जाएँगे, वह सारी धरती तुम्हारी हो जाएगी। वहाँ के पूर्व-निवासियों को तुम्हारे प्रभु खदेड़ भगाएँगे और तुम अपने से अधिक पराक्रमी लोगों के स्वामी बन जाओगे'''और यदि तुमने अपने प्रभु जेहोवा की अवहेलना करते हुए अनजाने देवताओं की आराधना की, तो निश्चय ही तुम सब उस सर्वशक्तिमान जेहोवा के प्रचंड प्रकोप से कभी न बच पाओगे।'

मिस्र से पलायन के बाद मोजेज ने समय-समय पर अपने लोगों को जो बताया, उसका अभिप्राय यह था कि परमेश्वर एक है (और निराकार भी)। अत: जल-थल-नभ में पाई जानेवाली किसी भी आकृति की मूर्ति बनाकर उसे देवता मान लेना और उसकी पूजा करना परमेश्वर को नीचा दिखाने जैसा जघन्य अपराध है। मूर्तिपूजन के विरुद्ध मोजेज इतने असहिष्णु हो गए थे कि अधिकृत देशों में स्थापित सभी मूर्तियों को नष्ट कर देने के साथ-साथ उन सभी जगहों को भी पूरी तरह बरबाद कर देने का आदेश देते गए, जहाँ लोग जेहोवा के अलावा अन्य देवताओं की उपासना करते हों। इस क्रम में यह जिक्र भी अप्रासंगिक नहीं होगा कि बाइबिल और कुरआन के तुलनात्मक अध्ययन से कई बातें, जो उभरकर सामने आती हैं, उनमें एक खास बात यह भी है कि यहूदियों में प्रसारवादी हौसला, हिंसक प्रवृत्ति या असहिष्णुता वगैरह सिनाई अंचल में पहुँचने के बाद प्रबल हुई थी; ठीक उसी तरह मुसलमानों में यह सब मदीना आने के बाद हुआ। मोजेज और मुहम्मद के जीवन संबंधी कथानक में भी आप एकरूपता पाएँगे। मोजेज यहूदियों के साथ मिस्र से निकल भागे थे, मुहम्मद मोमिनों को साथ लेकर मक्का से हिज्र कर गए। मोजेज सिनाई पर्वत पर ध्यानमग्न बैठे रहे, मुहम्मद हिरा की पहाड़ियों पर फिक्रे-इलाही में मशगूल। मोजेज के पास जेहोवा आए, मुहम्मद के पास जिब्रील। उस रोज सिनाई पर्वत पर मोजेज को जेहोवा का 'टेन कमांडमेंट्स' मिला। मुहम्मद

पर गारे-हिरा में कुरआन की पाँच आयतें नाजिल हुईं। 'टेन कमांडमेंट्स' और मोजेज की विधि-संहिता पर विशेष ध्यान देते हुए यदि आप 'ओल्ड टेस्टामेंट' का 'पेंट्टयूक' पूरी तरह पढ़ लें और फिर कुरआन की तिलावत करें, तो यही लगेगा जैसे हिब्रू कथा का अरबी रूपांतरण पढ़ रहे हों! वही जज्बात, वही तर्ज, वही तेवर। हाँ, दोनों में एक अहम फर्क यह जरूर है कि जेहोवा को जो भी हिदायतें देनी थीं, वे उन्हें प्रसिद्ध 'दस आदेशों' (टेन कमांडमेंट्स) के रूप में एक ही बार मोजेज को देकर चले गए। मगर मुहम्मद पर अल्लाह की आयतों के उतरने का सिलसिला तेईस साल तक जारी रहा। फिर भी 'ओल्ड टेस्टामेंट' की कथा मोजेज के सैकड़ों साल बाद तक बढ़ती गई है, जबकि कुरआन का कथाप्रवाह मुहम्मद के साथ ही खत्म हो गया है।

दरअसल मोजेज को जेहोवा ने जो 'दस आदेश' दिए थे, वह कोई नई बात नहीं थी। मिस्र-मेसोपोटामिया और भारत के सामान्य लोग सदियों पहले से उन बातों पर अमल करते आ रहे थे। मिस्र का नवयुवक फिरौन, अखनाटन, मूसा से कुछ सौ साल पहले अपनी प्रजा को एक सर्वश्रेष्ठ परमेश्वर में आस्था रखने का पैगाम दे चुका था और उसके देश के प्राचीन ग्रंथ 'बुक ऑफ द डेड' में उस व्यक्ति के जीवन को धन्य बताया गया था, जो दम तोड़ने से पहले सच-सच यह कह सके 'न तो मैंने कभी किसी की हत्या की, न ही झूठ बोला॰॰न तो मैंने कभी किसी की कोई चीज चुराई और न ही परस्त्री-गमन किया॰॰।' गीजा के पिरामिड तथा दूसरे कब्रों से मिले शिलालेख के आधार पर 'लाइफ एंड थॉट इन द एनशंट वर्ल्ड' के लेखक सी. सिरिल इस्टवुड ने लिखा है (पृ. 134) 'टेन कमांडमेंट्स में जिन पापकर्मों से दूर रहने के आदेश दिए गए हैं, उनमें आधी वे निषेधाज्ञाएँ हैं, जो उन दिनों भी मिस्री समाज में प्रचलित थीं, जब मोजेज और उनके लोग वहाँ बसते थे।'

सिनाई-आगमन के दो सौ वर्ष बाद तक यहूदियों का प्रसार-अभियान चलता रहा। उस बीच खानाबदोशी की जिंदगी छोड़ वे लोग कुशल कृषक और कारीगर बन गए थे। दिनोदिन उनकी तरक्की होती गई और ईसापूर्व दसवीं शताब्दी में उन्होंने पहली बार राजतंत्र की स्थापना की। सउल उनका पहला राजा बनाया गया। डेविड (दाउद) दूसरा राजा था, जिसके शासनकाल में फिलिस्तीनी और दूसरी कई जातियाँ बुरी तरह हारीं, इस्राइल की राज्य-सीमा मिस्र, लाल सागर और यूफ्रेट नदी को छूने लगी तथा इस्राइल एक सशक्त राज्य बनकर उभरा। डेविड ने यरूशलम को अपनी राजधानी बनाया। उस स्थान के मूलनिवासियों को मिस्र के अधिकारीगण 'उरु-सलीम' नाम से पुकारते थे। कालांतर में उरु-सलीम जाति के बजाय जगह का द्योतक बन गया और जुबान की रगड़ खाते-खाते यरूशलम के नाम से विश्व-विख्यात हो गया। यरूशलम की महिमा तब और बढ़ गई, जब वहाँ डेविड के बेटे राजा सॉलमन ने उस युग का भव्यतम मंदिर बनवाकर

उसमें जेहोवा के मूल आदेश एवं प्रतिज्ञापटल को अनुष्ठानपूर्वक स्थापित कर दिया। तभी से यरूशलम इस्राइली आस्था-आकांक्षा और अस्मिता का प्रतीक बना हुआ है।

सॉलमन के मरते ही (ई.पू. 930) गृहयुद्ध भड़क उठा और राज्य के दो टुकड़े हो गए। इफ्राइम की पेशवाई में दस कबीले एकजुट हो गए और देश के उत्तरी हिस्से में उन्होंने इस्राइल नामक अलग राज्य बना लिया। समेरिया उसकी राजधानी थी। धीरे-धीरे उन्होंने अपना देवता भी अलग कर लिया और पुराने वृषभदेव को फिर से पूजने लगे। बताया जाता है कि गुजरे जमाने में (मिस्र-प्रवास के दौरान) स्वर्णिम-वृषभ जोसेफ कबीले के कुलदेवता थे। बाकी दो कबीले, जुडा और बेंजामीन, दक्षिणी हिस्से में ही कायम रह गए और पुरानी राजधानी यरूशलम से राजसंचालन करते रहे। आगे का घटनाक्रम इस्राइल और जुडा के सामाजिक कदाचार, आपसी धार्मिक कलह, राजनैतिक षड्यंत्र, विश्वासघात, हत्या और हिंसा की ऐसी नृशंस कथा है, जिसका इतिहास में जोड़ा ढूँढ़ लेना मुश्किल होगा। उन सबका कुल नतीजा यही निकला कि दोनों राज कमजोर होते चले गए और दो-तीन सौ साल के अंदर-अंदर उन्हें अपने राज-पाट और अपनी आजादी से हाथ धोना पड़ा। ई.पू. 722 में क्रूर आसुरी लोगों ने इस्राइली राज्य को रौंद डाला और उस जाति के सभी लोगों को उनकी धरती से बाहर खदेड़ दिया। इस हादसे के बामुश्किल सवा सौ साल गुजर पाए कि ई.पू. 586 में बाबुली हमलावर जुडा की राजधानी यरूशलम पर टूट पड़े। नगर में आग लगा दी। जेहोवा की पूजनपेटिका जब्त कर पवित्र मंदिर ध्वस्त कर दिया। राजा जेदकिआ की आँखें निकाल लीं और उसे बंदीगृह में डाल दिया। बाकी यहूदी नर-नारियों को गुलामी की जंजीर पहनाकर बेबीलोन ले गए।

कुछ दिनों बाद बेबीलोन पर फारस के हखमनी आर्य सम्राट् कुरुष (साइरस) का आधिपत्य हो गया। उसने कृपापूर्वक यहूदियों को अपने वतन लौटने की छूट दे दी। पहली बार (ई.पू. 538) डेविड घराने की अगुआई में करीब साढ़े बयालीस हजार लोग वापस गए। मगर लगभग सौ बरस बाद जब धर्मगुरु एजरा ने आह्वान किया, तो बहुत बड़ी संख्या में यहूदी उनके पीछे चल पड़े। बीते दिनों की कड़वी-मीठी स्मृतियाँ समेटे यरूशलम धीरे-धीरे फिर आबाद होने लगा। सम्राट् कुरुष की सदाशयता का बखान करते हुए एजरा ने लिखा है कि 'कृपालु सम्राट् ने न केवल अपने राज्याधिकारियों और अपनी प्रजा को यहूदियों की सुखद यात्रा के सभी आवश्यक प्रबंध कर देने का आदेश दिया था, बल्कि जेहोवा की पवित्र पूजनपेटिका यहूदी पुरोहितों के हवाले करते हुए यरूशलम में पावन मंदिर के पुनर्निर्माण की अनुमति भी दे दी। उस पुनीत कार्य की मदद में सम्राट् ने अपना खजाना खोल दिया और श्रद्धालुओं ने भी जेहोवा के भेंटस्वरूप सोने-चाँदी के ढेर लगा दिए।' मंदिर का पुनर्निर्माण सम्राट् दरायुष (दारियस) के शासनकाल में पूरा हुआ। उसी बीच इतिहास ने करवट बदली और राजध्वज फिर बदल गए। फारस

सम्राट् दरायुष की जगह मेसिडोनिया (यूनान) का महाप्रतापी नवयुवक विजेता सिकंदर उस विशाल साम्राज्य का अधिपति बन गया, जिसके एक कोने में यरूशलम भी बसा था। अगले दो सौ बरस तक यहूदी जन यूनानी राजाओं की प्रजा बने रहे। उसके बाद तो शानदार रोमन साम्राज्य का युग प्रारंभ हो गया, जिसमें यहूदी परंपरा का जीसस नामक सर्वश्रेष्ठ मसीहा पैदा हुआ था।

जीसस खुद ईसाई नहीं थे। जीसस की मृत्यु के बाद उन्हें माननेवाले लोग ईसाई कहलाए। ठीक उसी तरह जैसे गौतम बुद्ध स्वयं बौद्ध नहीं थे। वे तो हिंदू कुल में जनमे थे, हिंदू परिवार में उनका लालन-पालन हुआ था। उनकी अनुभूतियों का संपूर्ण परिवेश हिंदू भावजगत् था और उनके विचारमंथन के सारे तरल उपादान, वैदिक साहित्य में उपलब्ध चिंतन तत्त्व थे। तभी तो घोर तपस्या की समाप्ति पर जब एक जिज्ञासु ने उनसे यह जानना चाहा कि वैसी कठिन साधना से आखिर उन्हें क्या मिला? तो गौतम बुद्ध ने बड़े सहज भाव से बताया था कि नया तो कुछ भी नहीं मिला, जो मिला, वह सब तो उन्हें पहले से ही मिला हुआ था। गहन ध्यानावस्था ने इतना ही किया कि उन ज्ञान तत्त्वों को परिमार्जित कर उन्हें चमका दिया। ईसा मसीह और ईसाइयत को समझने के लिए भी हमें दीर्घकालीन यहूदी-अनुभव, उस जाति के परंपरागत ज्ञान, उनकी मान्यताएँ और मानसिकता से परिचित होना पड़ेगा, जो अपने परिष्कृत रूप में ईसाइयत का मोहक फूल बनकर खिल गया।

यहूदी जाति के लोग वीरता, राजनैतिक सूझ-बूझ अथवा दार्शनिक चिंतन के लिए तो मशहूर नहीं हुए, लेकिन नैतिक-धार्मिक अवधारणाओं की अपनी छाप वे जरूर छोड़ गए हैं। एक ऐसे देश-काल में जहाँ हर समूह का स्वतंत्र और सर्वशक्तिमान देवी-देवता रहा हो, एकेश्वरवाद की परिकल्पना अपने आप में बड़ी बात थी। यहूदी मानते थे कि ईश्वर एक है और वही जगत् नियंता है। उस परमेश्वर का नाम किसी जमाने में 'एल' या 'एलोहिम' था, लेकिन मोजेज को उसने अपना नाम 'जेहोवा' बताया था। उसी जेहोवा ने सारी दुनिया के लोगों को बनाया और वही सब का भाग्यविधाता था। लेकिन उसके संबंध में अनूठी बात यह थी कि केवल यहूदी लोग ही उस परमपिता जेहोवा के लाड़ले थे। उसकी नजर में यहूदियों का हित सर्वोपरि था। उस पक्षपाती परमेश्वर के स्वभाव की सर्वाधिक विलक्षण बात यह थी कि वह अत्यंत क्रोधी और प्रतिशोधी था। औरों की कौन कहे, यदि उसके दुलारे यहूदी लोग भी उसकी अवहेलना कर किसी अन्य देवी-देवता की उपासना करते अथवा उसके आदेशों की अवमानना करते, तो वैसे पापों की सजा उनके साथ-साथ कई पीढ़ियों तक उनकी आल-औलाद को भी भुगतनी पड़ जाती। यहाँ तक कि उनका सर्वनाश कर देने में भी निष्ठुर जेहोवा तनिक भी न हिचकता। कौन जाने जेहोवा का स्वभाव सचमुच वैसा था या नहीं, किंतु उसके संबंध में ऐसी धारणा से

उस युग के यहूदियों की मानसिकता साफ झलक जाती है। असल में ईश्वरीय गुण-दोषों की परिकल्पना बहुत हद तक मनुष्य की निजी चित्तवृत्तियों का ही प्रतिबिंब होती है।

जेहोवा ने मिस्र की दासता से मुक्ति दिलाकर यहूदी जाति पर असीम अनुकंपा की थी। जॉर्डन और उसके अंचलवर्ती क्षेत्रों में बसने के बाद उन लोगों की तरक्की दिन-दूनी-रात-चौगुनी होती चली गई। उन्होंने संपन्नता और ऐश्वर्य के ऐसे सुनहले दिन देखे, जो शायद ही किसी को नसीब हों! इन सब के बावजूद परमपिता के प्रति वे कृतघ्न निकले। मोजेज ने जेहोवा की ओर से लोगों को पूजा-अनुष्ठान और सदाचार के जो नियम बताए थे, यहूदियों ने उनकी परवाह न की। बहुसंख्यक लोग मूर्तिपूजक और विलासी बन गए। उन दिनों यहूदी नर-नारी कितने पथभ्रष्ट और पतित हो गए थे, उसका विवरण बाइबिल में उपलब्ध है। दाद देनी होगी हिब्रू ग्रंथकारों को जिनमें अपने समाज के वैसे शर्मनाक पहलू को सच-सच दर्ज कर देने की हिम्मत थी। पुरोहित एजकिल ने उस समय की यहूदी नारियों के बारे में लिखा है—'…तू परम सुंदरी थी…तेरे सौंदर्य की ख्याति विधर्मियों तक जा पहुँची…तू इठलाकर व्यभिचारिणी बन गई…अपने मिस्री पड़ोसियों के संग तूने रास-रंग किए…अपनी अतृप्त कामुकता के वशीभूत तूने असीरियावासियों के साथ भी रतिलीला की…तेरी कामवासना तब भी तृप्त न हुई, जब कनान प्रदेश के खल्दियों के संग तूने सहवास किया…लोग वेश्याओं को भेंट चढ़ाते हैं, तू उल्टे अपने ही उपहारों से रसिकों को रिझाती रही…' (परिच्छेद-16:13-4, 26, 28, 33) …वे आगे लिखते हैं—'ऐ इस्राइल के राजकुमारो! तुम्हारे बीच अपरिचितों पर अत्याचार होते रहे, पितृहीन और विधवाएँ सताई जाती रहीं…किसी ने पड़ोसन के संग कुकर्म किया, कोई अपनी पुत्रवधू को कलुषित कर बैठा, किसी ने अपनी बहन की लाज लूट ली…'(परिच्छेद—22:7, 11)

वैसे कुकर्मों को जेहोवा भला कैसे सह पाता? उसकी क्रोधाग्नि भड़क उठी। उसके उत्ताप का उल्लेख करते हुए एजकिल ने जो लिखा है, उसका आशय यह है—'प्रभु ने कहा—तुम्हारे दुष्कर्मों के दंडस्वरूप मैं जो करूँगा, वैसा मैंने पहले कभी नहीं किया था ताकि तुम्हें पता चल जाए कि मैं ही असली स्वामी हूँ और मेरी आज्ञा न मानने का नतीजा कितना भयानक होता है! तुममें ज्यादातर लोग अकाल और महामारी के शिकार बनोगे और बाकी तलवारों से काट दिए जाओगे। बाप बेटों को खाएगा और बेटे बाप को चबाएँगे। तुम्हारी सारी मूर्तियाँ तोड़-फोड़ दी जाएँगी और उनके सामने कटे हुए लोगों और इस्राइली बच्चों की लाशें बिखेर दी जाएँगी। जब तक यह सब मैं कर न लूँगा, मेरा कलेजा ठंडा न होगा। मैं यह करके दिखा दूँगा, ताकि तुम जान सको कि मैं व्यर्थ नहीं बोलता।'

बाबुली लोग जब यहूदियों को बंदी बनाकर बेबीलोन ले गए, तो पराजय और

मान–मर्दन की उन निराशापूर्ण घड़ियों में उन्हें लगा कि वह सब उनके अपने ही कुकर्मों और जेहोवा के प्रकोप का फल था। उनका सारा संसार मिट चुका था और चारों ओर अँधेरा–ही–अँधेरा छाया था। भविष्य के लिए आशा की कोई मद्धिम किरण भी कहीं नजर नहीं आ रही थी। बेबस लोगों के लिए कटु सत्य को स्वीकार कर परिस्थिति से समझौता कर लेने के सिवा कोई चारा न था। बहुतों ने विधर्मियों से शादी–संबंध बना लिये और विजेताओं के रंग–ढग में ढल गए। अनेक लोग दूर–दराज के देशों में जा बसे। फिर भी ऐसे लोगों की कमी न थी, जो अपनी आस्थाओं पर डटे रहें। उन्हें लगता था कि वर्तमान दुर्दिन उनकी परीक्षा और आत्मचिंतन की घड़ी है तथा देर–सबेर नई सुबह जरूर आएगी। बेबीलोन का नया परिवेश भी उन पर जाने–अनजाने अपना प्रभाव छोड़ता जा रहा था। अंदर–अंदर उनमें नई चेतना और धारणा जन्म लेने लगी थी।

कुछ सदी बाद सम्राट् करायुष की कृपा से जब वे अपने प्यारे नगर यरूशलम लौटे, तो उनका पावन मंदिर पूरी तरह नष्ट हो चुका था और उसके इर्द–गिर्द उन्हें फटकने तक की इजाजत न थी। ऐसा कोई स्थल न था, जहाँ यहूदी लोग सामूहिक रूप से आहुति–आराधना और बलि–अनुष्ठान कर सकें। उनकी व्याकुलता जैसे–जैसे बढ़ती गई, वे अंतर्मुखी होते गए। प्रबुद्धजनों ने अब अपने मनमंदिर में ही जेहोवा को बसा लिया। उस एकांत देवालय में जेहोवा नए रूप में प्रकट हुए। वे पहले जैसे क्रोधी और क्रूर न थे। अब उनमें संवेदनशीलता थी और उनके मुखमंडल पर दया और क्षमा के भाव झलक रहे थे।

अभयदान की मुद्रा में एजकिल जैसे अपने पैगंबरों से जेहोवा ने कहा, 'ओ मनु पुत्र! सबमें मेरी ही आत्मा बसती है। पिता और पुत्र, दोनों की आत्मा मेरी ही है। पाप–पुण्य के फल नितांत वैयक्तिक हैं। पुत्र अपने पिता के दुष्कर्मों का दंड क्यों भुगते और पिता अपने पुत्रों के पाप कर्मों का भागी क्यों बने? पुण्यकर्ता अपने पुण्यों का और पापी अपने पापों का फल पाएगा तथा उनके शुभ–अशुभ, दोनों कर्मों के अलग–अलग परिणाम होंगे। दुष्टों की मृत्यु से ही मुझे प्रसन्नता क्यों हो, यदि वे सन्मार्ग की ओर लौट आएँ?' (परिच्छेद—18) बाइबिल के ये सारे प्रसंग यहूदियों के सामाजिक–राजनैतिक उथल–पुथल के अतिरिक्त उनके वैचारिक ऊहा–पोह के भी द्योतक हैं। उन्हीं विवरणों में उनकी धार्मिक अवधारणाओं की विकास प्रक्रिया का इतिहास छिपा है। इसाइया और होसिया जैसे धर्मगुरुओं ने प्रभु जेहोवा के मुँह से जो बातें कहलवाई हैं, वे दरशाती हैं कि वे लोग अपने धर्म को अधिकाधिक व्यापक और मानवीय बनाने को कितने उत्सुक हो चले थे। इसाइया ने अपने प्रभु जेहोवा से पूछा था कि वे ऐसा क्यों करते हैं कि लोग भूल कर बैठें और उनकी बताई राहों से भटक जाएँ? उसने अनुनयपूर्वक कहा था—'हे प्रभु! तू तो हमारा पिता है; और तू ही वह कुंभकार है जिसने अपने हाथों हमें गढ़ा है;

हम सब तो केवल माटी के लोंदे हैं। (तब) तू इतना कुपित क्यों होता है कि हमारे पापों को कभी भूले ही नहीं?' (परि. 64:8-9) ऐसे सहज मानवीय प्रश्नों के प्रति जेहोवा धीरे-धीरे अधिक संवेदनशील होता जा रहा था। उसने अपने एक अन्य दूत होसिया से कहा, 'मेरे क्रोध (अब) वैसे प्रचंड नहीं होंगे (क्योंकि) मैं तो ईश्वर हूँ, मनुष्य नहीं; तुम सबके बीच (सर्वश्रेष्ठ) पुण्यात्मा प्रभु। जेहोवा ने धर्मदूत इसाइया को भी बताया, ''जैसे आकाश धरती से ऊँचा है, वैसे ही मेरे ढंग और विचार तुम्हारे आचार-विचार से ऊँचे हैं।'' (परि. 55:9)

वैसे तो यहूदी लोग ही सिद्धांततः जेहोवा के खास चहेते थे, किंतु अब वह यहूदियों के अलावा उन लोगों को भी खुलकर अपनाने को तत्पर था, जो पराए थे। उसने होसिया को बताया—'मेरी अनुकंपा उन लोगों पर भी बरसेगी, जो अब तक उससे वंचित रहे। जो मेरे नहीं थे, मैं उनसे भी कहूँगा कि तू तो मेरा स्वजन है; और वे मुझसे कहेंगे, हाँ, आप ही मेरे ईश्वर हो।' (परि. 2:23) अंतर्यामी जेहोवा याचकों के प्रति इतना कृपालु दिखने लगा था कि उनकी गुहार के पहले ही उन तक उसकी सहायता पहुँच जाती। दुखियों की पुकार सुनते ही वह यह कहने को उद्यत था—'लो मैं यहाँ हूँ।' अपनी रुचि-परिवर्तन का स्पष्ट संकेत देते हुए जेहोवा ने अपने उपासक इसाइया से कहा—'तुम्हारे ये ढेर सारे बलि-उपहार मेरे किस काम के? यह सब तुमसे माँगा किसने था? आइंदा इन्हें मत लाना। तुम्हारे व्रत-उपवासों से मुझे नफरत है। उनसे मुझे तकलीफ होती है। (इनके बल पर) अगर तुमने मेरे आगे हाथ पसारा, तो मैं अपनी आँखें फेर लूँगा; तुमने विनती की, तो मैं अनसुनी कर दूँगा। (बेहतर हो) दूसरों का भला करना सीखो; न्याय करो, पीड़ितों के दुःख दूर करो; पितृहीन और विधवाओं के सहारा बनो।' (परि. 1:11-17) जाहिर है कि अपने रूठे जेहोवा को धर्मगुरुओं ने काफी हद तक मना लिया था। लेकिन बात अब भी पूरी तरह बनी नहीं थी।

लोग जब जिंदगी की नागवार हकीकतों को झेल नहीं पाते, तो ख्वाबों की खुशगवार दुनिया में सरक लेते हैं। उन दिनों कुछ यहूदी द्रष्टाओं की यह भविष्यवाणी सुनकर कि जल्द ही धरती पर स्वर्ग का राज्य कायम होनेवाला है; लोगों को बड़ी राहत महसूस हुई। उन्हें भरोसा दिलाया गया था कि किसी कुमारी कन्या की कोख से एक देवपुत्र जन्म लेगा, जिसके दया-प्रेम और सदाचार के शुभ संदेश चारों ओर गूँजेंगे। उस महान् मसीहा की पुकार सुनकर इस्राइल के भटके हुए मेमने दुनिया के हर कोने से लौट आएँगे और इस्राइल की पवित्र भूमि पर पुराने डेविड राजवंश का उत्तराधिकारी फिर से एक नया राज्य कायम करेगा। तब उनकी धरती पर स्वर्ग उतर आएगा और लोगों के जीवन में न कोई कष्ट बचेगा, न क्लेश। कहीं कोई हिंसा न होगी—भेड़िया, मेमने के साथ विश्राम करेगा तथा बलिष्ठ सिंह बछड़े के संग विचरेंगे और एक नन्हा बालक उनकी

अगुआई करता फिरेगा। मगर ऐसे सुनहले सपनों को साकार होने में अब भी बहुत देर थी। सदियों ये सारे विचार हवा में तैरते रहे और लोग बड़ी व्याकुलता से उस आदर्श पुरुष की बाट जोहने लगे जिसके विराट् व्यक्तित्व में वे सारे उदात्त विचार एक साथ समा जाएँ। दरअसल यहूदी समाज के वे सारे वैचारिक परिवर्तन, ईसा मसीह की मनोवांछित पैगंबरी की चैत्तिक पृष्ठभूमि तैयार कर रहे थे।

ईसाइयत के प्रारंभिक इतिहास में रुचि रखनेवाले कई विद्वानों ने जब तत्कालीन धर्मग्रंथ और प्रशासकीय अभिलेखों की गहरी छानबीन की, तो उन्हें इस बात से बड़ी निराशा हुई कि उनमें एक भी शब्द ऐसा न मिला, जो निर्णायक रूप से यह स्थापित कर दे कि उन दिनों जीसस क्राइस्ट नामक कोई उल्लेखनीय व्यक्ति हुआ था। और तो और, उनके जन्मस्थान नजारेथ का भी कोई अता-पता न मिल सका। 'जीसस : ए मिथ' के लेखक जॉर्ज ब्रैंडिस ने लिखा है, 'न तो ओल्ड टेस्टामेंट, न ही तालमुद या जोसेफस ने इस नाम के किसी नगर (नजारेथ) का कहीं जिक्र किया है। चौथी सदी तक, गॉसपल्स (ईसा चरित) के बाहर यह एक अनजाना नाम था' (पृ. 90)। ईसा की जन्मतिथि के बारे में भी सदियों तक संदिग्धता बनी रही। आज रूसी ऑर्थडॉक्स चर्च के अलावा बाकी ईसाई जगत् में उनका जन्मोत्सव प्रतिवर्ष 25 दिसंबर को मनाया जाता है; किंतु चौथी शताब्दी तक सारे ईसाई लोग यह पर्व 6 जनवरी को मनाते थे। 'ईस्टर' के पवित्र समारोह की तिथि भी सदा बदलती रही। प्रसिद्ध ईसाई धर्मशास्त्री और इतिहासकार वेनरबल बिड (673-735 ई.) ने अपनी पुस्तक, 'इक्लीजिऐसटिकल हिस्टरी ऑफ द इंगलिश पीपुल' में केल्ट और रोमन धर्माचार्यों के बीच हुए ईस्टर संबंधी विवादों का भी जिक्र किया है, जिनका निबटारा ई. सन् 664 में इंग्लैंड के व्हिटवी नगर में हुआ था। अचंभे की बात थी कि रोमन कैथोलिक चर्च अपने प्रमुख संत पॉल और पीटर के वध-दिवस की निश्चित जानकारी तो रखते थे; किंतु उनके मसीहा किस दिन सूली चढ़ाए गए थे, इसका उन्हें ठीक-ठीक पता नहीं था। वैसे इस बारे में अल्लाह की ओर से मुहम्मद को जो पैगाम मिला था, वह कुरआन में इस तरह दर्ज है '...और उन्होंने ईसा को कत्ल नहीं किया और न उन्हें सूली पर चढ़ाया, बल्कि उनको उन जैसी सूरत मालूम हुई...'। (सूरः 4 आ. 157) इन विषयों में गहन शोध की आवश्यकता इसलिए महसूस हुई कि सदियों तक ईसाइयत के विरोधी यह विवाद चलाते रहे कि जीसस क्राइस्ट कोई वास्तविक व्यक्ति नहीं, बल्कि एक कल्पित विचारमूर्ति थे।

यह तो हम जानते हैं कि घटनाक्रम की गणना ईसा के अनुमानित जन्म वर्ष से करने की पद्धति ईसाई धर्माचार्य दियोनिसियस इग्जिगू ने छठी शताब्दी में चलाई थी और हमें यह भी मालूम है कि ईसा के जन्मकाल से कुछ सौ वर्ष पहले तथा कई सौ वर्ष बाद तक फिलिस्तीन, जुदिआ, यरूशलम जैसे उस अंचल के सभी स्थान रोमन

साम्राज्य के अधीन थे। अपने प्रशासकीय अभिलेखों के प्रति मुस्तैदी के लिए रोमन राज्याधिकारी आज तक मशहूर हैं। फिर ऐसा क्यों हुआ कि ईसा मसीह के जन्म और जीवन जैसी महत्त्वपूर्ण ऐतिहासिक घटनाओं का कोई सुराग तत्कालीन रोमन इतिहासकारों और अभिलेखों से न मिले? उस युग के तीन नामी इतिहासकार—प्लिनी (61-112 ई.), टैसितस (55-120 ई.) और स्युतोनियस (70-120 ई.) न केवल जीसस के निकटतम समकालीन थे, बल्कि वे रोमन साम्राज्य के शीर्षस्थ पदाधिकारी भी थे। प्लिनी गवर्नर था तथा स्युतोनियस सम्राट् हैड्रियन (117-138 ई.) का निजी सचिव। तीनों में मैत्रीपूर्ण संबंध थे। राजकीय अभिलेखागार उन इतिहासकारों में किसी की पहुँच से बाहर न था। लेकिन ताज्जुब है कि उनमें किसी ने भी जीसस के व्यक्तिगत नाम का कहीं उल्लेख नहीं किया है—

1. गवर्नर प्लिनी के सामने बीथनिआ के कुछ क्रिस्टियन का मुकदमा पेश हुआ था, जिसकी रिपोर्ट सम्राट् ट्राजन (97-117 ई.) तक भेजी गई थी और सम्राट् की ओर से गवर्नर के पास उसका जवाब भी आया था। लेकिन उनमें जीसस का कोई उल्लेख नहीं।
2. सम्राट् नीरो के शासनकाल में रोम के भीषण अग्निकांड (64 ई.) के दंडस्वरूप 'क्रिस्टियानी' लोगों को जो यातनाएँ दी गई थीं, उसी प्रसंग में टैसितस ने एक जगह सिर्फ इतना लिखा है कि क्रिस्टियानियों का प्रवर्तक 'क्रिस्टस' नामक एक व्यक्ति था, जिसे सम्राट् तिबेरियस के शासनकाल में (14-37 ई.) गवर्नर पांतियस पाइलत ने मृत्युदंड दिया था।
3. सम्राट् क्लैदियस (45-54 ई.) की जीवनी में स्युतोनियस ने प्रसंगवश एक जगह यह लिखा है कि 'क्रिस्टस' के बहकावे में यहूदियों ने उपद्रव किए थे, जिसके कारण सम्राट् ने उन सबको निष्कासित कर दिया।

जानकार बताते हैं कि उन दिनों गुलामों और दासता से मुक्त किए गए लोगों को प्रायः 'क्रिस्टस' नाम से जाना जाता था तथा अपने प्रचलन में 'क्रिस्टस' शब्द व्यक्तिवाचक संज्ञा के बजाय वर्ग विशेष का द्योतक था। लिहाजा उन रोमन इतिहासकारों द्वारा प्रयुक्त शब्द--क्रिस्टियन, क्रिस्टियानी अथवा क्रिस्टस से जीसस नामक व्यक्ति की पुख्ता पहचान नहीं कायम होती। उन तीनों के अलावा उस युग के दो और बड़े नामी इतिहासकार हुए हैं—फ्लैवियस जोसेफस (37-95 ई.) तथा प्लुतार्क (46-120 ई.)। जोसेफस एक यहूदी इतिहासकार था, जो ईसा की मृत्यु के केवल सात साल बाद पैदा हुआ था। अपनी रचनाओं से उसने यहूदी जाति के इतिहास को काफी उजागर किया है। प्लुतार्क एक ग्रीक इतिहासकार था, जिसका जन्म ईसा के लगभग चालीस वर्ष बाद हुआ था। सिकंदर तथा जूलियस सीजर जैसे विश्व-विजेताओं के अतिरिक्त अनेक ग्रीक

और रोमन नामवरों की प्रामाणिक जीवनी लिखकर वह स्वयं विश्वविख्यात हो गया है। विद्वानों को घोर आश्चर्य हुआ कि उन दोनों इतिहासकारों में से किसी ने भी उस महापुरुष के संबंध में कुछ नहीं लिखा, जिसे जीसस क्राइस्ट के नाम से सारी दुनिया आदरपूर्वक जानती है। आखिर उसका क्या कारण रहा होगा?

इतिहास के पुराने पन्ने इस बात की गवाही देते हैं कि ईसाइयत को अपनी स्वतंत्र पहचान बनाने में देर लगी थी और उन दिनों क्रिस्टियानी लोग यहूदीयत का ही एक अघोरपंथी संप्रदाय माने जाते थे। उनके बारे में आम धारणा का जिक्र करते हुए जी.आर.एस. मीड ने सुप्रसिद्ध ईसाई धर्माधिकारी आर्गेन के कथन के आधार पर लिखा है—'शुरू में जब ईसाइयत की शिक्षा दी जाने लगी तो यहूदियों ने यह बात फैलाई कि अपने गुप्त अनुष्ठानों में ईसाई लोग बालकों का वध कर उनका मांस खाते हैं और तरह-तरह के कुकृत्यों में रम जाते हैं।' ईसाइयों के विरुद्ध ऐसे आरोपों पर लोग आर्गेन के जमाने तक (250 ई.) यकीन करते रहे (डिड जीसस लिव 100 बी.सी, पृ. 126)। यहूदियों का कट्टरपंथी वर्ग सदियों जीसस के विरुद्ध दुष्प्रचार में लिप्त रहा। उन्हें भद्दी से भद्दी गालियाँ दी गईं। ईसाइयों के साथ न जाने कैसे-कैसे कठोर व्यवहार किए गए। प्रभुता पाकर ईसाइयों ने भी यहूदियों से भरपूर बदला चुकाया। वह सिलसिला मध्ययुग तक चलता रहा, जब क्रूसेड के दिनों में मुसलमानों के साथ-साथ यहूदी लोग भी ईसाइयों के कोपभाजन बने तथा पोप ग्रेगोरी के आदेश पर फ्रांस, इंग्लैंड, स्पेन, पुर्तगाल आदि देशों में यहूदी धर्मग्रंथ—तौरात, तालमुद, मिश्ना—की हजारों प्रतियाँ जला दी गईं।

खैर, हम शुरुआती दौर की बात कर रहे थे जब प्रशासकीय कारणों से रोमन राज्याधिकारी भले ही लोगों पर मौका-मुनासिब सख्ती बरतें, लेकिन अमूमन साम्राज्य की उस स्थापित नीति का वे पूरी तरह पालन करते थे जिसके मुताबिक स्थानीय प्रजा के मजहबी मामलों में हुकूमत की ओर से कोई दखलंदाजी न करने की उन्हें सख्त हिदायत थी। इसलिए बहुत मुमकिन है कि उस जमाने के रोमन हुक्मरानों और तवारीख-नवीसों ने उन प्रारंभिक घटनाओं को यहूदियों का अंदरूनी मामला मानकर उनमें कोई दिलचस्पी न ली हो तथा क्रिस्टियानी और क्रिस्टस के बारे में ज्यादा कुछ लिखने से परहेज कर गए हों। और जहाँ तक यहूदियों के तालमुद या अन्य धर्मसाहित्य में जीसस का कोई उल्लेख न मिलने का सवाल है, तो रूढ़िग्रस्त यहूदी भला अपने पवित्र ग्रंथों में उस सर्वथा अवांछित व्यक्ति का जिक्र क्यों करते, जिसे खुद उन्हीं लोगों ने सूली चढ़वाया था? यह तो मरणोपरांत उस धर्मद्रोही को अमरत्व का उपहार देने जैसा होता! इसलिए इस विषय में आगे उनका मौन नितांत स्वाभाविक था। हम भारतीयों की स्मृति में भी वैसी सुविचारित अवहेलना का हजारों वर्ष पुराना एक उदाहरण उपलब्ध है। ओशो रजनीश ने

अपने एक प्रवचन में बताया था कि बौद्ध और जैन ग्रंथों को छोड़ दें तो तत्कालीन हिंदू धर्म-साहित्य ने महात्मा बुद्ध के संबंध में बिल्कुल चुप्पी साध रखी है।

लेकिन गैरों से क्या गिला, जब अपनों से ही बात पूरी तरह न बन पाई! जीसस खुद तो पढ़े-लिखे न थे, जो अपना लिखा कुछ छोड़ जाते। इसलिए उनके जीवन और उपदेशों का सुसमाचार हमें बाइबिल के 'न्यू टेस्टामेंट' में संकलित 'सिनॉप्टिक गॉसपल्स' (संक्षिप्त ईसा-चरित) से ही मिल पाता है, जिन्हें मैथ्यू, मार्क, ल्यूक तथा जॉन जैसे प्रारंभिक ईसाई धर्मप्रचारकों ने लिखा था। दिक्कत यह है कि उन विवरणों से जीसस के व्यक्तित्व और विचारों का संपूर्ण और सुसंगत शब्दचित्र नहीं उभर पाता। 'न्यू टेस्टामेंट' की कथा में जीसस के जन्म से लगभग तेरह वर्ष की आयु तक ही हम उनके पीछे चल पाते हैं कि अचानक वे गुम हो जाते हैं और तब, सत्रह वर्षों के बाद एक दिन जॉर्डन नदी के तट पर अकस्मात् उनसे भेंट हो जाती है, जब वे संत जॉन से अपना बपतिस्मा संस्कार कराने वहाँ आते हैं। कोई नहीं जानता, उस लंबे अंतराल में वे कहाँ थे और क्या करते रहे? बपतिस्मा से सूली के बीच तीन वर्ष की अल्पावधि में जिन सारी बातों के विवरण 'गॉसपल्स' में उपलब्ध हैं, उनकी विसंगतियाँ अधिकांश घटनाओं की ऐतिहासिकता के बारे में संदेह उत्पन्न करती हैं। जीसस को जहाँ सूली लटकाया गया था, उस स्थान का नाम संत मैथ्यू ने 'गोलगोथा' बताया है, जबकि संत ल्यूक के कथनानुसार वह स्थल 'कॉलवरी' था। सूली पर टँगे जीसस के अंतिम क्षणों का दृश्य भी अलग-अलग ढंग से वर्णित है। मैथ्यू ने लिखा है कि असह्य पीड़ा से व्याकुल जीसस ने नौवें घंटे में जोरों से चिल्लाकर ईश्वर को पुकारा, 'हे प्रभु, तूने क्यों मुझे त्याग दिया?' दूसरी तरफ ल्यूक के जीसस अंतिम घड़ी तक शांतचित्त बने रहे और उन्होंने ईश्वर से कहा, 'हे पिता! इन्हें क्षमा कर देना, क्योंकि इन्हें मालूम नहीं कि ये क्या कर रहे हैं।' इसके बाद जीसस ने यह कहते हुए प्राण त्यागा, 'हे पिता! अपने प्राण मैं तेरे सुपुर्द करता हूँ।'

वैसे अनेक प्रसंग हैं, जिन्हें साथ मिलाकर पढ़ें तो वे जीसस के खंडित व्यक्तित्व की ओर अप्रिय संकेत करने लग जाते हैं। दोष मुख्य रूप से उन कथाकारों का था, जो यथार्थ और आदर्शों के बीच ठीक सामंजस्य कायम न कर पाए। नतीजा यह हुआ कि विद्वानों को 'ईसाचरित' की विसंगतियाँ ऐसी खटकने लगीं कि डॉ. सर्वपल्ली राधाकृष्णन जैसे दर्शन और धर्मशास्त्रों के महापंडित को भी 'गॉसपल्स' की ऐतिहासिकता स्वीकारने में बड़ी सावधानी बरतने की जरूरत महसूस हुई। अपनी राय का औचित्य बताने में डॉ. राधाकृष्णन ने ईसाइयत के स्थापक धर्मशास्त्री आर्गेन के कथन का उल्लेख किया है, जिसने इंजीलवादी रचनाकारों के बारे में लिखा था—'उनका प्रयोजन यह था कि जहाँ तक बन पड़े, लौकिक तथा आध्यात्मिक सच्चाई को साथ-साथ उजागर करें, किंतु जहाँ वैसा संभव न हो, वहाँ लौकिक तथ्यों की अपेक्षा आध्यात्मिक पक्ष को प्राथमिकता दें;

भले ही आध्यात्मिक संदेश अक्षुण्ण रखने में उन्हें मिथ्यापूर्ण लौकिक तत्त्वों का समावेश करना पड़ जाए (इस्टर्न रेलिजंस एंड वेस्टर्न थॉट्स, पृ. 164)। फिलहाल इस विवाद को स्थगित कर हम उन्हीं तथ्यों के आधार पर आगे बढ़ें, जो जीसस के जीवन और उपदेशों के संबंध में 'न्यू टेस्टामेंट' हमें बताता है।

सैकड़ों वर्ष पहले इसाइया के जमाने में कुँवारी कन्या की कोख से एक देवपुत्र के जन्म की भविष्यवाणी हुई थी। डेविड राजवंश के गरीब जोसेफ का ब्याह जब मेरी से हुआ, तब वह यह जानकार बहुत चिंतित था कि उसकी नवविवाहिता पत्नी पहले से ही गर्भवती है। लोक-लाज के भय से उसने मेरी को चुपचाप त्याग देने का मन बना लिया। तभी स्वप्न में देवदूत आए और उन्होंने जोसेफ को बताया कि लोकोद्धार के लिए कुमारी कन्या की कोख से जिस देवपुत्र के जन्म की भविष्यवाणी पैगंबरों ने की थी, वह बालक मेरी के गर्भ में स्थित है। इसलिए वह अपनी पत्नी को न त्यागे। जोसेफ ने देवदूत की बात मान ली। मेरी की कोख से जनमे उस बालक का नाम जीसस रखा गया। जिस घड़ी जीसस का जन्म हुआ था, उसी समय पूरब के कुछ रहस्यदर्शियों ने आकाश में एक देदीप्यमान नक्षत्र को उगते देखा था तथा उसे किसी अलौकिक बालक के जन्म का शुभ संकेत मानकर उसके दर्शन-पूजा के लिए यरूशलम आए थे। परंपरा बताती है कि वे लोग ईरान के प्रसिद्ध मगी ज्योतिषी थे।

जीसस हर माने में यहूदी थे। वे यहूदी माता-पिता की संतान थे। यहूदी परिवेश में उनका पालन-पोषण हुआ था। यहूदी रीति-रिवाजों के मुताबिक जन्म के आठवें दिन उनका खतना हुआ था। तीस वर्ष की आयु में संत जान द्वारा जलाभिषेक (बपतिस्मा) कराने के बाद जीसस गैलेली के यहूदी प्रार्थनाघरों (सिनगॉग) में धर्मचर्चा करते फिरे। उनके उपदेश चिर-परिचित 'टेन कमांडमेंट्स' पर आधारित थे। जुदिआ में जब एक अमीर आदमी ने उनसे पूछा कि शाश्वत जीवन प्राप्त करने के लिए वह क्या करे, तो जीसस ने उससे कहा, 'दशादेश तो तुम्हें मालूम ही होंगे—हत्या मत करो, चोरी मत करो, धोखाधड़ी मत करो, झूठी गवाही न दो, परस्त्रीगमन न करो, माता-पिता का आदर करो आदि।' लेकिन यरूशलम के एक धर्मशास्त्री ने जब उनसे यह जानना चाहा कि धर्मादेशों में सर्वोपरि कौन है, तो उन्होंने बताया, मन-बुद्धि और अंतरात्मा से परमेश्वर को प्रेम तथा पड़ोसियों के प्रति आत्मवत् प्यार; बस इन्हीं दो आदेशों पर सारे यहूदी धर्मविधान आधारित हैं।' यहूदी समाज के परंपरागत विधि-विधानों तथा पूज्य पुरुषों के प्रति अपनी आस्था जताते हुए जीसस ने सार्वजनिक घोषणा की थी कि वे उन नियमों को मिटाने या पैगंबरों को झुठलाने नहीं, बल्कि उनका अनुपालन करने आए हैं। वे तो यहाँ तक कह गए थे कि जब तक धरती और आकाश कायम हैं, वे नियम भी अक्षुण्ण रहेंगे। यह मात्र संयोग न था कि अपने जीवन का अंतिम भोजन उन्होंने पारंपरिक यहूदी

पर्व—'पिसाक' (पास ओवर) के उपलक्ष्य में आयोजित सहभोज में ग्रहण किया था। फिर भी रूढ़िग्रस्त सियोनवादी आज भी उन्हें मसीहा मानने को तैयार नहीं। वास्तविकता यह है कि जीसस क्राइस्ट यहूदीयत के विरोधी नहीं, बल्कि उसके नए आयामों और नई दिशा के प्रवर्तक थे।

महाप्राण जीसस की विलक्षणता यह थी कि सदाचारियों की अपेक्षा उन पातकियों के लिए वे अधिक व्याकुल रहा करते थे, जो अपने पापकर्मों का प्रायश्चित्त कर निर्मल हो जाएँ। उनका मानना था कि चिकित्सक की सहायता मुख्य रूप से रोगियों को ही उपलब्ध होनी चाहिए। सांसारिक दुःख अधिकतर निर्धनों की नियति थी, जिनके कष्टभोग उनके पापकर्मों के फल बताए जाते थे। वैसे दीन-दुखियों के प्रति जीसस की सहज संवेदना तथा पापों को क्षमा करने की उनकी दैवीशक्ति ने असहाय और उपेक्षित लोगों को उन दिनों विशेष आकृष्ट किया, जिनके बीच उनकी निरंतर बढ़ती लोकप्रियता से सुविधाभोगी पुरोहित और धनी लोग घबरा उठे थे। उन लोगों की चिंता और क्रोध का बड़ा कारण उन्हें लक्ष्य कर बोला गया जीसस का वह प्रसिद्ध कथन था, 'सुई के छेद से ऊँट का पार निकल जाना भले ही संभव हो, किंतु स्वर्ग के राज्य में धनियों का प्रवेश संभव नहीं।' हालाँकि जीसस का अभिप्राय केवल इतना था कि जब तक मनुष्य में निर्लिप्तता के भाव इतने गहन न हो जाएँ कि वह अपना सर्वस्व त्यागने को तत्पर हो उठे; तब तक धर्मविधानों के यंत्रवत् पालन से व्यक्ति में वे चैत्तिक परिवर्तन नहीं आ सकते जो स्वर्ग के राज्य में प्रवेश दिलाने में सहायक हों। धरती पर उनका स्वर्ग-साम्राज्य कोई लौकिक व्यवस्था नहीं, बल्कि अंतर्मन की आध्यात्मिक अवस्था थी। उस स्थिति को उपलब्ध होने की उन्होंने जो विधि बताई थी, वह वैदिक ऋषियों की 'द्विज' अवधारणा का अल्पांतर था, जिसमें पार्थिव शरीर के पुनर्जन्म का नहीं, अपितु चेतना के भावजगत् में चैत्तिक पुनर्जागरण की बात कही गई है। इस विषय में निकोडेमस नामक एक फारसीस मतावलंबी को जीसस ने जो कहा था, उसे हिंदू दर्शन की शब्दावली में यदि रूपांतरित किया जाए तो उनके वचन इस प्रकार थे—'काया से जनमा जीवन केवल काया मात्र है; किंतु चिन्मय से जनमा प्राणी चैतन्य है...और जब तक मनुष्य का चैत्तिक पुनर्जन्म न हो जाए, वह ईश्वर का राज्य देख न पाएगा'। ईश्वर के राज्य संबंधी उनकी अवधारणा उस समय सुस्पष्ट हो गई जब एक अन्य फारसीस ने उनसे पूछा कि ईश्वर का राज्य कब आएगा? तो जीसस ने बताया कि वह कोई बाहरी चीज नहीं जिसके बारे में कहा जाए—लो यहाँ देखो, वहाँ देखो, वह तो तुम्हारे अंतर्मन में है।'

असल में जीसस आत्मप्रवेश की बात कर रहे थे, किंतु लोग उनके शब्दों को समझ न सके। शब्दों में अर्थ तो अनुभव से आते हैं और यहूदी समाज को आध्यात्मिकता का वैसा अनुभव न था कि उनके सूक्ष्म संकेतों को पकड़ पाएँ। इसलिए तत्कालीन धर्मवेत्ताओं

ने जीसस को समझने में बड़ी भूल की। उन्हें लगा, यह आदमी घोर उपद्रवी है। धर्म के सारे स्तंभों को ध्वस्त कर देगा और वे सब हाथ धोकर जीसस के पीछे पड़ गए।

'गॉसपल्स' के वृत्तांत से पता चलता है कि जीसस एक गरीब बढ़ई के बेटे थे। वैसे अदना आदमी का जनसाधारण पर जादुई प्रभाव कुलीनों के लिए ईर्ष्या की बात बनती जा रही थी। उनके लाख मना करने पर भी जीसस के चमत्कारों की चर्चा कोने-कोने में होने लगी थी। हुजूम-के-हुजूम लोग उनके कृपाप्रसाद पाने की लालसा लिये उनके पीछे चल पड़ते थे। लोगों को कष्ट और पीड़ा से मुक्त करने में वे 'सबाथ' के अवकाश की भी परवाह न करते, जिस दिन मोजेज के नियमों के मुताबिक कोई काम करना सख्त मना था। जीसस की दलील थी कि 'सबाथ के लिए लोग नहीं बनाए गए हैं, सबाथ लोगों के लिए बना है; और जिस काम से लोगों का भला होता हो, उसे सबाथ के दिन करना भी पुण्य है, पाप नहीं।' वे बताते थे कि आंतरिक दुष्विचार ही मनुष्य को कलुषित करते हैं, उसके बाहरी क्रिया-कलाप नहीं। दुर्भाग्य था कि अपने निहित स्वार्थों के कारण पुरोहितों ने जीसस के वैसे पवित्र विचारों को भी उनका धार्मिक अपराध मान लिया। कुसंयोग यह हुआ कि एक दिन अपने कुछ अनुयायियों के साथ जीसस जब यरूशलम के पवित्र मंदिर पहुँचे, तो उन्हें यह देखकर बहुत बुरा लगा कि पूजास्थल को भी लोगों ने व्यावसायिक केंद्र बना रखा था। उन्होंने प्रांगण में बनी सूदखोरी की कुछ दुकानों के सामान फेंक दिए जिसका पंडे-पुरोहितों ने प्रतिरोध किया। जीसस की उन लोगों के साथ कहा-सुनी हो गई। उसी दिन से बात तूल पकड़ने लग गई और धर्माधिकारियों ने जीसस को मृत्युदंड देने का मन बना लिया। षड्यंत्र रचे जाने लगे और विडंबना देखिए कि एक ऐसा महापुरुष, जो लोगों को अपने दुश्मनों को भी प्यार करने की सीख देता था, जो कहता था कि अपने घृणा करनेवालों का भी लोग भला करें और श्राप देनेवालों को भी आशीष दिया करें; उसके विरुद्ध रचे गए षड्यंत्र में उसका एक अपना ही शिष्य शामिल हो गया और चाँदी के सिर्फ तीस टुकड़ों के बदले उसने अपने मसीहा को पकड़वा दिया। उस अभागे शिष्य का नाम जुडा था, जिसने ग्लानि से ग्रस्त होकर बाद में आत्महत्या कर ली।

ईसा बंदी बनाकर यरूशलम स्थित रोमन गवर्नर पैंतियस पाइलेत के सामने पेश किए गए। काउंसिल भवन में उपस्थित क्रुद्ध प्रधान पुरोहित और उसके समर्थकों ने आरोप लगाया कि यह पाखंडी जीसस खुद को ईश्वर-पुत्र और यहूदियों का राजा घोषित करता है तथा लोगों को गुमराह कर सम्राट् सीजर को शुल्क देने से मना करता है। अनुसदों ने जब ईसा से पूछा, 'क्या तू मसीहा है ?' तो ईसा ने जवाब दिया—'अगर मैं खुद कहूँ, तो तुम यकीन न करोगे और तुम्हीं से पूछूँ तो चुप रह जाओगे।' अनुसदों ने दूसरा सवाल किया, 'क्या तू ईश्वरपुत्र है ?' परम शांत भाव से ईसा ने कहा, 'हाँ, सो तो

मैं हूँ।' 'एक सवाल गवर्नर पाइलेत ने स्वयं भी किया—'क्या तू यहूदियों का राजा है?' ईसा ने व्यंग्यभाव में उत्तर दिया—'यह तो खुद आप ही कह रहे हो।' पाइलेत को ईसा पूर्ण निर्दोष लगे। लेकिन जब प्रधान पुरोहित और सभासदों के साथ एकत्र जनसमूह ने उत्तेजित आवाज में ईसा को सूली चढ़ाने के लिए चिल्लाना शुरू किया तो विवश होकर गवर्नर पाइलेत ने जलपात्र मँगवाया और अपना हाथ धोकर जनसमुदाय की ओर झाड़ते हुए कहा, 'इस निरपराध के खून का दोष मुझ पर नहीं' और अनिच्छापूर्वक ईसा को क्रूस पर ठोंक देने की सजा सुना दी।

सिपाही जब यीशु को पकड़कर ले गए, तो उनका मजाक उड़ाने लगे। ईसा के कपड़े उतार उन्हें लाल लबादा पहना दिया। सर पर काँटों का ताज रख दिया। दाहिने हाथ में राजदंड के बदले एक सरकंडा थमा दिया और उनके सामने घुटने टेककर अभिवादन का स्वाँग करते हुए बोले, 'जय हो, यहूदी नरेश!' दर्शकगण भी ईसा की देह पर फूल के बदले थूक बरसाने लगे। उनकी आँखों पर पट्टी बाँध एक ने तमाचा जड़ दिया और दूसरे ने पूछा, 'भविष्यद्रष्टा! बता किसने चपत लगाई?' क्रूसस्थल गोलगोथा में सलीब पर उनके हाथ-पाँव-सर में जब कीलें ठोक दी गईं, तो उनसे बहता लहू देखकर अनुसदों के साथ-साथ प्रधान पुरोहित ने भी कटाक्षपूर्वक ईसा से कहा, 'तू तो दूसरों की जान बचाता फिरता था, अब अपनी जान क्यों नहीं बचा लेता? ऐ प्रभु-पुत्र! बुला ले न अपने पिता को अपनी रक्षा के लिए।' सलीब पर टँगे ईसा ने प्रत्युत्तर में प्रभु से प्रार्थना की—'हे मेरे पिता! इन्हें क्षमा कर दे। ये नहीं जानते कि ये क्या कर रहे हैं।'

'गॉसपल्स' बताते हैं कि सूली लटकाए जाने के बाद जीसस फिर जीवित हो उठे। उनकी लाश जिस गुफा में रखी गई थी, वहाँ से गुम हो गई। तीन दिनों तक गैलेली और उसके इर्द-गिर्द लोगों ने उन्हें अलग-अलग शक्ल में देखा। उसके बाद वे कहाँ गए, क्या करते रहे, कुछ पता नहीं। 'गॉसपेल्स' की कथा अधूरी रह जाती है। लेकिन कुछ तिब्बती और भारतीय सूत्रों का कहना है कि उसके बाद जीसस भारत की ओर चल पड़े। वे कश्मीर में आकर रहने लगे थे, जहाँ एक सौ बारह बरस की आयु में उनकी मृत्यु हुई। श्रीनगर में आज भी वह कब्र मौजूद है, जिसे जुसुस पीर का मजार बताया जाता है। उसके पास की बस्ती खानयार के नाम से जानी जाती है।

जुदिया-यरूशलम के आम लोगों ने जीसस को जल्द ही भुला दिया। उनके सभी शिष्य तितर-बितर हो गए। लेकिन कुछ वर्षों बाद साइमन पीटर ने उन सब को बटोरा। उसने लोगों से कहा कि जीसस प्रभुपुत्र थे। वे वही मसीहा थे जिनके आगमन की भविष्यवाणी मोजेज, जोएल, सैम्युएल, जॉन द बैपटिस्ट जैसे पैगंबरों ने की थी। धर्माधिकारियों ने नासमझी में उन्हें सूली चढ़वा दिया। लेकिन प्रभुपुत्र जीसस फिर जीवित हो उठे और उनकी पावन प्रेतात्मा अब भी मौजूद है। जो कोई उन पर विश्वास रखेगा,

उस पर उस कृपालु मसीहा के आशीष सदैव बरसते रहेंगे और श्रद्धालु जन सभी प्रकार के दैविक, दैहिक और भौतिक कष्टों से त्राण पाते रहेंगे। ऐसे प्रचारों से कट्टरपंथी यहूदी पुरोहित, खासकर मजूसी मतावलंबियों के कान खड़े हुए। उनकी नजर में जीसस को 'ईश्वर का पुत्र' और 'मसीहा' बताया जाना, उनके संबंध में यह प्रसारित करना कि वे मरकर भी जी उठे—ये सारी बातें अनर्गल तथा घोर धर्मघाती थीं। उनके प्रबल विरोध के कारण अधिकांश यहूदीजन तो थमक गए, किंतु गैर-यहूदियों के बीच जीसस-अनुयायियों की संख्या बढ़ती गई। खासकर तुर्की के अंताकिआ नगर में उन्हें अपेक्षाकृत अधिक सफलता मिली, जहाँ न केवल जीसस को क्राइस्ट (मसीहा) के रूप में स्वीकारा गया, बल्कि उनके अनुयायियों को पहले-पहल 'क्रिस्टियन' नाम से पुकारा जाने लगा। जीसस समर्थकों का बल तब और भी बढ़ गया, जब पीटर और बरनवास की उपदेष्टा-मंडली में पॉल भी शामिल हो गए। शायद यह कहना गलत न हो कि संत पॉल और पीटर की जोड़ी ने ही एक पृथक् धर्म के रूप में ईसाइयत की स्थापना की थी।

पॉल पहले साउल नाम से जाना जाता था। वह बेंजामीन कबीले का एक यहूदी था जिसके पूर्वज वर्तमान तुर्की के तारसस नगर में जा बसे थे और उन लोगों ने रोमन नागरिकता अर्जित कर ली थी। पॉल काफी पढ़ा-लिखा आदमी था और उसकी प्रतिबद्धता यहूदियों के फारसीस संप्रदाय के साथ थी। वह यरूशलम में यहूदी धर्मनिकाय का एक पदाधिकारी भी था और उस नाते नजारेथवासी जोशुआ का गुणगान करनेवाले नजारीनों को वह तरह-तरह से प्रताड़ित किया करता था। प्रधान पुरोहित के आदेश पर उसने अनेक संतों को बंदीगृह में डाला था और कई श्रद्धालुओं के मृत्युदंड का समर्थन कर चुका था। धर्माधिकारी के आदेशानुसार अंतिम बार जब नजारीनों को पकड़ने वह दमिश्क जा रहा था, तो रास्ते में उसे दिवास्वप्न हुआ जिसमें जीसस ने उससे कहा—'साउल! तू मुझे क्यों त्रस्त कर रहा है? मैं तो तुझे गैर-यहूदी मूर्तिपूजकों के बीच अपना दूत बनाकर भेजना चाहता हूँ ताकि तुम उन सबको अँधेरे से निकालकर प्रकाश में ला सको।' बस उसी घड़ी से पॉल की जीवन-दिशा बदल गई।

पॉल एक तर्कनिष्ठ और नीति-निपुण व्यक्ति था। उसकी वाणी में जादुई शक्ति थी। धर्मप्रचार के सिलसिले में जब वह एथेंस पहुँचा, तो उसकी नजर मार्स की पहाड़ियों पर बनी एक वेदी पर पड़ी जिस पर लिखा था, 'अनजाने देवता को'। अनायास पॉल को एक अमोघ अस्त्र मिल गया। पत्थर पर खुदे उन तीन उपेक्षित मौन शब्दों में उसने प्राण फूँक दिए और उनके सहारे एथेंसवासियों को झकझोरकर रख दिया। अपने श्रोताओं से उसने कहा—'अब तक अनजाने में जिस देवता की पूजा तुम सब करते आए हो; आओ, मैं बताऊँ असल में वह कौन है—और इस भाँति पॉल ने एथेंस में अनजाने ईसा मसीह के जीवन और उपदेशों की कथा प्रारंभ की।

एक परिव्राजक उपदेष्टा के रूप में संत पॉल यूनान के एथेंस, कोरिंथ, मैसेडोनिया; एशिया माइनर (वर्तमान तुर्की) के इफेसस, अंताकिया; सीरिया के दमिश्क, इटली के रोम आदि नगरों के अलावा फ्रिगिया और गैलेशिया जैसे देशों में बरसों घूमता रहा। उसने जीसस के प्रभुपुत्र होने तथा उनके पुनर्जीवित हो उठने संबंधी लोगों की शंकाओं को यह कहते हुए निबटाया कि जो कोई परमेश्वर के सात्त्विक भाव से उत्प्रेरित हैं, वे सब परमेश्वर के पुत्र हैं तथा जो जीव पार्थिव काया में अवस्थित है, वह तो मरणशील है। किंतु जो प्राणी आध्यात्मिक विचारों से ओत-प्रोत है, वह अमर रहेगा। उसने लोगों को बताया कि मानव हृदय ही ईश्वर का पावन मंदिर है और परमात्मा उसी मनमंदिर में निवास करता है। उसका यह तर्क प्रभावोत्पादक था कि 'भले ही ईश्वर के विचारों को जानना अत्यंत कठिन हो, क्योंकि कोई मनुष्य उसका परामर्शदाता नहीं, किंतु जीसस क्राइस्ट के विचारों को हम भली-भाँति जान सकते हैं। और यदि हमारे मन में क्राइस्ट बसे हों, तो शरीर भले ही नष्ट हो जाए, किंतु अपने शुभ कर्मों के कारण आत्मा जीवित रहेगी। बुद्धिवादी यूनानियों को लक्ष्य करते हुए उसने कहा कि बुद्धि के बल पर ईश्वर को नहीं जाना जा सकता; किंतु एक सच्चे उपदेष्टा की निश्छल बातों से ईश्वर अवश्य प्रसन्न हो उठता है।

संत पॉल के इस कथन ने लोगों को अत्यंत उत्साहित कर दिया कि अब तक इस धरती पर लोग आदम के प्रारंभिक अपराध की सजा भुगतते आए थे; किंतु प्रभु पुत्र जीसस ने अपने पवित्र लहू से सभी लोगों के पापों को धो दिया है। उनकी पावन प्रेतात्मा दीन-दुखियों की सहायता के लिए सदा तत्पर है। प्रश्न केवल इतना है कि लोग उसे कैसे पुकारेंगे, जिन पर उनका विश्वास न हो? और उपदेष्टाओं के अलावा उनके विषय में लोगों को बताएगा कौन? बस यही वह महत्त्वपूर्ण स्थल था, जहाँ पीटर और पॉल जैसे संतों ने अविस्मरणीय भूमिका निभाई। उन्होंने विभिन्न देश और जाति के लोगों को जीसस के जीवन और उपदेशों की कथा सुनाकर जन-जन के मन में ईसा मसीह के प्रति विश्वास और ईसाइयत के प्रति आकर्षण जगाया।

यहूदी समाज के कर्मकांडी पुरोहित, लोभी व्यवसायी और सुविधाभोगी धनियों को संत पॉल के विचार तनिक न भाए। उन्हें कतई गवारा न था कि विजातीय लोग उनकी बिरादरी में शामिल हो जाएँ और सर्वहारा दास कुलीनों की बराबरी में बैठें। उन सब ने मिलकर पॉल के खिलाफ साजिश शुरू की। चालीस सिरफिरे यहूदियों ने कसम खाई कि जब तक पॉल की हत्या न कर देंगे, तब तक उनमें से कोई अन्न-जल ग्रहण नहीं करेगा। धर्मद्रोह के आरोप में पॉल के विरुद्ध 'यहूदी धर्म न्यायाधिकरण' में मुकदमा लाया गया। लेकिन पॉल को कानूनी दाँव-पेंच की समझ थी। यहूदी होने के साथ-साथ वह एक रोमन नागरिक भी था और इस नाते रोमन न्याय विधान के संरक्षणों का अधिकारी

भी। अपने विशेषाधिकार का लाभ उठाते हुए उसने रोमन सम्राट् के समक्ष अपील कर दी और यहूदी न्याय-विधान के चंगुल से खुद को छुड़ा लिया। अब उस पर लगे आरोपों का निबटारा केवल रोमन कानूनों के मुताबिक होना था। कुछ बरस बाद जब राजा अग्रीप्पा के सामने उसकी अपील पेश हुई, तो पॉल के ओजस्वी वक्तव्यों से राजा मन-ही-मन इतना प्रभावित होता गया कि सुनवाई के दौरान ही राजा बोल उठा, 'लगता है तुम मुझे ईसाई बनाकर ही दम लोगे।' राजा अग्रीप्पा ईसाई तो नहीं बना, लेकिन उसने पॉल को बाइज्जत बरी कर दिया। 'न्यू टेस्टामेंट' के 'ऐक्ट्स खंड' के परिच्छेद 23-26 में प्रशंसनीय रोमन न्याय प्रणाली की हल्की सी झलक उपलब्ध है, जिसका भारत सहित संसार के अनेक सभ्य देश आज भी अनुसरण करते हैं।

धर्मांध यहूदी तिलमिला उठे। उन्हें इस बात पर बड़ा गुस्सा आया कि वह शैतान पॉल बच निकला जो उनके सिनागॉग (प्रार्थनाघरों) में घुसकर खुलेआम लोगों से कहा करता था कि वे सिर्फ जोशुआ (जीसस) पर भरोसा रखें और मोजेज के कायदों की बहुत परवाह न करें। उसकी हिमाकत इस हद तक बढ़ती जा रही थी कि वह उन सब के श्रद्धेय मोजेज को तो ईश्वर का सेवक, लेकिन अपने पाखंडी जोशुआ को ईश्वर का पुत्र ऐलान करता फिरता था। ऐसी बदगुमानियों को बरदाश्त कर लेने से बड़ा पाप और क्या होता? परंपरा बताती है कि बारी-बारी से दोनों संतों की हत्या कर दी गई। पहले संत पीटर मारे गए (संभबत: जून 64 ई.) और बाद में संत पॉल (संभवत: जून 67 ई.)।

संत पॉल की मृत्यु के तीन साल बाद यरूशलम पर फिर कहर बरसा। यहूदी-विद्रोह के कारण रोमन सिपहसालार तैतियस ने मंदिर सहित सारा नगर ध्वस्त कर दिया। अनगिनत लोग मारे गए। लाखों यहूदी नर-नारी दूर-दराज के देशों की ओर पलायन कर गए। यद्यपि रोमनों का गुस्सा परंपरावादी यहूदियों के खिलाफ था, किंतु ईसाई धर्मकेंद्र के रूप में भी यरूशलम निष्प्राण हो गया। सौभाग्यवश, संत पीटर और पॉल ने जिन गैर-यहूदी प्रदेशों में ईसाइयत की नींव डाली थी, आगे चलकर उन्हीं जगहों में ईसाई धर्मसंघों के ठोस दुर्ग निर्मित होते गए। दूसरी-तीसरी सदी के बीच ईसाइयत की मूल अवधारणाओं को शास्त्रीय सिद्धांतों के रूप में विकसित करने का महत्त्वपूर्ण काम खासकर सिकंदरिया में क्लेमेंट (मृ. 220 ई.) तथा ऑर्गेन (185-254 ई.) जैसे धर्मवेत्ताओं ने प्रारंभ किया। सिकंदरिया का विद्यापीठ उस जमाने के बौद्धिक जगत् का वह अनूठा केंद्र था, जहाँ पूरब की आध्यात्मिक विचारधाराओं का ग्रीक-दर्शन के तार्किक प्रवाह के साथ संगम हुआ था और जहाँ के तत्त्वज्ञानियों ने इलहाम (दैवीज्ञान) और एहतिमाल (संशय), प्रथा और प्रज्ञा, विश्वास और विवेचन, जैसे विरोधी स्वरों में सुसंगति बिठाने के अनुपम यत्न किए थे। प्रसिद्ध प्रज्ञावादी यहूदी फिलो (20 ईस्वी पूर्व से 50 ई.) तथा नव-प्लेटोवाद के प्रणेता प्लोतिनस (205 से 270 ई.) जैसे मीमांसकों की चिंतनस्थली सिकंदरिया ही

थी। यह भी उल्लेखनीय है कि ज्यामिति के जनक यूक्लिड, उत्तोलन-सिद्धांत (प्रिंसिपल ऑफ लीवर) के प्रणेता आर्किमिडीज, भूगोल विज्ञानी इरोतोस्थिनीज, खगोलशास्त्री आरीस्टारकस जैसी विभूतियाँ सिकंदरिया ज्ञानपीठ की ही देन थीं।

हमें मालूम है कि ईसा के जन्म के कुछ पहले से एशिया, अफ्रीका का बहुत बड़ा भू-भाग रोमन साम्राज्य के अधीन हो चुका था, जिसमें विभिन्न जाति और धर्म के लोग रहते थे। विशेषकर यूनानी और यहूदी जाति के लोग तक्षशिला, कपिशा (काबुल) बल्ख, बेबीलोन, निन्वेह, सुषा, सिकंदरिया, यरूशलम, अंताकिया, दमिश्क, इफेसस, तारसस जैसे पुरानी दुनिया के सभी महत्त्वपूर्ण केंद्रों में अच्छी तादाद में बस गए थे। उस युग के प्रतियोगी धर्मों में सबसे प्रबल भारतीय मूल का बौद्ध धर्म था, जिसका प्रसार एशिया के कोने-कोने में होता जा रहा था और वह सीरिया एवं फिलिस्तीन की धरती पर आसन लगाए बैठा था। भारतीय धर्म और दर्शन की ख्याति तो बहुत पहले से ही दूर-दूर तक फैली हुई थी। ईसाई धर्मवेत्ता क्लेमेंट, जो खुद भी एक यूनानी था, उसकी उनमें इतनी रुचि थी कि वह न केवल हिंदू और बौद्ध धर्म के अंतरों की समझ रखता था, बल्कि उसे यहाँ तक मालूम था कि बुद्ध के उपासकों ने अपने भावातिरेक में अनीश्वरवादी बुद्ध को ही विस्थापित ईश्वर के खाली सिंहासन पर बिठा दिया है। उसे इस बात की भी जानकारी थी कि पुरातन ग्रीक दार्शनिकों की आध्यात्मिक अवधारणाओं के मूल स्रोत असल में कहाँ थे! प्राचीन ग्रीक गणित विज्ञानी पाईथागोरस, जो बुद्ध और महावीर का समकालीन था तथा पुनर्जन्म, कर्मफल और आत्मा की परिशुद्धि संबंधी सिद्धांतों में विश्वास रखता था; उसके बारे में क्लेमेंट ने बताया है कि उसने भारतीय ब्राह्मणों से बहुत कुछ सीखा था। अब तो इस तथ्य की पुष्टि अनेक पश्चिमी विद्वान् करने लग गए हैं। प्रो. एच.जी. रौलीनसन ने अपनी पुस्तक 'लेगेसी ऑफ इंडिया' (पृ. 5) में लिखा है—'अधिक संभावना तो यह है कि इजिप्ट की अपेक्षा पाईथागोरस भारत से अधिक प्रभावित था। पाईथागोरस द्वारा प्रतिपादित प्रायः सभी धार्मिक, दार्शनिक एवं गणितीय सिद्धांत ईसापूर्व छठी शताब्दी में भारत में ज्ञात थे तथा जैन और बौद्धों की भाँति पइथागोरसवादी भी जीवहिंसा तथा मांसाहार से परहेज करते थे।'

पाईथागोरस के संबंध में ओशो रजनीश का मत है—'उनकी गणना किसी भी युग में जनमे श्रेष्ठ मनीषियों में की जाएगी, विशेषकर पश्चिमी देशों में आध्यात्मिक अवधारणाओं के तो वे जनक ही थे।' अध्यात्म के गुह्य विद्यालय में प्रवेश पाने पाईथागोरस जब मिस्र पहुँचे तो उन्हें कहा गया कि अध्यात्म की दुनिया में ज्ञान की नहीं, अपितु अनुभव की महिमा है और तब उन्हें ध्यान-प्राणायाम की जो विधि सिखाई गई, वह 'विज्ञान-भैरव' में समाहित भारतीय तंत्र-विद्या की पाँचवीं विधि थी। उस अभ्यास से उपलब्ध पाईथागोरस के निजी अनुभव ही समस्त पश्चिमी रहस्यवाद के आधार बने।

ईसाइयत के प्रवाह में दो अंतर्धाराएँ हमें सहज ही दिख जाएँगी। अपने उद्गम स्थल पर ईसाइयत का परिवेश भले ही यहूदी (सेमेटिक) रहा हो, किंतु इसकी विकास प्रक्रिया में पर्सियन, ग्रीक और रोमन माध्यमों द्वारा आर्य-चित्तवृत्तियों का गहरा प्रभाव पड़ता गया। डॉ. राधाकृष्णन के विचार में यहूदी मूल (सेमेटिक) के इस धर्म को ठीक-ठीक समझने के लिए सीरिया और फिलिस्तीन में व्याप्त गैर-सेमेटिक प्रभावों की ओर हमें ध्यान देना होगा। वे इस संभावना पर जोर देते हैं कि जिन अंचलों में 'गॉसपेल्स' (ईसाचरित) के वृत्तांतों की रचना हुई थी, वहाँ के लोग भारतीय धार्मिक अवधारणाओं और दंतकथाओं से भी अच्छी तरह परिचित थे। यह सब इसलिए संभव हो पाया था कि ईरान के आर्य सम्राट् कैकायूष और उसके वंशधरों ने ईसा से लगभग सवा पाँच सौ साल पहले यूनान समेत भूमध्य सागर के तट पर स्थित सीरिया से सिंधु तक के भू-भाग को जीतकर विशाल पर्सियन साम्राज्य की स्थापना की थी और उसके लगभग दो सौ बरस बाद, मेसिडोनिया के यूरोपीय आर्य विजेता सिकंदर ने फारस सम्राट् दरायूष को पराजित कर उससे भी बड़े साम्राज्य का निर्माण किया था। पुरानी दुनिया की यह दो ऐसी युगांतकारी घटनाएँ थीं, जिन्होंने पूरब और पश्चिम को वैचारिक स्तर पर भी बहुत दूर तक जोड़ दिया था। लगभग तीन सौ बरस के उस ऐतिहासिक कालखंड की निराली बात यह थी कि उन्हीं दिनों ईरान में जरथ्रुस्त, भारत में बुद्ध और महावीर, चीन में लाओत्से ओर कनफ्युशियस तथा यूनान में पाईथागोरस, अनेक्समैंडर जैसे प्रज्ञावान लोग जनमे थे, जिनके संदेश और विचारों से धरती धन्य हो गई।

हजारों वर्ष पुराने इतिहास के उन परित्यक्त गलियारों में पलट-पलटकर झाँकने की जरूरत हमें इसलिए महसूस होती रही है, क्योंकि उन्हीं में मानवीय चिंतन और विचारों के अनमोल रत्न बिखरे पड़े हैं। सेमेटिक मूल के धर्मों को, चाहे यहूदीयत हो या ईसाइयत या फिर इसलाम, हम ठीक-ठीक समझ नहीं सकते अगर उस संपूर्ण परिवेश की अवहेलना कर दें, जिनके बीच उनका जन्म हुआ था। दुनिया में कोई आदमी अकेले परमबोध (इलहाम) को उपलब्ध नहीं हुआ; न मोजेज, न जरथ्रुस्त, न बुद्ध, न ईसा और न ही मुहम्मद। खोजी आत्माएँ जब-जब व्याकुल हुई हैं, संसार के समस्त प्रज्ञावानों की अदृश्य मंडली उनके इर्द-गिर्द जुट आई है और मानवीय संचित ज्ञान की सूक्ष्म तरंगें उनके मन-मानस को ऐसे स्पर्श कर गई हैं कि उनके अंदर का ज्ञानदीप भी जल उठे। वरना संभव न था कि जीसस की जिह्वा से हम पारलौकिक-राज्य, आत्मा, आत्मप्रवेश, वैराग्य, शाश्वत-जीवन जैसे रहस्यवादी स्वर सुन लेते, जो यहूदी अवधारणाओं के तत्त्व कभी न रहे। जीसस के वैसे आध्यात्मिक स्पंदनों के वास्तविक स्रोत तो हिंदू और बौद्ध-दर्शन हैं।

आत्मा की दैवी उत्पत्ति, आत्मा का अमरत्व, अपनी परिष्कृति के लिए कर्मों के अनुसार बार-बार उसका विभिन्न काया में प्रवेश तथा जन्म-मरण के चक्र से अंततोगत्वा

मुक्ति और परमात्मा से मिलन—यूनानी रहस्यवादियों की ये सारी धारणाएँ भारत के आरण्यों में ध्यानमग्न बैठे प्राचीन ऋषियों के तत्त्वदर्शन की प्रतिच्छाया थीं। ब्रह्म, आत्मा-परमात्मा, पुनर्जन्म मोक्ष संबंधी सभी शाश्वत स्वर वैदिक साहित्य में आपको गूँजते मिलेंगे। वैदिक साहित्य की महिमा का बखान करते हुए धर्मशास्त्रों के विश्वविख्यात विद्वान् एफ. मैक्समूलर ने सन् 1878 में लंदन में आयोजित हिब्बर्ट व्याख्यानमाला में कहा था—'वैदिक साहित्य में संरक्षित आर्य-जीवन के प्रथम अध्याय को जाने बिना संपूर्ण विश्व-इतिहास अधूरा रह जाएगा''एक बात तो तय है; न केवल भारत, बल्कि समस्त आर्य-संसार में ऋग्वेद की ऋचाओं से अधिक प्राचीन कुछ भी नहीं। और जहाँ तक हम अपनी भाषा और अपने विचारों में आर्य लोग हैं, उस हद तक ऋग्वेद ही हम सब का पुरातन ग्रंथ है।' (देखें, ऑरिजिन ऐंड ग्रोथ ऑफ रिलीजन, पृ. 149, 157) मैक्समूलर का अभिप्राय संस्कृत, ग्रीक, लैटिन तथा फारसी से था, जो सब एक ही मूल की आर्य भाषाएँ हैं। उन्नीसवीं शताब्दी के जर्मन दार्शनिक ऑर्थर शोपेनहार ने जब उपनिषदों को पढ़ा तो इतना गद्‌गद हो उठा कि उनके गुणगान में यहाँ तक कह गया—'अहा! पूर्वारोपित सारे यहूदी अंधविश्वासों से मन पूरी तरह धुल गया। इससे अधिक लाभप्रद और उन्नायक पठन संसार में संभव नहीं। अपने जीवनकाल में तो मुझे इनसे सांत्वना मिली ही है, मृत्यु की घड़ियों में भी इन्हीं से सांत्वना पाऊँगा।'

□

5

शोपेनहार ने उपनिषदों के जिन लैटिन संस्करणों का अध्ययन किया था, वे फ्रांसीसी विद्वान् डयूपराँ द्वारा फारसी में उपलब्ध उपनिषदों से अनूदित हुई थीं। सदियों पहले मुगल शाहजादा दारा शिकोह की पहल पर इसलामी विद्वानों ने उपनिषदों की मूल संस्कृत पुस्तकों से उन्हें फारसी में रूपांतरित कर लिया था। मैक्समूलर, रोम्या रोलाँ, शोपेनहार, ड्यूसन, ड्यूपराँ, इमर्सन, थूरो जैसे पश्चिमी विचारकों की वैदिक साहित्य के प्रति विशेष श्रद्धा हो गई थी। अमेरिकावासी राल्फ वाल्डो इमर्सन तथा डेविड थूरो को हिंदू दर्शन के प्रति उनके अनुराग के कारण लोग 'बोस्टन-ब्राह्मंस' के नाम से जानने लगे थे। उन्नीसवीं शताब्दी के अंतिम चरणों में फ्रांसवासी रोम्या रोलाँ यह महसूस करने लगे थे कि उन जैसे लोगों के लिए यूरोपीय सभ्यता अपर्याप्त थी। उन्हीं दिनों (अप्रैल से जून 1878) ईसाई संघाराम के विख्यात केंद्र, वेस्टमिंस्टर ऐबि स्थित चैप्टर हाउस (लंदन) में एकत्र विशिष्ट जनों के बीच मैक्समूलर ने स्पष्ट शब्दों में कहा था, 'कई मायने में प्राचीन भारतीय आर्य, इस धरती पर अब तक बसे लोगों में सर्वाधिक अनूठे थे।' उस अवसर पर तीन माह लंबी अपनी संपूर्ण भाषण-माला को वे भारतीय उपनिषदों में संचित ज्ञाननिधि को उजागर करने में ही अर्पित कर देना चाहते थे।

उपनिषदों ने गूढ़ और शाश्वत सत्यों को जिस गहराई और ऊँचाई से जाना है, उनसे लगता है, जैसे अंतर्दृष्टि द्वारा उपलब्ध सत्यों की वे परम घोषणाएँ हों और उन विषयों पर आगे कहने को कुछ भी शेष न रह गया हो। उपनिषदों के बाद स्वयं भारत में ही आध्यात्मिक चेतना की वैसी गगनचुंबी उड़ान फिर नहीं हो पाई। भारतीय दर्शन की शब्दावली में उपनिषदों को वेदांत (वेदस्य अंत:) कहा गया है—'वैदिक विचारों का निचोड़; उनकी अंतिम निष्पत्तियाँ।' स्वयं वेदों को मनीषियों ने अपौरुषेय बताया है। किंतु इस अर्थ में नहीं कि उनकी ऋचाएँ देववाणी थीं, जिन्हें साक्षात् ईश्वर अथवा देवदूत ने उच्चारित किया और उनके आदेश पर किसी उपस्थित पैगंबर या मसीहा ने उन्हें कंठस्थ या लिपिबद्ध कर लिया था। 'अपौरुषेय' से अभिप्राय मात्र इतना था कि वेदोक्त सत्यों से

ऋषि का साक्षात्कार तभी हो पाया जब ब्रह्मांडीय विचार-तरंगों से उनकी बुद्धि जुड़ गई और उस संयोग ने गहन आत्मविस्मृति की वैसी मनोदशा उत्पन्न कर दी, जिसमें ऋषि का अहंकार सर्वथा विसर्जित हो गया। इसलिए उन्होंने अपने नाम का कहीं उल्लेख ही नहीं किया है। हम ठीक-ठीक नहीं जानते कि वेदों के रचयिता कौन थे।

उपनिषदों ने सामाजिक रीतियों और परंपराओं पर आधारित नैतिक नियमों की बात नहीं की है। आचारसंहिता उनके चिंतन का विषय नहीं था। न ही उन्होंने विश्वास-उपासना और धार्मिक कर्मकांडों की चर्चा में हमें उलझाया है। उनकी दृष्टि में वे सब सामान्य लोकाचार के विषय थे, सामाजिक जीवन में व्यवस्था और सुसंगति स्थापित करने की युक्तियाँ, समूह का अनुशासन। उस ओर उन्होंने विशेष ध्यान नहीं दिया। उन्होंने आधारभूत बातों की चिंता की और मन को पकड़ा जो हमारी समस्त कामनाओं और वासनाओं की जड़ है। असल में हम अपने मन द्वारा सृजित संसार में ही जीते हैं। उपनिषदों ने यह नहीं कहा कि जगत् मिथ्या है। उन्होंने यह बताया कि संसार हमें जैसा दिखता है, वैसा नहीं; क्योंकि हमारी प्रतीति हमारे अपने ही मन के प्रक्षेपण हैं। इसलिए मन को अनुशासित कर उसकी अविद्या दूर करने के लिए उन्होंने ध्यान-समाधि, ज्ञान और प्रज्ञा की बात की। शुद्ध चैतन्य और परमबोध उपनिषदों के मुख्य आग्रह हैं।

समस्त मानवीय-मनीषा को भारत का अनुपम उपहार उपनिषदों के आध्यात्मिक ज्ञान के रूप में मिला। उन प्राचीन आर्य ऋषियों ने दृश्य जगत् और भौतिक पदार्थों में विशेष रुचि नहीं दिखाई। वे अदृश्य आत्मा और अगम-अगोचर ब्रह्म के पीछे पड़े। अचिंत्य की चिंतना में मग्न उन तत्त्वदर्शियों का विलक्षण अन्वेषण यह था कि जब तक मन विसर्जित न हो जाए, परम अस्तित्व और शाश्वत सत्य को हम नहीं जान सकते। स्वयं परिवर्तनों में समाहित क्षण-क्षण बदलनेवाला यह मन भला उस आत्यंतिक सत्ता और सत्य को कैसे जान पाएगा, जो सभी परिवर्तनों से बाहर है ? ध्यानमग्न उन महर्षियों ने मन और बुद्धि से अपनी चिंतन-यात्रा प्रारंभ तो अवश्य की थी, किंतु जब वे निस्तरंग तुरीयावस्था में पहुँचे, तो आत्मा-परमात्मा का साक्षात्कार करते हुए, शुद्ध चैतन्य के सहारे मन और ब्रह्म के पार निकल गए। उपनिषदों ने उसे ही 'परमिता' और 'परब्रह्म' कहा है। 'परमिता' बुद्ध का भी बड़ा प्यारा शब्द था, जिसका अर्थ है—'मन के पार'।

अध्यात्म एक नितांत वैयक्तिक घटना है। अगम-अगोचर की ओर जाग्रत् चैतन्य की एकल-यात्रा। उस पथ का न कोई गुरु है, न मार्गदर्शक। बुद्ध पुरुष उस ओर केवल इशारा कर देते हैं—आगे-और आगे। किंतु चलना खुद पड़ता है, ढूँढ़ना स्वयं होता है, अकेले। और जब परम सत्य के दर्शन होते हैं, तो उसे बताया भी नहीं जा सकता, क्योंकि वह विराट् अनुभूति शब्द में नहीं समाएगी। शब्दों में सामर्थ्य नहीं कि उसके विस्तार को समेट लें। उसे बाँध ले। श्रेष्ठ अनुभूत सत्य शब्दों में प्रकट नहीं किए जा सकते। और

यदि व्यक्त किए जाएँ, तो वे शुद्ध सत्य नहीं रह जाएँगे; क्योंकि वक्ता, शब्द और श्रोता का एक वैसा त्रिभुज निर्मित हो जाएगा। जिसमें फँसकर भाव विकृत हो जाते हैं। जिन्होंने भी जाना है, वे इस संबंध में ऐसा ही बताते हैं।

वैसे तो उपनिषदों ने तत्त्वज्ञान की ढेर सारी बातें की हैं, किंतु उनकी सारी चिंतना व्यर्थ हो जाती यदि उन्होंने यह नहीं बताया होता कि जीवन की आत्यंतिक अर्थवत्ता क्या है? क्या है परम उपयोग इस अत्यंत दुर्लभ अवसर का, जो जीवन के रूप में हमें मिला है? और इसी चिंतनक्रम में वे जो कह गए हैं, वह सर्वथा अश्रुत है। उनसे पहले अथवा उनसे सदियों बाद तक वैसे स्वर संसार में कहीं नहीं सुने गए। उनका अनूठा सूत्र था आत्म-साक्षात्कार। उस नित्य तत्त्व का साक्षात्कार, जो हमारी काया के अंतरतम आनंदमय कोष्ठ में केवल साक्षीभाव में अवस्थित है। मनुष्य के चिदाकाश में चिन्मय रूप में सदा उपस्थित उस अविनाशी द्रष्टा को उपनिषदों ने आत्मा बताया है। और उसी के संबंध में परम उद्घोषणा कर दी है—'तत्वमसि'; अर्थात् संपूर्ण अस्तित्व में व्याप्त परमात्मा तथा अंदर छिपा यह परम चैतन्य, दोनों एक हैं।

कथा है कि गुरु की खोज में एक ज्ञानार्थी किसी मुनि के आश्रम में पहुँचा। मुनि ने उससे पूछा, 'तुम कौन हो?' अपरिचित आगंतुक ने अनुनयपूर्वक कहा, 'मुनिवर! यही जानने तो मैं आपके पास आया हूँ।' प्रसन्न होकर मुनि ने उसे अपना शिष्य स्वीकार कर लिया और आत्मज्ञान का पाठ प्रारंभ करते हुए जो कुछ कहा, उसका सार यह था : 'हे वत्स! हम सब शिशु के रूप में जन्म लेते हैं और क्रमशः बाल्यावस्था, किशोरावस्था, तरुणाई, युवा, प्रौढ़ एवं वृद्धावस्था पार करते हुए मृत्यु को प्राप्त हो जाते हैं। जीवन-प्रवाह के अनवरत क्रम में हमारा सबकुछ बदलता चलता है—रूप-रंग, स्वभाव-विचार, आचरण। फिर भी हम में एक ऐसा तत्त्व है, जो कभी नहीं बदलता। उसी ने हमारा बालपन, हमारी तरुणाई, हमारा युवापन-बुढ़ापा, सुख-दुःख, लाभ-हानि, यश-अपयश; सब देखे हैं। जिसने हमारे जीवन की निरंतर बदलती स्थितियों को स्वयं बिना बदले, शुद्ध साक्षी भाव से देखा है, वह आज भी हमारे अंदर ज्यों-का-त्यों मौजूद है। उसी निर्विकार और नित्य तत्त्व को उपनिषदों ने आत्मा बताया है और उसी का साक्षात्कार जीवन का परम उपयोग माना गया है।' मुनि ने आगे बताया—'मानव चित्त की चार दशाएँ हैं—जाग्रत्, स्वप्न, सुषुप्ता और तुरीय। बाह्य जगत् को इंद्रियों के द्वारा जानने की जो स्थिति है, उसे 'जाग्रत्' कहते हैं। बाह्य जगत् से इंद्रियों द्वारा प्रत्यक्ष रूप में जुड़े बिना, केवल अतीत संसर्गों की स्मृति के आधार पर, जाग्रत् अवस्था की शेष रह गई वासनाओं के कारण मनुष्य अपने मन के अंदर जो जगत् निर्मित कर लेता है, चित्त की उस अवस्था का नाम 'स्वप्न' है। जहाँ सभी दृश्य खो जाते हैं और अंदर चित्त को आंदोलित करने के लिए कोई विषय-विचार नहीं बच जाता, उस अवस्था का नाम 'सुषुप्ति' है तथा उन

तीनों अवस्थाओं की उत्पत्ति और लय को जाननेवाला तथा स्वयं उस उत्पत्ति और लय से सदैव बाहर जो नित्य साक्षी चैतन्य है, वह परम शांत 'तुरीयावस्था' में लीन रहता है। उन चारों बनती-मिटती अवस्थाओं को जाननेवाले के अंदर वह, जो साक्षी उपस्थित है; वही आत्मा है।' मुनि ने अंत में कहा कि फिर भी कोई व्याख्या आत्मा का पूर्ण परिचय नहीं दे सकती, क्योंकि आत्मा चर्चा का नहीं, अपितु अनुभव का विषय है और अहंकार को विसर्जित किए बिना उस अनुभव को उपलब्ध नहीं हुआ जा सकता। यह सब बताते हुए मुनि ने 'कठोपनिषद्' के वचन दुहराए—

नायमात्मा प्रवचनेन लभ्यो न मेधना न बहुना श्रुतेन।
यमेवैष वृणुते तेन लभ्यस्तस्यैष विवणुते तनूं स्वाम।।

अर्थात् आत्मा का साक्षात्कार बहुत विद्वत्ता अथवा विद्वत्तापूर्ण तर्क-वितर्क, प्रवचन-श्रवण से उपलब्ध नहीं हो सकता। वह तो उसे ही उपलब्ध होता है, जो साक्षात्कार के लिए व्याकुल हो तथा तृष्णा और आसक्तियों को त्यागकर मन को वश में रखना सीख ले।

अध्यात्म का मुझे रंचमात्र भी अनुभव नहीं है। मैं तो केवल उसके वैचारिक पक्ष का एक छोटा सा अंश जान पाया हूँ। अपने अध्ययन के आधार पर इस विषय में मेरी समझ यह बनती है कि भारत का आध्यात्मिक ज्ञान संभवत: संसार का प्रथम एवं अति उन्नत मनस्वेद है। मानवीय चित्त (साइकी) के स्वरूप-स्वभाव को ठीक-ठीक समझकर, उसे अनुशासित करते हुए, उसकी श्रेष्ठ संभाव्यताओं का निखार ही मुझे अध्यात्म का अभीष्ट जान पड़ता है। आध्यात्मिक प्रसंगों में मन, बुद्धि, चित्त, चैतन्य अथवा अंतरात्मा जैसे शब्दों का प्रयोग जिस रूप में होता चलता है, उससे मुझे यह भी लगता है, जैसे वे सब एक ही तत्त्व के विभिन्न क्रियात्मक रूप और स्तर भेद हों; अन्यथा उनका सहनियोजन कौन करेगा? अपनी उन्नत स्थिति में उन सबकी क्षमता अपार है। चेतना की जाग्रत् अवस्था में ज्ञानेंद्रियों को बाहरी संसार से जोड़े बिना, केवल अंतर्दृष्टि के माध्यम से जगत्-जीवन के रहस्यों तथा सत्य को जानने की संभावना को आधुनिक विज्ञान भी सहमते-सहमते स्वीकारने लगा है। आर्थर स्टेनली एडिंग्टन की कोटि के शीर्षस्थ भौतिकविज्ञानी कहते हैं—'हमें इस बात से इनकार नहीं कि वैसे ज्ञान भी उपलब्ध हों, जो पर्वेक्षण पर आधारित नहीं, यथा शुद्ध गणित में अंकों के सिद्धांत तथा वचनबद्ध हुए बिना हम इस संभावना को भी स्वीकार कर लेते हैं कि मानवीय अंतर्दृष्टि के सहारे भी बाह्य-जगत् को जाना जा सकता है··· ।'

उपनिषद् कहते हैं कि परमात्मा के संबंध में अंतिम रूप से कुछ भी कहा नहीं जा सकता। वे 'नेति-नेति' कहकर छोड़ देते हैं। बुद्ध तो आत्मा-परमात्मा, दोनों के विषय में मौन रह गए थे। किंतु उनका मौन ही उनकी परम व्याख्या थी। वाणी जिसे बता पाने में असमर्थ हो, उस पर चुप रह जाना ही बेहतर है। मौन के माध्यम से बुद्ध जितने मुखर

हुए थे, उसे समझ पाना अत्यंत कठिन था। जो शब्द में नहीं समा सका, वह सब उनके मौन के शाश्वत शून्य में विसर्जित हो गया। उपनिषदों की भाँति वे भी मन और शब्द के पार बहुत दूर निकल गए थे। बौद्ध-दर्शन की माध्यमिका मनीषा बताती है कि सत्य का सम्यक् दर्शन होते ही उसके विषय में कुछ भी बोलना संभव नहीं होता; क्योंकि वह ज्ञान सभी इंद्रियों को शमित कर स्वयं गहन मौन ग्रहण कर लेता है।

उपनिषदों की बातें अत्यंत गूढ़ और रहस्यमयी हैं—सर्वसामान्य की समझ के बाहर। किंतु ओशो रजनीश जैसे तलस्पर्शी व्याख्याकार हों तो उन्हें पढ़कर मन में बिजली कौंध जाती है। उस क्षण ऐसा लगता है, भगवान् हो-न-हो, भगवत्ता जरूर है और उसमें हुआ जा सकता है; क्योंकि वह अनुभव का एक अनुपम आयाम है; चेतना की चरम स्थिति। ढाई हजार वर्ष पहले सिद्धार्थ गौतम ने उस संभाव्यता को साकार कर दिखाया था। बरसों की तपश्चर्या के बाद एक रात, पौ फटने के कुछ ही पहले, जब अनायास वे आत्मदर्शन को उपलब्ध हुए, तो उन्होंने पाया कि अबतक वे जिसे ढूँढ़ते फिरे, वह सब तो उनके अंदर ही था। महाबोध की उस पावन वेला में वह सब केवल प्रकाशित हो उठा था। सिद्धार्थ गौतम उसी घड़ी रूपांतरित होकर 'गौतम बुद्ध' बन गए। मानव इतिहास की उस अपूर्व घटना के संदर्भ में एच.जी. वेल्स ने कहा कि 'बुद्ध जैसा देवतुल्य अनीश्वरवादी इस धरती पर फिर नहीं जनमा।'

महान् वैज्ञानिक अल्बर्ट आइंस्टीन के मन में भी आत्म-साक्षात्कार जैसी लालसा तब जगी, जब उनका जीवन सूर्य अस्ताचल की ओर झुक चुका था। वे एक पारंपरिक यहूदी घराने में जनमे थे, जो लोग आत्मा और पुनर्जन्म में विश्वास नहीं रखते। कहते हैं कि महाप्राण आइंस्टीन ने अपने एक अंतरंग से कहा था कि यदि पुनर्जन्म होता हो, तो अगले जन्म में वे एक ऋषि बनना चाहेंगे; क्योंकि जानने योग्य बात तो असल में यह थी कि अंदर वह कौन था, जो जीवनपर्यंत सब जानता चला? ठीक ऐसी ही मनोदशा उपनिषद् के ऋषि की रही होगी, जब उन्होंने कहा था—'आरामम अस्य पश्यन्ति ना तमं पश्यति कष चना' (वृ.उ.-4:3:14) अर्थात् अपने सारे कार्य-कलापों को देखनेवाला (द्रष्टा) स्वयं को कभी नही देख पाता।

आइंस्टीन जैसे विशुद्ध वैज्ञानिक के मन में ऐसे आध्यात्मिक भाव का जगना, खासकर उन लोगों को बड़े अचरज में डाल देगा जो इस बात से बेखबर हैं कि बीसवीं शताब्दी शुरू होते ही विज्ञान ने कौन सी दिशा पकड़ ली थी। उस दिशा की ओर बढ़ने में खुद आइंस्टीन के अपने ही सापेक्षतावाद के सिद्धांत ने पहल की और कुछ ही वर्षों बाद अन्य श्रोतों से जनमा 'क्वांटम सिद्धांत' उसका सहचर बन गया। उन दोनों सिद्धांतों ने साथ मिलकर भौतिकी (फिजिक्स) के दृष्टिकोण को ऐसा बदल दिया कि कई अग्रणी वैज्ञानिकों के लिए उसे पारंपरिक रूप में विज्ञान मान लेना बड़ा मुश्किल था। किंतु उनके

सामने असमंजस यह था कि जब उन नव-विकसित सूत्रों के आधार पर संचालित प्रयोग अधिक सुगम और सफल होने लगे थे और उन सूत्रों का पर्यवेक्षण के साथ भी ठीक सामंजस्य बैठता जा रहा था, तो अधिक चिंता किसकी की जानी चाहिए थी—तथ्यों और परिणामों की अथवा केवल उस शब्द की, जो 'विज्ञान' के नाम से विख्यात था?

सन् 1925-27 आते-आते फिजिक्स (भौतिकी), मेटाफिजिक्स (पराभौतिकी अथवा तत्त्वदर्शी अध्यात्म) की दहलीज के अंदर दाखिल हो गया और उसे लगा कि मानवीय चित्त की विलक्षणताओं को समझे बिना प्रकृति के रहस्यों को ठीक-ठीक समझ पाना संभव नहीं; क्योंकि मानवीय चेतना न केवल विराट् विश्व का एक अभिन्न अंग है, बल्कि बाह्य-जगत् को जानने-समझने का हमारा एकमात्र माध्यम भी वही है। कई अग्रणी भौतिकविज्ञानियों के मन में ये प्रश्न प्रबल रूप में उठने लगे कि जिन बातों को हम जानते हैं, आखिर उन्हें हम जानते कैसे हैं? अणु के अंदर वास्तव में वह क्या है, जिसका हम पर्यवेक्षण कर रहे होते हैं? क्या अपने वैज्ञानिक प्रयोगों में हम केवल सत्त्वों (एनटिटी) की अंत:क्रियाओं (इंटरेक्शन) का ही पर्यवेक्षण करते हैं अथवा उनके साथ स्वयं हमारी बुद्धि भी अंत:क्रिया करती रहती है? और क्या प्रयोग-प्रक्रिया में उपलब्ध आँकड़े मात्र हमारी ऐंद्रिय संवेदनाएँ नहीं हैं। ऐसे संगीन सवालों से घिरे विज्ञान ने मदद के लिए ज्ञानमीमांसा का दामन पकड़ा, जो दर्शनशास्त्र की एक महत्त्वपूर्ण शाखा है और अपनी प्रतिष्ठा बचाने के लिए उसके आगे 'विज्ञान' शब्द जोड़कर उसे साइंटिफिक 'ऍपिस्टिमोलॉजी' (वैज्ञानिक ज्ञानमीमांसा) का नाम दे दिया।

सन् 1938 के दिनों में कैंब्रिज यूनिवर्सिटी के ट्रिनिटी कॉलेज द्वारा आयोजित 'टार्नर भाषणमाला' के अंतर्गत कई दिनों तक प्रसारित ऑर्थर एडिंग्टन की व्याख्यान-कड़ियों का मुख्य विषय 'साइंटिफिक ऍपिस्टिमोलॉजी' (वैज्ञानिक ज्ञानमीमांसा) ही था। उसकी महिमा का बखान करते हुए उन्होंने कहा कि 'आधुनिक भौतिकी के सिद्धांतों में ज्ञानशास्त्रीय मीमांसा का प्रवेश न केवल वैज्ञानिक प्रगति का एक प्रबल स्रोत बना है बल्कि उसने वैज्ञानिक निष्कर्षों को एक नई सुरक्षा भी प्रदान की है। अपनी विश्व-दृष्टि के क्षेत्र से द्रष्टा को दूर रखने में विज्ञान बीस साल पहले जितना बेचैन रहा करता था, अब वैसी बात नहीं' (देखें, द फिलॉसफी ऑफ फिजिकल साइंस, पृ. 21, 66)। उनका इशारा था कि वस्तुनिष्ठ (ऑब्जेक्टिव) विज्ञान धीरे-धीरे आत्मनिष्ठ (सब्जेक्टिव) होता जा रहा था।

लगभग एक दशक पहले एडिंग्टन यह बता चुके थे कि 'विज्ञान की दुनिया में संभवत: सबसे महत्त्वपूर्ण बदलाव तो यह हुआ कि वैज्ञानिक अब प्रकृति के आध्यात्मिक पक्ष को केवल इस कारण भ्रामक मानकर उसे तिरस्कृत करने को उत्सुक नहीं थे क्योंकि उनका कोई ठोस रूप नज़र नहीं आता। इस सिलसिले में समय का दृष्टांत देते

हुए उन्होंने कहा था कि समय का तो कोई ठोस आकार होता ही नहीं, फिर भी उसकी वास्तविकता को हम अस्वीकार नहीं कर सकते।' अपनी बातों पर बल देते हुए उन्होंने आगे बताया था कि 'भौतिक विज्ञान के तरीकों से बाहरी दुनिया की जब हम छानबीन करते हैं, तो किसी ठोस वास्तविकता के बजाय प्रतीकों (सिंबल्स) का एक छायासंसार ही हमें दीख पड़ता है, जिसे भेद पाने में हमारे तरीके सक्षम नहीं होते' (देखें, साइंस एंड द अनसीन वर्ल्ड, पृ. 21, 45)। एडिंग्टन के वे उद्‌गार असल में 'सापेक्षतावाद' और 'क्वांटम मेकैनिक्स' के वैचारिक विस्फोट के सहवर्ती दार्शनिक फुहार थे।

सापेक्षतावाद और क्वांटम के पहले किसे गुमान था कि पदार्थ, वस्तु, आकाश (स्पेस), काल (टाइम), कार्य-कारण नियम संबंधी भौतिकी की प्रायः सभी आधारभूत अवधारणाएँ छिन्न-भिन्न हो जाएँगी और भौतिकविज्ञानी उस मुकाम पर पहुँच जाएँगे, जहाँ उन्हें अहसास होने लग जाएगा कि उनके नियम और सिद्धांत उनकी अपनी ही बुद्धि की कृतियाँ हैं तथा वे सब किसी यथार्थ के चित्रण की अपेक्षा उनकी निजी अवधारणाओं के ही चित्र प्रस्तुत करते हैं। यह वह घड़ी थी, जब वैज्ञानिक चिंतन की दुनिया में भयंकर भूचाल आ गया था और अनेक अग्रणी भौतिक विज्ञानियों को लगा, जैसे उनके पाँव तले की धरती खिसक गई हो! आणविक भौतिकी (एटॉमिक फिजिक्स) के नए तथ्यों के सामने आइंस्टीन, नील बोर, मैक्स प्लैंक, हिजेनबर्ग जैसे चोटी के वैज्ञानिक हक्के-बक्के रह गए। जहाँ आइंस्टीन ने अपनी आत्मकथा में यह लिखा कि उन नई जानकारियों के साथ भौतिकी के अपने सैद्धांतिक आधार का सामंजस्य बिठाने में वे पूरी तरह विफल रहे, वहीं हिजेनबर्ग ने अपनी पुस्तक 'फिजिक्स एंड फिलॉसफी' (पृ. 145) में लिखा कि आणविक संसार के नए उद्‌घाटनों से आधुनिक भौतिकी पर जो प्रचंड प्रतिक्रिया हुई है, उससे तो महसूस होने लगा है, जैसे भौतिकी के आधार ही खिसक रहे हों तथा इसकी भूमि विज्ञान से कटकर अलग होनेवाली है।

वह युग-प्रवर्तक घटना तब घटी, जब ब्रिटिश वैज्ञानिक अर्नेस्ट रदरफोर्ड ने अल्फा कणों के आघात से अणु को तोड़ तो दिया, लेकिन तब वे एक ऐसे सूक्ष्म संसार में पहुँच गए, जो किसी भी ज्ञानेंद्रिय की पहुँच से बाहर था। उन्होंने जो कुछ देखा-सुना, वह कोई प्रत्यक्ष पदार्थ नहीं, बल्कि आणविक घटना का परोक्ष परिणाम था—प्रयोगशाला के फोटो प्लेट पर काला धब्बा और क्लिक की ध्वनि। तथापि धुनी वैज्ञानिक आणविक संसार के अंदर प्रवेश पाने के लिए बेचैन रहे। वे बारीक-से-बारीक तकनीक विकसित करते चले गए और परिष्कृत उपकरणों के सहारे अणु की नाभि (न्यूक्लिअस) तथा विद्युतणु (इलेक्ट्रॉन) का पता लगा ही लिया। अपनी धुन में वे आगे बढ़ते गए तथा यह सुराग भी पा लिया कि नाभिकीय कणों के अंदर भी दो भिन्न प्रकार के कण हैं, जिनकी पहचान उन्होंने 'प्रोटॉन' तथा 'न्यूट्रॉन' नाम से बनाई। उन्होंने यह भी जान लिया कि आणविक

नाभि (न्यूक्लिअस) घनावेशित (पॉजिटिवली चार्ज्ड) हैं, जबकि विद्युतणु (इलेक्ट्रॉन) ऋणावेशित (नेगेटिवली चार्ज्ड)। सबसे अचंभे की बात तो यह थी कि यद्यपि अणु की अपेक्षा न्यूक्लिअस एक लाख भाग छोटा था, फिर भी उसका द्रव्यमान (मास) अणु के बराबर ही पाया गया। तब से परमाणु विज्ञान जैसे-जैसे आगे बढ़ता गया, आणविक संसार के रहस्य भी गहराते गए।

अणु-परमाणु प्रत्यक्ष रूप में कभी प्रकट नहीं हुए। किसी भी उपकरण के सहारे न तो उन्हें कोई देख पाया, न छू पाया, न सुन पाया, न सूँघ पाया और न ही उसका स्वाद चखा। वे मानवीय ज्ञानेंद्रियों के सीधे संपर्क से सदा बाहर रहे। फिर भी उनकी सत्ता सर्वस्वीकृत है। आज कोई किसी भौतिक विज्ञानी से पूछे कि आखिर अणु-परमाणु हैं क्या, तो वे बताएँगे कि अणु कोई वास्तविक वस्तु या पदार्थ नहीं, वह केवल एक क्रियात्मक परिकल्पना (वर्किंग हाइपोथीसिस), एक गणितीय चिह्न (सिंबल) है, जिसका उपयोग विभिन्न प्रयोग-पर्यवेक्षणों में उपलब्ध आँकड़ों के बीच सामंजस्य बिठाने तथा उनकी विवेकसंगत व्याख्या प्रस्तुत करने के लिए किया जाता है। विज्ञानविद् बताते हैं कि वैज्ञानिक सत्य का संबंध इस बात से नहीं होता कि उसकी आत्यंतिक वास्तविकता क्या है। एक वैज्ञानिक सिद्धांत सच मान लिया जाता है, यदि वह स्वसंगत और अनुभवसिद्ध हो तथा भावी घटनाओं के विषय में ठीक-ठीक भविष्यवाणी कर सकने में भी सक्षम हो। उसी प्रकार वैज्ञानिक प्रमाण एक गणितीय विधि है, जो केवल यही दरशाता है कि प्रस्तुत तथ्य तार्किक रूप से अकाट्य है, भले ही वस्तुस्थिति उससे भिन्न हो। वैज्ञानिक सत्य और प्रमाण का प्रयोजन और अर्थ वह नहीं होता, जैसा हम सामान्य जीवन में लेते हैं।

रदरफोर्ड ने अणु को जब तोड़ा तो पाया कि उसके अंदर विशाल खाली जगह फैली थी, जिसमें एक न्यूक्लिअस कण के चारों ओर अनेक अत्यंत छोटे-छोटे इलेक्ट्रॉन चक्कर काट रहे थे। अब जरा थोड़ी देर रुककर अणु के आकार पर पहले विचार करने की कोशिश कीजिए। एक सेंटीमीटर व्यासवाले किसी पदार्थ को उठाएँ और उसे दो बराबर हिस्सों में दस करोड़ बार काटते चले जाएँ। उसका अंतिम भाग, जो बच जाएगा, अणु अनुमानतः उसी आकार का होता है। क्या हमारे मन या बुद्धि में उस आकार की किसी वस्तु का कोई चित्र उभर पाएगा? कोशिश करकेदेखिए, क्योंकि आगे हमें उसी परम सूक्ष्म आणविक अस्तित्व की चर्चा करनी है। हजारों वर्ष पहले उपनिषदों के रहस्यदर्शी ऋषियों ने अपनी अंतर्दृष्टि के सहारे वैसे ही विस्मयकारी अस्तित्व के विषय में कहा था कि मन और बुद्धि के पार जाकर ही उस सत्ता का अनुभव किया जा सकता है। उस परम विस्मयकारी आणविक जगत् के मध्य में स्थित न्यूक्लिअस को भी जब तोड़ा गया तो उसके भीतर भी वैसा ही विशाल स्थान मौजूद था, जिसमें चालीस हजार मील प्रति सेकंड की गति से प्रोटोन तथा न्यूट्रॉन नामक परमाणुओं का

निरंतर नृत्य चल रहा था। उन परमाणुओं की विलक्षणता यह है कि वे एक ही साथ कण भी हैं और तरंग भी। परस्पर विरोधी तथ्य यह है कि कण जहाँ किसी दायरे में सीमित रहा करता है, वहाँ तरंग का स्वभाव है खाली स्थान में लंबी दूरी तक प्रवाहित होते रहना। जाहिर है कि दोनों एक साथ नहीं हो सकते। अपने 'अनिश्चितता सिद्धांत' के आधार पर हिजेनबर्ग बताते हैं कि यदि हम परमाणु की स्थिति और गति को एक ही साथ ठीक-ठीक मापना चाहें तो यह कदापि संभव नहीं होगा। विकसित 'क्वांटम मेकैनिक्स' पर आधारित प्रयोगों से प्राप्त साक्ष्य इससे आगे जब यह संकेत देने लग जाते हैं कि परमाणु आत्मनिर्णय की क्षमता भी रखते हैं तथा उनका निर्णय बहुत दूर स्थित किसी अन्य परमाणु के निर्णय से भी प्रभावित हुआ करता है जो दूर आकाशगंगा में चक्कर काट रहा हो, तो हमारी बुद्धि चकरा जाती है। यह बात अगर जिम्मेदार वैज्ञानिक हलकों से नहीं निकलती, तो हम उसे अनर्गल कहकर अपने कान बंद कर लेते।

प्रसिद्ध क्वांटम विज्ञानी पॉल डायरेक के सिद्धांत को विकसित कर अब तो भौतिकविज्ञानी प्रति-पदार्थ (एंटी-मैटर) की दुनिया में पहुँच रहे हैं, जहाँ प्रत्येक कण के विरोधी आवेशयुक्त (चार्ज्ड) प्रतिकण की उपस्थिति बताई जाती है। डायरेक के आविष्कार के बाद उच्च ऊर्जा भौतिकी (हाई एनर्जी फिजिक्स) के क्षेत्र में जो सर्वाधिक आश्चर्यजनक तथ्य सामने आया, वह यह था कि उच्च ऊर्जा विधि से जब दो परमाणुओं को टकराया जाता है, तो उनके टुकड़े-टुकड़े तो हो जाते हैं, किंतु उनका प्रत्येक टुकड़ा अपने मूल परमाणु कण के बराबर ही बना रहता है। एक विख्यात विज्ञानविद् फ्रित्जॉफ कैपरा की बहुचर्चित पुस्तक 'दि ताओ ऑफ फिजिक्स' में यह विस्मयकारी प्रसंग पढ़कर पूर्णब्रह्म के विषय में 'ईशावास्योपनिषद्' के रहस्यदर्शी ऋषि का वह कथन याद आ गया—

ऊँ पूर्णमदः पूर्णमिदं पूर्णात्पूर्णमुदच्यते।
पूर्णस्य पूर्णमादाय पूर्णमेवावशिष्यते॥

अर्थात् वह पूर्ण है और यह भी पूर्ण है। पूर्ण से पूर्ण निकल आया है, तथापि पूर्ण पूर्ववत् पूर्ण ही बना हुआ है। अंततः पूर्ण के पूर्ण में विसर्जित हो जाने पर भी पूर्ण का योग अधिक नहीं हो जाता—एक अन्य स्थल पर इलेक्ट्रॉन की गति-स्थिति के संदर्भ में कैपरा ने प्रसिद्ध अणुविज्ञानी जे.आर. ऑपेनहिमर को उद्धृत करते हुए लिखा है, 'मिसाल के तौर पर अगर हम यह पूछें कि क्या इलेक्ट्रॉन की स्थिति सदा एक जैसी ही बनी रहती है? तो हमें यह कहना ही पड़ेगा कि 'नहीं'। यदि हम यह पूछें कि इलेक्ट्रॉन की स्थिति क्या समय के साथ बदलती रहती है? तो हमें फिर कहना पड़ेगा, 'हरगिज नहीं'। तब अगर हम यह पूछें कि क्या इलेक्ट्रॉन विश्राम की अवस्था में है? यहाँ भी हमारा उत्तर नकारात्मक ही होगा। अंततः यदि हम यह पूछ बैठें कि तब क्या इलेक्ट्रॉन गतिमान है?

तो इसका भी उत्तर होगा—'नहीं।' आत्मतत्त्व के संबंध में उपनिषद् के ऋषि ने ऐसी ही स्थिति का उल्लेख करते हुए बताया है—

तदेजति तन्नेजति तद्दूरे तद्वन्तिके।
तदन्तरस्य सर्वस्य तदु सर्वस्यास्य वाह्वतः ॥

(ईशावास्योपनिषद्)

अर्थात् वह चलता है और नहीं भी चलता है। वह दूर है तथापि समीप भी। वह सब के अंदर है और वह सब के बाहर भी। आधुनिक भौतिकी के इन नवोद्घाटित तथ्यों के आलोक में हमें लगता है कि जिस अंतर्दृष्टि के सहारे बाह्य जगत् के रहस्यों को जान लेने की संभावना एडिंग्टन ने स्वीकार की थी, उसी अंतर्दृष्टि के माध्यम से प्राचीन भारतीय ऋषियों ने यह जान लिया था कि विराट् विश्व और सूक्ष्म जगत् की संरचना एक जैसी है तथा एक ही परमतत्त्व अपने विराट् एवं सूक्ष्म रूप में सर्वत्र व्याप्त है।

महज पचास-पचहत्तर साल पहले उन प्राचीन तत्त्वद्रष्टाओं की बातें अनर्गल मालूम पड़ती थीं। लेकिन कोई भी बात तभी तक बेतुकी है, जब तक हम उस नजरिए को नहीं पा लेते, जहाँ से उसका तुक बैठ जाए। उस मुकाम पर पहुँचते ही हमें लगता है, यह बात तो ठीक है। हालाँकि 'ठीक है' का मतलब महज इतना ही होता है कि उसके बारे में हम पहले जैसा सोचना छोड़ देते हैं। सन् 1927 में डेनमार्क के कॉपेनहिगेन में अल्बर्ट आइंस्टीन, नील बोर, वर्नर हिजेनबर्ग, इर्विन श्रूडिंगर, वूल्फगैंग पाउली, लूई द ब्रॉगली तथा पॉल डायरेक जैसे शीर्षस्थ वैज्ञानिकों की विचार गोष्ठी के बाद भौतिकी के क्षेत्र में वैसा ही कुछ हुआ। बर्ट्रेंड रसेल के शब्दों में—'भौतिकी पारंपरिक अर्थों में भौतिकवादी नहीं रहा।' ऐसा नहीं कि वह अध्यात्मवादी बन गया, किंतु विज्ञान के साम्राज्य से 'पदार्थ' के पदच्युत होते ही 'तरंग' (वेव्स) ने उसकी सत्ता सँभाल ली और उस बदले माहौल में भौतिक विज्ञानियों की बोली ऐसी बदल गई कि फर्क करना मुश्किल हो गया कि वे जो कहने लगे थे, वह सब किसी आधुनिक वैज्ञानिक की भाषा थी अथवा उपनिषद्, बुद्ध, महावीर, लाओत्से तथा यूनान के प्राचीन रहस्यवादियों की। आणविक प्रयोगशालाओं में उपलब्ध रहस्यमय तथ्यों के सामने उन वैज्ञानिक पर्यवेक्षकों को अहसास होने लगा कि अपनी त्रिआयामी बौद्धिक क्षमता के बल पर उस अस्तित्व के संबंध में वे ठीक-ठीक नहीं जान सकते, जो बहु आयामी है तथा जहाँ द्वैत की सत्ता नहीं, बल्कि एक ही तत्त्व के विभिन्न क्रियारूप और निरंतर बदलती अवस्थाएँ हैं। विज्ञान को निर्णायक रूप से केवल यह जान लेना बाकी था कि वह परमतत्त्व क्या है—कोई स्थूल पदार्थ (मैटर) अथवा सार्वभौम तरंगीय चेतना (कॉस्मिक कन्शसनेस)? कैपरा के 'ताओ ऑफ फिजिक्स' का मुख्य उद्देश्य सुदूर पूर्व के मूलभूत दार्शनिक एवं धार्मिक बोध के साथ आधुनिक भौतिकी की नवीनतम अवधारणाओं की समानता को उजागर करना है। वे कहते हैं कि

बीसवीं सदी के दो आधारभूत वैज्ञानिक सिद्धांत—'सापेक्षतावाद' तथा 'क्वांटम'—हमें संसार को उसी ढंग से देखने को विवश करते जा रहे हैं, जिस दृष्टि से प्राचीन हिंदू, बौद्ध अथवा ताओवादियों ने देखा था।

हिंदू धर्म संसार के प्राचीनतम धर्मों में एक है। जहाँ इसके अन्य सभी वयोवर्गीय (हमउम्र) धर्म सदियों पहले लुप्तप्राय हो गए, यह आज भी एक उन्नत और यशस्वी धर्म के रूप में प्रतिष्ठित है। यदि हम इसका कारण ढूँढ़ना चाहें, तो हमें इसके मन और इसकी मानसिकता को समझ लेना जरूरी होगा। यह एक अत्यंत विलक्षण बात है कि आदिकाल से ही हिंदू जाति अपने मन से तो आध्यात्मिक रही, किंतु अपनी मानसिकता को इसने सदैव विज्ञान के अनुकूल बनाए रखा है। यह बात मैं सिर्फ इस कारण नहीं कह रहा हूँ कि हिंदू धर्मग्रंथों में ज्ञान, प्रज्ञान, विज्ञान जैसे शब्दों की भरमार है। शास्त्रकारों ने उन शब्दों का भेद स्पष्ट करते हुए जो बताया है, वह सब तो ध्यान देने योग्य है ही, जैसे ज्ञानेंद्रियों के माध्यम से बुद्धि जो बात जाने, वह ज्ञान है; अंतर्दृष्टि के माध्यम से जो अनुभूतियाँ प्राप्त हों, वह प्रज्ञान है तथा विषय को खंडों में तोड़कर, तर्क-वितर्क द्वारा उनसे संबंधित शंकाओं के निवारण के बाद जो तथ्य उजागर हों, वह विज्ञान है। निस्संदेह शब्द-शब्दार्थों के ऐसे भेद बड़े बारीक और सराहनीय हैं। किंतु 'वैज्ञानिक मानसिकता' ऐसे विद्वत्तापूर्ण विश्लेषणों से अलग और अधिक महत्त्वपूर्ण बात है।

जिसे हम 'वैज्ञानिक मानसिकता' कहते हैं, वह तो सोचने-समझने का एक अनूठा अंदाज और आदत है। वैज्ञानिक मानसिकता का मुख्य लक्षण है—पूर्वग्रह से मुक्त मन। ऐसे उन्मुक्त मन का स्वभाव बन जाता है, बातों को न केवल कार्य-कारण शृंखला नियम के अनुसार समझना, बल्कि आवश्यकतानुसार अपने निष्कर्षों को नए तथ्यों के आलोक में परिष्कृत भी कर लेना। वैज्ञानिक मानसिकता का तकाजा है कि हम जो जानते हैं, भले ही वह सत्य हो, किंतु उसके साथ हम तभी तक जुड़े रहें, जब तक अधिक उन्नत सत्य सामने न आ जाए और यह कदापि न भूलें कि उच्चतर सत्य के उद्‌घाटित होने की संभावना सदा बनी रहती है। प्राचीन हिंदू तत्त्वद्रष्टाओं ने हमें बताया है कि सत्य का उद्‌घाटन एक सतत प्रक्रिया है, जो किसी देश-काल में ठहर नहीं जाती तथा इस तथ्य की ओर भी स्पष्ट संकेत कर दिया है कि सत्य की प्रतिभासिता एक सापेक्ष घटना है (जैन दर्शन की शब्दावली में इसे 'सप्तभंगी न्याय'—'मल्टीडाइमेन्शनल जजमेंट'—बताया गया है)। इसी मानसिकता ने हिंदू-चिंतन की मुख्यधारा को नए और विपरीत विचारों के प्रति सदा उत्सुक, सजग और ग्रहणशील बनाए रखा है।

दर्शन और विज्ञान की खोजों को जिज्ञासा, संशय तथा तर्क से ही अब तक दिशा और गति मिलती आई है। हजारों वर्ष पहले सृष्टि-रचना के विषय में भारतीय ऋषियों की उत्सुकता जब जगी, तो वे गंभीर विचारों में डूब गए। वे यह जानना चाहते थे कि

इस दृश्य-जगत् और इसकी घटनाओं के क्या कारण हैं ? वे यह देखकर विस्मित थे कि सूरज का उदय-अस्त तो नित्य दिन साफ दिख जाता है, लेकिन उसे उगाने-डुबानेवाला कहीं कोई नजर नहीं आता ! क्यों हर रात चाँद का घटना-बढ़ना, उसकी पूर्णिमा-अमावस की दशाएँ दिख जाती हैं, किंतु उसके कारण अनदिखे रह जाते हैं ? तब क्या इस प्रकट और दृश्य-जगत् का कोई अदृश्य कर्ता या कारण है ? ऐसे ढेर सारे रहस्यों को सुलझाने की धुन में प्राचीन ऋषियों ने अनुमान और कल्पना के पंख बाँध, ज्ञात से अज्ञात की ओर ऊँची-से-ऊँची उड़ानें भरीं। उन्होंने बहुत कुछ जाना-समझा और बताया भी।

लेकिन चिंतन की गंभीरता का एक गुण यह भी है कि चिंतक को बुद्धि के सामर्थ्य की सीमा भी दिख जाए और वह निस्संकोच उसे स्वीकार ले। भारतीय मनीषियों ने वैसा ही किया। सृष्टि-रचना के विषय में निर्णायक रूप से कुछ न कह पाने में मानवीय बुद्धि की असमर्थता तो उन्होंने जता ही दी, साथ ही उस संबंध में जो तर्क प्रस्तुत किया, वह भी सदा अकाट्य रहेगा। उन्होंने कहा, 'ठीक-ठीक कौन बता सकता है कि यह वैचित्र्यपूर्ण सृष्टि कब और कैसे उत्पन्न हुई ? क्योंकि सृष्टि-रचना तो पहले ही हो चुकी थी और जाननेवाले बहुत बाद में जनमे : उन्होंने फिर भी अनेक अनुमान लगाए। सोचा, अंतरिक्ष पार कोई सर्वशक्तिमान दिव्यरूप ईश्वर होगा, जो भले ही हमें दिखता न हो, लेकिन उसी ने शायद यह दुनिया बनाई होगी। उन्होंने उल्लासपूर्वक उसकी आहुति-आराधना की। लेकिन देवता कभी प्रकट नहीं हुए। उनका संदेह बढ़ा और उन्हें लगा—शायद उस देवता ने यह संसार नहीं बनाया हो या शायद उस देवता को भी कुछ मालूम न हो। उन्हें यह भी खयाल आया कि देवता का अस्तित्व भी तो उनका अपना ही अनुमान है। तर्क-वितर्क के ऊहापोह में उनका उत्साह ठंडा पड़ने लगा। फिर भी वे उसी संदिग्ध देवता की ओर मुड़े और उसी से विश्वास एवं आस्था का वरदान भी माँगा। 'ऋग्वेद' के दसवें मंडल का एक प्रकरण ऐसे ही अनुमान, संदेह, तर्क-वितर्क तथा काव्यमय प्रार्थनाओं से भरा पड़ा है।

हिंदू धर्म को किसी परिभाषा में समेट लेना सहज नहीं। धर्म की पहचान के बारे में विद्वानों की आम राय यह रही है कि उसका कोई एक सर्वपूजित ईश्वर, एक सर्वस्वीकृत प्रवर्तक तथा एक सर्वमान्य पवित्र धर्मग्रंथ होना जरूरी है। जैसे यहूदियों के लिए जेहोवा-मोजेज-तौरात; ईसाइयों के लिए गॉड-ईसा मसीह-होली बाइबिल तथा मुसलमानों के लिए अल्लाह-हजरत मुहम्मद-कुरआन शरीफ। हिंदू धर्म में ऐसा कुछ भी नहीं मिलता। वेदों के घोर निंदक चार्वाक और बृहस्पति उतने ही स्वीकृत हिंदू हैं, जितने वेदों के परम श्रद्धालु शंकर और सायण। एक नास्तिक भी हिंदू समाज का वैसा ही मान्य सदस्य है, जैसा कोई आस्तिक। इस बात से कुछ खास फर्क नहीं पड़ता कि कौन एकेश्वरवादी है और कौन अनेकेश्वरवादी ! एक निराकार ब्रह्म के उपासक का अन्य मूर्तिपूजक हिंदुओं

से कोई वैमनस्य नहीं। देवता की मूर्ति मनुष्य के रूप में गढ़ दो अथवा पशु-पक्षी की शक्ल में; हिंदू मानते हैं कि सब एक ही परमतत्त्व की भिन्न-भिन्न अभिव्यक्तियाँ हैं। वह सर्वव्यापी परमेश्वर सब में व्याप्त है और सब उसी में अवस्थित हैं। अपने आप में परमेश्वर तो अगम-अगोचर है। जब कोई नहीं जानता कि उसका रूप-रंग, नाम-आकार क्या और कैसा है; तो जिस नाम से सुविधा हो, उसे पुकार लो, वह सुन लेगा। जिस रूप में उसकी झलक मिल जाए, उसे निहार लो; उसके समक्ष नतमस्तक हो जाओ। आशीष पा लोगे। बात तो केवल भाव और भावना की है। यदि जोर इस बात पर हो कि उसका रूप-रंग-आकार ऐसा ही है; तो इसका अर्थ हुआ, तुमने उसे जरूर देखा है। अन्यथा जाना कैसे? और यदि तुम्हारा कहना यह हो कि वह ऐसा हरगिज नहीं, तब भी उसका वही अर्थ हुआ कि तुमने कभी उसे देखा जरूर होगा। दोनों के लिए एक ही तर्क है। अब सच-सच बताओ, क्या तुमने उसे कभी देखा है? तब बिना देखे इस बात के लिए मरने-मारने पर क्यों उतारू होना कि वह परमेश्वर ऐसा है या ऐसा नहीं?

जो अगम-अगोचर है, जिसे हमने कभी देखा नहीं, कभी जाना नहीं; उसका क्या नाम दें? उसे किस नाम से पुकारें? हम ठीक-ठीक कैसे बताएँ कि वह प्रभु किस पूजा-पद्धति से प्रसन्न होगा। ये सब तो निजी अनुभूति और आस्था की बातें हैं। हाँ, एक बात तय है कि परमात्मा और जीवात्मा के मध्य कोई बिचौलिया नहीं। हर प्राणी का उससे सीधा संबंध है। उस तक पहुँचने के लिए, उसे पाने के लिए कोई देवता, कोई धर्मगुरु केवल सहायक बन सकता है, निर्णायक नहीं। और यह भी कि अपने सद्ज्ञान और शुभ कर्मों द्वारा मनुष्य स्वयं ही देवता बन सकता है—'देवो भूत्वा देवान् आप्येति'—उपनिषदों ने ऐसा ही कहा है।

एक जानकार हिंदू यह मानकर चलता है कि परमात्मा के विषय में वह जो जानता है, वह तो सत्य है, किंतु सत्य उसके अतिरिक्त और आगे भी है। जो हम जानते हैं, वह भी परमात्मा है और जो किसी ने न जाना और शायद कोई कभी जान न पाए, वह अगम-अगोचार भी परमात्मा ही होगा। इसलिए हिंदू धर्मग्रंथ यह कहते हैं—

शृणुते सर्वधर्मांश्च सर्वान् देवान् नमस्यति।
अनसूयुर्जित क्रोधस्तस्य तुस्यति केशवः।।

(विष्णु-धर्मोत्तर-1:58)

अर्थात् परमेश्वर उनसे प्रसन्न रहता है, जो सब धर्मों के सदुपदेश सुनते हैं, सब देवों का नमन करते हैं तथा जो ईर्ष्या से मुक्त और क्रोध के विजेता हैं। यही है हिंदू धर्म और मैं इसी विराट् हिंदू धार्मिकता की बात कर रहा हूँ, जिसमें संसार के सारे धर्म समा जाएँगे। एक सच्चा यहूदी, एक सच्चा ईसाई या एक सच्चा मुसलमान, हिंदू धर्म के अंदर दाखिल हो-न-हो, लेकिन वह हिंदू धार्मिकता के बाहर नहीं जा सकता। क्योंकि प्राचीन

हिंदू मनीषियों ने धर्म के विषय में एक हिंदू के नाते नहीं, बल्कि एक सुहृद मनुष्य के नाते विचार किया था और उन्होंने मनुष्यता के हित की चिंता की थी। धर्म उनके लिए मुक्ति का मार्ग था और उनकी दृष्टि में धार्मिक वही था, जो धार्मिकता के अनंत आकाश में मुक्त विचरण करे। जो धर्म स्वयं कहीं बँध जाए, किसी संप्रदाय या संगठन का बंदी बन जाए, वह भला मनुष्य को कैसे मुक्ति दिला पाएगा? ऐसे उन्मुक्त जीवन-दर्शन को आप हिंदू धार्मिकता, हिंदू धर्म या हिंदुत्व; जो जी चाहे नाम दे सकते हैं।

धर्म की हिंदू धारणा औरों से अलग रही है। हिंदू उसे मनुष्य निर्मित नहीं मानते। 'धर्म' वह है, जो स्वयं ही सबको धारण किए हो। 'धृ' धातु से बने संस्कृत के 'धर्म' शब्द का अर्थ है—वह जो धारण और संपोषित करे। इस शब्द के पीछे सोच यह है कि संसार के प्रत्येक प्राणी और जीव समूह की उत्पत्ति और संपोषण के लिए कुछ अनिवार्य नियम और परिस्थितियाँ प्रकृति की ओर से ही निर्धारित कर दी गई हैं, जिनके अनुकूल जीवन चलाना आवश्यक और हितकारी हैं। धर्म चर्चा करते समय हिंदू मनीषी उन्हीं सनातन नियमों की बात करते आए हैं जिन्होंने सारे संसार को बाँध रखा है और जिनके अभाव में सबकुछ छिन्न-भिन्न हो जाएगा। सृष्टि के उन अनिवार्य नियमों में योगदान मनुष्य का परम धर्म है। इसलिए हिंदू धर्म, जहाँ चिंतन और मत की पूर्ण स्वतंत्रता का समर्थक रहा है, वहीं कर्म और आचरण के प्रति अत्यंत नियमनिष्ठ भी। आस्तिकता-नास्तिकता, आत्मा-परमात्मा-पुनर्जन्म जैसे विषयों पर कोई चाहे जैसा भी विचार रखे; यदि उसके कर्म शुद्ध और आचरण मर्यादित हैं, तो निस्संदेह वह हिंदू समाज का स्वीकृत और सम्मानित सदस्य बना रहेगा। सत्य, अहिंसा, न्याय, दया, क्षमा, प्रेम—शास्त्रों में इन सब का पालन ही धर्म बताया गया है और उनका उल्लंघन अधर्म। यही सदा से हिंदू नीति-रीति रही है।

हिंदू धर्म की स्थिति उस सागर जैसी है, जिसमें अनगिनत सरिताएँ समा गई थीं। कौन किधर से आई, ठीक कह नहीं सकते। केवल इतना ही विदित है कि जिस सागर में मिलकर वे सब एक वर्ण हो गईं, वह सागर 'हिंदू धर्म' के नाम से विख्यात रहा है। यह विशाल भू-भाग, जो कभी 'आर्यावर्त्त' और बाद में 'भारत' कहलाया; प्रागैतिहासिक काल से ही यहाँ अलग-अलग इलाकों के लोग आते रहे। इतिहासविदों का कहना है कि यहाँ भूमध्य सागरीय काले और साँवले लोग (जो भारत में 'द्रविड़' कहलाए) आदि-आस्त्रिक, आल्पाइन, मंगोल आदि जाति के लोग आ-बसे थे जिनके अस्थि-पंजर हड़प्पा-मोहनजोदड़ो की खुदाई में पाए गए हैं। मुल्तान से लाहौर के बीच रेलपथ निर्माण के सिलसिले में वीलियम ब्रंटन नामक अंग्रेज इंजीनियर को हड़प्पा के निकट कुछ भग्नावशेष मिले थे। आर्कियोलॉजिकल सर्वे ऑफ 'नॉदर्न इंडिया' के महानिदेशक अलेक्जेंडर कनिंघम ने जब उन्हें देखा, तो चौंक पड़े। कनिंघम एक निपुण पुरातत्त्व पारखी

थे। उन्होंने प्राप्त अवशेषों के पुरातात्त्विक महत्त्व को भाँप तो लिया, लेकिन वे यह नहीं समझ पा रहे थे कि प्राचीन युग के वे कौन लोग थे जो अपने ऐसे चिह्न छोड़ गए हैं ? यह घटना ई. सन् 1856 की है। भारत को ब्रिटिश साम्राज्य का अंग बनाने की विधिवत् उद्घोषणा के साल-दो साल पहले। लगभग सत्तर साल बाद, सन् 1922 में सिंध के लरकाना घाटी स्थित मोहनजोदड़ो क्षेत्र की खुदाई जब शुरू हुई तो हजारों वर्ष से धरती में दबे पड़े किसी नगर की झाँकी मिली, जिसमें मकानों की कतारें, अन्नभंडार, नहर, सार्वजनिक स्नानागार और सड़कों के जाल बिछे थे। यद्यपि हड़प्पा और मोहनजोदड़ो के बीच लगभग तीन सौ मील का फासला था, मगर उन दोनों जगहों से मिले अवशेषों में बड़ी समानता थी। धीरे-धीरे सिंध-स्थित चान्हू-दारो, गुजरात स्थित लोथल, उत्तरी राजस्थान के कालीबंगन तथा हरियाणा में हिसार जिले के बनावली जैसे स्थलों पर भी उत्खनन कार्य चलाए गए। पुरातत्त्वविदों ने उन सभी जगहों से प्राप्त भग्नावशेषों का जब सतर्कतापूर्ण अध्ययन किया, तो लुप्त सिंधु घाटी सभ्यता की पूरी तसवीर उभर आई।

सिंधु घाटी सभ्यता का विस्तार उत्तर में जम्मू से लेकर दक्षिण में नर्मदा के मुहाने तक तथा पश्चिम में बलूचिस्तान के मकरान तट से उत्तर-पूरब में मेरठ तक को समेट लेता था। विद्वानों का मानना है कि निश्चय ही यह क्षेत्रफल मिस्र और मेसोपोटामिया से भी बड़ा था और ईसापूर्व तीसरी सहस्राब्दी में सभ्य संसार का अन्य कोई भू-भाग सिंधु सभ्यता से अधिक विस्तृत नहीं था। मिस्र, मेसोपोटामिया और सिंधु सभ्यताएँ समकालीन थीं और वे आज से करीब पाँच-छह हजार साल पहले फली-फूली थीं। संभवत: सिंधु सभ्यता द्रविड़ों की उन्नत सभ्यता थी, जिसका आर्यों के आगमन से पहले भारतीय जीवन पर गहरा प्रभाव था। हरियाणा में चल रहे उत्खनन से प्राप्त अवशेष सिंधु-सभ्यता से भी अधिक प्राचीन सभ्यता की ओर संकेत करते बताए गए हैं।

भारत में इतिहास-लेखन की वैसी पृथक् परंपरा नहीं रही, जैसी प्राचीन यूनान, रोम या मध्ययुगीन अरब मुसलमानों में थी। प्राचीन भारत का सारा इतिहास हिंदू, बौद्ध और जैन धर्मकथाओं के संग लिपटा पड़ा है। पुरातात्त्विक उत्खनन की विधि अत्यंत आधुनिक है, जो मात्र डेढ़-दो सौ बरस पहले पश्चिमी खोजियों द्वारा शुरू की गई थी। तभी से मिस्र, मेसोपोटामिया और भारत जैसे देशों की विलुप्त सभ्यताएँ धीरे-धीरे प्रकाश में आने लगीं। फिर भी उनकी कई महत्त्वपूर्ण कड़ियाँ अब तक लापता हैं, जिनके बिना अनेक प्रश्न अनुत्तरित रह जाते हैं। अतिरंजित पौराणिक विवरणों के साथ टूटे-बिखरे पुरातात्त्विक तथ्यों को जोड़कर किस रूप में सजाया जाए, इस कला को इतिहासकारों की निजी पसंद और प्रतिबद्धता प्राय: प्रभावित कर देती है। हम विश्वासपूर्वक नहीं कह सकते कि विद्वानों की पूरी सावधानी के बावजूद प्राचीन युग के जो इतिहास प्रस्तुत किए गए हैं, वे पूरी तरह ठीक ही हैं।

भारत आनेवाले लोगों में आर्य निस्संदेह सर्वोन्नत थे। वे लोग कई उन्नत साधन साथ लाए थे; लेकिन सर्वाधिक महत्त्वपूर्ण था उनका वेद। आर्यों के उस पुरातन ग्रंथ (ऋग्वेद) ने एक लंबे काल तक भारतीय जन-जीवन पर इतना गहन और व्यापक प्रभाव डाला कि लगभग दो हजार वर्ष के प्रारंभिक कालखंड को इतिहासकार वैदिक-युग के नाम से पुकारने पर विवश हो गए। वेद हिंदुओं के आधारभूत धर्मग्रंथ है; यद्यपि मूल रूप में 'हिंदू' शब्द धर्म के बजाय उस क्षेत्र के निवासियों का द्योतक था, जो सिंधु नदी के इस पार बसते थे। ईरानियों ने यह नाम अपने उन आर्य बांधवों के लिए प्रयोग किया था, जो हिंदूकुश पवर्त लाँघकर सिंधु के उस पार जा बसे थे। कालांतर में यूनानी तथा अन्य विदेशी लोग समस्त भारतवासियों को 'हिंदू' नाम से ही पहचानने लगे।

भारत में आर्यों को अपना वर्चस्व स्थापित करने में समय लगा था। यहाँ के हिंसक वनवासियों से लेकर अर्धसभ्य आदिवासी समूहों और उन्नत द्रविड़ समाज के लोगों की अलग-अलग जीवन-पद्धति थी। उन सबके अपने-अपने देवी-देवता और धार्मिक विश्वास थे। हड़प्पा-मोहनजोदड़ो से मिली माटी की पट्टिओं पर मुद्रित पशुपति शिव, सर्प, त्रिशूल और वृषभनंदी के चित्र दुर्गा जैसी किसी देवी की छोटी-छोटी मूरतें, प्रस्तर शिवलिंग, शंख और सिंदूर के फीके चिह्न—ये सब अवशेष प्राचीन भारत में बसनेवाले लोगों के धार्मिक विश्वास और उपासना-पद्धति की खबर हम तक ले आए हैं। इन नवोपलब्ध सूचना-सूत्रों के कारण इस प्रश्न का ठीक-ठीक उत्तर दे पाना बड़ा कठिन है कि आर्यों ने भारत आकर यहाँ के पूर्वनिवासियों को हिंदू बनाया था अथवा आर्य लोग यहाँ आकर खुद भी हिंदू बन गए। इतना बिल्कुल साफ है कि हिंदू धर्म में गैर-आर्य धार्मिक विश्वास और प्रथाओं की कमी नहीं; साथ ही यह भी सर्वस्वीकृत है कि हिंदू धर्म की मुख्यधारा का प्रधान स्रोत वैदिक चिंतन ही रहा है। यह एक अत्यंत गौरवपूर्ण आश्चर्य है कि धर्मों के हजारों वर्ष पुराने इतिहास में भारतीय मूल के किसी धर्म के विरुद्ध—चाहे वह हिंदू धर्म हो अथवा बौद्ध-जैन या सिक्ख—यह उलाहना अब तक कहीं से नहीं मिला कि धर्मप्रसार के लिए उन लोगों ने प्रलोभन या बलप्रयोग का सहारा लिया था।

सचमुच बड़े ज्ञानी और समझदार लोग थे वैदिक ऋषि-मुनि, जिन्होंने जनसाधारण के अनगिनत देवी-देवताओं में केवल उसी एक परमेश्वर को देखा, जो अमूर्त है; और उनकी मूर्तियों को तिरस्कृत करने के बजाय उन सबको सादर स्वीकार कर लिया। उन्होंने इस बात की अधिक चिंता नहीं की कि कौन पीपल की पूजा करता था और कौन नाग की; किसके कुलदेवता वानर थे और किसके बैल, वराह या मूषक? उन सबको देवता मान लेना अज्ञान भले ही था, किंतु अधर्म कदापि नहीं; क्योंकि जो वस्तु या व्यवहार ईश्वर की ओर ध्यान ले जाए, वह अधर्म कैसे? आखिर उन मूर्तियों के माध्यम से अज्ञानी पुजारी भी तो अपनी प्रार्थना उसी प्रभु तक पहुँचाना चाहते हैं जो

सर्वशक्तिमान और जगत् नियंता है? इसलिए उन मूर्तियों को नष्ट करना व्यर्थ था। यह ठीक है कि ईश्वर का रूप बैल-वानर-वराह जैसा नहीं। लेकिन सवाल ईश्वर के वास्तविक स्वरूप का नहीं है। सवाल है दर्शक की बुद्धि और चेतना के स्तर का। ईश्वर की छवि इस बात पर निर्भर करती है कि कौन उसे किस ऊँचाई पर उठकर देखता है। और बुद्धि तो सबकी एक जैसी विकसित होती नहीं कि ईश्वर सबको एक ही रूप में दिख जाए। उस अमूर्त परमेश्वर की झलक हर प्राणी अपने मनोभाव और बुद्धि के सामर्थ्य अनुसार ही पाया करता है।

भारत के पूर्ववर्ती निवासियों के अटपटे धार्मिक विश्वास और प्रचलनों को अपनी मुख्यधारा के संग बहा ले चलने के पीछे वैदिक हिंदुओं की सोच यह थी कि विभिन्न भौगोलिक क्षेत्र में बसनेवाले अलग-अलग वर्ण के लोग जब एक ही परमपिता की संतान हैं, तो उसने जिसको जितनी समझ और शक्ति दी, उसी अनुसार लोग जीते रहें। यदि वनवासी, आदिवासी और अर्द्धसभ्य लोग भोंड़ी-भद्दी चीजों को पूजते रहे हैं, तो यह उपहास या विरोध की बात नहीं। महत्त्वपूर्ण बात यह है कि उन लोगों के मन में भी ईश्वर की प्यास है। और जिन मूरतों को वे पूजते हैं, उन सबके साथ उन लोगों का रागात्मक संबंध बन चुका है। वैसे पवित्र संबंध को तोड़ते ही उन उपासकों का आंतरिक संसार उजड़ जाएगा। उनकी अस्मिता समाप्त हो जाएगी और वे लोग मानसिक तौर पर विस्थापित महसूस करने लगेंगे। इसलिए हिंदुओं ने अपना स्वागतद्वार उनके सभी देवी-देवताओं के लिए खुला छोड़ दिया।

नवागंतुक देवी-देवताओं के साथ प्राचीन हिंदुओं ने जो बरताव किया, वह अद्भुत और अनुपम था। संसार में उसका दूसरा उदाहरण दुर्लभ है। हिंदुओं ने उन गैर-आर्य देवी-देवताओं को न केवल उच्च आसन पर बिठाया, बल्कि उनके व्यक्तित्व के इर्द-गिर्द आध्यात्मिक और दार्शनिक अवधारणाओं का ऐसा प्रभामंडल निर्मित कर दिया कि उसे निहारकर कोई भी विभोर हो जाए। मनुष्य का अमूर्त चिंतन उसके चिदाकाश में कितना मनोरम आध्यात्मिक इंद्रधनुष सृजित कर सकता है, यह कोई हिंदू धर्मग्रंथों में शिव संबंधी कथाओं और स्तुतियों को पढ़कर देख ले। शिव, काली, कृष्ण—ये तीनों अपने मूलरूप में अनार्य देवी-देवता हैं। किंतु हिंदुओं ने पशुपति शिव को 'देवाधिदेव महादेव' की उपाधि देकर उन्हें देवकुल के सर्वोच्च सिंहासन पर बिठा दिया। और यह भी उल्लेखनीय है कि विष्णु के अवतार माने जानेवाले मर्यादा पुरुषोत्तम राम तथा असुरों के सम्राट् लंकाधिपति रावण; दोनों ही महादेव के परमभक्त बताए गए हैं। रावण रचित 'शिवस्तुति' का पाठ सुनकर घोर अनीश्वरवादी भी रोमांचित हो उठेगा।

पुराणों में वर्णित शिव की छवि उनके प्रति अधिकतर लोगों के मन में सहज भक्तिभाव जगा देती है। जहाँ अन्य हिंदू देवी-देवता परम सुखी-संपन्न और ऐश्वर्यवान

दरशाए गए हैं, वहीं अकेले शिव ही ऐसे देवता हैं जो मृगछाला पहने, तन पर भस्म लगाए, गले में रुद्राक्ष की माला और विषधर लपेटे, जटा-जूटधारी, एक योगी-वैरागी के रूप में दिखते हैं। आर्द्र और रौद्र, दोनों गुणों से युक्त भोले शंकर, अतिशीघ्र प्रसन्न होनेवाले (परम आशुतोष), सदा कल्याणकारी (सदाशिव) महादेव के नाम से पूजित हैं। उनके संबंध में सर्वाधिक विलक्षण बात यह है कि वे निर्जन कैलाश पर्वत के हिमाच्छादित गौरीशंकर शिखर पर एकांत ध्यानमग्न बैठे रहते हैं। क्या पुराणों के ये शब्दचित्र किसी गूढ़ आध्यात्मिक रहस्य की ओर संकेत नहीं करते? जिस महादेव का वरदान पाने के लिए सुर-नर-मुनियों को घोर तपस्या करनी पड़े, वह शिव स्वयं एकांत में ध्यानलीन बैठा हो! तब कौन है वह परम सत्ता; क्या है वह चरम सत्य, जिसकी चिंतन-आराधना में देवाधिदेव महादेव भी समाधि की तुर्यावस्था में डूबे रहते हैं? क्या 'लोकानंद: समाधि सुखम्' अर्थात् उस सघनतम अस्तित्व को, जहाँ से सब उत्पन्न होते हैं और जिसमें सब विलीन हो जाते हैं तथा जो समस्त ब्रह्मांड का केंद्र है; उस बिंदु को स्वयं अपने अंदर पाकर महादेव शिव समाधि-सुख भोग रहे हैं? आत्मलीनता की वैसी स्थिति को शास्त्रों ने 'स्वपदम् शक्ति', यानी महाशक्ति का परमस्रोत भी बताया है। शिव के साथ शक्तिरूपा आदिवासी किरातों की देवी काली को जोड़ते हुए हिंदुओं ने उन्हें 'माँ जगदंबे' कहकर पुकारा और 'दुर्गा भवानी' के नाम से उनकी पूजा-अर्चना प्रारंभ कर दी।

शिव 'नटराज' के नाम से भी प्रसिद्ध हैं, जिनके नृत्य के सुर-ताल सृष्टि के लय-विलय से जुड़े बताए गए हैं। हिंदुओं की मान्यता है कि जिस दिन 'नटराज' रुद्र रूप धारण कर अपना प्रलयंकारी तांडव नृत्य करने लग जाएँगे, उस दिन वर्तमान सृष्टि का अंत हो जाएगा। हिंदुओं की इस धार्मिक परिकल्पना से कैपरा जैसे पश्चिमी विज्ञानविद् बड़े प्रभावित हैं और वे मानते हैं कि यह ब्रह्मांडीय ऊर्जा-स्पंदन के वैज्ञानिक सिद्धांत की प्रतीकात्मक अभिव्यक्ति है, जिसके अंतर्गत विराट् विश्व से लेकर अति सूक्ष्म आणविक जगत् में संगठन-विघटन का क्रम निरंतर चलता रहता है।

वासुदेव श्रीकृष्ण को अपने आराध्यदेव के रूप में प्रतिष्ठित करते हुए हिंदुओं ने उन्हें भी विष्णु का अवतार मान लिया तथा जहाँ राम को अपने महाकाव्य 'रामायण' में 'मर्यादा पुरुषोत्तम' के रूप में प्रक्षेपित किया, वहीं 'श्रीमद्‌भागवत' में वासुदेव श्रीकृष्ण को चौंसठ कलाओं से युक्त 'पूर्णपुरुष' के रूप में उभारा है। श्रीकृष्ण को महिमामंडित करने के लिए दो और महत्त्वपूर्ण ग्रंथ रचे गए—'महाभारत' तथा 'गीता'। भारत की धरती पर हुए 'महाभारत' नामक अद्वितीय महासंग्राम के तो श्रीकृष्ण सूत्रधार ही हैं और समरभूमि के बीच अपने प्रिय पार्थ और महान् योद्धा अर्जुन को दिए गए गीता के उनके उपदेश समस्त उपनिषदों एवं संपूर्ण हिंदू दर्शन के निचोड़ हैं। ओशो रजनीश के शब्दों में—'घटनाएँ मर जाती हैं। उन घटनाओं के बीच अगर किसी आत्मवान् विचार का

जन्म हुआ, तो वह अनंत की यात्रा पर निकल जाता है···महाभारत याद ही इसलिए रह गया कि उसमें गीता उतरी थी।'

अपने धर्मग्रंथों में ब्रह्म, ईश्वर और देवी-देवताओं का चित्रण करते हुए आध्यात्मिक और दार्शनिक अवधारणाओं को प्राचीन हिंदू ऋषि जिस ऊँचाई तक उठा ले गए हैं, उसे छू-पाना अब तक किसी के लिए संभव नहीं हुआ। आलोचक भले ही कहें कि वे सब कोरी कल्पनाएँ थीं, किंतु यह कहकर वे कोई ऐसा तीर न मार लेंगे, जिससे हिंदू मनीषी धराशायी हो जाएँ; क्योंकि अपने उपनिषदों में उन ऋषियों ने स्वयं ही कहा था ···मनीषा मनसाभिक्लृप्तो···(कठोपनिषद्, व. 3 म. 9) अर्थात् सबके हृदय में बसने वाला वह सृष्टिकर्ता ईश्वर वस्तुतः मनुष्य के मन और बुद्धि का ही सृजन है। प्रश्न हिंदू देवी-देवताओं की असलियत या ऐतिहासिकता का नहीं, महत्त्व है मनुष्य की आध्यात्मिक चेतना के सात्त्विक सूक्ष्म तरंगों के स्पंदन और प्रसार का।

फिलहाल मैं इस प्रसंग को मरहूम मौलाना अबुल कलाम आजाद की टिप्पणियों के साथ समाप्त करना चाहता हूँ। इस विषय पर मौलाना साहब ने जो कुछ लिखा है, मैं नहीं समझता उससे बेहतर और भी कुछ कहा जा सकता है। वे न केवल इसलामी दीनयात (धर्मशास्त्रों) के बड़े आलिम थे, बल्कि अन्य धर्मों का उनका अध्ययन और उनकी समझ भी बड़ी गहरी थी। उन्होंने अपनी मशहूर किताब 'तरजुमानुल कुरआन' में इस संबंध में जो लिखा है, उसके हिंदी संस्करण के कुछ अंश मैं प्रस्तुत कर रहा हूँ—'भारत में ईश्वर की कल्पना का इतिहास विरोधाभासी कल्पनाओं का एक आश्चर्यजनक दृश्य है। एक ओर उसका एकेश्वरवादी दर्शन तो दूसरी ओर उसके धार्मिक प्रचलन। एकेश्वरवादी दर्शन ने विचार एवं कर्म की अत्यंत गूढ़ और गहरी अवस्था तय की और मामलों को वैचारिक ऊँचाइयों की एक ऐसी अवस्था तक पहुँचा दिया, जिसका कोई उदाहरण हमें प्राचीन जातियों के धार्मिक विचारों में नहीं मिलता। दूसरी तरफ व्यावहारिक धर्म ने बहुईश्वरवाद का बेरोक मार्ग अपनाया और मूर्तियों की कल्पना को इतनी दूर तक फैलने दिया कि हर पत्थर देवता हो गया, हर वृक्ष ईश्वरीय कार्य करने लगा और हर चौखट पर सिर झुकने लगा। वह एक ही समय में अधिक-से-अधिक ऊँचाई पर भी उड़ा और अधिक-से-अधिक नीचे की ओर भी गिरा। विशिष्ट वर्ग ने अपने लिए एकेश्वरवाद पसंद किया और जनसाधारण के लिए बहुईश्वरवाद और मूर्तिपूजा की राह उचित समझाई।' (पृ. 196) '···विचार एवं कर्म की पूर्ण सोच और सहिष्णुता का जो उदाहरण हमें भारतीय इतिहास में सदा झलकता मिल जाएगा, निस्संदेह उसकी प्रशंसा करनी पड़ेगी। जंगल-जंगल घूमनेवाले कबाइलियों की पाशविक मान्यताओं से लेकर ऊँची-से-ऊँची श्रेणी के विवेक-बिंदु एवं चिंतन यहाँ एक-दूसरे से मिलते और मिश्रित होते रहे। वह जब कभी किसी नए विचार से मिलता तो स्वयं सिमट जाता और दूसरों

के लिए स्थान बना देता। हिंदू बुद्धि इसके लिए तैयार नहीं हुई कि निम्न श्रेणी के धर्मों की पूर्ण अवहेलना कर दे या लड़कर उन्हें मिटा दे। उसके अंदर धर्मांधता का गर्व नहीं था¨ ।' (पृ. 240)

हिंदू दर्शन और धार्मिकता एक लंबी विकास प्रक्रिया का प्रतिफल है। ब्रह्म, ईश्वर और जगत्-जीवन संबंधी सारी हिंदू अवधारणाएँ समय और अनुभव के साथ विकसित होती गईं। और यही ऐतिहासिक तथ्य हिंदू धर्म के अत्यंत प्राणवान होने का सशक्त प्रमाण हैं; क्योंकि जो धर्म समय और स्थिति के अनुसार अपना दृष्टिकोण और व्यवहार बदलता न चले, वह संसार को केवल अपने अनुयायी और समर्थकों की आध्यात्मिक और बौद्धिक मृत्यु का शोक समाचार सुनाता चलेगा।

ईसाइयों के रोमन कैथोलिक चर्च की तरह ऐसा कोई सर्वोपरि प्रतिष्ठान हिंदू धर्म में कभी नहीं रहा जो हिंदुओं के धार्मिक विश्वास, कर्मकांड और धर्मशास्त्रों पर संपूर्ण नियंत्रण रखे। अलग-अलग अंचलों में अलग-अलग पुरोहित कुल के लोग अपने-अपने ढंग से वे सारे काम करते रहे। उसके अनेक भले-बुरे परिणाम सामने आते गए। मत-मतांतरों के कारण भिन्न-भिन्न पंथ-प्रथा और उनके पोषक ग्रंथ अस्तित्व में आने लगे जिनमें कई तो ऐसे थे जिनकी विकृति और अश्लीलता हमें लज्जा और ग्लानि से भर दे। मूल ग्रंथों के साथ भी छेड़छाड़ की गई। संपूर्ण 'कृष्णयजुर्वेद' तथा 'तैत्तिरीय ब्राह्मण', 'छांदोग्य' और 'वृहदारण्यक' उपनिषदों के कुछेक अंश उनके उदारहण हैं।

असुरों और बहिष्कृत आर्यों ने साथ मिलकर अपने अनुष्ठानों में पशुबलि, मांस-मदिरा-मैथुन को इस हद तक प्रधानता दे दी कि उनके दूरगामी कुपरिणाम हुए और बहुत आगे चलकर उन्हीं के आधार पर विकृतकामी वाममार्गियों का अपना अलग पंथ चल पड़ा, जिन्होंने अपने कुकृत्यों द्वारा शिव-पार्वती जैसे पवित्र देवी-देवता के नाम कलंकित कर दिए। तंत्रशास्त्र के नाम पर रुद्रायमल तंत्र, कालीतंत्र, कुलार्णव तंत्र, ज्ञानसंकलनी तंत्र, महानिर्वाण तंत्र, हठयोग प्रदीपिका, जैसी कुत्सित पुस्तकों का ढेर लग गया। वैसे साहित्य के प्रति हमारा रवैया क्या हो, उसे तय करते समय संस्कृत के महाकवि कालिदास के निर्देश का ध्यान रखना आवश्यक होगा, जिन्होंने कहा था—

पुराणमित्येव न साधु सर्व, न चापि काव्यं नर्वामत्यवद्यम।
सन्तः परीक्ष्यात्यतरद्भजन्ते मूढः परप्रत्यनेय बुद्धिः।।

अर्थात् जो पुराना है, वह सभी सुंदर नहीं है और न नया (साहित्य) नया होने के कारण ही निंदनीय है। समझदार लोग स्वयं जाँच-परखकर उसके गुण-दोष का निर्धारण करते हैं। मूढ़जन दूसरों के मत पर निर्भर कर जाते हैं। वे सारे विकार उत्तर-वैदिक काल में उत्पन्न होकर हजार-डेढ़ हजार वर्ष तक घटते-बढ़ते रहे। उस बीच आर्यों का आंतरिक अंतर्वर्गीय संघर्ष तो चला ही साथ ही पहलव-यवन-शक-हूण आदि जातियों

के आक्रमण का सिलसिला और भारत की धरती पर उन सब के स्थायी निवास के कारण सामाजिक ढाँचे में भी फेरबदल हुए। उन लोगों ने हिंदू अथवा बौद्ध धर्म अपना लिया और अलग-अलग जातियों में समा गए। जन्म के आधार पर जाति और कर्म सदा के लिए निश्चित कर दिए गए, जिनके घेरे से बाहर निकल आना संभव न था।

उन दिनों की अनेक कुप्रथाओं और मानसिकता से हम आज तक पूरी तरह उबर न पाए हैं। फिर भी एक ऐसा अदृश्य और मजबूत सूत्र था, जिसने सबको जोड़े और बाँधे रखा तथा हिंदू समाज मुख्यत: वेद-पुराणों के विचार और नियमों के अनुकूल ही चलता रहा। यद्यपि आमतौर पर लोग अशिक्षित थे, पर असभ्य हरगिज नहीं। जिन दिनों अशिक्षा का अंधकार व्यापक था, उन दिनों भी ज्ञानदीप बिल्कुल बुझ नहीं गया। ब्राह्मण और कायस्थों ने बड़े यत्न से उन्हें जलाए रखा। जिसे 'पोथी' कहते हैं, ब्राह्मणों के अतिरिक्त वे प्राय: कायस्थ घरों में ही पाए जाते थे। खासकर उत्तरी भारत में गुप्त-काल से लेकर अंग्रेजों के विदा होने के समय तक यही स्थिति थी। फिर भी वैज्ञानिक दृष्टि से बेहिचक जिसे इतिहास माना जाए; अपने अतीत का वैसा कोई सुव्यवस्थित ज्ञान हमें उपलब्ध नहीं था। स्वर्णिम गुप्त-युग की समाप्ति के बाद अंग्रेजों के आगमन-काल तक के लगभग एक हजार बरस हम आत्मविस्मृति जैसी स्थिति में पड़े रहे। आभारी हैं हम उन यूरोपीय प्राच्यविदों (ऑरिएंटलिस्ट) के, जिन्होंने हमें अपने आप से ठीक-ठीक परिचय कराया।

यह अजीब बात है कि भारतीय नवजागरण की पृष्ठभूमि हमें अपनी धरती से हजारों मील दूर यूरोप ले जाती है। यह प्रसंग इस बात का भी एक रोचक दृष्टांत है कि प्रत्यक्ष रूप में आया विनाश भी अप्रत्यक्ष रूप में कुछ वरदान देकर ही विदा होता है। तीन सौ बरस से ज्यादा चले लंबे क्रूसेड ने मुसलमानों को बहुत पीछे तो जरूर खदेड़ दिया था, लेकिन ईसाई खुद भी लहूलुहान हो चुके थे और उनकी ओर भी जान-माल का बेहद नुकसान हुआ था। उस दौरान ईसाई धर्माधिकरण (इनक्विजीशन) की क्रूरता के शिकार खुद ईसाई लोग भी बड़े पैमाने पर बने थे। कोपरनिकस, ब्रूनो और गैलीलियो जैसे महान् वैज्ञानिकों के साथ जैसा निर्मम बरताव किया गया था, वह कभी भूलने की बात न थी। ब्रूनो को जिंदा जलवाया गया और बूढ़े गैलीलियो को अंधा और असहाय बनकर जिंदगी के आखिरी कई साल कालकोठरी में गुजारने पड़े। अनगिनत प्रतिभावान लेखक, दार्शनिक और वैज्ञानिकों की हजारों-हजार अनमोल पुस्तकें राख कर दी गईं। रोमन कैथोलिक चर्च के हिंसक पागलपन से सदियों सारा यूरोप आतंकित रहा।

कैथोलिक चर्च, जो लोगों के सारे धार्मिक, बौद्धिक, यहाँ तक कि पारिवारिक जीवन पर भी नियंत्रण रखता था; उसके खिलाफ इंग्लैंड के प्रोटेस्टेंट उठ खड़े हुए। लंबे काल तक चले उस प्रचंड संघर्ष के परिणामस्वरूप चर्च धीरे-धीरे कमजोर पड़ता

गया। वह विद्रोह मुख्य रूप से नवोदित मध्यमवर्गीय लोगों का था, जिनके बीच बड़े-बड़े स्वतंत्र विचारक, लेखक, दार्शनिक, वैज्ञानिक और धर्मसुधारक पैदा हो रहे थे। सत्रहवीं शताब्दी में यूरोप के विचारवान् लोगों को धार्मिक सहिष्णुता के साथ-साथ एक ऐसे सार्वलौकिक धर्म की जरूरत महसूस होने लगी थी, जो संसार के सभी समाज में उपलब्ध नैसर्गिक गुणों को अपना ले। उन्हीं दिनों अंग्रेज भारत आए। उनकी प्रशासकीय सेवा में अधिकतर वैसे प्रतिभावान लोग थे, जिनकी शिक्षा-दीक्षा कैंब्रिज और ऑक्सफोर्ड के उन्नत विश्वविद्यालयों में हुई थी। वे जितने साहसी और कर्मठ थे, उतने ही ज्ञानानुरागी भी।

वैसे तो ईस्ट इंडिया कंपनी के जमाने से ही ब्रिटिश प्राच्यविदों की दिलचस्पी भारत के प्राचीन इतिहास को जानने-समझने की ओर जग चुकी थी; किंतु सन् 1858 में ब्रिटिश सम्राज्ञी महारानी विक्टोरिया की राजकीय उद्घोषणा द्वारा भारत जब ब्रिटिश साम्राज्य का एक वैधानिक उपनिवेश बन गया, तो उस दिशा में अनेक योजनाबद्ध कार्य प्रारंभ हुए। लगनशील ब्रिटिश अधिकारियों ने बड़ी तत्परता के साथ भारत के चप्पे-चप्पे को छान मारा और इसकी धरती के दुर्गम पर्वतों, नदी-नालों, मरुभूमियों, जंगलों से लेकर पेड़-पौधे, पशु-पक्षी तथा नर-नारियों के संबंध में आवश्यक तथ्य बटोरने शुरू किए। गाँव-गाँव के नक्शे बनवाए गए, भारत की सरहदें तय की गईं और सन् 1872 में इस देश के इतिहास में शायद पहली बार उतने व्यापक पैमाने पर जनगणना शुरू हुई, जिसके जरिए लोगों के जाति और धर्म का ठीक-ठीक पता चला। अंग्रेजों की उस निर्दोष भूल की भारत को आगे चल कर बड़ी महँगी कीमत चुकानी पड़ी। असल में हमने खुद ही वैसे महत्त्वपूर्ण आँकड़ों का दुरुपयोग किया है।

उन शोधप्रवृत्त प्राच्यविदों ने भारतीयों के सामाजिक तौर-तरीके और धार्मिक अवधारणाओं को ठीक-ठीक समझने के लिए उपलब्ध मुगलकालीन दस्तावेजों के अलावा मुसलिम रियासतों के मुल्ला-मौलवियों तथा हिंदू रजवाड़ों के राजपुरोहितों से संपर्क साधा। वे जिज्ञासु लोग भारतीय दर्शन के प्रसिद्ध केंद्र काशी; तर्कशास्त्र तथा नव-न्यायदर्शन के प्रमुख अंचल मिथिला (जहाँ बारहवीं सदी में नव-न्यायदर्शन के प्रणेता महापंडित गंगेशा जनमे थे) तथा न्याय-दर्शन का एक अन्य प्रसिद्ध स्थल नवद्वीप (पश्चिम बंगाल का वर्तमान नादिया जिला, जहाँ पंद्रहवीं सदी में चैतन्य महाप्रभु का जन्म हुआ था) जैसी जगहों के संस्कृत पंडितों से मिलकर और उनके सहयोग से धर्मसंबंधी मौखिक श्रुति-स्मृतियों तथा लिखित धर्मग्रंथों की जानकारियाँ एकत्र कीं। उन सब को संकलित कर उनका गहन अध्ययन किया गया और उनसे प्राप्त संकेतों के आधार पर भारत के विभिन्न क्षेत्रों में पुरातात्त्विक उत्खनन की वृहद् योजना बनाई गई। धीरे-धीरे सारे यूरोप को इन बातों की खबर मिलने लगी और तब इंग्लैंड के अलावा फ्रांस और

जर्मनी जैसे देशों के विद्वान् भी आगे बढ़ आए। सर विलियम जोंस जैसे भाषा विशेषज्ञों ने अपने गंभीर शोध से यह निष्कर्ष निकाला कि संस्कृत, ग्रीक, लैटिन तथा प्राचीन ईरानी भाषा फारसी—ये सब इंडो-यूरोपियन मूल की आर्य भाषाएँ हैं। उन प्राच्यविदों के सम्मिलित श्रम का पहला परिणाम यह निकला कि प्राचीन भारत के वैदिक धर्म और संस्कृति का एक सुव्यवस्थित इतिहास निखर आया और उसमें जब वे और गहरे पैठे, तब यह देखकर आह्लादित हो उठे कि आर्य संतति होने के नाते उनकी अपनी पाश्चात्य सभ्यता-संस्कृति का पुरातन ग्रंथ भी वैदिक साहित्य ही था। सबसे महत्त्वपूर्ण बात यह थी कि उन्होंने महसूस किया कि प्राचीन हिंदुओं ने धार्मिक सहिष्णुता और सर्वधर्म समन्वय का जैसा उत्कृष्ट उदाहरण पेश किया था; विश्वबंधुत्व और स्थायी शांति के हित में मनुष्य जाति के सामने उसके अतिरिक्त कोई विकल्प उपलब्ध नहीं।

अपने गौरवपूर्ण इतिहास से नवपरिचय के फलस्वरूप हिंदुओं में नई चेतना जाग्रत् होने लगी और अपना भविष्य सँवारने के लिए वे तत्पर होने लग गए। पूरब और पश्चिम के बीच संवाद और विचारों के आदान-प्रदान का सिलसिला इतनी तेजी से बढ़ता गया कि न केवल इंग्लैंड, जर्मनी, फ्रांस, रूस के विद्वानों ने वेद-वेदांत तथा भारतीय इतिहास पर एक-से-बढ़कर-एक प्रामाणिक पुस्तकें लिखीं, बल्कि बीसवीं सदी के अग्रणी भारतीय वैज्ञानिक, दार्शनिक, प्रोफेसर, डॉक्टर, इंजीनियर, विधिवेत्ता और राष्ट्रीय नेताओं में शायद ही कोई ऐसा हो, जिसने यूरोप-अमेरिका के उन्नत विश्वविद्यालयों से डिग्री न हासिल की हो। उन्नीसवीं-बीसवीं सदी के बीच यूरोप और अमेरिका के देशों में हिंदू-दर्शन, धर्म और आध्यात्मिकता का पराग बिखेरनेवालों में सर्वाधिक प्रशंसित लोग थे—स्वामी विवेकानंद, गुरुदेव रवींद्रनाथ ठाकुर, सर्वपल्ली राधाकृष्णन, श्रीअरविंद, जे. कृष्णमूर्ति, स्वामी चिन्मयानंद और ओशो रजनीश।

इतिहासकारों का मत था कि धार्मिक दृष्टि से प्राचीन हिंदू बड़े विचारवान लोग थे, जिनकी सभ्यता अत्यंत विकसित और उन्नत थी। कई ऐतिहासिक कारणों से उनकी सामाजिक व्यवस्था बिगड़ती गई तथा गुप्त सम्राटों के स्वर्णिम युग (चौथी से छठी शताब्दी ई.) के कुछ सौ बरस बाद अवनति की रफ्तार तेज होने लगी। हिंदुओं पर सर्वाधिक प्रचंड प्रहार इसलामी हमलावरों की ओर से होने लगे थे। वह सिलसिला महमूद गजनी से शुरू हुआ था। मुसलमान पहले आक्रमणकारी थे, जो अपना मजहब साथ लेते आए थे और मध्य एशिया के दूसरे मुल्कों की तरह हिंदुस्तान में भी उसे हर कीमत पर कायम करने को उतारू थे। उनका मकसद हिंदुस्तान को एक इसलामी मुल्क बनाना था, जिसकी सल्तनत हजरत मुहम्मद के मिसालों और शरीअत के कायदे-कानून के मुताबिक चलाई जाए। लिहाजा उन्होंने न सिर्फ हिंदुओं की बेशुमार दौलतें लूटीं, बल्कि जगह-बे-जगह बतरीके खूँखार कत्लेआम, तमाम बालिग मरदों के दो टुकड़े कर दिए, औरतों की लाज

लूट उन्हें अपने हरम में दाखिल कर लिया, लोगों को जबरन मुसलमान बनाया और हिंदुओं की अस्मिता मिटाने के उन्माद में मंदिरों और मूर्तियों को खास निशाना बनाते हुए उनकी धार्मिक और सांस्कृतिक धरोहरों को बड़े पैमाने पर नेस्तनाबूद कर दिया। अपनी सात सौ साल लंबी हुकूमत के दौरान मुसलमानों ने अमूमन भेदभाव की ऐसी सख्त नीति अपनाई कि हिंदू समाज बिखरता और पिछड़ता चला गया।

इतिहासकारों का यह भी कहना है कि सल्तनत की तरफ से हिंदुस्तानी मुसलमानों के साथ भी भेदभाव बरते जाते थे, जिन्हें वे लोग पिछड़ा और नाकाबिल मानते थे। उनका दर्जा भी विजित रियाया का ही था। सल्तनत पर विजेता तुर्क, अरब और ईरानी मुसलमानों का ही दबदबा छाया रहता था और तमाम अहम और ऊँचे ओहदों एवं बड़ी जागीरों पर वही लोग काबिज थे। गरचे उन तीनों में भी आपसी द्वेष और रस्साकसी चलती थी, मगर हिंदुओं और हिंदुस्तानी मुसलमानों के बारे में वे तीनों एक राय थे। नतीजा यह होता चला कि हिंदुस्तानी मुसलमान खुद को फरजी तुर्क, अरब, अफगान या ईरानी खानदानों के वंशज बताने में फायदा और फख्र महसूस करने लगे; जबकि हकीकत यह थी कि भारत में बसनेवाले ज्यादातर मुसलमानों के पूर्वज खालिस हिंदुस्तानी और हिंदू थे और उस नाते उन्हें भी हिंदुओं के साथ अपने मादरेवतन, शानदार तवारीख और सुन्नते-आबा पर ही फख्र होना चाहिए था। इसलाम कबूल करने के बाद बेशक हजरत इब्राहीम या हजरत मुहम्मद, हिंदुस्तानी मुसलमानों के भी मजीद (पूज्य) थे, मगर वे उनके अबुलहसन (परम पितामह) तो न थे। यह मानना सरासर गलत होगा कि उनका सामाजिक और सांस्कृतिक इतिहास महज हजार-पाँच सौ साल पुराना है, जबसे वे लोग इसलाम में दाखिल हुए।

इसलामी हुकूमत के जमाने में उम्मते-मुहम्मदिआ का सुविधाभोगी अरब-ईरानी, तुर्क-अफगानी वर्ग; हिंदुस्तानी मुसलमानों का उपयोग मुख्य रूप से इसलामी बाहुल्य प्रदर्शित करने के लिए करता रहा। सदियों बाद उसी वर्ग ने उन्हें गुमराह कर भारत का विभाजन करवाया और उन सबको यहीं छोड़कर खुद राजसुख भोगने पाकिस्तान चला गया। उन सुविधाभोगियों के भारत में बचे-खुचे वर्ग ने यहाँ के मुसलमानों को मिथ्या भय की मानसिकता से नाहक आक्रांत रखा तथा कांग्रेस जैसी तथाकथित सेक्युलर पार्टियों के साथ मिलकर उन्हें यही बताता रहा कि मुसलिम बिरादरी के अल्पसंख्यक लोग अपनी हिफाजत और बेहतरी के लिए एकजुट होकर उनकी रहनुमाई में चलते रहें। उन लोगों ने भारतीय मुसलमानों को यह कभी महसूस करने नहीं दिया कि दरअसल उनका हित सारे भारतवासियों के व्यापक हित के साथ जुड़ा है; लिहाजा सार्वजनिक समस्याओं के बारे में वे फकत मुसलमान के नाते नहीं, बल्कि एक हिंदुस्तानी के नाते फिक्र करें।

स्वतंत्र भारत में मुसलमानों के साथ धर्म के आधार पर कोई भेदभाव नहीं बरता जाता। एक भारतीय नागरिक के नाते वे लोग राष्ट्रपति, मुख्य न्यायाधीश, सेनाध्यक्ष,

राजदूत, राज्यपाल, मुख्यमंत्री जैसे अहम और ऊँचे ओहदों पर नियुक्त और निर्वाचित होते आए हैं। उन्हें अपने धार्मिक विश्वासों और परंपराओं के अनुरूप जीवनयापन करने, इबादत, त्योहार व जश्न मनाने की मुकम्मल आजादी है। गैर-मुसलिम भारतीय, खासकर बहुसंख्यक हिंदुओं को इसलामी मजहब से कतई कोई बैर नहीं। अलबत्ता इसलामी सियासत से जरूर है, जो जिहाद के बूते किसी मुल्क को दारुल-इसलाम में तब्दील कर देने और हदीस वो शरीअत के मुताबिक सल्तनत चलाने की तज्वीज पेश फरमाता है। ऐसे गैर-वाजिब और खतरनाक मनसूबों के खिलाफ हिंदुस्तान ही क्या, दुनिया के तमाम गैर-इसलामी मुल्क डट खड़े होंगे।

भारत में अल्पसंख्यक मुसलमानों की असुरक्षित स्थिति का इजहार इसलामी कट्टरपंथी बाबरी मसजिद-विध्वंस और गुजरात दंगों की मिसाल देकर करते हैं। हिंदुओं का मानना है कि बाबरी मसजिद का मामला विध्वंस (डेमॉलिशन) का न होकर पुनर्ग्रहण (रेक्लमेशन) का है। अयोध्या में रामजन्मभूमि पर निर्मित प्राचीन राम मंदिर को बाबर के एक सिपहसालार ने बलपूर्वक ध्वस्त करवा दिया था और ई.सन् 1528 में हिंदुओं के उस परमपावन स्थल पर मसजिद बनवा दी थी। 25 अगस्त, 2003 को इलाहाबाद हाईकोर्ट में दाखिल भारतीय पुरातात्त्विक सर्वेक्षण विभाग की उत्खनन रिपोर्ट प्रकाश में आई, जिसने इस यथार्थ की संपुष्टि कर दी है कि बाबरी मसजिद ठीक उसी स्थल पर बनवाई गई थी, जहाँ पाँच सौ वर्ष पुराना एक भव्य मंदिर खड़ा था। छह महीने चली उस खुदाई में उस मंदिर के इर्द-गिर्द ईसापूर्व के मंदिरों के भी अनेक अवशेष मिले हैं।

सच पूछा जाए तो परित्यक्त बाबरी मसजिद का स्थानीय विवाद मुसलिम पर्सनल लॉ बोर्ड के शरंगेज गुट, सत्तालोभी राजनीतिक दल तथा मिथ्याचारी सेक्युलरिस्टों की दखलंदाजी के कारण एक विस्फोटक राष्ट्रीय मुद्दा बन गया। इस विवाद में मुसलिम पक्ष के हिमायती सेक्युलरिस्ट चाहे वे किसी राजनीतिक दल से जुड़े हों या प्रोफेसर अथवा पत्रकार हों, उनका असली चेहरा तब दिखा, जिस दिन बाबरी मसजिद तोड़ी गई थी। उस शाम मैं पटना के पी.टी.आई. ब्यूरो में बैठा था। उस घटना की निंदा में छोटे-बड़े नेताओं की ओर से घनघोर बयानबाजी शुरू थी। एक पुराना राजनीतिक कार्यकर्ता होने के नाते करीब-करीब सबको मैं अच्छी तरह जानता था। अनेकों से मेरे मैत्रीपूर्ण संबंध निभते आए थे। नाम बताना ठीक नहीं। अपने वक्त के बड़े नामी लोग थे। फोन पर सब व्याकुल थे कि उनके बयान को हाईलाइट किया जाए। भेंट हुई तो चेहरा खिला-खिला पाया। छुटभइयों का तो पूछना ही क्या! अपना-अपना बयान लिये अखबारों के दफ्तर में दौड़े फिर रहे थे। व्याकुल थे कि उनका बयान भी सुबह के अखबार में जरूर छपा मिले। मगर मचल भी रहे थे—'जो कहो, काम खूब किया··जिओ कारसेवको···'। कई वामपंथी प्रोफेसर दोस्त भी मिले थे। कहने लगे, 'चलिए, झंझट साफ हुआ··· थोड़ी

जल्दबाजी कर दी…'। अब इसे क्या कहिएगा, मिथ्याचार नहीं तो और क्या? और मुझे यह भी अच्छी तरह मालूम है कि मुसलिम बिरादरी में भी अनेकों लोगों ने बड़ी राहत की साँस ली थी।

दरअसल इस मुद्दे के निहायत अहम पहलू की ओर आम मुसलमानों का ध्यान किसी ने नहीं खींचा। किसी ने भी उन्हें यह समझाने की ईमानदार कोशिश न की कि बाबरी मसजिद या अयोध्या का मुकाम हजरत मुहम्मद की जिंदगी और कारनामों से किसी कदर भी जुड़ा होता, तो बेशक उसकी खास मजहबी अहमियत थी। लेकिन सो बात तो नहीं है। मसजिद तो जोर-जबरदस्ती से बनवा दी थी एक अदना शख्स ने; और वह भी उस पवित्र स्थल पर, जो राम की जन्मभूमि मानी जाती है और जहाँ सदियों से एक मंदिर खड़ा था। सारी दुनिया जानती है कि पुरातन काल से ही हिंदू लोग श्रीराम और श्रीकृष्ण को ईश्वरदूत नहीं, बल्कि ईश्वर का साक्षात् अवतार मानते आए हैं। हिंदू जनमानस में उनका स्थान किसी भी मसीहा या पैगंबर से बहुत ऊँचा है। जिन वामपंथी सेक्युलर इतिहासकारों ने यह दलील दी है कि राम या कृष्ण के होने का कोई ऐतिहासिक प्रमाण नहीं मिलता; उन्होंने लोगों को, खासकर मुसलमानों को बरगलाया है। उन ख्यातिनामा इतिहासकारों से अगर यह पूछा जाए कि कन्याकुमारी मरीयम की कोख से जीसस के जन्म लेने, तीन दिनों बाद कब्र से उनके जिंदा बाहर निकल आने, फरिश्तों का बचपन में मुहम्मद का सीना चीरकर जिगर से काला दाग निकालने, जिब्रील द्वारा उनकी पैगंबरी का एलान किए जाने, यरूशलम की चट्टानों से उड़कर उनका खुदा से मिलने आसमान में जाने जैसी धार्मिक मान्यताओं का उनके पास क्या ऐतिहासिक प्रमाण है, तो वे क्या पेश करेंगे? जो शिकाकपसंद मुसलमान दलील देते रहे हैं कि मसजिद खुदा का घर है, एक बार जहाँ बन गई, सो बन गई; उन्हें यह भी जरूर मालूम होगा कि मदीना की मसजिदे-जरार खुद हजरत मुहम्मद के हुक्म पर ढहा और जला दी गई थी। वह भी तो खुदा का ही घर था! आगे देखें; इसलाम के शुरुआती दौर में स्पेन जब मुसलमानों के कब्जे में चला गया, तो खलीफा अब्दुल रहमान ने ई. सन् 788 में कारडोवा स्थित संत विंसेंट के मशहूर गिरजाघर को तुड़वाकर एक शानदार मसजिद बनवा दी। लगभग साढ़े चार सौ बरस बाद सन् 1236 में कारडोवा जब फिर से ईसाई राज्य बन गया, तो मसजिद की जगह ईसाइयों का मुख्य गिरजाघर फिर से उठ खड़ा हुआ। पिछले पचास वर्षों के दरमियान कई अरब मुल्कों में नगर विकास योजना के तहत वैसी अनेक मसजिदें ढहा दी गईं, जो सड़क के बीचोबीच खड़ी थीं या जिनकी वजह से माहौल के खुलेपन और खूबसूरती में खलल पहुँचती थी। मिसालें और भी हैं।

अब मैं अहमदाबाद का निवासी हूँ। गुजरात दंगे के दौरान मैं शहर में ही था। आमतौर पर गुजराती बड़े सज्जन और शांतिप्रिय लोग हैं। दोपहर से पहले खबर पहुँची

कि गोधरा स्टेशन के पास ढलती रात के अँधेरे में मुसलिम आतताइयों ने 'साबरमती एक्सप्रेस' के कुछ डिब्बों में आग लगा दी है, जिसमें अयोध्या से लौट रहे साठ-सत्तर कार सेवक बुरी तरह जलकर मर गए हैं। दावानल की तरह खबर तेजी से फैलने लगी। लोगबाग व्याकुल और उत्तेजित होते गए। मुझे उसी वक्त लगा कि यह तो शेर की माँद में घुसकर उसे दागने जैसा खतरनाक काम हुआ है। उन अहमकों ने तनिक भी न सोचा कि शेर गुस्सा कर महज पंजा ही चला दे, तब भी जख्म बड़ा गहरा होगा। फिलहाल यह मामला न्यायालय के विचाराधीन है; इसलिए ज्यादा कुछ कहना ठीक नहीं। मगर एक बात बताए बगैर रह नहीं सकता, जिसका संबंध हमारे पुराने समाजवादी नेता और प्रिय भाई जॉर्ज फर्नांडिस से है। दंगों के दरमियान उनके साहस और शांति प्रयासों की जितनी भी सराहना की जाए, कम है। सारा शहर फौजी छावनी में तब्दील हो चुका था, फिर भी मुहल्ले जल ही जाते थे। एक सुबह (3 मार्च, 2003) अखबारों के पहले पन्ने पर छपी जॉर्ज की तनहा तसवीर जब देखी तो नोआखाली के दिनों में गांधी की वह एकाकी तसवीर याद आ गई, जिसके नीचे रवि बाबू की वह अमर पंक्ति भी छपी थी—'जदि तुमार डाक सुने केउ ना आसे, तबे एकला चलो, एकला चलो, एकला चलो रे!' और तुरंत वाइसराय लॉर्ड माउंटबेटन का वह प्रशस्ति वाक्य भी याद आ गया, जो उन्होंने गांधीजी से कहा था—'यू आर आवर वन-मैन आर्मी', जॉर्ज भी गुजरात के दंगाग्रस्त इलाकों में गांधी की प्रतिच्छाया बनकर अकेले घूम रहे थे।

गुजरात में जो कुछ हुआ, उसे हरगिज अच्छा नहीं माना जाएगा। निस्संदेह वह सब घोर निंदनीय था। लेकिन दंगे सिर्फ गुजरात में ही नहीं होते। दंगों का सिलसिला पाकिस्तान-अफगानिस्तान, ईरान-इराक जैसे इसलामी मुल्कों के लिए भी आम बात बनती जा रही है। और तुर्रा यह है कि वे दंगे खुद मुसलमानों के बीच हुआ करते हैं। शीया और सुन्नियों के बीच; जिनमें सैकड़ों लोगों की जान जाती है और देखते-देखते करोड़ों की दौलत खाक हो जाती है। गुजरात दंगों का जख्म मीडिया के लोग भरने नहीं देते। वे बार-बार इस तर्जोतेवर में उन वारदातों की याद ताजा करते रहते हैं, जैसे 'गुजरात के माथे का वह कलंक कभी धुलनेवाला नहीं।' गुजरात में सिर्फ दंगे ही नहीं होते। यहाँ दंगे बहुत कम और दूसरी अच्छी बातें बहुत ज्यादा हुआ करती हैं। गुजरात एक अत्यंत सुखी-संपन्न और विकासशील राज्य है तथा इसकी विधि-व्यवस्था (लॉ-ऑर्डर) का मुकाबला आज देश का इक्का-दुक्का राज्य ही कर पाएगा।

भारत में लोकतंत्र और धर्मनिरपेक्षता का जिस धड़ल्ले से दुरुपयोग होने लगा है, उससे लगता है कि इन दोनों प्रणालियों का अंत उनके अपने ही प्रचलित तरीकों से कर दिया जाएगा। अपनी-अपनी योजनाओं के अंतर्गत इसलामी कट्टरपंथी, वामपंथी सेक्युलरिस्ट और सत्तालोभी राजनीतिक दलों ने धर्मनिरपेक्ष लोकतंत्र के नाम पर जो

रणनीति अपना ली है, उससे सांप्रदायिक कटुता तो बढ़ी ही, साथ ही शिवसेना और बजरंग दल जैसे संगठनों की साख भी क्रमशः बढ़ने लगी तथा उदारमना राष्ट्रवादी लोग उस हद तक खिन्न और क्षुब्ध होते चले गए कि उन्हें संघ परिवार की उपयोगिता दिखने लग जाए। वैसे बहुसंख्यक लोग यह समझ नहीं पाते कि 'वंदेमातरम्' अथवा 'जयहिंद' जैसे देशप्रेम सूचक उद्गारों से भारतीय मुसलमानों को क्यों एतराज हो तथा अपने देशवासियों के साथ उनका सौहार्द भारत-पाक रिश्तों की सर्दी-गरमी पर क्यों निर्भर करे? ऐसा क्यों हो कि इराक पर संभावित अमेरिकी हमले के खिलाफ तो भारतीय मुसलमान बड़ी-से-बड़ी तादाद में सड़कों पर उतर आएँ; अमेरिकी मंत्री, जेरी फैलवेल के इस कथन पर (सितंबर 2002) कि उनकी समझ में 'मुहम्मद एक आतंकवादी थे,' भारत के शोलापुर में ऐसी हिंसा क्यों भड़क उठे, जिसमें सात लोग मारे जाएँ और सवा सौ लोग घायल हो जाएँ; और श्रीनगर के हजारों कट्टरपंथी मुसलमान भी उग्र जुलूस निकालें; मगर अत्याचार पीड़ित लाखों कश्मीरी ब्राह्मणों के लिए उनके मुँह से आह तक न निकले? समदर्शी राष्ट्रवादी यह देखकर दंग रह जाते हैं कि पाक समर्थित आतंकवादियों द्वारा अमरनाथ और वैष्णोदेवी के तीर्थयात्रियों का संहार, जम्मू के रघुनाथ मंदिर और गांधीनगर स्थित अक्षरधाम के दर्शनार्थियों की निर्मम हत्या, श्रीनगर से लेकर दिल्ली और बंबई के बाजारों में विध्वंसक विस्फोटों का वहशियाना सिलसिला भारतीय मुसलमानों के गम और गुस्से का सबब क्यों नहीं बन पाता? इन वारदातों के पेशेनजर जब कट्टरपंथी मुसलमान पाकिस्तान समेत दुनिया के तमाम इसलामी मुल्कों के लिए जम्हूरियत और सेक्युलरिज्म की तज्वीज खारिज कर देते हैं, तो हिंदुस्तान में उन दोनों की हिफाजत के लिए उनका हाय-तौबा लोगों को किसी गहरी साजिश का हिस्सा मालूम पड़ता है।

भारत में धर्मनिरपेक्षता को अपने बहुसंख्यक संप्रदाय की ओर से कोई खतरा नहीं। धार्मिक विषयों में हिंदू सदा अत्यंत उदार और सहिष्णु रहे हैं। उन्होंने राजनीति को सामान्यतः धर्म से अलग रखा है। धर्म के आधार पर भारतीय नागरिकों में न्यूनतम संख्या यहूदियों की है—मात्र पाँच-छह हजार—जो रोमनकाल में ही फिलिस्तीनी इलाका छोड़कर यहाँ आ बसे थे। उनके बाद सर्वाधिक अल्पसंख्यक समुदाय जरदुश्त मतावलंबी पारसियों का है, जो इसलामी अत्याचारों से त्रस्त होकर आज से लगभग तेरह-चौदह सौ बरस पहले ईरान से भागकर भारत चले आए थे। भारत में उनकी वर्तमान जनसंख्या बामुश्किल एक लाख होगी। लेकिन आज तक उन्हें यहाँ न तो किसी ने कोई कष्ट पहुँचाया और न ही वे कभी दूसरों के कष्ट का कारण बने। वे सुख-शांति और सम्मानपूर्वक जीवन-यापन करते आए हैं तथा भारत को उन्नत और समृद्ध बनाने में उन्होंने अपना महत्त्वपूर्ण योगदान दिया है। कुछेक मूर्खतापूर्ण अतिरेकों को छोड़ दिया जाए, तो भारतीय ईसाइयों को भी बहुसंख्यक हिंदू समाज से कोई परेशानी

नहीं रही और न तो हिंदुओं के मन में उनके प्रति कोई द्वेषभाव रहा है। पीड़ित और उपेक्षित लोगों के बीच ईसाई मिशनरियों के सेवा कार्य भारतीय जनमानस में उनके लिए आदरभाव जाग्रत् करते रहे हैं। विदित है कि स्वामी विवेकानंद को रामकृष्ण मिशन स्थापित करने की प्रेरणा ईसाई मिशनरियों से ही मिली थी। भारत में ईसाइयों की जनसंख्या मुसलमानों के मुकाबले बहुत कम है और सच पूछा जाए तो ईसाई, पारसी और यहूदी लोग ही इस देश के असली अल्पसंख्यक संप्रदाय हैं, जो बिना किसी शिकवा-शिकायत के चैनपूर्वक जीते रहे हैं। उन तीनों अल्पसंख्यक धार्मिक संप्रदायों के विपरीत इसलामी कट्टरपंथियों की बेचैनी खासकर इसलिए बढ़ जाती है कि वे सियासत को अपने मजहब का अभिन्न अंग मानते हैं और भारत में इसलाम तथा मुसलमानों के भविष्य की तलाश दिल्ली के तख्त पर करते हैं। अपनी बेकरारी में वे उस कलामें मुस्तदाम को भी भूल जाते हैं, जो रसूले-इसलाम पर उतरा था कि 'ऐ पैगंबर! अगर तेरा परवरदिगार चाहता तो जमीन पर जितने आदमी हैं, वे सब-के-सब ईमान ले आते। तो अब तू क्या (बिसात रखता है कि) लोगों को मजबूर कर कि वे मोमिन हो जाएँ।' (सूर:युनूस,आ.99)

□

6

विगत बीसवीं सदी विश्व इतिहास का एक अति महत्त्वपूर्ण कालखंड था। उस सदी में विज्ञान और राजनीति दोनों ही क्षेत्रों में ऐसे-ऐसे अद्‌भुत काम हुए थे, जिनके तात्कालिक परिणामों का उल्लेख करना तो सहज है, किंतु उनके दूरगामी प्रभावों का अनुमान लगाना अत्यंत कठिन। कोई नहीं कह सकता कि अंततोगत्वा मानवजाति के लिए वे सब वरदान सिद्ध होंगे अथवा अभिशाप। हम सहमे हुए हैं, क्योंकि हमने ज्ञानियों से सुना है कि ज्ञान के भी बड़े खतरे हैं और विज्ञानियों ने हमें बताया है कि प्रत्येक पदार्थ के प्रति-पदार्थ (एंटी-मैटर) भी होते हैं। खैर, बीसवीं सदी की मुख्य वैज्ञानिक उपलब्धियों में 'सापेक्षतावाद' और 'क्वांटम सिद्धांत', अणु-परमाणु बम, स्पुतनिक और रॉकेट, चाँद पर मनुष्य का पदार्पण, शनि-मंगल-बृहस्पति जैसे दूरस्थ ग्रहों की छानबीन, जेनेटिक इंजीनियरिंग की करामात आदि शामिल हैं। दूसरी तरफ राजनीतिक रंगमंच पर भी उन दिनों एक-से-बढ़कर एक रोमांचक और राक्षसी दृश्य उपस्थित होते रहे। साम्यवाद का उदय-अस्त, दो अति संहारक विश्वयुद्ध, ब्रिटिश साम्राज्य का विलोपन, संसार की दो महाशक्तियों-अमेरिका और सोवियत संघ के बीच लंबा शीतयुद्ध, जिसके दरमियान साम्यवादी राक्षस सोवियत रूस को धूल चटाने की गरज से अमेरिका द्वारा इसलामी चरमपंथियों को प्रोत्साहन जैसी अनेक शुभ-अशुभ घटनाएँ बीसवीं सदी की विषय-सूची में ही सम्मिलित हैं।

लेकिन एक बहुत छोटी सी बात, जिसने इतिहासचक्र को एक सांघातिक मोड़ दे दिया है, वह भी बीसवीं सदी की ही देन है जो वह जाते-जाते हमें देकर विदा हो गई। दुनिया के इतिहास में ऐसा कभी नहीं हुआ था कि गैर-राजकीय संगठनों के पास भी वैसे विध्वंसक अस्त्र-शस्त्र उपलब्ध हो जाएँ जिनसे बहुमंजिली इमारतें देखते-देखते ध्वस्त कर दी जाएँ और पल भर में हजारों लोगों के परखच्चे उड़कर दूर तक बिखर जाएँ। ऐसी विनाशकारी वारदातों को महज एक या दो गुमराह और जुनूनगिरफ्त शख्स जब चाहें अंजाम दे सकते हैं। सबसे दुःखदायी बात यह है कि ऐसे दरिंदों के निशाने

पर वे निर्दोष और निहत्थे लोग होते हैं जिन्हें उनके झगड़ों से कुछ लेना-देना नहीं। वे बेचारे तो उन जामगूल (दुरात्मा) फिदायीन का शिकार फकत इसलिए बन जाते हैं कि इमाम और मौलवियों ने यह कहकर उन्हें जामेगफलत पिला दिया था कि जन्नत की सीढ़ी बेगुनाहों की लाश से बनती है। बहरहाल, जिस इक्कीसवीं सदी से हम यह आस लगाए बैठे थे कि वह हाथों में सुख-शांति की गंगा-जमुनी थाल सजाए नया सवेरा लेकर आएगी, वह आते ही इसलामी आतंकवादियों से टकरा गई और थाल उसके हाथों से छूटकर रक्तरंजित जमीन पर गिर पड़ी। 11 सितंबर, 2001 की सुबह न्यूयॉर्क और वाशिंगटन में जो हादसे हुए, उन्होंने पर्लहार्बर की याद ताजा कर दी। अमरीकी सरकार के लिए यह मामला उस जापानी हमले से भी ज्यादा गंभीर था, क्योंकि इस बार लड़ाकू सैनिकों ने नहीं, बल्कि चंद मजहबी दहशतगर्दों ने दुनिया की सबसे बड़ी सैन्यशक्ति को उसके घर में घुसकर ललकारा था।

सारी मानवजाति के लिए यह निहायत अफसोस और खतरे की बात बन गई है कि दीने-इसलाम की नुमाइंदगी वैसे क्रूर और उपद्रवी लोग करने लगे हैं जिन्हें मीडियावालों की मेहरबानी से 'इसलामिक फंडामेंटलिस्ट' नाम का बुलंद रुतबा भी हासिल हो गया है। प्रसार-जगत् के उन विद्वानों से किसी को यह पूछने की जरूरत महसूस न हुई कि निहत्थे-निर्दोष लोगों की सामूहिक हत्या, चतुर्दिक् आतंक और विश्वव्यापी कलह को यदि धर्म का मूलाधार (फंडामेंटल्स) मान लिया जाए, तो फिर अधर्म की क्या परिभाषा होगी? जहाँ तक इसलाम का सवाल है, कुरआन शरीफ यदि धैर्य और ध्यानपूर्वक पढ़ा जाए, तो यह कतई कबूल नहीं किया जा सकता कि फित्नए-आलम (विश्वव्यापी कलह) और सफ्फाकी (रक्तपात) इसलाम के बुनियादी उसूलों (फंडामेंटल टेनिट्स) में शामिल हैं। हकीकत यह है कि यत्र-तत्र अपने क्रूर और आक्रामक तेवरों के बावजूद कुरआन का स्थायी स्वर प्रेम, शांति और सौहार्द का मधुर संदेश है। कुरआन मजीद की अपनी मशहूर तफसीर 'तरजुमानुल कुरआन' में मौलाना अबुल कलाम आजाद साहब बताते हैं, 'यदि कुरआन के वे सभी स्थल एकत्र किए जाएँ जहाँ 'दया' (रहमत) शब्द का प्रयोग हुआ है, तो उसकी संख्या तीन सौ होगी और अगर वैसे स्थानों को भी सम्मिलित कर लिया जाए, जहाँ गर्चे 'दया' शब्द का प्रयोग तो नहीं हुआ, मगर उसका अभिप्राय दया से ही है, तो यह तादाद उस हद तक पहुँच जाएगी जब यह कहना उपयुक्त होगा कि कुरआन शरीफ आदि से अंत तक ईश्वर की दया का ही संदेश है।' मैंने पाक कुरआन के तहशिया (नोट) में एक जगह यह भी लिखा पाया कि कुरआन-पाठ के समय रोना मुस्तहब और मुनासिब है। दरअसल यह अदबे-तिलावत कुरआन पढ़नेवालों में रहमदिली पैदा करने का एक नुस्खा है, और मेरा यकीन है कि हिंदुस्तान और दुनिया के बहुतेरे मुसलमान मेरे इस जज्बे (भावना) को अपने दिल के करीब पाएँगे कि जब कभी प्रेम

और करुणावश किसी की आँखों से आँसू छलक पड़ें, तो मानना चाहिए कि उसने पाक कुरआन पढ़ने का शबाब (पुण्य) पा लिया।

मैं इस बात को दुहराना चाहूँगा कि बदकिस्मत हैं वे लोग, जो कुरआन बिना पढ़े उसका नाम सुनते ही बिदक जाते हैं और उन लोगों की बदनसीबी की तो कोई इंतिहा ही नहीं, जो कुरआन के अंदर दाखिल तो हो जाते हैं मगर वहाँ मौजूद अमृत-कलश को देख नहीं पाते और छोटे-छोटे विषपात्र उठाए बाहर निकल आते हैं। वैसे ही लोगों की बाबत पैगंबरे-इसलाम ने कुरआन शरीफ में साफ तौर पर कहा है कि 'जो लोग भली बातों को नापसंद कर बुरी बातों को चुन लेते हैं और चाहते हैं कि उनकी तारीफ की जाए; असल में वे अजाब (पापदंड) के रुस्तगार (भागी) होंगे।' सच तो यह है कि अधर्म के अपने पाँव होते ही नहीं, इसलिए शैतान धर्मशास्त्रों की भाषा बोलने लगते हैं तथा धर्म के नकली पाँव पर खड़े हो जाते हैं। और पुण्य की लालसा में भोले-भाले लोग जब उन पापियों के पीछे चल पड़ते हैं, तो सर्वनाश से बच पाना बड़ा कठिन हो जाता है। इसलाम के साथ भी कुछ ऐसी ही दुर्घटना की आशंका बढ़ने लगी है। वरना सब्रो-रहम, इंसाफो-अमन का राहतअफ्जा दीने-इसलाम शत्ताहो-रियाकारों की रहनुमाई में क्योंकर निकल पड़ता और खूंरेजी वो दहशतगर्दी की वैसी वारदातों को क्यों अंजाम देता फिरता कि तमाम दुनिया के गैर-मुसलमान इंतकाम के लिए आमादा हो जाएँ? गोकि मैं फ्रैंकलिन ग्राहम, पैट रॉबर्टसन, जेरी फैलवेल या जेरी वाइंस जैसे इंजिलवादियों की इस राय से इत्तिफाक नहीं रखता कि इसलाम शैतानीयत और सितमगरी का मजहब है; लेकिन जब तक अल-कायदा, लश्करे-तैयबा या जैशे-मुहम्मद के फिदायीन हमलों की पुरजोर मुखालफत खुद मुसलमान ही न करने लग जाएँ, तब तक उनके आतंकवादी कारनामों की सारी नापाक कमाई इसलाम के खाते में ही तो जमा होती जाएगी!

पिछले कुछ बरसों में वाशिंगटन, न्यूयॉर्क, नई दिल्ली, बंबई, श्रीनगर से लेकर इंडोनेशिया, टयूनिशिया, सऊदी अरब, केन्या, मोरक्को जैसे मुल्कों में एक के बाद एक जो खूनी वारदातें होती रहीं, उनके कारण विश्वव्यापी आतंक अब इसलाम का पर्यायवाची बन गया है। रिहायशी इलाकों, दफ्तरों, होटलों और क्लबों में बैठे बेगुनाहों को बमों से उड़ा देना फिदायीनों ने अपना मजहबी फर्ज मान लिया है और खबर गरम है कि सऊदी अरब के रियाद और जेद्दाह से लेकर यूरोप के हॉलैंड, इंग्लैंड और जर्मनी तक अल-कायदा की जाल बिछा देने की कोशिशें जारी हैं। इसलामी चरमपंथियों ने यहूदी, ईसाई, हिंदू—तीनों को एक समान अपना दुश्मन मान लिया है और उनके निशाने पर अमेरिका, इंग्लैंड, इजराइल के साथ भारत भी शामिल हो चुका है। हालात जिस बुरी तरह बिगड़ते जा रहे हैं, इसलामी कट्टरपंथियों के खिलाफ अगर बहुसंख्यक उदारमना मुसलमानों ने जल्द मुहिम न छेड़ी, तो ताज्जुब नहीं कि यह तकरार दो मुखालिफ

तहजीबों की खौफनाक टक्कर बन जाए, और तब शायद एक विनाशकारी विश्वयुद्ध भी किसी के टाले न टले।

कलामे-कुरआन के मुताबिक 'जिहाद' बेशक मुसलमानों का पाक फर्ज बनता है, मगर उसकी पाकीजगी उसके मकसद और तरीके पर पूरी तरह निर्भर करती है और हर खासो-आम को यह हक भी हासिल नहीं कि वह जिहाद जैसे अहम और जिम्मेदार फर्ज की बाबत फतवा जारी कर दे। नापाक इरादों और तरीकों से जिहाद की पाकीजगी हरगिज महफूज रह नहीं सकती। निहत्थे और बेकसूर लोगों का कत्ल, चाहे वे किसी मुल्क या मजहब से वास्ता रखते हों—हर हाल में एक संगीन गुनाह ही माना जाएगा। और ऐसे गुनाहों की खातिर जन्नत का वायदा या दौलत का लालच देकर जज्बाती नौजवानों को फिदायीन बना देना उससे भी बड़ा गुनाह है। वैसे फिदायीनों को आगाह करने की गरज से मैं पैगंबरे इसलाम की आखिरी नसीहतों का वह हिस्सा पेश कर देना चाहूँगा, जो अपनी वफात (देहांत) से पहले उन्होंने फरमाया था, '...खुदा ने मुझसे और तुमसे भी यह कहा है कि जन्नत वह जगह है, जहाँ सिर्फ वैसे लोग ही दाखिल होंगे, जो धरती पर किसी फसाद के गुनहगार न हों; क्योंकि जन्नत पुण्यकर्मों का फल है।' बहरहाल, जन्नत की तफसील चाहे जितनी भी लुभावनी हो, मगर जन्नत का मुकाम तो मौत के बाद ही मुमकिन है। और सच यह है कि मरना कोई नहीं चाहता। इनसानी जिंदगी खुद में अल्लाह की नेमत है। और यह भी सनद रहे कि दौरे-जिहाद में अमूमन जज्बाती नौजवान या निर्दोष नागरिक ही हलाक होते हैं। अक्लमंद ओसामा बिन-लादेन, अल-जवाहीरी या मुल्ला उमर जन्नत के दिलकश बागों और ठंडे चश्मों के मुकाबले बीहड़ पहाड़ों की तंग गुफाओं में ज्यादा चैन व आराम महसूस करते हैं। अगर शहादत के शबाब (पुण्य) और जन्नत की असलियत पर उन रौशनअक्ल अमीरे-कारवाँ को पक्का यकीन होता तो आसमान से बरसते अमेरिकी बमों को लपककर खुद लोक न लेते?

उम्मते-मुहम्मदिआ का वह कौन सा तबका है जो जिहाद के लिए इस हद तक बेचैन और बेकरार हो उठा है कि मुसलमानों को सारी दुनिया की दुश्मनी मोल लेनी पड़े और दीने-इसलाम इस कदर बदनाम होता जाए कि गैर-मुसलमान उसे खौफ और हिकारत की नजर से देखें? आखिर उन जिहादियों की समझ क्या है? क्या वे यह सोचते हैं कि जब तक गैर-इसलामी तहजीबों को बरबाद कर उनकी लोकतांत्रिक और धर्मनिरपेक्ष प्रणाली, उनकी न्याय-व्यवस्था, उनके शैक्षणिक संस्थान और सामाजिक-आर्थिक ढाँचे—सबको तहस-नहस न कर दिया जाए, तब तक इसलाम का वह शानदार सुनहला जमाना न लौट पाएगा जो कभी हुआ करता था? याद रहे, इसलाम का वो शानदार जमाना इसलिए नहीं खत्म हुआ कि मंगोलों और तुर्कों ने उस पर घातक हमले किए थे या ईसाइयों ने लंबे क्रूसेड की मुहिम छेड़कर उन्हें बदहाल कर दिया था। इसलाम

का असली मुजरिम जो उस जमाने में था, वह तबका आज भी मौजूद है—प्रतिगामी, अनुदार, असहिष्णु उलेमाओं का वर्ग, जिसने प्रगतिशील इसलामी सोच के पंख कतर दिए, ताकि वह इल्म और ईजाद के असीम आकाश में मुक्त उड़ान भर ही न पाए। उसने मोमिनों के मन में यह बात जमा दी कि कुरआन एक इलहामी किताब है और शुरू से यही दावा करता चला आया कि पाक कुरआन और शरीअत की व्याख्या करना उसी वर्ग का एकाधिकार है।

लगभग आठ सौ बरस तक हिंदुस्तान में मुसलमानी शासन रहा। उस बीच कुतुबमीनार, लाल किला, ताजमहल जैसी एक-से-एक शानदार इमारतें बनवाई गईं, जिनमें राजकीय कोष के करोड़ों रुपए खर्च हुए। दिलकश शालीमार और निशात बाग तामीर किए गए। मुगलकाल तो अपने शाही शानोशौकत के लिए परीकथाओं की तरह दूर-दूर तक मशहूर था। मगर इसकी क्या कैफियत होगी कि किसी भी सुलतान या बादशाह को भारत के किसी भी कोने में ऑक्सफोर्ड या कैंब्रिज, सोलार्नो या बोलेगना, पेरिस या पाडुआ की किस्म की एक भी यूनिवर्सिटी या पब्लिक लाइब्रेरी कायम करने का कोई खयाल न आया? और नहीं तो बैतुल-हिकमत (बगदाद) के दर्जे का ही कोई शोध संस्थान या जामिआ वजूद में लाया जाता! उस जमाने की तालीम का हाल तो यह था कि बादशाह औरंगजेब तक को इस बात के लिए अपने बुजुर्ग अतालीक (शिक्षक) मुल्ला सालेह को कड़ी फटकार लगानी पड़ी थी कि उन्होंने उसे अच्छी तालीम नहीं दी और वैसी ढेर सारी अहम जानकारियों से नावाकिफ रखा, जो एक बादशाह के लिए निहायत जरूरी थीं। अपनी तंगनजरी के लिए औरंगजेब ने अपने उस्ताद को जिम्मेदार ठहराया था जो अपने वक्त के एक मशहूर आलिम थे। जब शहंशाह और शाहजादों की तालीम का यह हाल था, तो अवाम की बात पूछनी फिजूल है।

शुक्रगुजार हैं हम अंग्रेजों के, जिन्होंने महज सौ-डेढ़ सौ साल के अपने शासनकाल में शिक्षा-प्रसार, न्याय-प्रणाली, सैन्य संगठन, प्रशासनिक सेवा, संचार-व्यवस्था आदि क्षेत्रों में जो महत्त्वपूर्ण काम किए, उनके सम्मिलित परिणामस्वरूप भारत एक विकासोन्मुख आधुनिक समाज के रूप में उभरता गया। प्रसिद्ध ईसाई मिशनरी और कलकत्ता के सेंट जेवियर्स कॉलेज में फिजिक्स के विद्वान् प्रोफेसर फादर लाफोंत ने विज्ञान-शिक्षा को प्रोत्साहित और प्रसारित करने में जो मार्गदर्शी भूमिका निभाई थी, वह अविस्मरणीय है। सर जगदीश चंद्र बोस और सर सी.वी. रमण जैसे विज्ञान-विभूति फादर लाफोंत के ही परमप्रिय शिष्यों में थे। ईसाई मिशनरियों द्वारा संचालित प्रसिद्ध शैक्षणिक संस्था 'दि सोसाइटी ऑफ जीसस' ने कलकत्ता, बंबई, मद्रास समेत भारत के विभिन्न अंचलों में करीब चालीस यूनिवर्सिटी-कॉलेज और डेढ़ सौ हाई स्कूल स्थापित किए थे, जिनसे निकले छात्र आगे चलकर अलग-अलग कार्यक्षेत्रों के अग्रणी लोग बने। उस माहौल

में उन दिनों भारत में जितने ऊँचे कद के लोग पैदा हुए थे, उनके सामने आज हम सब बौने दिखने लगे हैं।

दूसरी तरफ इसलामी दुनिया की तसवीर देखें, जहाँ तालीम का आम जरिया मकतब व मदरसा हुआ करता है, जिसके पाठ्यक्रम में वे विषय अमूमन होते ही नहीं, जिन्हें 'उलूमे अक्ली' कहते हैं, यानी जिनका संबंध विवेक और तर्क से हो। मदरसों में खासकर धर्म संबंधी शिक्षा दी जाती है, जैसी धर्मपुस्तकों में लिखी है। और उन धर्मग्रंथों के व्याख्याता वही उलेमा लोग हुआ करते हैं, जो बातों को उस मुकाम से आगे बढ़ने ही नहीं देते कि 'ला इलाह इल्लल्लाह मुहम्मद रसूलल्लाह', यानी अल्लाह के अलावा कोई ईश्वर नहीं और उस अल्लाह के रसूल मुहम्मद हैं—'उलूमे-नफ्सी' (धर्म संबंधी शिक्षा) का सारा निचोड़ बस इतना ही है।

एक सामान्य मुसलमान कुरआन की कितनी जानकारी रखता है, उसकी एक मिसाल देख लें। पटना में गोरखपुर जिले का एक गँवई मुसलमान मेरे घर बागवानी करता था। नाम था मुहम्मद हबीब। नेक इनसान था; जुम्मे की नमाज का बड़ा पाबंद। एक रोज मसजिद से लौटा तो मैंने पूछा कि नमाज के वक्त कुरआन का जो कलमा पढ़ते हैं, वह सब तो अरबी में होता है; फिर वह उसे कैसे बोल-समझ पाता होगा, क्योंकि अरबी तो बहुत मुश्किल जुबान है? उसने बड़े सरल भाव में बताया कि वह सिर्फ कतार में लग जाता है। सबकी देखा-देखी उठता-बैठता झुकता है। एकाध बार अल्लाह का नाम बुदबुदा लेता है और आहिस्ते से कहता है—'जो इमाम साहेब बोल रहे हैं, सो ही नमाज सुन्नत; बस नमाज अता हो गई।' गरज ये कि एक आम मुसलमान इसलाम की फकत इतनी ही समझ रखता है कि 'जो इमाम साहब कहते हैं, सो ही।' बात खत्म!

हजरत मुहम्मद को गुजरे करीब चौदह सौ साल बीत गए। उस वक्त तक जमाना जहाँ पहुँचा था, मुहम्मद उतना ही जान पाए थे। इसलिए उन्होंने बड़ी ईमानदारी से कहा था—'कोई जमात अपने वक्त से न आगे जा सकता है और न पीछे रह सकता है।' और यह बात उन्होंने दो मौके पर कही थी (देखें, सूर: अल-हिज्र, आयत-5 और अल-मुअमिनून, आ. 43) और कम-से कम दो बार यह दुआ भी माँगी थी, 'मेरे परवरदिगार! मुझे और इल्म दे।' खयाल रहे, मुहम्मद के जमाने से दुनिया चौदह सौ साल आगे निकल आई है, मगर मोमिन वहीं-के-वहीं थमे हुए खड़े हैं! अब बताएँ, किसकी गलती है—पैगंबरे-इसलाम की; पश्चिमी तहजीब की या इसलामी उलमाओं की? दौरे-जमाना के साथ सब बदलते चले गए—ईसाई पोप और पादरी बदले; यहूदी रब्बी बदले; बौद्ध लामा बदले; मगर इसलामी उलेमा व इमाम जहाँ थे, वहीं अटके रह गए। यहूदी लोग, जो सबसे कट्टर परंपरावादी थे, उनका मिजाज उस हद तक बदल गया कि उनके बीच कार्ल मार्क्स, अल्बर्ट आइंस्टीन, सिगमंड फ्रायड जैसे लोग पैदा होते गए।

उन तीनों ने जैसी-जैसी बातें कही, वे सब तौरात, तालमूद और मिश्ना से बहुत हटकर थीं। फिर भी सबने उन्हें स्वीकार किया। तिब्बती बौद्धों के सर्वश्रेष्ठ धर्माधिकारी दलाई लामा ने हाल ही में यहाँ तक कह दिया कि विज्ञान-सिद्ध तथ्यों से जो बौद्ध मान्यताएँ भिन्न हैं, उन्हें बौद्ध धर्म विज्ञान के अनुरूप ही बदल लेगा। वे अमेरिका में मेसाच्यूसेट स्थित 'इंसटीट्यूट ऑफ टेक्नॉलोजी' के समक्ष बोल रहे थे।

दूसरी तरफ इसलामी मुल्कों की ओर नजर डालें, जहाँ वैसी बात करनेवालों को न सिर्फ काफिर करार दिया जएगा, बल्कि कत्ल का फतवा भी जारी हो जाए, तो ताज्जुब नहीं। इस सिलसिले में पाकिस्तान की एक मिसाल मौजूद है। वहाँ बामुश्किल एक नोबेल पुरस्कार विजेता बन पाया था। भौतिक विज्ञानी डॉ. अब्दुस सलाम। उलेमा और मुल्लाओं ने उन्हें मुसलमान मानने से भी इनकार कर दिया। डॉ. सलाम अपने वतन से बहुत दूर इंग्लैंड में रहने लगे हैं और वहीं के नागरिक हैं। एक भूतपूर्व पाकिस्तानी राजनयिक और वरिष्ठ पत्रकार हुसैन हक्कानी ने इसलामी मुल्कों की बाबत एक बड़े ही नुक्ते की बात कही है। उन्होंने लिखा है कि एक तरफ पश्चिमी दुनिया की शक्ति, जहाँ विचारों से संचालित होती है, वहीं दूसरी ओर इसलामी दुनिया में विचारों का संचालन शक्ति द्वारा होता है। उन्होंने जो बताया है, हमें मालूम है कि ठीक वैसी ही स्थिति हाल तक साम्यवादी संसार की थी। हम यह भी अच्छी तरह जानते हैं कि सोवियत संघ या साम्यवादी व्यवस्था को अमेरिका की प्रबल सैन्यशक्ति ने नहीं मिटाया। उन्हें खुद उन्हीं लोगों ने उखाड़ फेंका जो उन मुल्कों में उस व्यवस्था के अंदर जीते थे। परंपरावादी और प्रतिगामी इसलामी कट्टरपंथियों के खिलाफ उम्मते मुहम्मदिया के तरक्कीपसंद उदारवादियों को भी वही करना होगा। दरअसल वही वह पाक जिहाद है, जिसे पैगंबरे-इसलाम ने 'जिहादे-अकबर' का नाम दिया था और जो आज तक कभी आजमाया न गया। 'जिहादे-अकबर', यानी खुद अपनी ही बुराइयों से लड़ना।

कट्टरपंथी मुल्ला-मौलवी या इमामों के खिलाफ किसी गैर-मुसलमान की तोहमत का जिक्र मैं नहीं करता। मैं बात कर रहा हूँ एक वफादार मोमिन और जिम्मेदार सियासी हस्ती की, जो पाकिस्तान के मौजूदा सदर हैं। कौम और दुनिया को खिताब करते हुए जनाब परवेज मुशर्रफ साहब ने उस मुतअस्सिब (धर्मांध) जमात की बाबत 13 जनवरी, 2002 के अपने टी.वी. बयान में कहा था कि उन लोगों ने जितने मुसलमान नहीं बनाए, उससे ज्यादा मोमिनों को काफिर करार दे दिया। उनकी शह पर मुल्क में अनेक वैसे लोग कत्ल कर दिए गए जो आला तालीमयाफ्ता, तजुर्बेकार इंजीनियर, डॉक्टर, प्रोफेसर और सिविल सरवेंट्स थे। चरमपंथियों का जुल्म वहीं खत्म नहीं हुआ। उन लोगों ने मसजिदों और इबादतगाहों के अंदर बेगुनाहों के खून किए और दहशत की वैसी फिजा पैदा कर दी कि लोग उन पाक जगहों पर जाने से घबराने लगे। बकौल जनाब मुशर्रफ,

इससे बड़ी शर्मनाक बात और क्या हो सकती है कि एक मुसलमान अपने उम्मत के दूसरे बिरादर से खौफ खाए और लोग पुलिस हिफाजत के बगैर इबादतगाहों तक में जाने की हिम्मत न जुटा पाएँ? मुशर्रफ साहब ने करांची के पुलिस इंस्पेक्टर जनरल की रिपोर्ट का हवाला देते हुए आगे कहा कि वैसे एक दहशतगर्द गिरोह का सरगना एक मसजिद का पेश-इमाम था, जिसने यह भी कबूल किया था कि कई लोग तो खुद उसके ही हाथों हलाक हुए थे। आतंकवाद के नुकसानों का मुशर्रफ साहब चाहे जितना भी रोना रोएँ, मगर उसे रोकने के उनके वायदों पर हम भरोसा नहीं कर सकते। उनके लगातार बदलते रुख और रवैए के कारण उनकी वैसी छवि न बन पाई, जिस पर कोई एतिमाद कर ले। हम उनके ईमान पर शक न भी करें, तो भी जब कुरआन ही कहता हो—'खुदा इस बात से सख्त बेजार है कि तुम वैसी बातें क्यों करो, जो कभी पूरी न करो' (61:3) : तो हम क्या करें?

जनरल मुशर्रफ की तरह के सभी सियासतदाँ और हुक्मराँ का खयाल है कि मुसलिम अवाम पर असली पकड़ मुल्ला और उलमाओं की है, जिनकी मदद बगैर वे गद्दी पर काबिज नहीं रह सकते। उन्हें यह भी अच्छी तरह मालूम है कि मुल्लाओं के साथ आई.एस.आई. की कितनी गहरी साँठ-गाँठ है और उनके चंगुल से निकल पाना उन जैसे रुक्ने-सल्तनत के लिए कितना मुश्किल है! पाकिस्तान की दिनोदिन बिगड़ती अर्थव्यवस्था से भी वे कुछ कम परेशान नहीं। उन्हें अमेरिकी डॉलर के वजन का पूरा अंदाजा है, साथ ही शररबार (अग्निवर्षक) अमेरिकी विमानों और मिसाइलों की कयामतखेज़ कुव्वत से भी वे गाफिल नहीं; और इतनी अक्ल तो वे रखते ही हैं कि यह यकीन मानें कि जिस दिन भारत के साथ पाकिस्तान के रिश्ते सचमुच सुधर गए और मध्य-पूर्व के दहशतगर्द वाकई बेअसर हो गए, उसी दिन पाकिस्तान का सारा सियासी खेल खत्म हो जाएगा। फिर तो अमेरिका से बेशुमार डॉलर और जंगी साजो-सामान ऐंठने का कोई बहाना ही न बचेगा। लिहाजा चतुराई इसी में है कि कश्मीर भी गरमाया रहे, आतंकवाद भी चलता रहे और परवेज मुशर्रफ भी तख्तनशीं बने रहें; भले ही पाकिस्तान जहन्नुम में चला जाए। पाकिस्तान समेत दूसरे कई इसलामी मुल्कों ने अमेरिका के साथ यह खेल कभी साम्यवादी खतरों के बहाने खेला था, अब आतंकवादी हौव्वा दरपेश है। ऐसे ही खेल-तमाशों के मद्देनजर प्रसिद्ध विचारक अरनेस्ट बेन ने राजनीति की जो परिभाषा दी थी, उसे थोड़ा संशोधित कर दिया जाए, तो कहा जाएगा—'राजनीति मुसीबतों को ढूँढ़ निकालने का विज्ञान और उनके गलत समाधान पेश कर देने की कला है'। वो सियासतदाँ ही क्या जो उन दोनों में माहिर न हो!

यह हो नहीं सकता कि जो काँटा हम दूसरों के लिए बोएँ, वह कभी हमारे पाँव में न चुभे। और अब तो बारूदी सुरंगों ने काँटों की जगह ले ली है। सूरते-हाल यह है

कि गैर-इसलामी मुल्कों की तबाही के लिए तैनात आतंकवादी खुद इसलामी मुल्कों की बरबादी के सबब बनते जा रहे हैं। सऊदी अरब, रियाद, नजाफ, बगदाद, मोमबासा, जकार्ता, बाली में भी आतंकवादी बम फूटने लगे हैं और पाकिस्तान में एक साल (सन् 2001) के अंदर तकरीबन चार सौ लोग वैसी वारदातों के शिकार हुए। घायलों की तादाद कई गुना ज्यादा थी। एक पाकिस्तानी पत्रकार ने लिखा था कि जिहाद आहिस्ता-आहिस्ता अवामी तहजीब बनता जा रहा है और वह दिन दूर नहीं जब गिरोहों के आपसी झगड़ों के अलावा छोटे-बड़े जुर्मों की खातिर भी जिहाद की दुहाई दी जाएगी। कौन नहीं जानता कि अफीम, चरस, हीरोइन और नशीली दवाओं की अंतरराष्ट्रीय तस्करी जिहादियों की आमदनी का एक बड़ा जरिया बन चुकी है। क्रूसेड के जमाने में भी वैसे ही हालात बन गए थे। एक सुप्रसिद्ध इतिहासकार (संभवतः लॉर्ड ऐक्टन) ने बड़े अफसोस के लहजे में कहा था कि अमूमन इतिहास से हम एक ही सबक लेते हैं कि इससे कोई सबक न लें।

कई साल पहले पाकिस्तान ने अफगानिस्तान में रूसी कब्जे के खिलाफ जब जिहाद शुरू करवाया था, तो उसे गृहयुद्ध की शक्ल अख्तियार करते बहुत देर न लगी। हालात जब तेजी से बिगड़ते गए, तो मोरचे पर तालिबान आ धमके और अलकायदा के नाखुदा ओसामा बिन-लादेन ने पतवार थाम ली। ओसामा के सहयोगी मुल्ला उमर और अल-जवाहरी के हिकमतगारों ने कंधार को अंतरराष्ट्रीय आतंकवाद का मुख्यालय बना दिया, जहाँ लगभग ढाई-तीन सौ यात्रियों से लदा एक भारतीय विमान अपहृत कर ले जाया गया था (दिसंबर 1999)। तालिबान विरोधी लोकप्रिय अफगानी नेता 'शेरे-पंजशीर' अहमद शाह मसूद की हत्या कर दी गई और दूर-दराज के देशों में आतंकवादी बमों के धमाके होते रहे। अमेरिकी राष्ट्रपति जॉर्ज बुश को आतंकवाद का असली खौफनाक चेहरा उस दिन नजर आया, जब शेरे-पंजशीर की हत्या के ठीक दो दिन बाद न्यूयॉर्क और वाशिंगटन पर फिदायीन हमले हुए। 'वर्ल्ड ट्रेड' सेंटर की दोनों बहुमंजिल इमारतें देखते-देखते ध्वस्त कर दी गईं और अमेरिकी सैन्य संगठन का मुख्यालय 'पेंटागन' भी बुरी तरह क्षतिग्रस्त हो गया। गनीमत थी कि व्हाइट-हाउस बच गया। वह सारा इतिहास हम सबको मालूम है।

द्वितीय विश्वयुद्ध के बाद संसार की दूसरी सबसे बड़ी सैन्यशक्ति सोवियत रूस के प्रभुत्व और प्रसार को रोकने के लिए अमेरिका ने जो कार्यनीतियाँ अपनाईं, उनके कुछ तात्कालिक लाभ भले हुए हों, किंतु उनके कई दूरगामी परिणाम न तो अमेरिका के लिए अच्छे हुए और न ही दुनिया के लिए। सोवियत संघ यदि बिखर गया तो वह मुख्यतः साम्यवादी व्यवस्था के अंतर्विरोधों और अतिरेकों के कारण बिखरा; और इसलिए बिखरा कि वहाँ मिखाइल गोर्बाचोव जैसे मानवतावादी पैदा हो गए। अमेरिका की अपनी प्रथम

राजकीय यात्रा के दौरान 9 दिसंबर, 1987 को वाशिंगटन में लेखकों और बुद्धिजीवियों को संबोधित करते हुए रूसी राष्ट्रपति गोर्बाचोव ने कहा, 'हम एक अखंड मानव सभ्यता के अंग हैं तथा विज्ञान, तकनीक, पर्यावरण और आगामी इक्कीसवीं सदी की अनजानी चुनौतियों के हल ढूँढ़ने की अनिवार्यता में परस्पर जुड़े हैं। इसलिए चिंतन और कर्म में भी हमें परस्पर सहयोग करना होगा···अमेरिका और सोवियत संघ ने अकसर अपनी अनैतिक नीतियों के कारण बहुत कुछ गँवाया है···हमें इसका कोई अधिकार नहीं कि अकूत भौतिक संपदा और मानवीय संसाधनों को मानवीय जीवन की दशा सुधारने के बजाय उन्हें अस्त्र-शस्त्रों पर अपव्यय करते जाएँ'। कुछ महीने बाद (28 जून, 1988) रूसी कम्युनिस्ट पार्टी के उन्नीसवें राष्ट्रीय सम्मेलन में गोर्बाचोव ने घोषणा की—'मानव अधिकार न तो सरकार का दिया उपहार है, न किसी व्यक्ति का दिया कृपा प्रसाद··· हम लोकतंत्र और ग्लासनोस्त सीख रहे हैं; बहस और तर्क करना सीख रहे हैं, ताकि एक-दूसरे को सच्चाई बता सकें।'

संसार में साम्यवाद का उदय शुभ था या उसका अस्त; यह निर्णय तो हम इतिहास पर ही छोड़ दें। लेकिन इतना निर्विवाद है कि क्रांति के रक्तरंजित रथ पर साम्यवाद के आगमन की कथा बाँचते समय लोग जब भी क्रांतिनायक ब्लादिमीर लेनिन की चर्चा लाएँगे, तो लोकतांत्रिक तरीकों से साम्यवाद की शांतिपूर्ण विदाई में रूस के उस महान् सपूत मिखाइल गोर्बाचोव की अग्रणी भूमिका का जिक्र कर देना भी उनके लिए निहायत जरूरी होगा। अन्यथा कथा अधूरी रह जाएगी।

अमेरिकी नीतियों की चर्चा करते समय हम द्वितीय विश्वयुद्ध के अंतिम दिनों में कुछ देर के लिए लौट चलें। 28 अप्रैल, 1945 को मिलान नगर में मुसोलिनी को उसके ही पूर्व समर्थकों ने गोली मार दी। हिटलर आत्महत्या कर चुका था और दूसरे ही दिन (2 मई, 1945) बर्लिन ने हथियार डाल दिए। पाँचवें दिन (7 मई, 1945) जर्मन सेनाध्यक्ष जोदेल द्वारा मित्र राष्ट्रों के सेना-प्रमुख अमेरिका के जनरल आइजन हावर के समक्ष विधिवत् आत्मसमर्पण कर देने के पश्चात् यूरोप में युद्ध समाप्त हो गया। इधर एशिया में जापान भी अंतिम साँसें ले रहा था। वैसी घड़ी में बिल्कुल जरूरत न थी कि उस पर अणुबम जैसे सर्वनाशी अस्त्रों का प्रयोग किया जाए। मगर अमेरिका न माना। उसने समुद्रतटीय जापानी नगर हिरोशिमा पर 6 अगस्त, 1945 को एटम बम छोड़ ही दिया और तीसरे दिन (9 अगस्त, 1945) नागासाकी शहर पर भी एटम बम गिराया, जिसकी कोई आवश्यकता न थी। नोबेल पुरस्कार से सम्मानित ब्रिटेन के न्यूक्लियर वैज्ञानिक पैट्रिक स्टुअर्ट ब्लैकिट के शब्दों में—'शीतयुद्ध की दिशा में वह प्रथम राजनयिक युक्ति थी, जिसका वास्तविक लक्ष्य जापान नहीं, अपितु सोवियत संघ था।' असल में अमेरिका उन नवविकसित आणविक आयुधों की वास्तविक प्रहारक

शक्ति का प्रत्यक्ष प्रमाण पा लेना चाहता था, जिसके आधार पर अपने सामरिक सामर्थ्य का वह सही आकलन कर सके। साथ ही अपने एकमात्र प्रबल प्रतिद्वंद्वी साम्यवादी रूस को भी खबरदार कर दे। वह अमानवीय अनावश्यक बमबारी 'एक तीर से दो (वास्तव में तीन) शिकार' वाली कहावत चरितार्थ करती थी। और इस तरह खौलता विश्वयुद्ध अपनी विधिवत् समाप्ति की गोधूलि वेला में शीतयुद्ध में परिवर्तित होकर आगे चल पड़ा और उसकी सहगामिनी बनी आणविक आयुधों की विश्वव्यापी होड़।

हिरोशिमा-नागासाकी कांड के ठीक चार साल बाद 29 अगस्त, 1949 को सोवियत संघ ने आणविक बम का प्रथम परीक्षण-विस्फोट किया। ग्रेट ब्रिटेन भी पीछे न रहा। उसने भी तीन साल बाद 2 अक्तूबर, 1952 के दिन आणविक धमाका कर ही दिया। आठ साल की गुपचुप तैयारी के बाद 13 अक्तूबर, 1960 को फ्रांस का अणु बम भी फूटा। तब बारी आई साम्यवादी लाल चीन की, जिसने भारत-चीन सीमायुद्ध के दो बरस बाद, 13 अक्तूबर, 1964 को अपना आणविक परीक्षण-विस्फोट किया। पड़ोसी पाकिस्तान और चीन के साथ हुए युद्धों के कटु अनुभव से बाध्य होकर भारत ने अपनी आणविक तैयारी पूरी कर लेने की खबर सन् 1974 के परीक्षण-विस्फोट द्वारा दुनिया को दे दी। इस तरह चालीस बरस की अवधि में (16 जुलाई, 1945 से जून 1983 के बीच) अमेरिका ने 748 बार, रूस में 492 बार, फ्रांस में 113 बार, इंग्लैंड में 35 बार, चीन में 26 बार और भारत में एक बार परीक्षण-विस्फोट किए थे। उधर पाकिस्तान में न्यूक्लियर बम बनाने की बेचैनी खासकर फौजी शासक जिआउल हक के जमाने में काफी बढ़ गई। न्यूक्लियर बम के जरूरी कल-पुर्जे गुपचुप चोरी से हासिल करने की फिराक में उनके लोग दुनिया भर में घूमने लगे। तीन पाकिस्तानी नागरिक—नजीर अहमद वाइद, सलीम अहमद अहमदी और इलियास अहमद महमदी—22 जून, 1984 के दिन अमेरिका के हाउस्टन इंटरनेशनल एयरपोर्ट पर एक पार्सल पैकेज के साथ पकड़े गए, जिसके ऊपर 'प्रिंटेड मेटीरियल एंड ऑफिस सल्पाइज' का लेबल लगा था। असल में पैकेज के अंदर 'हाई स्पीड क्रिटोन स्विचेज' थीं, जिनके बारे में अमेरिका के न्यूक्लियर कंट्रोल इंस्टीट्यूट के तत्कालीन अध्यक्ष एल. लेवेंथल ने बताया था कि उनका उपयोग आणविक बम बनाने में हुआ करता है। बहरहाल, अब्दुल कादर खाँ की निगरानी में पाकिस्तान ने भी अपनी अणुबम-परियोजना पूरी कर ही ली। कादर खाँ 'इसलामी-बम' के जनक माने जाते हैं। वे न सिर्फ एक साइंसदाँ हैं, बल्कि एक कट्टरवादी मुसलमान भी हैं जिनके आई.एस.आई. और अल-कायदा, दोनों से बड़े गहरे ताल्लुकात हैं।

आणविक आयुधों की होड़ ने दुनिया को जिस मुकाम पर पहुँचा दिया है, उसकी संभावनाओं के संबंध में विश्वासपूर्वक कोई कुछ नहीं कह सकता। बयालीस वर्ष पहले, 20 जनवरी, 1961 को अमेरिका के राष्ट्रपति का पदभार ग्रहण करते हुए जॉन एफ. केनेडी

ने कहा था—'जब तक हथियारों की तादाद इतनी न हो जाए कि हम बिना शक कह सकें 'कि बस, इतना काफी है' तब तक हम यह नहीं कह सकते कि हमें इत्मीनान है, अब इनके इस्तेमाल की कोई जरूरत न होगी' : शस्त्रीकरण की तैयारी में अमेरिका, जब इस मनसूबे के साथ पिल पड़ा, तो प्रतिद्वंद्वी रूस के लिए भी लाजिम था कि वह भी घनघोर तैयारी में जुट जाए। जून 1983 में उपलब्ध आँकड़ों के अनुसार अमरीकी शस्त्रागारों में साढ़े नौ हजार वैसे परमाणु स्फोटकशीर्ष संचित थे, जो मात्र तीस मिनट के अंदर रूस की धरती पर कहीं भी विनाशलीला प्रारंभ कर दें। सोवियत संघ के पास भी समान क्षमता के सत्तावन सौ वैसे ही स्फोटकशीर्ष उपलब्ध थे। बताया जाता है कि चौंसठ हाइड्रोजन बम अकेले न्यूयॉर्क महानगर की ताक में तैनात रखे गए थे। स्थिति इतनी भयानक थी कि रूस और अमेरिका का कोई भी छोटा-बड़ा शहर ऐसा न था, जो एक-दूसरे के निशाने पर न हो।

शीतयुद्ध बड़ी तेजी से 'स्टार-वार' के युग में प्रवेश करता जा रहा था। दो महाशक्तियों के बीच विनाशकारी आणविक टक्कर अब तक सिर्फ इसलिए बचती गई थी कि दोनों पक्ष अच्छी तरह जानते थे कि जो भी शुरुआत करेगा, महज आधे घंटे के अंदर वह खुद भी जवाबी हमले के सर्वनाश से बच न पाएगा। इसलिए दोनों देशों में रक्षा-प्रौद्योगिकी विकसित करते चलने की बेचैनी बढ़ती गई। सोवियत रूस के कड़े विरोध के बावजूद 13 सितंबर, 1985 की दोपहर प्रशांत महासागर के 45 हजार फीट ऊपर अमेरिका ने अपने प्रथम 'एंटी-सेटैलाइट वेपन' का परीक्षण पूरा कर ही लिया। नवीनतम 'लेयर्ड डिफेंस सिस्टम' की सहायता से अमेरिका अब ऐसी सुरक्षित स्थिति में आ पहुँचा था कि शत्रु-मिसाइलों को छूटने और गंतव्य तक पहुँचने के बीच किसी भी चरण में उन्हें पूरी तरह नष्ट कर दे। उसके पास वैसे परिष्कृत रिमोट कंट्रोल कंप्यूटर तैयार हो गए थे, जो सोवियत मिसाइलों की प्रक्षेपण-प्रणाली को ही बिगाड़ दें, ताकि प्रक्षेपण हो ही न पाए और उस बीच अमेरिकी मिसाइल चाहे तो शत्रु-क्षेत्र में प्रलय मचाने जा धमके।

कंप्यूटर-क्रीड़ा का सर्वाधिक भयावह पक्ष यह था कि यदि भूल-चूक हो गई तो आगे भगवान् मालिक। अमेरिकी रक्षा विशेषज्ञ जे.एन. पैरिमू ने उन दिनों लिखा था कि वाशिंगटन स्थित पैंटागन के कंप्यूटरों ने डेढ़ साल के दरमियान डेढ़ सौ गलतियाँ की थीं। एक बार तो कंप्यूटर बताने लगा कि रूसी पनडुब्बी से प्रक्षेपित एक मिसाइल अमेरिका की ओर बढ़ता आ रहा है। ऐसी अफरा-तफरी मची कि राष्ट्रपति को तुरंत सूचित किया गया; सैन्य अधिकारियों ने भी अपनी चाबी मिसाइल स्विच-बोर्ड में डाल दी; सारे पश्चिमी यूरोप में रेड-अलर्ट की स्थिति हो गई। मात्र चौदह मिनट पहले भूल का पता चला, नहीं तो उस दिन अंधेर हो जाता।

स्टार-वार जैसी परियोजनाओं का भयंकर आर्थिक बोझ अमेरिका पर बढ़ता जा

रहा था। फेडरल रिजर्व बोर्ड के तत्कालीन अध्यक्ष पॉल वॉकर ने अमेरिका के क्रमशः बढ़ते वित्तीय घाटे के कुपरिणामों की चेतावनी दे डाली। विश्व पूँजी-बाजार के कोष का 42 प्रतिशत खुद अमेरिका ने ही कर्ज लिया था। अक्तूबर 1985 में वह कर्ज 305 खरब डॉलर हो गया और इतनी तेजी से बढ़ता जा रहा था कि अंतरराष्ट्रीय मुद्राकोष से संबद्ध स्टीफन मोरिस ने आशंका जताई कि यदि यही गति रही तो आगामी 1990 तक कर्ज की राशि बढ़कर दस हजार खरब डॉलर तक पहुँच जाएगी। उधर साम्यवादी रूस का रक्षा-व्यय उसके अर्थतंत्र को दीमक की तरह अंदर-अंदर चाट चुका था। सच पूछा जाए तो कुछ ही बरस बाद सोवियत संघ के विघटन में उसकी आर्थिक बदहाली का हाथ भी कुछ कम न था। 'यूनियन ऑफ सोवियत सोशलिस्ट रिपब्लिक' के विघटन के साथ शीतयुद्ध तो संसार से समाप्त हो गया, किंतु तब तक पाकिस्तान जैसे इसलामी मुल्कों के मार्फत अनगिनत घातक अस्त्र-शस्त्र जिहादियों के हाथ लग चुके थे। उन दिनों अफगानिस्तान के हाट-बाजारों में ए.के. 47 राइफल्स और रॉकेट लांचर खुलेआम बिकते थे। यह एक कटु राजनैतिक तथ्य है कि पूरे आठवें दशक के दौरान साम्यवाद के खिलाफ कट्टरवादी इसलाम अमेरिका का सबसे भरोसेमंद भागीदार था। सऊदी अरब और पाकिस्तान जैसे मुम्तहन दोस्तों की मदद से तमाम दुनिया के जिहादी आतंकवादी उन दिनों अफगानिस्तान में तैनात किए गए थे।

मगर इतिहास की विडंबना देखिए कि उन आतंकवादियों के लिए आज अमेरिका ही दुश्मन नंबर एक बन गया है। खुद पाकिस्तानी फौज का एक अहम गुट अमेरिका के सख्त खिलाफ है। जून 2003 में परवेज मुशर्रफ जब अमेरिका के दौरे पर गए थे, तो उनके ज्वॉइंट चीफ ऑफ स्टाफ कमिटी के चेयरमैन जनरल अजीज खाँ उधर पाकिस्तान अधिकृत कश्मीर के दौरे पर निकल पड़े और वहाँ आजाद कश्मीर के सदर अनवर खाँ के साथ रावलकोट जिले के एक आम जलसे में शिरकत करते हुए ऐलानिया तौर पर कहा कि अमेरिका इसलामी दुनिया का दुश्मन नंबर एक है और वह तमाम इसलामी मुल्कों के खिलाफ गहरी साजिश चला रहा है। अमेरिका को भी अलकायदा की तरफ से पोर्टेबुल आणविक या रेडियो बमों के हमलों का आज इतना ज्यादा खौफ है कि वहाँ उपराष्ट्रपति के मातहत एक प्रतिच्छाया सरकार (शैडो-गवर्नमेंट) गठित कर दी गई है। 'काग' (कांण्टिन्यूटी ऑफ गवर्नमेंट) नामक इस आपातकालीन व्यवस्था के अंतर्गत एक सौ वरिष्ठ राजकीय अधिकारी सैकड़ों अधीनस्थ कर्मचारियों के साथ वाशिंगटन से दूर एक गुप्त भूमिगत कार्यालय में दिन-रात डेरा डाले रहते हैं। वे कहाँ हैं और क्या कर रहे हैं, उसकी खबर उनके परिवारवालों को भी नहीं होती। हर तीसरे महीने बारी-बारी से वे लोग कुछ दिनों के लिए घर जा पाते हैं। व्हाइट हाउस के एक प्रवक्ता ने बताया था कि यदि ऐसी व्यवस्था न कर ली जाए तो आणविक विस्फोट की स्थिति में सारा

प्रशासन ध्वस्त हो जाएगा तथा प्रतिरक्षा, चिकित्सा, संचार, भोजन, बिजली-पानी—सबके लिए ऐसी त्राहि-त्राहि मच जाएगी कि ठिकाना नहीं। विधायिका तथा न्यायपालिका के लिए भी वैकल्पिक व्यवस्था कर ली गई है। उधर ग्रेट ब्रिटेन में भी अल-कायदा के आकस्मिक आणविक हमले से निबटने के लिए अंदर-अंदर पूरी तैयारी है। 7 सितंबर, 2003 को लंदन से 'रायटर' द्वारा प्रेषित एक समाचार के अनुसार 'ऑपरेशन सासून' नामक आपातकालीन व्यवस्था के अंतर्गत इस बात का प्रबंध पूरा कर लिया गया है कि संभावित हमले की सूचना पाते ही अथवा आकस्मिक हमले की स्थिति में लंदनवासियों को तुरंत सुरक्षित स्थानों पर पहुँचा दिया जाए और वह सब इंतजाम ठीक रहे जिससे जन-जीवन अस्त-व्यस्त न हो।

अमेरिका और ब्रिटेन के बाद जिहादियों की हिटलिस्ट पर इस्राइल और भारत का नंबर है। इस खतरे ने दोनों देशों को मजबूर कर दिया है कि वे मजबूती से एक-दूसरे का हाथ थाम लें। 'वर्ल्ड ट्रेड सेंटर और पेंटागन-कांड' की दूसरी वर्षगाँठ पर 11 सितंबर, 2003 के दिन अलकायदा की ओर से प्रसारित एक ऑडियो टेप-संदेश में ओसामा के प्रमुख सहयोगी अल-जवाहिरी ने पाकिस्तानी जिहादियों को ललकारते हुए कहा था, 'ऐ पाकिस्तान के मुसलमानो! कबल इसके कि अमरीकियों के साथ हिंदू फौज तुम्हारे घरों में घुस आए, तुम सब नींद तोड़ो और हरकत में आ जाओ।' टेप प्रसारण के दिन इस्राइली प्रधानमंत्री एरिएल शेरौन दिल्ली में ही थे। उसी दिन हमास ने यरूशलम में भयंकर बम विस्फोट कर दिया। अनेक लोग मारे गए। शेरॉन निर्धारित तिथि से एक दिन पहले ही जल्दी में स्वदेश लौट गए। उनके उप-प्रधानमंत्री जोसेफ लापिद ने पत्रकारों को बताया, 'जिस कारण हम भारत आए थे, उसी कारण जल्दी स्वदेश लौट रहे हैं—आतंकवाद।'

आतंकवाद इतना बलवान हरगिज न हो पाता यदि संगठित सरकारें उनका लालन-पालन नहीं करतीं। यह एक प्रकट भेद है कि मुहाजिदों को पैसे, प्रशिक्षण, हथियार आदि साधन या सुविधाएँ पाकिस्तान, सूडान, सीरिया, लीबिया की सरकारें मुहैया करवाती हैं जिन्होंने जिहाद को खासकर अमेरिका के साथ सियासी सौदेबाजी का सिक्का बना लिया है। मुल्लाओं और फिदायीनों के लिए जिहाद भले ही एक मजहबी फर्ज हो, मगर इसलामी हुक्मरानों के लिए वह महज एक सियासी तकाजा है। फिदायीनों में ज्यादातर नौजवान वैसे हैं, जिनकी तालीम मदरसों में हुई है और हकीकत यह भी है कि मदरसों में अमूमन वैसे ही लड़के पढ़ने जाते हैं, जिनकी माली हालत ठीक नहीं होती या जो मंदबुद्धि हों या फिर मानसिक रूप से असंतुलित। अर्धशिक्षित मौलवियों से तालीम पाए वैसे बेरोजगार नौजवानों के जेहन में शहादत के शबाब का सपना, जेबों में मोटी रकम और हाथों में मशीनगन थमा दिए जाएँ, तो वे कुछ भी कर गुजरें। दिल्ली स्पेशल ब्रांच टीम द्वारा पकड़ा गया आतंकवादी नूर मुहम्मद तथा

बुलंदशहर पुलिस द्वारा गिरफ्तार मुहम्मद अतीक और रहीस ने बताया था कि वे सब सिर्फ पैम्मों की खातिर मुहाजिद बने थे।

जिहाद की जिस दहशतगर्दी से आज सारा संसार व्याकुल हो उठा है, उसके लिए वे लोग कम कसूरवार नहीं जिनकी खुदगर्जी और अदूरदर्शिता के कारण कट्टरपंथियों के हौसले बुलंद होते गए। अमेरिका इस बात से इनकार नहीं कर सकता कि सन् 1952 में षड्यंत्रकारी सेनाध्यक्ष जनरल जहेदी और उसके सैनिकों को प्रोत्साहित कर ईरान के लोकप्रिय उदारवादी प्रधानमंत्री मुहम्मद मुसद्दीक को सत्ताच्युत न करवाया गया होता तो पच्चीस साल बाद अयातुल्लाह खुमैनी जैसे कट्टरवादियों के आगमन का रास्ता हरगिज न खुल पाता। निस्संदेह यह भी अमेरिकी सत्ताधारियों की अल्पदृष्टि का ही कुपरिणाम था कि संयुक्त अरब गणराज्य एवं इजिप्ट के राष्ट्रपति जमाल अब्दुल नासिर जैसे प्रगतिशील शासक का असामयिक दुःखद अंत हुआ और इसलामी कट्टरवादी समस्त पश्चिमी एशिया के सूत्रधार बनते गए। उन्नीसवीं सदी के अतातुर्क कमाल पाशा के बाद बीसवीं सदी की इसलामी दुनिया में मिस्र के प्रिय लोकनायक नासिर में ही वह क्षमता थी कि वह मुसलमानों को जमानए-जदीद (आधुनिकता) की राह पर आगे लेता जाए। इस बात से भी इनकार नहीं किया जा सकता कि इराक का फौजी शासक सद्दाम हुसैन चाहे जितना भी महत्त्वाकांक्षी और निर्दयी रहा हो, किंतु वह इसलामी कट्टरपंथी और प्रतिगामी नहीं था।

बहरहाल, वक्त आ गया है जब आतंकवाद के मसले पर सबको बड़ी गहराई से विचार करना होगा। जिहादियों की नजर में आतंकवाद महज एक मजहबी मामला हो सकता है और गैर-इसलामी सरकारों के लिए वह सिर्फ उनकी राष्ट्रीय सुरक्षा से जुड़ी समस्या मान ली जा सकती है, फिर भी हमें यह न भूलना चाहिए कि सभ्य संसार के लिए आतंकवाद मुख्यतः एक मानवीय समस्या है और कोई भी मानवीय समस्या स्थाई तौर पर सुलझ नहीं सकती, जब तक उस पर मानवीय दृष्टि से विचार न किया जाए। जिहाद से जुड़े लोग सिर्फ गुमराह मुसलमान ही नहीं, बल्कि बेचैन इनसान भी हैं। इस नाते हमारा फर्ज बनता है कि उनकी बेचैनी के कारणों को भी सहानुभूतिपूर्वक समझें। बहुतेरे मुसलमानों का मानना है कि इसलामी मुल्कों की गरीबी, बेरोजगारी, बदहाली, मुसलिम नौजवानों को मजबूर करती जा रही है कि वे दहशतगर्दी का रास्ता अख्तियार कर लें और आमतौर पर लोग जिहाद की हिमायत करने लग जाएँ। अब यह बात तो समझ से बाहर है कि आतंकवाद से मुसलमानों की गरीबी कैसे दूर होगी? यह तरीका तो उनकी बदहाली और उनके पिछड़ेपन को ही बढ़ाता जाएगा। असल बात यह है कि उनकी तकलीफों के लिए उनकी सरकारें जिम्मेदार हैं। लिहाजा उनकी रंजिशों का शिकार उनकी सरकारों और रहनुमाओं को होना चाहिए था। बदकिस्मती यह है कि जम्हूरियत

(लोकतंत्र) की गैर-मौजूदगी के कारण अपनी सरकारों पर उनका कोई काबू और असर नहीं। वे सरकारें दकियानूस और रजअतपरस्त (प्रत्यागामी) मुल्लाओं की हिदायतों से पाबंद रहती हैं और अपनी नाकामियों की एक ही कैफियत पेश कर अवाम को बरगला देती हैं कि अमेरिका और यूरोप के ईसाई, इजराइल के यहूदी और भारत के हिंदुओं की ज्यादतियों की वजह से इसलाम खतरे में है। अब जिस मुल्क में जाहिलीयत तो हो, मगर जमहूरीयत नदारद, वहाँ के लोग ऐसी फिजूल की बातों से बौखलाकर नाहक बांदा भाँजने लग जाएँ, तो क्या ताज्जुब? किसको फुरसत है कि थोड़ा थमकर यह भी सोच ले कि अब तक के आतंकवाद से उनके हाथ क्या आया? उनमें कितनों को इसकी खबर है कि मध्ययुग में तीन सौ साल चले लंबे जिहाद का क्या हश्र हुआ था? मगर उनमें जो लोग जानकार और अक्लमंद हैं, उन्हें तो इस हकीकत को हरगिज नजरअंदाज नहीं करना चाहिए कि क्रूसेड के जमाने में जिन ईसाइयों से वे बुरी तरह पिट गए थे, वे ईसाई मुल्क अपने इल्म और इजादों की बदौलत अब तो इतने ज्यादा ताकतवर और कादिर (सामर्थ्यवान) बन गए हैं कि अंतरिक्ष पार सितारों पर विस्फोट कर आएँ। इसके बावजूद कोई ओसामा या उमर अपनी बदगुमानी में एक ही साथ ईसाई, यहूदी, हिंदू, बौद्ध, सबसे जोर-आजमाइश का हौसला रखता हो, तो अल्लाह की पनाह! फिर तो वे लोग अपने खिलाफ तमाम दुनिया के गैर-मुसलमानों को एकजुट पाएँगे।

मगर किसी ओसामा और मुल्ला उमर को इन बातों का खौफ क्यों हो? अफगानिस्तान में आसमान से जब आग बरसती रही, तो वे लोग सुरंगों और कंदराओं में जा दुबके थे। तालिबान और तोइबा के लश्कर कहाँ लापता हो गए, किसी को खबर नहीं। हफ्तों दिन-रात काबुल-कंधार, पंजशीर-बामियान, हेरात के अरक्षित और निर्दोष औरत-मर्द, बच्चे-बूढ़ों पर कहर बरपा होते रहे। न जाने कितने घर नेस्तनाबूद हो गए! कितने लोग मारे गए! बेशुमार लोग, जो अपंग-अपाहिज होकर बच गए, उनके लिए जिंदगी मौत से बदतर थी; अब भी है। उस कयामत की वर्षगाँठ पर दिलेर ओसामा और उनके वफादार साथी अपनी आरामगाहों से उन बदनसीब अफगानियों को जब मुसल्सल जिहाद (अनवरत धर्मयुद्ध) का पैगाम भेज दिया करते हैं, तो लगता है आम मुसलमानों को आगे भी ऐसे ही मातमपुर्सी और मुआवजे से सब्र करते चलना होगा।

इराक पर अमेरिकी आक्रमण का औचित्य मेरे गले कभी न उतरा। सद्दाम हुसैन की कुछ खूबियाँ काबिलेतारीफ थीं। भारत का तो वह एक भरोसेमंद दोस्त था, लेकिन जिस रोज शहर बगदाद में अमेरिकी फौज बेरोक-टोक दाखिल हो गई, उस दिन सद्दाम के लिए मेरे जज्बए कद्र भी खत्म हो गए। सद्दाम और उनके हजारोंहजार 'रिपब्लिकन गार्ड' में एक भी ऐसा जाँ-निसार न निकला जो शहर की हिफाजत में डट खड़ा होता। मर जाता, तो मर जाता! मुल्क और खुद की आन-शान तो बरकरार रह जाती। इस सिलसिले

में एक पुराना वाकया खयाल आता है, जिसका जिक्र प्राचीन यहूदी इतिहासकार जोसेफस फ्लैबियस ने किया है। ईस्वी सन् 74 में रोमन सेना ने मृत सागर के निकट मसादा स्थित यहूदियों के पाषाण दुर्ग की तीन साल तक जबरदस्त घेरेबंदी कर रखी थी। बचने का जब कोई उपाय न रहा तो एलजार बेन-यैर नामक यहूदी नायक ने अपने लोगों से कहा कि सब एक-दूसरे को मार दें और आखिरी शख्स खुद को हलाक कर ले; मगर रोमनों के सामने हरगिज घुटने न टेकें। वैसा ही हुआ। रोमन फौज जब किले के अंदर दाखिल हुई तो चारों तरफ लाशें बिखरी पड़ी थीं, जिनके बीच एलजार बेन-यैर भी मरा पड़ा था। आज भी यहूदी सैनिक मैदाने-जंग में उतरने के पहले उन बहादुरों की कसम खाते हुए कहते हैं, 'मसाद की नौबत फिर न आएगी।' मगर बगदाद में सद्दाम हुसैन और उनके सारे सैनिक सुरंगों में समा गए और कहाँ निकल भागे, पता नहीं। और इधर बगदाद पर भयंकर बमबारी होती रही। सद्दाम से ज्यादा अच्छी तरह कौन जानता था कि अमेरिका की ताकत के सामने टिक पाना कतई मुमकिन न था? फिर भी आखिर-आखिर तक उसे ललकारते रहे। इस बात की कोई फिक्र न की कि नाहक निहत्थे-निर्दोष नागरिकों का सफाया हो जाएगा। लोग तबाह-बरबाद हो जाएँगे; और हो ही गए। दम और दिलेरी न थी तो दानिशमंदी से काम लेते।

रूस, फ्रांस, यहाँ तक कि संयुक्त अरब अमीरात के शासक शेख जईद और अरब लीग के बहुतेरे देशों ने सद्दाम के सामने सुझाव रखा था कि अगर वे गद्दी छोड़कर हट जाएँ, तो इराक पर हमला नहीं होगा। तय था कि अमेरिका मान जाता। मगर सद्दाम ने किसी की न सुनी। फिर तो जो अवश्यंभावी था, वही हुआ। इराक पर भयंकर हमले हुए। आधुनिकतम अस्त्र-शस्त्र प्रयोग में लाए गए। तीन हफ्ते तक मिसाइलें बरसती रहीं। जान-माल का बेहद नुकसान हुआ। सद्दाम की गद्दी गई। बड़े बेआबरू होकर अपने कूचे से वे निकल भागे। रहीने-सितम (उत्पीड़ित) इराकियों ने चौराहे पर खड़े उनके बुत तोड़ डाले; उनकी तसवीरों-पोस्टरों पर थूका, जूते मारे, वगैरह-वगैरह। बुश और ब्लेयर को खबरदार करनेवाले इसलामी दुनिया के सारे जिहादी शेर बब्बर उस रोज घर बैठे टी.वी. पर नजारा करते रहे।

भारत के एक भूतपूर्व वरिष्ठ राजनयिक जे. पार्थसारथी ने अपने एक लेख में (इंडियन एक्सप्रेस : 17 मार्च, 2003) 'ऑर्गनाइजेशन ऑफ इसलामिक कॉन्फ्रेंस' के उस शिखर सम्मेलन का विवरण भी दिया था जो इराक पर संभावित हमले के संबंध में 5 मार्च, 2003 को कतर में आयोजित हुआ था। पार्थसारथी ने लिखा था कि संयुक्त अरब अमीरात के शासक शेख जईद के प्रस्ताव का समर्थन करते हुए जब कुवैत के विदेश मंत्री ने भी कहा कि अमेरिकी हमले से बचने के लिए इराकी जनता के हित में सद्दाम हुसैन का गद्दी छोड़कर हट जाना ही मुनासिब होगा; तो इराक के उप-राष्ट्रपति इज्जत इब्राहीम

यह बोलते हुए उनपर बरस पड़े—'ओ नीच टहलुआ, बंदर, तेरी मूँछों पर अल्लाह की गाज गिरे···।' जवाब में कुवैती विदेश मंत्री ने भी कड़ककर कहा, 'खामोश'। मजे की बात यह थी कि टी.वी. प्रसारण चालू था। सारी दुनिया ने वह 'तू-तू, मैं-मैं' देखा-सुना। चार दिन पहले भी वैसा ही नजारा लोगों को टी.वी. पर देखने को मिला था जब पहली मार्च को मिस्र में आयोजित अरब लीग के शिखर सम्मेलन में सऊदी अरब के वलीअहद (युवराज) के साथ लीबिया के कर्नल गद्दाफी की नागवार कहा-सुनी हो गई थी। युवराज अब्दुल्ला गुस्से में उठकर चल दिए। मिस्र के मेजबान राष्ट्रपति हुसनी मुबारक और कई दूसरे अरब नेताओं के काफी मानमनौवल के बाद वे वापस आए। बहरहाल, हमले को अनुचित बताते हुए उसका कड़ा विरोध और अरब राष्ट्रों की एकता का संकल्प-प्रस्ताव तो पारित हो गया, मगर हकीकत यह थी कि हमले के दौरान इराक के आठ पड़ोसी मुल्क—तुर्की, जार्डन, सऊदी अरब, संयुक्त अरब अमीरात, कुवैत, कतर, ओमान, बहरीन—सबने अंदर-अंदर अमेरिका का ही साथ दिया था। गोरखपुरी हबीब को यह सब कहाँ मालूम! वह तो इतना ही जानता है कि जो इमाम साहब कहते हैं, सो ही—इसलाम खतरे में है। बेचारे हबीब! बलि के बकरे!

इराक-कांड के सर्वोत्तम शुभ संकेत को इसलामी दुनिया के लोग पकड़ ही न पाए। वह एक ऐसा दुर्लभ ऐतिहासिक सुअवसर था जो बार-बार नहीं आता। बदकिस्मती से मुसलमान उस नायाब मौके को बिल्कुल चूक गए। बेशक वह वैसा ही मंजर था, जिसकी बाबत हिंदुस्तान के एक मशहूर शायर ने बहुत पहले कहा था—

'तवारीखों में ऐसे मंजर हमने देखे हैं
खता लमहों ने की, सजा सदियों ने पाई है'

आयोजित अमेरिकी आक्रमण के विरुद्ध सारी पश्चिमी दुनिया में रोष की ऐसी प्रचंड लहर उठ खड़ी हुई कि बुश और ब्लेयर अंदर-अंदर सहम गए थे। न्यूयॉर्क से पी.टी.आई. के संवाददाता ने उन दिनों (15 फरवरी, 2003) खबर भेजी थी कि स्पेन में 20 लाख, इटली में 10 लाख, जर्मनी में 5 लाख, सिडनी में ढाई लाख लोग युद्धविरोधी हस्तपत्रक और पताका लिये सड़कों पर निकल आए थे। खुद अमेरिका के हर छोटे-बड़े शहर—न्यूयॉर्क, लॉस एंजिल्स, कैलिफोर्निया, अलास्का, जार्जिआ, मैकम्ब में लाखों की तादाद में हर वर्ण और उम्र के लोग विरोध प्रदर्शन करते रहे। सर्दियों की कोई परवाह किए बगैर औरत-मर्द, जवान और बूढ़े लोग राष्ट्रसंघ मुख्यालय के सामने धरने पर बैठे रहे। बताया जाता है कि न्यूयॉर्क में उतना बड़ा विरोध प्रदर्शन पहले कभी नहीं देखा गया था। महानगर के सुरक्षा प्रबंधों के पीछे प्रशासन को पचास लाख डॉलर खर्च करने पड़े थे।

निहायत गौरतलब बात यह थी कि वे प्रदर्शनकारी उन मुल्कों के नागरिक थे, जो इराक से हजारों मील दूर बसे हैं और जिन्हें इस बात का कतई कोई खतरा न था

कि उन्हें भी जवाबी हमलों की मार झेलनी पड़ेगी। और सबसे बड़ी बात कि वे लोग गैर-मुसलमान थे—पूर्ण रूप से आस्थावान ईसाई। उनके सामने ऐसा कोई सवाल न था कि 'ईसाइयत खतरे में हो'। फिर भी एक इसलामी मुल्क पर गैर-वाजिब हमले के खिलाफ वे लोग पूरे जोश-खरोश के साथ उठ खड़े हुए। सुरक्षा परिषद् में अमेरिका का युद्ध समर्थक प्रस्ताव सिर्फ इसलिए नहीं पारित हो पाया कि रूस, फ्रांस, जर्मनी जैसे प्रभावशाली स्थायी सदस्य हमले के सख्त खिलाफ थे। और यह भी जरूर याद रहे, वे तीनों ईसाई मुल्क की सरकारें हैं। इन सबके बावजूद अमेरिका ने जब हमला कर ही दिया, तो ऐ दुनिया के नेकदिल मुसलमानो, कम-से-कम आप इस बात को हरगिज न भूलना कि रोमन कैथोलिक चर्च के सर्वश्रेष्ठ धर्माधिकारी, पोप जॉन पॉल (द्वितीय) ने उस जघन्य अपराध की भर्त्सना करते हुए कहा था कि आक्रमणकारियों को अपने ऐसे अनुचित कार्य के लिए ईश्वर के सामने उत्तरदायी होना पड़ेगा। डेढ़ हजार साल की इसलामी तवारीख में ऐसी ढेर मिसालें मौजूद हैं जब मुसलमान शासकों ने गैर-मुसलिम मुल्कों पर नाहक हमला कर उन्हें तबाह कर दिया था। मगर एक भी ऐसी तम्सील (दृष्टांत) खोजे न मिलेगी, जब वैसे मौके पर मुसलिम अवाम या किसी खुदातर्स (ईश्वर भीरु) मुल्ला ने उसकी खुली मुखालफत (विरोध) की हो। पश्चिमी देशों में जो मंजर हमें देखने को मिला, उसका श्रेय मुख्य रूप से वहाँ की उन्नत लोकतांत्रिक प्रणाली, विवेकशील विकसित शिक्षा और लोगों की व्यापक मानवीय चेतना के हिस्से जाएगा, जिसके फलस्वरूप सामान्य जन भी गोर्बाचोव की भाँति गहराई से यह महसूस करते रहे हैं कि हम एक अखंड मानवसभ्यता के अंग हैं और इक्कीसवीं सदी की जानी-अनजानी चुनौतियों के हल ढूँढ़ने की अनिवार्यता में परस्पर जुड़े हैं।

लेकिन पश्चिमी दुनिया की संवेदनाओं का इसलामी दुनिया में समुचित आदर न हुआ। जमाते-उलेमाय-इसलाम, जमाते-इसलामी, जैशे-मोहम्मद जैसी जमातों ने अपने जलसे-जुलूसों में इराक मसले को मुख्य रूप से दीने-इसलाम के साथ जोड़ते हुए न सिर्फ तमाम मुसलमानों को एकजुट होने का आह्वान किया, बल्कि ओसामा बिन-लादेन को अपना रहबर ऐलान करने से भी बाज न आए। पश्चिमी दुनिया के लिए यह एक ऐसा मनोघातक झटका था, जिसके चलते जो लोग हमले के खिलाफ थे, वे भी युद्ध में बुश-ब्लेअर की जीत के ख्वाहिशमंद हो गए। उन्हें डर लगा कि अमेरिकी हार से इसलामी आतंकवादियों के हौसले इतने बुलंद हो जाएँगे कि उन पर काबू पाना शायद मुमकिन न हो। डर वाजिब था।

आतंकवाद जैसी समस्या से निबटने में भी अमेरिका का दायित्व सबसे ज्यादा सिर्फ इसलिए नहीं बन जाता कि जिहादियों ने उसे ही अपना दुश्मन नंबर एक घोषित कर रखा है, बल्कि इसलिए भी कि आज वह संसार का सर्वाधिक शक्तिशाली और

साधन-संपन्न देश है। और इससे भी बड़ा कारण यह कि वह संसार के उन देशों का भी अग्रणी है, जहाँ के लोग जनतांत्रिक जीवन तथा मुक्त मानवीय चिंतन के पक्षधर हैं। इसलिए अमेरिका और ब्रिटेन को मध्य-पूर्व में अपने पेट्रो-पॉलिटिक्स के तकाजों से बहुत ऊपर उठकर सोचना होगा। मुसलमानों को भी बड़ी गंभीरता से विचार करना होगा कि उनकी वास्तविक समस्या क्या है? क्या उनकी असली समस्या यह है कि उनका मजहब खतरे में है? क्या किसी सुविचारित योजना के तहत उनके प्रतिद्वंद्वी धर्म इस हद तक अपना प्रसार करते जा रहे हैं कि इसलाम सिमटते-सिमटते बेदखल और बदहाल हो जाए? सच तो यह है कि संसार के पाँच प्रमुख धर्मों में हिंदू और बौद्ध कभी भी कुत्सित प्रसारवादी दुष्प्रवृत्ति से ग्रस्त नहीं रहे। यहूदियों ने तो सदा से अपना प्रवेशद्वार बड़ा सँकरा रखा। मुसलमानों के मुख्य प्रतिद्वंद्वी ईसाई भी पिछले कुछ सौ बरसों से इस दिशा में फूँक-फूँककर कदम रखते चल रहे हैं। प्रसारवादी हौसला तो दरअसल अल-कायदा से संबद्ध 'अल-वक्फ अल-इसलामी' जैसी गुमराह जमातें पाल रही हैं, जिनका ख्वाब है कि अगले पचास से सौ बरस के अंदर हॉलैंड, इंग्लैंड सहित यूरोप के बहुतेरे ईसाई देशों में मुसलिम आबादी बढ़ाकर इतनी ज्यादा कर दी जाए कि उन मुल्कों को दारुल-इसलाम बन ही जाना पड़े। क्या सारी दुनिया में बिल्कुल एक जैसी व्यवस्था कायम कर लेना संभव है और क्या उनसे सारी मानवीय समस्याएँ हल हो जाएँगी? ऐसा ही सपना तो साम्यवादियों ने भी देखा था, जो अपने ही सृजित भँवर में इस तरह फँसते चले गए कि मात्र पचहत्तर बरसों के अंदर (1917-91 ई.) उनकी जीवनलीला समाप्त हो गई। सन् 1991 में न केवल महाबली सोवियत संघ विघटित हो गया, बल्कि पूरबी यूरोप के सभी साम्यवादी देशों—युगोस्लाविया, चेकोस्लोवाकिया, रूमानिया, बल्गेरिया, हंगरी, पोलैंड—से साम्यवाद का पूरा सफाया हो गया। वे भूल गए थे कि वैविध्यपूर्ण सहअस्तित्व प्रकृति का शाश्वत विधान है तथा कोई भी मानवीय व्यवस्था अपने अनिवार्य अंतर्विरोधों से नष्ट हुए बिना बच नहीं सकता।

मुसलमानों की वास्तविक समस्या पर बात आगे बढ़ाने से पहले इस बात को फिर याद दिला देना चाहूँगा कि संसार के चार प्रमुख धर्म—हिंदू, बौद्ध, ईसाइयत, इसलाम—में आयु की दृष्टि से इसलाम सबसे कमउम्र है, किंतु मतावलंबियों की संख्या के आधार पर ईसाइयत के बाद विश्व का वह दूसरा बड़ा धर्म है। गुजश्ते पंद्रह सौ साल के दरमियान अरबों-अरब लोग इसलाम पर ईमान रखते हुए अपनी जानकारी और समझ के मुताबिक उसकी हिदायतों और उसूलों की रोशनी में जिए और चल बसे। उनमें ऐसी उन्नत आध्यात्मिक चेतना और बौद्धिक प्रतिभा के लोग हुए हैं जिनके विचारों ने गैर-मुसलमानों को भी अत्यंत प्रभावित किया है। सामान्य मुसलमानों में भी ऐसे प्रबुद्ध लोगों की कमी नहीं रही जिनकी एक-एक सूक्ति गागर में सागर भर देने जैसी सारगर्भित हो। इस प्रसंग में

मुझे अपने एक बुजुर्ग मरहूम उवैस उस्मानी साहब की याद आती है जिनके एक ही वाक्य ने मुझमें अध्यात्म और धर्मज्ञान के प्रति ऐसी प्यास जगा दी, जो दिनोदिन बढ़ती ही गई।

जनाब उस्मानी साहब मेरे पिताजी के एक पुराने समाजवादी साथी थे। किशोरावस्था से मैं भी स्वराज और समाजवादी आंदोलन से जुड़ा था। मुझ पर उनका असीम अनुराग रहा करता था। निस्संतान थे, इसलिए उनकी आंतरिक रिक्तता में मेरे लिए भरपूर जगह बन गई थी। बड़े प्यार से 'अजीजम' कहकर पुकारा करते थे। आखिरी बार जे.पी. आंदोलन के दिनों में मुजफ्फरपुर (बिहार) में मुलाकात हुई थी, जब लंबी बीमारी के कारण वे बहुत कमजोर और उम्र से ज्यादा बूढ़े दिखने लगे थे। बातों-बातों में जब दो-ढाई घंटे बीत गए, तो अचानक हड़बड़ाकर मुझसे कहा, 'बेटा! अब तू जा। मेरे नमाज का वक्त हो चला।' हुक्म की तामील करते हुए मैं उठ तो खड़ा हुआ, मगर चलते-चलते यह पूछ बैठा, 'चचाजान! बस इतना बता दीजिए, क्या आपको लगता है कि खुदा या ईश्वर या गॉड—जो भी नाम दीजिए—सचमुच कहीं कोई वैसी हस्ती है?' मेरा सवाल सुनकर वे बड़े गंभीर हो गए और अपनी सफेद दाढ़ी पर हाथ फेरते हुए बोले, 'सुब्हान अल्लाह! तुमने बहुत बड़ा सवाल पूछ दिया। समझाने में काफी समय लग जाएगा और अब तो मेरे नमाज का वक्त हो गया है। फिर भी सूत्र में कह देता हूँ, ध्यान से सुन लो, "कुदरत में जिसका वजूद नहीं; इनसानी फितरत को उसकी तलब हरगिज हो नहीं सकती।" इस जुमले को दुहराते हुए उन्होंने आगे कहा, "इस पर गौर करते रहना। तुम खुद बड़े जहीन हो, वक्त और तजुर्बे के साथ इसका मायने खुलता जाएगा।" सचमुच वैसा ही हुआ। हो सके तो आप भी इस सूक्ति पर गंभीरता से विचार करिएगा। इस सूत्र-वाक्य में आपको भी एक विराट् सत्य समाया मिल जाएगा। बस इतना ही संकेत कर देता हूँ—संसार में जल उपलब्ध ही न होता तो क्या आपको कभी प्यास लगती? वातावरण में वायु व्याप्त न होती, तो क्या आपको साँस लेने की कोई जरूरत महसूस होती? प्रकृति ने शरीर और मन की संरचना ही ऐसी कर दी है कि जिन तत्त्वों का कहीं कोई अस्तित्व है, प्राणियों को केवल उसी की आवश्यकता पड़े।

हम इसलाम की समस्याओं की बात कर रहे थे—इसलाम की वास्तविक समस्या क्या है? इसलाम सहित दुनिया का कोई भी धर्म, जिसका दावा हो कि उसके सिद्धांत और संदेश समस्त संसार तथा संपूर्ण मानव जाति के लिए उपयोगी हैं; वह धर्म चाहे-अनचाहे सार्वजनिक निमंत्रण (सलाए आम) दे देता है कि उसके अपने मतावलंबियों के अलावा गैर-मजहब लोग या लामजहब लोग भी, उसके कथनों पर विचार कर अपनी राय कायम करें। प्रत्येक व्यक्ति की तरह धर्म के भी अपने व्यक्तित्व होते हैं और व्यक्तित्व की अनिवार्यता यह भी है कि उसके तीन आयाम हों। एक, कि वह अपने बारे में खुद क्या सोचता है? दूसरा, कि उसके बारे में लोग क्या राय रखते हैं। किंतु तीसरा उन दोनों

आयामों के बीच मौजूद रहता है और सच पूछें तो व्यक्तित्व का वही अहम आयाम है। लोग जो खयाल खुद के बारे में रखते हैं; न तो वह पूरी तरह ठीक होता और न ही वे बातें जो दूसरे लोग उसके मुतल्लिक सोचते-समझते हैं। दरअसल, असलियत उन्हीं दोनों के बीच खामोश खड़ा मिलेगा। लिहाजा इसलाम की सच्चाई समझने के लिए खुद मोमिनों को भी उसके तीसरे आयाम में झाँकना होगा और हर जमाने में झाँकते चलना पड़ेगा। यही मुनासिब है।

मुसलमानों की पहली बड़ी समस्या है कि कुरआन और इसलाम को समझने में ऐतिहासिक भूलें हुई हैं, उनसे वे कैसे मुक्त हों? उसी भूल के कारण मुसलमान मानते रहे हैं कि धर्म और राजनीति एक ही बात है और इसलाम का अव्वल मकसद एक वैसा राज्य कायम करना है, जो शरीअत में बताए इसलामी उसूलों और कायदों के मुताबिक खुद चले और लोगों को चलाए। यह तो ठीक है कि कुरआन धर्म और राजनीति, दोनों की चर्चा करता है और उसकी हिदायतें शरीयत को भी पाबंद करती हैं। लेकिन यह न भूलना चाहिए कि इसलामी शरीयत खुद पैगंबरे-इसलाम ने नहीं बनाई थी। शरीयत उन लोगों ने बनाई थी, जो मुहम्मद की वफात (देहांत) के तकरीबन दो सौ साल बाद पैदा हुए थे और जिन्होंने अपने रसूल को खुद कभी देखा-सुना न था। बहरहाल, मुद्दा यह है कि क्या सचमुच कुरआन की नजर में धर्म और राजनीति एक ही बात है? तथा क्या कुरआन का मुख्य उद्देश्य धर्म की अपेक्षा राजनीतिक संदेश प्रसारित करना था? इस बात को हम तब तक कबूल नहीं कर सकते, जब तक यह भी न मान लें कि खुद अल्लाह की दिलचस्पी मजहब से ज्यादा सियासत में थी; क्योंकि दावा यह है कि कुरआन अल्लाह की तरफ से नाजिल हुआ था। ऐसी हास्यास्पद कुधारणा के लिए कौन तैयार होगा?

इसलाम का मंजिले-मकसूद सियासत और दारुल-इसलाम हरगिज नहीं। सियासत का ताल्लुक दुनियावी तकाजों और रिश्तों से है। सल्तनत का जिम्मा महज इतना है कि मुल्क में वैसे हालात पैदा कर दिए जाएँ जो इनसान के सुख-चैन से जिंदगी बसर करने के मुआफिक (अनुकूल) हों। स्पष्ट है कि राजनीति का संबंध मनुष्य के बाहरी आचार-विचार तक ही सीमित है; जबकि धर्म का प्राथमिक उद्देश्य, उसकी मुख्य चिंतना मनुष्य के आंतरिक जगत्, उसकी आध्यात्मिक चेतना और पारलौकिक चिंताओं से संबद्ध है। कुरआन के सतर्कतापूर्ण अध्ययन के आधार पर मेरी समझ यह बनती है कि उसकी आयतें मुख्य रूप से लोगों के अंदर खुदा का अहसास पैदा करने की गरज से नाजिल हुई थीं और इसलिए उतरी थीं कि दुनियावी जिंदगी के दौर में इनसान सँभलकर चले और इस बात को बराबर याद रखे कि अपने भले-बुरे कर्मों का फल आखिरत के दिन उसे जरूर भुगतना होगा। अल्लाह पर ईमान और नेकी पर अमल—कुरआन के यही दो मुख्य संदेश हैं और ऐवाने-इसलाम का सारा वजन मुख्यतः यही दो प्रबल स्तंभ सँभालते हैं।

कुरआन इनसानी जिंदगी को अल्लाह की नेमत मानता है और इस बात की भरपूर इजाजत देता है कि दुनिया के ऐशो-आराम का लुत्फ (आनंद) लिया जाए। मगर उसकी ताकीद यह भी है कि लोग दुनियाबी मशगलों में इतना मुब्दतला (आसक्त) न हो जाएँ कि अपने पाक परवरदिगार को ही भूल बैठें; क्योंकि इस दुनिया में भी हम खुदा की फज्ल (कृपा) बगैर कोई बरकत (सौभाग्य) हासिल नहीं कर सकते और इस दुनिया के बाद तो हमें लौटकर उसी के पास जाना है। इसलिए हम दुआ भी खुदा से माँगें और जिक्र भी उसी का करते रहें। वही हस्तो-नेस्त (सृजन-संहार) का मालिक है और कादिरे मुत्लक (सर्वशक्तिमान) भी। कुरआन के सर्वोपरि संदेश यही हैं।

दारुल-इसलाम अगर कुरआन का अव्वल मकसद होता, तो शबे-कद्र की रात गारे-हिरा में जब पहली बार मुहम्मद पर बह्य उतरी थी, उसी वक्त उसकी आयत नाजिल हो जाती। सूर: अलक, जिसमें कुरआन की पहली पाँच आयतें शामिल हैं, उसमें दूर-दूर तक दारुल इसलाम की परछाईं तक नहीं दिखती। उस वाकिआ के बाद लगातार बारह साल तक मुहम्मद मक्का में ही टिके रहे और उस अरसे में आयतें उतरती रहीं। मगर उनमें इस मर्मूज (आशय) की एक भी आयत न थी जिसे किसी भी कदर सियासत या दारुल-इसलाम या जिहाद के दायरे में खींचा जा सके; सिवाय सूर: मुम्तहिना के। मगर यह सूर: मक्की है या मदनी (यानी मक्का में उतरी थी या मदीना में) इस बारे में आज भी मतभेद हैं। गौर से पढ़ने पर तो यह मदनी ही लगती है। यह बता देना मौजू होगा कि मुहम्मद ने मदीना पहुँचने के बाद ही सियासी और जिहादी तेवर अख्तियार किए थे।

न जाने कुरआन को किताब क्यों बताया गया है ? किताब का मायने तो है, जिसकी किताबत की गई हो; लिखी गई हो। कुरआन लिखा किसने ? कम-से-कम खुद हजरत मुहम्मद ने तो हरगिज नहीं। कुरआन तो बतौर बह्य उनपर उतरा था। इसलामी विद्वान् दावा चाहे जितना करें, मगर कुरआन के साथ भी छेड़-छाड़ हुई है। इसके चिह्न कुरआन की आयतों, पारों और सूराओं की बेतरतीबी में ही झलकते हैं। मुहम्मद खुद पढ़े-लिखे न थे, और इसलामी विद्वान् यह भी बताते हैं कि वह जाहिलीयत का जमाना था, जब मक्का-मदीना के लोग पूरी तरह जाहिल थे (निहायत दिलचस्प बात यह है कि उन्होंने इसलाम से पहले बीते सारे जमाने को 'जमानए जाहिलीयत' के तखल्लुस से नवाजा है और उस शानदार तवारीखी हकीकत को पूरी तरह नजरअंदाज कर गए हैं कि अरबिया के पड़ोस में ही मेसोपोटामिआ-असूरिआ-बेबीलोनिआ की ऐसी उन्नत सभ्यताएँ गुजर चुकी थीं, जिनका कर्ज सारा सभ्य संसार आज तक ढो रहा है)। बहरहाल, इस बात की पूरी गुंजाइश तो दिखती ही है कि मुहम्मद के कलामों को उस वक्त के अशिक्षित या अर्धशिक्षित लोगों ने ठीक-ठीक सुना-समझा या दर्ज न किया हो। इसलामी साहित्य के अध्ययन से ये बातें भी सामने आती हैं कि अलग-अलग लोगों ने अलग-अलग ढंग से

कुरआन की आयतें जमा कर रखी थीं, जिनके कारण उनमें पाठांतर और विवरण-भेद उत्पन्न हो गए थे। तीसरे, खलीफा उस्मान ने उन सबको संकलित-संपादित करवाया और उनके आधार पर कुरआन मजीद का एक मान्य संस्करण तैयार हो जाने के बाद बाकी सबको जलवा दिया। यह भी बताया गया है कि खुद हजरत मुहम्मद भी समय-समय पर कुरआन की आयतों को खारिज कर दिया करते थे। इसलामी दीनयात (धर्मशास्त्रों) के इस तीसरे अहम आयाम की तरफ भी मैं इसलामी विद्वानों का ध्यान खींचने की जुर्रत कर रहा हूँ।

कुरआन के जिन मुख्य संदेशों की चर्चा हमने की है, वे वही बातें हैं जो इसलाम को दूसरे मजहबों से जोड़ देती हैं; क्योंकि सब वही बात करते रहे हैं। दुनिया का कोई भी धर्म लोगों को अगर वैसी सीख न दे, तो उसे धर्म की श्रेणी में रखा ही नहीं जा सकता। यहाँ तक कि जिन्हें हम आदिवासी या वनवासी कहते आए हैं, अस्पष्ट रूप से ही सही, किंतु वैसी समझ उनमें भी रही है। सवाल कथनी का नहीं है। सवाल है आचरण का, अमल का। और इस मामले में भी हम सब एक जैसे हैं। आचरण के स्तर पर, चाहे हिंदू हों या मुसलमान, ईसाई हों या यहूदी, उन बातों से लगातार दूर हटते जा रहे हैं। लेकिन कोई भी इसलामी जमात इस बारे में वाकई फिक्रमंद नहीं दिखता। ऐसे मसाइल (समस्याओं) की तज्वीज (निदान) अगर उनसे पूछें, तो वे आपको किसी सूफी खानकाह की बजाय उन मजलिसों में ले जाएँगे, जहाँ कोई-न-कोई ओसामा बिन-लादेन या मुल्ला उमर बैठा मिलेगा। उन बंदों को क्या मालूम कि जो बेचैनी तवर्रो (आत्मसंयम) की तलबगार है, उसे तलवारों की क्या दरकार?

धर्म से जुड़े दूसरे लौकिक-पारलौकिक प्रश्न भी सर्वसामान्य हैं। सभी धर्मों ने अपने-अपने मनीषियों के विचार-परिवेश और अनुभव के आधार पर इन प्रश्नों के उत्तर ढूँढ़ने के प्रयत्न किए हैं कि क्या मरणोपरांत भी कोई जीवन है? क्या स्वर्ग-नरक भी होते हैं? क्या कर्मफल जैसा कोई अटल ईश्वरीय विधान है? प्रारब्ध (जब्र) तथा पुरुषार्थ (कद्र) में प्रबल कौन है? क्या मनुष्य अपने कर्मों का निर्णायक स्वयं है अथवा सबकुछ ईश्वर की इच्छानुसार ही होता है? इन सनातन प्रश्नों के कोई निरपेक्ष और निर्णायक उत्तर संभव नहीं। और संसार के सामान्य लोग भी इतने समझदार तो हो ही गए हैं कि ऐसे अमूर्त और दुर्बोध विषयों पर पारस्परिक मतभेद के कारण एक-दूसरे की गरदन न उतारें। तब फिर दीने-इसलाम को खतरा किस ओर से है?

पिछले तीन-चार सौ बरसों से साइंस की लगातार तरक्की होती जा रही है। कुदरत के राज हर रोज वह खोलता ही जा रहा है। विज्ञानसिद्ध अनेक तथ्य हमारी पारंपरिक धार्मिक मान्यताओं से सीधे जा टकराए हैं। यहूदी, ईसाई, मुसलमान, सभी मानते आ रहे थे कि दुनिया ईसा के जन्म से महज चार हजार कुछ सौ बरस पहले बनी थी। लेकिन

साइंस ने अपने सघन अनुसंधान के आधार पर सृष्टि-निर्माण को लगभग तीन अरब वर्ष पुरानी घटना बताया है। उन तीनों धर्मों की धारणा थी कि पृथ्वी अंतरिक्ष के केंद्र में स्थिर है और सूरज उसके चारों तरफ चक्कर काटता रहता है ! विज्ञान ने ठीक इससे उल्टी बात कही। धर्मग्रंथों ने बताया था कि मनुष्य सहित सभी प्राणियों की उत्पत्ति अमुक घड़ी में ईश्वर के आदेश से एक ही साथ हुई थी। विज्ञान ने सिद्ध कर दिया है कि धरती पर जीवोत्पत्ति एक क्रमिक विकास प्रक्रिया का परिणाम है। ये सब ऐसे आधारभूत वैज्ञानिक उद्घाटन थे, जिन्हें अंततोगत्वा सभी धर्मों को स्वीकार कर लेना पड़ा। इसके बावजूद कोई इसलामी मुल्ला उन्हें न मानना चाहे, तो न माने। कुरआन ठीक ही फरमाता है कि इनसान को अक्ल तभी आती है, जब खुदा चाहे। हम तो यही मानते हैं कि गैलीलियो, कोपरनिकस, ब्रूनो, न्यूटन, डार्विन, आइंस्टीन या हिजेनबर्ग, मैक्सप्लैंक, श्रूडिंगर जैसे वैज्ञानिक मानव समाज के उतने ही हितैषी थे, जितने कोई पीर-पैगंबर या ऋषि-महर्षि। उन प्रतिभावानों की खोज भी उसी दिशा में थी, जिधर उन प्रज्ञावानों की। सब की व्याकुलता उस परमतत्त्व को जानने की है, जिससे सब उत्पन्न होते हैं, जिसके द्वारा सब पोषित होते हैं और अंततः जिसमें सब विघटित हो जाते हैं। उनके प्रयत्नों में अंतर सिर्फ मार्ग, माध्यम और प्रणाली का है; लक्ष्य का नहीं।

इनसानी जिंदगी मुश्किलों से घिरे रहने का एक ऐसा सिलसिला है, जिसका इजहार करते हुए एक शायर ने कहा था—

जिंदगी यह कह के दी अहले-सफर उसने मुझे
ये हकीकत गम की ले, और जा, राहतों के ख्वाब देख।

हालाँकि हकीकत यह रही है कि अपनी मुश्किलों से राहत के हमने सिर्फ ख्वाब ही नहीं देखे; उनसे उबरने की पुरजोर कोशिशें भी कीं। धरती पर अपनी चंदरोजा जिंदगी खुशगवार बनाने की चाहत से इनसान ने अब तक न जाने कितने यत्न किए। धर्म, दर्शन, राजनीति, कला, विज्ञान हमारे सभी सोच और कृत्य उसी मूल आकांक्षा के इर्द-गिर्द थिरकते रहे हैं। हजारों वर्ष पहले बुद्ध को भी दिखा था कि जीवन दुःख से घिरा है। किंतु वे उसी स्थल पर थम नहीं गए, वे आगे बढ़े और बताया कि दुःख के कारण हैं; उन कारणों को दूर करने के उपाय हैं तथा अंततः मुक्ति की आनंददायी स्थिति भी है। महात्मा बुद्ध जैसे और भी मार्गदर्शक समय-समय पर हमारे बीच आते रहे हैं। लोग उनके बताए रास्तों पर चले और चलते-चलते भटक भी गए। ऐसा नहीं कि अपने सफर में हमने कुछ पाया न हो। पहले की बनिस्बत आज हम बहुत ज्यादा सुख-सुविधाओं का उपभोग कर रहे हैं। लेकिन इस दरमियान हमने जो गँवाया है, उसका दर्द भी कुछ कम नहीं। हुआ यह कि जैसे-जैसे हमारे रहन-सहन का स्तर ऊँचा उठता चला, वैसे-वैसे जीवन के मूल्य व मान्यताएँ नीचे लुढ़कती गईं। एक तरफ भौतिक उत्थान, तो दूसरी तरफ

सांस्कृतिक पतन। यही है हमारा दास्ताने-गम और इस गम को गलत कैसे करें, यही हमारी समस्या है, जिसके अनेक पहलू हैं—आध्यात्मिक, नैतिक, राजनैतिक, आर्थिक, सामाजिक वगैरह-वगैरह। दीने-इसलाम से जुड़े लोग भी दरअसल इन्हीं समस्याओं के शिकार हैं। लेकिन वे भूल जाते हैं कि ये सब फकत मुसलमानों की नहीं, बल्कि समस्त मानव जाति की समस्याएँ हैं। इसलिए उनपर हिंदू-मुसलमान, ईसाई-यहूदी के नाते नहीं, अपितु मनुष्य के नाते विचार करना होगा; क्योंकि तथाकथित तरक्की के दौर में आज हम जिस मुकाम पर आ पहुँचे हैं, वहाँ इनसानी नस्ल के खत्म हो जाने का खतरा भी सामने खड़ा है।

बेशक तकनीकी विज्ञान की बदौलत महज डेढ़-दो सौ बरसों के अंदर दुनिया बहुत बदल गई है और जिंदगी काफी बेहतर हुई है। विज्ञान जो न केवल परम ज्ञानानुरागी है, बल्कि निपुण यंत्रशिल्पी भी; उसने हमारे विचारों और विश्वासों को इतना प्रभावित किया है कि जगत्-जीवन के प्रति हमारी धारणाएँ अपने पूर्वजों से मेल नहीं खातीं। गुजरी पीढ़ियों की हद तक न तो हम अंधविश्वासी हैं और न ही जादू-टोना के हिमायती। सूर्य-चंद्रग्रहण, सूखा-बाढ़-भूचाल अथवा महामारी जैसी विपदाओं को प्रभु-प्रकोप मान लेने के बजाय उन्हें अब हम प्राकृतिक घटना मानते हैं और उनसे त्राण के लिए पूजा-प्रार्थना की जगह आमतौर पर वैज्ञानिक विधियों-उपचारों का सहारा लेते हैं। बहुत दिन नहीं बीते; सत्रहवीं सदी में इग्लैंड के राजा चार्ल्स द्वितीय के शासनकाल (1660-85) की बात है। देश में प्लेग की महामारी फैली थी और उन्हीं दिनों लंदन नगर में भयंकर अग्निकांड हो गया। बहुत सारे लोग मारे गए थे। घटनाओं की छानबीन के लिए ब्रिटिश पार्लियामेंट की एक जाँच-समिति गठित की गई, जिसने अपनी रिपोर्ट में बताया कि ईश्वर की ओर से प्रताड़ना स्वरूप वे आपदाएँ आई थीं और मजे की बात यह थी कि प्रभु-प्रकोप का कारण संशयवादी विचारक थॉमस हॉब्स की 'लेवियाथन' नामक नवप्रकाशित पुस्तक को ठहराया गया था। इंग्लैंड में हॉब्स की पुस्तकें प्रतिबंधित कर देने का आदेश जारी हुआ; यद्यपि राजा उस आदेश के पक्ष में नहीं था, क्योंकि हॉब्स उसका गणित-शिक्षक रह चुका था। मगर लगभग पंद्रह वर्ष पहले क्रॉमवेल-क्रांति के दिनों में अपने पिता राजा चार्ल्स स्टुअर्ट प्रथम को मृत्युदंड दिए जाने के कारण चार्ल्स द्वितीय इतना भयभीत था कि संसदीय निर्णय के विरुद्ध जाने का साहस नहीं जुटा पाया। और संयोग देखिए, उसके बाद इंग्लैंड में न तो वैसी भयंकर महामारी फैली और न ही लंदन में वैसी प्रचंड आग लगी। आज वैसे विवरणों को पढ़कर हम माथा पीट लेते हैं।

उन दिनों इंग्लैंड के लोग डायनों से इतना आतंकित रहा करते थे कि डायनपन को कानूनी अपराध माना जाता था; डायनों के खिलाफ बाजाप्ता मुकदमे चला करते थे और ज़ुर्म साबित हो जाने पर सजा-ए-मौत तक दी जाती थी। 1736 ई. में वह कानून रद्द

हुआ। पागलपन और मिरगी जैसे रोगों को भी लोग भूत-प्रेत की करतूत मानते थे और रोगियों को दुष्टात्माओं से मुक्त करने के लिए तरह-तरह की शारीरिक यातनाएँ दिया करते थे। यहाँ तक कि जब राजा तृतीय जॉर्ज (1760-1840) पागलपन का शिकार हुआ, तो उसके इलाज में भी वही सब पारंपरिक विधियाँ अपनाई गईं । वैज्ञानिक आधार पर चिकित्सा पद्धति के प्रारंभ का सर्वाधिक श्रेय फ्रांस के लूई पैस्टर (1822-95) तथा इंग्लैंड के शैल्य-चिकित्सक जोसफ लिस्टर (1827-1912) को ही दिया जाता है। शैल्य चिकित्सा के क्षेत्र में चमत्कारों का अब तो कुछ कहना ही नहीं। बात इतनी आगे बढ़ती जा रही है कि अंतरिक्ष तकनीक के सहयोग से चिकित्सा-विज्ञानी वैसे उपकरण विकसित कर लेने में जुटे हैं, जो जीवित मानवीय शरीर के क्रियारत आंतरिक अवयवों का सघन अध्ययन कर सकें और तब वह दिन भी दूर नहीं, जब रिमोट कंट्रोल संचालित उपकरणों द्वारा हजारों मील दूर बैठा सर्जन किसी मरीज के दिल, गुरदा, आँत या मस्तिष्क का सफल ऑपरेशन कर दे!

पुरानी दुनिया पर नजर डालें तो परिवहन और संचार के मामले में अब हम जैसे तिलिस्मी संसार में आ पहुँचे हों। यूनानी विश्व-विजेता सिकंदर और फ्रांस का दुर्दांत सेनानायक सम्राट् नेपोलियन बोनापार्ट के बीच पूरे दो हजार एक सौ बरस का अंतराल था। लेकिन दोनों की सेनाओं की अधिकतम गति एक बराबर थी—यानी एक दिन में ज्यादा-से-ज्यादा तीस मील। सिकंदर से लेकर नेपोलियन के युग तक (ई. पूर्व 336 से 1821 ई.) संसार में परिवहन का सर्वाधिक द्रुतगामी साधन घोड़ा था, जिसकी अधिकतम गति घंटे में बामुश्किल बीस मील ही पहुँच पाएगी। अपनी अधिकतम गति से लगातार घंटे भर दौड़ पाना घोड़े के लिए मुमकिन भी नहीं। दम तोड़ देगा। घोड़ा बदल-बदलकर ही लोग लंबी दूरी तय कर पाते थे। इंग्लैंड में पहली बार राजा चार्ल्स प्रथम (1624-49) के जमाने में हैकनी कोच का प्रचलन प्रारंभ हुआ था, जो धीरे-धीरे दो-चार घोड़ों से खींचे जानेवाले चारपहिया स्टेज-कोच में विकसित हो गया और उस पर एक साथ आठ-दस लोग यात्रा करने लगे। द्रुतगामी स्टेज-कोच की रफ्तार सामान्यतः छह-सात मील प्रति घंटा हुआ करती थी। मध्य अठारहवीं सदी तक स्टेज-कोच द्वारा लंदन से एडिनबरा (लगभग 350 मील) की यात्रा तय करने में पूरे आठ दिन लग जाते थे। आज तो विदेशों में साढ़े तीन सौ किलोमीटर प्रति घंटे की रफ्तार से दौड़नेवाली रेलगाड़ियाँ हैं, जो एक दिन में आठ हजार कि.मी. पहुँच जाएँ।

1834 में रोम प्रवास के दौरान रॉबर्ट पील को ब्रिटिश प्रधानमंत्री का पदभार ग्रहण करने के लिए शीघ्रातिशीघ्र लंदन पहुँचने का संदेश मिला। अतिविशेष प्रबंधों के बावजूद रोम से लंदन (900 मील) पहुँचने में उन्हें पूरे तेरह दिन लग गए। आज ब्रिटिश प्रधानमंत्री मात्र तीन दिनों में सारी दुनिया का दौरा पूरा कर लंदन वापस आ जाएगा। मुझे ठीक से

पता नहीं कि विख्यात ब्रिटिश दार्शनिक लॉर्ड बर्ट्रेंड रसेल (1872-1970) किस साल पहली बार अमेरिका गए थे। मगर उन्होंने लिखा है कि उस बार वहाँ उन्हें एक भी मोटरगाड़ी देखने को न मिली। और यह जान लेना भी कम दिलचस्प न होगा कि कुछ दशक बाद जब वे फिर अमेरिका पहुँचे, तो न्यूयॉर्क नगर में उन्हें प्राय: ऐसे टैक्सी ड्राइवर मिल जाया करते थे, जो पी-एच.डी. के डिग्री होल्डर हों। रसेल ने यह भी बताया है कि उनतालीस साल की उम्र में उन्होंने पहली बार हवाई जहाज देखा था। इंग्लैंड-अमेरिका जैसे देशों का जब वह हाल था, तो भारत जैसे देशों का पूछना ही क्या! बिहार के पूर्वी चंपारण जिला स्थित मेरे गाँव में 1955 तक कई ऐसे लोग थे, जिन्होंने रेलगाड़ी कभी नहीं देखी थी; और जवार में वैसे लोगों की भी कमी न थी, जो अपने पूरे जीवनकाल में घर से बीस-तीस मील से ज्यादा दूर न गए थे। हमारे घर एक मोटरगाड़ी आ लगती थी, तो गाँव भर के छोकरे 'हवागाड़ी···हवागाड़ी' चिल्लाते टूट पड़ते थे और मोटर की हर्र-हर्राहट सुन बैल खूँटा तोड़कर बदहवास भाग खड़े होते थे। आज जब हॉर्न-पर-हॉर्न देते रहने के बाद भी बीच सड़क पर बेफिक्र पागुर करते मवेशी टस-से-मस नहीं होते, तो लगता है विज्ञान के कोलाहल ने जानवरों तक की मानसिकता बदल दी है।

महज तीस साल पहले भारत के अधिकतर छोटे शहरों के लोग सोच भी नहीं सकते थे कि अमेरिका-इंग्लैंड में बसे अपने परिजनों से वे जब चाहें घर बैठे फोन पर बात कर लें या अपने ड्राइंगरूम की टी.वी. पर न्यूयॉर्क के ट्रेड टावर्स का विध्वंस या फिर अफगानिस्तान-इराक की भयंकर बमबारी का पूरा नजारा देख लें! विज्ञान की बदौलत दुनिया इतनी बदल गई है, मानो हम हर जगह मौजूद हों या जिस जगह को चाहें, वह खुद पल भर में पास दौड़ी चली आए और हमारी नजरों के सामने नाचने लगे। साइंस ने अपनी सफलताओं से हमारे मन में सुदूर अंतरिक्ष में नई दुनिया बसा लेने का हौसला भर दिया है। वैज्ञानिक घनघोर प्रयास में जुटे हैं। लेकिन कहीं ऐसा न हो कि उससे पहले ईश्वर का आदम को दिया शाप ही फलित हो जाए। बाइबिल की कथा आपको मालूम होगी—अदन बाग के वृक्ष पर फले वर्जित ज्ञानफल तोड़कर ईवा ने जब आदम को खिला दिया तो ईश्वर प्रकट हुए और अपनी अवज्ञा किए जाने के कारण क्रुद्ध होकर उन्होंने दोनों को कई शाप दिए, जिनमें (एक अन्य स्रोत के अनुसार) एक शाप यह भी था कि अंत में ज्ञान ही आदम संतति के सर्वनाश का कारण बन जाएगा।

बर्ट्रेंड रसेल की कोटि के विज्ञानमना दार्शनिक भी वैज्ञानिक ज्ञानातिरेक से उत्पन्न खतरों के प्रति चिंतित थे और उन्हें भय था कि विज्ञान के कारण ही मानवजाति कहीं मिट न जाए! अपनी पुस्तक 'दि इमपैक्ट ऑफ साइंस ऑन सोसाइटी' (पृ. 89) में उन्होंने कहा है, 'अनभिज्ञता और अक्षमता के कारण ही मानवजाति अब तक जीवित बच पाई है, किंतु ज्ञान और सामर्थ्य के साथ यदि मूढ़ता जुड़ जाए, तो उसके (मानवजाति के)

अस्तित्व की निश्चितता भी समाप्त हो जाएगी। ज्ञान तो अवश्य ही शक्ति है, किंतु वह शक्ति कल्याण और अनिष्ट, दोनों की क्षमता रखती है। जानकारियों के संग यदि मनुष्य की प्रज्ञा (विज्डम) भी बढ़ती न चली, तो ज्ञानवृद्धि के साथ शोक अपरिहार्य हो जाएगा।' मैं तो रसेल से एक कदम आगे बढ़ने की धृष्टता करते हुए यह कहता हूँ कि शोक का सवाल ही कहाँ उठता? शोक का मौका तो तब मिले, जब शोक करनेवाला कोई बचा रह जाए! असल में रसेल की वैसी गंभीर चेतावनी का उद्देश्य हमारा ध्यान समस्या के उस अनिवार्य पक्ष की ओर खींचना था, जो विज्ञान के दायित्व क्षेत्र से सर्वथा बाहर है। उन्होंने जिस 'प्रज्ञा' (विज्डम) की बात की है, वह वैसा समग्र और सम्यक् ज्ञान है, जिसका सीधा संबंध जीवनदर्शन और नैतिक मूल्यों से है तथा उसकी अपेक्षाएँ धर्म, अध्यात्म, अंतरात्मा अथवा अंतर्दृष्टि से है। यदि हमने उस ओर यथेष्ट ध्यान नहीं दिया, तो खतरा इस बात का जरूर है कि अपनी महत्त्वाकांक्षाओं के उद्वेग और कामयाबियों की मदहोशी में बहककर विज्ञान हमें उस जगह पँहुचा देगा, जहाँ सर्वनाश हम सब की प्रतीक्षा कर रहा हो। तथापि प्रश्न विज्ञान के साथ वैमनस्य और संघर्ष का नहीं है। प्रश्न है विज्ञान और धर्म के बीच सामंजस्य, समन्वय और सहयोग स्थापित करने का। लिहाजा तरक्कीपसंद मुसलमानों को भी अपने मुल्लाओं से पूछना चाहिए कि इन गंभीर चुनौतियों से निबटने के लिए इसलाम के क्या संदेश हैं? लेकिन मैं यह भी आगाह कर देना चाहूँगा कि ऐसे विकट प्रश्नों के उत्तर मुसलिम बुद्धिजीवियों को खुद ढूँढ़ने होंगे। यूरोप में नवजागरण (रिनासाँ) के साथ ऐसे ऊर्जावान प्रश्नों की चिनगारियाँ जब छिटकने लगीं, तो ईसाई धर्मपीठों के तापमान बेहद बढ़ गए थे और पोप-पादरी इस कदर बौखला उठे कि ईसाई समाज के प्रबुद्धवर्ग को चर्च से लोहा लेना पड़ा था। तब जाकर ज्ञान-विज्ञान इतना आगे बढ़ पाया कि आज दुनिया के हर कोने में औसत लोग भी वैसी सुख-सुविधाओं का उपभोग करने लगे हैं, जो कुछ ही सदी पहले सम्राट् और सामंतों के लिए भी सपना था।

विज्ञान मंगलकारी बने अथवा अमंलगकारी, यह मनुष्य पर निर्भर करता है; विज्ञान पर नहीं। विज्ञान को भी दिशा-निर्देशन की अपेक्षा प्रबुद्ध समाज से ही है। ज्ञान-विज्ञान की क्या सीमा हो? हम कितना जानें और क्यों जानें? मानवीय बुद्धि-विवेक पर हम किस हद तक भरोसा करें? ये सब ऐसे प्रासंगिक प्रश्न हैं, जिनके सुविचारित उत्तर विज्ञान को सही दिशा देने में मददगार होंगे। अब तक का हमारा अनुभव बताता है कि सामान्य मनुष्य अपने स्वार्थ में इतना अंधा होता है कि उसे उचित-अनुचित; पराई पीर, यहाँ तक कि आत्यंतिक दुष्परिणामों की भी परवाह नहीं होती। वह केवल अपना सुख और लाभ चाहता है। वह भी अधिकतम और तत्काल। ऐसी दशा में वैज्ञानिक उपलब्धियाँ समाज के बहुसंख्यक स्वार्थी तत्त्वों के लिए व्यवसाय और उपभोग से ज्यादा

कुछ भी मोल-महत्त्व नही रखतीं। यह एक ऐसा कुरूप और कठोर सत्य है, जो संबद्ध समस्या के प्रति मोहक कल्पित धारणाओं की अपेक्षा व्यावहारिक दृष्टिकोण अपनाने के लिए हमें बाध्य कर देता है। अतएव ज्ञान-विज्ञान की बौद्धिक खोज में व्यक्ति को चाहे जितनी छूट मिले, किंतु उनकी क्रियात्मक उपलब्धियों को अनियंत्रित छोड़ देना कदापि वांछित नहीं होगा। अनियंत्रण का ही यह दुष्परिणाम है कि विकास और प्रगति के नाम पर प्राकृतिक और मानवीय संसाधनों का ऐसा निर्मम और मूढ़तापूर्ण दोहन-शोषण होता चला जा रहा है कि अरबों वर्ष पुरानी यह शस्य-श्यामल धरती शायद कुछ ही हजार बरस में बंजर और वीरानी हो जाए।

ऐसा क्यों है कि वैज्ञानिक बुद्धि और कौशल के बल पर अंतरिक्ष में मनपसंद नया संसार बसाने की कामना और क्षमता रखनेवाला मानव चिरपरिचित धरती पर अपना जीवन सँवारने में असमर्थ होता जाए? इस प्रश्न पर गंभीरतापूर्वक विचार करनेवालों को लगता है कि जनसंख्या विस्फोट, निरंकुश लोभ-सह-महत्त्वाकांक्षा तथा तकनीकी सामर्थ्य—मुख्य रूप से यही तीन कारण हमारी मुसीबतों की जड़ हैं और जब तक इन तीनों का ठीक तालमेल न बिठा लिया जाए, अपने संकटों से हम उबर नहीं सकते।

अनुमान है कि आज से दस लाख बरस पहले मूल मानुष माने जानेवाले दोपाया प्राणी की संख्या पूरी धरती पर एक लाख से अधिक नहीं रही होगी। लाखों बरस तक जंगली जानवरों के शिकार और फल-मूल खाकर वे अपना भरण-पोषण करते रहे। लगभग दस हजार बरस पहले जब उन्होंने खेती-बाड़ी करना सीख लिया, तब धीरे-धीरे उनकी तायदाद बढ़ने लगी। कृषि युग में मानव जनसंख्या अनुमानतः पचास लाख हो गई थी। विद्वान् बताते हैं कि आज से दो हजार साल पहले, ईसा के जन्मकाल में विश्व की जनसंख्या पच्चीस करोड़ थी। अगले पंद्रह सौ बरसों में वह संख्या दोगुनी हो गई। उसके साढ़े तीन सौ बरस बाद 1825 ई. में वह फिर दोगुनी बढ़कर एक अरब पहुँच गई। किंतु औद्योगिक क्रांति के परिणामस्वरूप मात्र सौ बरस के अंदर (1825 से 1925) इस धरती पर दो अरब लोग बसने लगे थे। उसके बाद तो जैसे जनसंख्या-विस्फोट हुआ हो, क्योंकि बीसवीं शताब्दी खत्म होते-होते दुनिया की आबादी पाँच अरब पहुँच गई। उस विराट् जन समूह में हर पाँचवाँ व्यक्ति भारतीय था। इस रफ्तार से इक्कीसवीं सदी के अंत तक विश्व की जनसंख्या अनुमानतः दस अरब से ज्यादा हो जाएगी। उल्लेखनीय बात यह है कि विगत कुछ दशकों में पश्चिमी दुनिया के विकसित और धनी देशों की जनसंख्या तो बहुत हद तक स्थिर हो गई है, किंतु एशिया-अफीका के पिछड़े और गरीब मुल्कों की आबादी बेरोक-टोक बढ़ती जा रही है। इसलामी मुल्ला लोगों से कहते हैं कि शरीअत परिवार-नियोजन की इजाजत नहीं देता। आज बंबई शहर में लगभग एक करोड़ लोग रहने लगे हैं। महानगरों की आबादी बढ़ने के साथ-साथ दाना-पानी, मकान-बिजली,

स्वास्थ्य-शिक्षा, सड़क-परिवहन, साफ-सफाई और विधि-व्यवस्था जैसी समस्याएँ भी विकट होती जाती हैं। सन् 1982 में प्रस्तुत एक सर्वेक्षण रिपोर्ट के अनुसार रोजी-रोटी की तलाश में तकरीबन तीन सौ परिवार हर रोज बंबई पहुँच जाते थे। नगर में सिर्फ बीस लाख लोगों की सुविधा के लिए उपलब्ध साधनों पर अस्सी लाख लोगों का बोझ पड़ जाता था। नतीजतन पैंतीस लाख से ज्यादा नर-नारी गंदी बस्तियों में नारकीय जीवन बिताने पर मजबूर थे। शहर में उन दिनों वैसी छह सौ बस्तियाँ थीं। 'विश्व स्वास्थ्य संगठन' द्वारा स्वीकृत मानक के अनुसार, जहाँ प्रत्येक व्यक्ति के लिए प्रतिदिन चालीस गैलन पानी आवश्यक है, वहीं झुग्गी-झोपड़ी में रहनेवालों को औसतन दस गैलन पानी भी रोज नहीं मिल पाता। नगर में चलनेवाली ट्रेनें अपनी अधिकतम क्षमता से तिगुना ज्यादा यात्री ढोती चलती हैं।

सन् 1964 तक बंबई में वाहनों की कुल संख्या अस्सी हजार थी, जो अस्सी के दशक में चार लाख हो गई। आज तो वहाँ दस लाख से भी ज्यादा वाहन हों तो ताज्जुब नहीं। सड़कों पर इतनी बड़ी संख्या में वाहनों की उपस्थिति के कारण घंटे में पाँच कि.मी. की औसत रफ्तार से ज्यादा दौड़ पाना वाहनों के लिए कठिन है। महानगरों की विकट समस्या तो बन गई है कारखानों से निकले धुएँ और वाहनों से विसर्जित गैस से उत्पन्न प्रदूषण। अगस्त 1986 में 'इंडियन इंस्टीट्यूट ऑफ टेक्नोलॉजी' तथा 'डायरेक्टरेट ऑफ ट्रैफिक' के संयुक्त तत्त्वावधान में आयोजित एक अध्ययन के अनुसार, दिल्ली नगर के वायुमंडल में 250 टन कार्बन मोनोऑक्साइड, 40 टन हाइड्रोकार्बन, 30 टन नाइट्रोजन ऑक्साइड, 5 टन सल्फर डाइऑक्साइड तथा बड़ी मात्रा में भाँति-भाँति के धातु कण विसर्जित होते रहते थे। उन सब में सर्वाधिक हानिकारक सल्फर डाइऑक्साइड गैस है, जो फेफड़ों को बुरी तरह क्षतिग्रस्त कर देता है। प्रदूषण के कारण महानगरों के बच्चों से लेकर सयाने तक श्वास रोग, आँखों की जलन, गले की खराश, एसिडिटी, सरदर्द जैसी तकलीफों से त्रस्त रहते हैं। सुप्रीम कोर्ट के सख्त रवैए के कारण दिल्ली की हालत अब कुछ बेहतर हुई है।

ऊर्जा उत्पादक संयंत्रों से विसर्जित गैस वायुमंडल में मौजूद ऑक्सीजन तथा वाष्प कणों के साथ मिलकर रासायनिक प्रक्रियाओं से गुजरते हुए सल्फ्यूरिक एसिड और नाइट्रिक एसिड में बदल जाते हैं। हवा उन्हें उड़ाकर वायुमंडल में जहाँ-तहाँ जमा कर देती है और तब वे हिमपात या अम्ल-वर्षा के रूप में फिर धरती पर आ गिरते हैं। किंतु अम्ल-वर्षा जब जलाशयों पर होने लगती है, तो उनके कारण मछलियाँ तथा अन्य जीव-जंतु, जल-वनस्पति तथा पेड़-पौधे मृत होते जाते हैं और अंततः वह जलराशि ही सूखकर समाप्त हो जाती है। कनाडा और स्कैंडिनेविया की हजारों झीलें इस तरह या तो पूरी तरह खत्म हो गईं या सूखने के कगार पर हैं।

लगातार बढ़ती आबादी की भूख मिटाने और लोभियों के थैले भरने के लिए प्रकृति को जिस हद तक हम परेशान करते जा रहे हैं, वह समय से बहुत पहले हमें उस विकराल विपदा के निकट पहुँचा देगा, जिसका वस्तुतः कोई निवारण नहीं। हानिकारक कृत्रिम रसायनों के प्रयोग द्वारा भूमि की प्रकृतिप्रदत्त क्षमता से अधिक फसल उगाने का लोभ संसार के सभी महादेशों की माटी को मृत बनाता जा रहा है। कुछ दशक पहले रोम के एक विशेषज्ञ-मंडल ने चेतावनी दी थी कि जनसंख्या की दर, औद्योगिक रसायनों का प्रयोग तथा प्रदूषण की रफ्तार जिस तेजी से बढ़ती जा रही है, उनके कुपरिणामस्वरूप आगामी सौ बरस के अंदर धरती की उर्वराशक्ति पूर्णतः कुंठित हो जाएगी। उर्वर माटी प्राणवान माटी होती है, जिसके प्रत्येक सेंटीमीटर में अरबों -खरबों सूक्ष्म जीवाणु समाए रहते हैं। प्रकृति संचालित जीवनचक्र की प्रक्रिया से गुजरते हुए वे जीवाणु माटी से पौधे, पौधों से फसल और फसल से आहार बनकर मनुष्य और पशु-पक्षी के शरीर में प्रवेश करते हैं और वहाँ से फिर माटी में लौट आते हैं। इस यात्राचक्र में हवा-पानी और सूर्यकिरणों की सहायता से वे जीवाणु नैसे प्राकृतिक रासायनिक परिवर्तनों को उत्पन्न करते रहते हैं, जो माटी की उर्वराशक्ति कायम रखने के लिए अत्यावश्यक हैं। औद्योगिक उर्वरकों तथा कीटनाशक द्रव्यों का अत्यधिक प्रयोग उन जीवाणुओं के जीवन-चक्र को ऐसा नष्ट कर देता है कि अंत में माटी मृत हो जाती है।

बढ़ती आबादी का एक अन्य कुप्रभाव भी हमारे पर्यावरण पर व्यापक रूप से पड़ता जा रहा है। राष्ट्रसंघ द्वारा संचालित एक पर्यावरण सर्वेक्षण रिपोर्ट में आज से दो दशक पहले चेतावनी दी गई थी कि शीघ्र ही धरती के एक-तिहाई हिस्से के मरुभूमि में बदल जाने का खतरा पैदा हो गया है। सूडान का रेगिस्तान फकत पंद्रह साल के अंदर साठ मील आगे फैल गया था। उष्णकटिबंधीय वर्षा-वन के उनतीस हजार वर्गमील क्षेत्र प्रतिवर्ष नष्ट किए जाते रहे हैं। फलस्वरूप वनस्पतियों के हरित आवरण की समाप्ति के साथ ही संसार के उस सर्वाधिक उर्वर अंचल का जैविक वैविध्य भी तेजी से समाप्त होता जा रहा है। जीव विज्ञानियों का मानना है कि भौगोलिक पर्यावरण की ऐसी ही निर्बाध विनाशलीला चलती रही तो करोड़ों वर्ष से धरती पर पाए जानेवाले पेड़-पौधे और पशु-पक्षी की विभिन्न नस्लों में अनेक को हम अपने ही जीवनकाल में विलुप्त होते देख लेंगे। मानवीय जनसंख्या की वृद्धि के कारण जिस तेजी से नगरों का विस्तार होता जा रहा है, उसके परिणामस्वरूप भी हम प्रतिवर्ष पच्चीस हजार वर्गमील उर्वरा भूमि खोते जा रहे हैं।

विगत दो-तीन दशकों से हिमालय की गोद में बसे अंचलों की जनसंख्या ढाई-तीन प्रतिशत हर साल बढ़ती जा रही है। उनके साथ ही बढ़ती जा रही है माल-मवेशियों की संख्या—गाय-भैंस, भेड़-बकरियाँ। मनुष्य से लेकर मवेशियों तक; सबको दाना-पानी

चाहिए। रसोई के लिए जलावन, घर बनाने-सजाने के लिए तख्ते मवेशियों के लिए चारा; सबकी मार जंगलों को झेलनी पड़ती है। हिसाब लगाया गया है कि खाना पकाने के लिए प्रति व्यक्ति औसतन ढाई किलो जलावन चाहिए। मवेशियों के लिए आस-पास चारागाह चाहिए। पर्वतीय अंचलों में चारागाह के तौर पर इस्तेमाल की जानेवाली भूमि की सबसे ज्यादा दुर्गति, खासकर बकरियाँ कर देती हैं, जो घास और पौधों को ऊपर-ऊपर ही नहीं चरतीं, बल्कि उन्हें जड़ समेत उखाड़कर चबा जाती हैं। जानकार बताते हैं कि सीरिया, लेबनान, फिलिस्तीन, ग्रीस, इटली आदि देशों के पहाड़ी इलाकों को बकरियों ने नंगा बना दिया है। बंगाल-बिहार, आसाम, अरुणाचल, उत्तरांचल-हिमाचल जैसे सभी हिमालयवर्ती प्रदेशों के जंगल लोभी व्यवसायियों द्वारा बेरहमी से काटे जा रहे हैं। सेटैलाइट चित्र दिखाते हैं कि उत्तरांचल और हिमाचल के पर्वतीय क्षेत्रों के हरित-आवरण जिस तेजी से सिकुड़ने लगे हैं, उससे अगले पचास वर्षों में हिमालय पूर्णरूपेण निरावरण हो जाएगा। उसके साथ ही समाप्त हो जाएगी हिमालय की शोभा; हिमालय की चहक। हमारा लोभ, हमारी महत्त्वाकांक्षा हमें मूढ़ बनाती जा रही है। हम भूलते जा रहे हैं कि इस धरती पर मनुष्य का जीवन पूरे प्राकृतिक परिवेश में ही कायम है; कायम रह पाएगा। किसी-न-किसी रूप में, किसी-न-किसी स्तर पर हम सब—मनुष्य-पशु-पक्षी, पेड़-पौधे, जंगल-पहाड़, सरिता-सागर—एक-दूसरे से जुड़े हैं; एक-दूसरे पर आश्रित हैं। पूरब के मनीषियों का यह प्राचीन अंतर्बोध अब पश्चिम के अन्वेषकों का भी वैज्ञानिक निष्कर्ष बनता जा रहा है। प्राकृतिक पर्यावरण यदि नष्ट हो गया; दूसरी नस्लें अगर पूरी तरह मिट गईं, तो इनसानी नस्ल का कायम रहना भी हरगिज मुमकिन न होगा।

तब हम क्या करें? लोग बढ़ते ही जाएँगे, तो उनकी जरूरतें पूरी करने की खातिर उद्योग-धंधे बढ़ाने ही होंगे और तब प्रकृति का निर्मम दोहन भी टाला नहीं जा सकता। हम जाएँ तो किधर जाएँ? दिग्भ्रमितता की ऐसी विकट स्थिति में मार्गदर्शन के लिए किसकी गुहार करें? क्या विख्यात अर्थशास्त्री और विज्ञानविद् हमारी कोई मदद करेंगे? मगर आज तो संसार के श्रेष्ठ अर्थवेत्ताओं में आधे से अधिक लोग बड़े-बड़े कॉरपोरेट संस्थानों (निगमों) के उच्च वेतनभोगी परामर्शदाता बन गए हैं। वे तो उन्हीं मूल्यों-मार्गों की ओर इशारा करते हैं, जो उन निगमों के अधिकतम लाभ के लिए निर्मित हुए हैं। प्रकृति, मनुष्य अथवा जीवन के प्रति आदरभाव निगम-मानसिकता के अनुकूल नहीं पड़ते, इसलिए कॉरपोरेट संस्थान अपने आर्थिक परामर्शदाताओं एवं व्यवस्थापकों से भी अपेक्षा रखते हैं कि वे सब भी मानवीय संवेदनाओं से अछूते रहें। बहुसंख्यक निगम-नायकों का व्यावसायिक-दर्शन है कि अपने लक्ष्य-सिद्धि और हित-संपादन की दिशा में बढ़ते समय नैतिक मूल्य-मान्यताओं को बाधक नहीं बनने देना चाहिए। फ्रित्जाफ कैपरा ने अपनी प्रसिद्ध पुस्तक 'दि टर्निंग पॉइंट' में सिटी बैंक के तत्कालीन अध्यक्ष वॉल्टर

रिस्टन का कथन उद्धृत करते हुए लिखा है : '(नैतिक) मूल्य तो शीर्षासन करने लगे हैं···मैं तो मानता हूँ कि संस्थागत मूल्य होते ही नहीं; मूल्य केवल व्यक्तिगत होते हैं।' उल्लेखनीय है कि अमेरिका का सिटी बैंक विश्व के कारपोरेट बैंकों में दूसरे नंबर पर है।

अधिकांश पश्चिमी देशों की आर्थिक संपदा आज उन मुट्ठी भर लोगों के पास सिमट गई है, जो कारपोरेट वर्ग से संबद्ध हैं और सारे देश के अर्थतंत्र पर पूर्ण नियंत्रण रखते हैं। बताया जाता है कि अमेरिका में समस्त कारपोरेट सिक्युरिटीज (प्रतिभूति) के छिहत्तर प्रतिशत भाग पर केवल एक प्रतिशत अंशधारकों (शेयर होल्डर्स) का स्वामित्व है। वे बहुराष्ट्रीय निगम, प्राकृतिक साधनों, सस्ते श्रम तथा नए बाजारों की तलाश में बड़ी तेजी से अपना विश्वव्यापी जाल फैलाते जा रहे हैं। कृत्रिम आवश्यकता-आपूर्ति के नियामक ये व्यावसायिक निगम, मीडिया के व्यापक सहयोग से एक वैसी सार्वलौकिक कुसंस्कृति को जन्म दे चुके हैं, जिसकी प्रच्छन्न विलासिता मानव समाज को पतन की ओर अविराम घसीट लिये जा रही है। अरबों डॉलर खर्च कर अश्लील और उत्तेजक विज्ञापनों द्वारा अपने उत्पादों के बाजार बढ़ाने के साथ-साथ ये व्यावसायिक निगम जहाँ एक ओर नगरवासी नई पीढ़ी का शील-सुरुचिबोध नष्ट करते जा रहे हैं, वहीं दूसरी तरफ ग्रामीण किसानों के मन में खाद्यान्न के बजाय अधिकतर नकदी फसल उपजाने का लोभ भी बढ़ा चुके हैं।

दैत्याकार निगमों के निरंतर कसते पंजे के कारण हमें भय है कि विकास और आधुनिकीकरण के नाम समर्पित इक्कीसवीं सदी कहीं बहुराष्ट्रीय निगमों को ही पूरी तरह समर्पित न हो जाए! विकास की सारे आधुनिकतम तकनीक, चाहे वे सूचना और संचार से संबद्ध हों अथवा परिवहन, चिकित्सा या कृषि से, सब-के-सब उन्हीं निगमों के एकाधिकार बनते जा रहे हैं। खासकर तीसरी दुनिया के नाम से पुकारे जानेवाले गरीब और पिछड़े मुल्कों के लिए सर्वाधिक चिंताजनक स्थिति जैव-प्रौद्योगिकी (बायोटेक्नॉलोजी) के कारण पैदा हो गई है। इस प्रौद्योगिकी के माध्यम से राजनायकों और निगमों का गठबंधन गरीब किसानों को उनके खेत और बीजों के आनुवंशिक साधन से धीरे-धीरे वंचित करता जा रहा है। वे बहुराष्ट्रीय निगम खाद, कीटनाशक आदि कृषि-रसायन तथा अभियांत्रिक बीजों (इंजीनियर्स सीड्स) के उत्पादन का एकाधिकार रखते हैं और इस तरह विकास की आड़ में कृषि के अत्यावश्यक साधनों को उन्होंने अपने मनमाने मुनाफे का जरिया बना लिया है। ऐसी स्थिति में पश्चिमी दुनिया के राजनायकों से 'नव उपनिवेशवाद' की चर्चा सुनकर हमारे कान खड़े हो जाते हैं। ब्रिटिश प्रधानमंत्री के विशेष सलाहकार राबर्ट कूपर ने गत वर्ष (अप्रैल 2002) जब यह कहा, '···उपनिवेशीकरण के अवसर और संभवत: उसकी आवश्यकता भी आज उतनी ही अधिक है, जितनी उन्नीसवीं सदी में थी···' तो हममें से कई लोगों को उपनिवेशों के पुनरागमन की हल्की

पदचाप सुनाई पड़ने लगे। कृषि व्यवसाय से जुड़े बहुराष्ट्रीय निगमों ने उस प्रक्रिया की शुरुआत कर दी है, जो अंततः सारे संसार में एक ही कृषि प्रणाली की स्थापना कर देगी और जिसके अंतर्गत वे निगम ही अन्न उत्पादन के सभी चरणों के सूत्रधार रहेंगे। खाद्य सामग्रियों की आपूर्ति और उनके मूल्य-निर्धारण पर भी उन्हीं लोगों का नियंत्रण रहेगा। आज अमेरिका में सब्जी उत्पादन का नब्बे प्रतिशत धंधा निगमों के हाथ में चला गया है तथा छोटे खेतिहरों के लिए उन्हीं लोगों की छत्रच्छाया में जीने या धंधा छोड़कर हट जाने के अलावा कोई रास्ता नहीं बचा है। विशेषज्ञों ने यह चेतावनी दी है कि खाद्य-सामग्रियों का निगमों के नियंत्रण में चले जाने से संसार से भूख मिटाना असंभव हो जाएगा, क्योंकि अत्यधिक साधनसंपन्न निगमों की प्रतिस्पर्धा में छोटे गरीब उत्पादक हर्गिज टिक न पाएँगे। इसका कुपरिणाम तीसरी दुनिया के मुल्कों में अभी से देखा जा सकता है, जहाँ पर्याप्त अन्न उत्पादन के बावजूद लोग भूखों मर रहे हैं।

अपनी निरंतर बिगड़ती दशा सुधारने के लिए यदि हम वैज्ञानिकों की मदद चाहें तब भी दिक्कत वही है कि उनमें से अधिकतर लोग निगमों तथा राजकीय रक्षा विभाग की नौकरियों में संलग्न हैं। आज दुनिया के अधिकतर निपुण वैज्ञानिक और इंजीनियरों का जमावड़ा अमेरिका में है, जहाँ उनमें करीब-करीब आधे लोग सामरिक उद्योगों को अपनी सेवा से निहाल कर रहे हैं। उनके सारे अर्जित ज्ञान और कौशल कंप्यूटर संचालित युद्ध में सहायक पार्टिकल बीम, लेजर कम्यूनिकेशन जैसी जटिल टेक्नॉलोजी तथा आणविक ऊर्जा को समर्पित हैं। यह उन्हीं गण्यमान्य वैज्ञानिकों का कौशल प्रसाद है कि विश्व की महाशक्तियों के पास आज इतनी अधिक संख्या में अणु अस्त्र तैयार पड़े हैं, जिनसे इस असहाय वसुंधरा को कई बार नष्ट किया जा सकता है। उन आयुधों की शक्ति का अंदाजा इसी से लगा लें कि केवल बीस हजार टन क्षमतावाले एक अणु बम ने जब हिरोशिमा के सत्तर हजार नर-नारियों को देखते-देखते स्वाहा कर दिया था, तो आज का बीस लाख टन क्षमता वाला एक हाइड्रोजन बम कैसा प्रलयंकारी दृश्य उत्पन्न कर देगा! कई दशक पहले अमेरिकी रक्षा मंत्रालय ने अनुमान लगाया था कि यदि अणु-युद्ध छिड़ गया, तो सोलह करोड़ अमेरिकी, बीस करोड़ रूसी तथा पश्चिमी यूरोप का हर आदमी मारा जाएगा। वह युद्ध एक ही बार में धरती से सत्तर करोड़ लोगों को उठा लेगा। इस खतरे के मद्देनजर पश्चिमी दुनिया के कूटनीतिज्ञ वैसी रणनीति तैयार करने में जुटे थे कि युद्ध यदि अपरिहार्य हो गया तो उसे यूरोप-अमेरिका के बजाय एशिया-अफ्रीका की धरती पर अंजाम दिया जाए।

समझ में नहीं आता कि बाघ अगर दो ही गोली में मारा जाए, तो उस पर सैकड़ों गोलियों की बौछार के पीछे क्या समझदारी है? संचित परमाणु आयुधों का केवल दसवाँ भाग ही यदि संसार को समाप्त कर देने के लिए पर्याप्त है, तो बाकी बचे बमों का क्या

उपयोग होगा ? उसके बाद मरने-मारनेवाला बचा ही कौन रहेगा ? यह कैसा अर्थशास्त्र है, जो उतनी अकूत जनसंपदा मानव-कल्याण की अपेक्षा सृष्टि-संहार के लिए व्यय करना अधिक लाभदायी ठहराता है ?

आणविक प्रतिस्पर्धा ने आज हमें जहाँ पहुँचा दिया है, उसके कारण अणु-युद्ध अब केवल रूस-अमेरिका की मरजी पर निर्भर नहीं करता। आणविक तकनीक और अणु-बम निर्माण के लिए आवश्यक प्लूटोनियम जैसे कृत्रिम रेडियोधर्मी तत्त्व सारे संसार में निर्यात होने लगे हैं। जानकार बताते हैं कि जहाँ एक अणु-बम बनाने के सिर्फ दस-बीस पाउंड प्लूटोनियम ही काफी है, वहीं केवल एक न्यूक्लियर रिए प्रतिवर्ष चार-पाँच सौ पाउंड प्लूटोनियम उत्पन्न कर देता है, जिससे पचासों अणु बम बन जाएँगे। तीसरी दुनिया के अविकसित देशों में न्यूक्लियर तकनीक प्रोत्साहित करने के पीछे बहुराष्ट्रीय निगमों का मकसद उन देशों की ऊर्जा आवश्यकताओं की पूर्ति नहीं है। उनका असल मकसद है, उन गरीब देशों के समृद्ध प्राकृतिक साधनों का अधिकतम एवं त्वरित दोहन। और इसके चलते सारी मनुष्य जाति के सामने ऐसी विकट समस्या खड़ा हो गई है, जिसकी हल्की चर्चा भी हमें गंभीर चिंता में डुबो देती है।

प्रत्येक आणविक ऊर्जा संयंत्र (एटॉमिक पावर प्लांट) सालाना कई टन रेडियोधर्मी कचरा फेंकता है, जो लाखों साल तक विषैला बना रहेगा। प्लूटोनियम के बारे में बताया जाता है कि वह तो एक ऐसा रेडियो सक्रिय पदार्थ है, जो पाँच लाख वर्ष तक आंशिक रूप से विषाक्त बना रहेगा। जानकारों का कहना है कि केवल एक पाउंड प्लूटोनियम संसार के मौजूदा पाँच अरब लोगों के बीच अगर बराबर मात्रा में बाँट दिया जाए, तो उनमें हर कोई फेफड़े के कैंसर का शिकार हो जाएगा। कहते हैं कि कुछ ही दशक बाद दुनिया भर में करीब साढ़े तीन सौ पुराने न्यूक्लियर रिएक्टर्स कार्यमुक्त कर दिए जाएँगे। हर एक विखंडित आणविक संयंत्र से पचासों हजार ट्रक भार रेडियो संदूषित कंक्रीट और इस्पात के वैसे मलबे निकलेंगे, जिनसे अनुमानतः दो-ढाई लाख वर्ष तक रेडियो विकिरण होता रहेगा। सवाल यह उठ खड़ा हुआ है कि तब उन परम विषैले कचरे को आखिर कहाँ दफनाया जाए? यह किसी के बूते की बात नहीं दिखती कि धरती के पर्यावरण और प्राणियों को वैसे घातक कचरे के कुप्रभाव से उतने लंबे काल तक सुरक्षित रखने का कोई भरोसेमंद उपाय ढूँढ़ ले। पाँच लाख वर्ष का मतलब मोटे तौर पर पंद्रह हजार पीढ़ियों का जीवनकाल (यदि न्यूटन की काल-निर्धारण प्रणाली का अनुसरण किया जाए, जिसके अनुसार सौ साल में औसतन तीन पीढ़ियाँ गुजरती हैं)।

सोचिए, हम कहाँ आ पहुँचे हैं ? बेशक गरीबी बड़ी मुसीबतें पैदा करती हैं। लेकिन अतिशय संपन्नता भी तो विनाश का कारण बन जाती है। आर्थिक संपन्नता और भौतिक समृद्धि की ललक ने हमें एक ऐसे चक्रव्यूह में फँसा दिया है, जिसमें पैठना तो बहुतों

को मालूम था, मगर जिससे बाहर निकल आना शायद कोई नहीं जानता। मैंने इतनी दूर तक इन बातों की चर्चा महज इसलिए की है, ताकि उम्मते-मुहम्मदिआ के लोग जरा ठीक से पहचानने की कोशिश करें कि दरअसल मुसलमानों की भी यही समस्याएँ हैं या नहीं? और अगर हैं, तो क्या उनका सही निदान जिहाद और आतंकवाद बन सकता है? क्या ऐसे अहम मसाल के लिए इसलाम के पास दूसरी कारगर तज्वीजें मौजूद नहीं? मजहबी मुल्ला चाहे जो राय रखें, लेकिन मुसलिम बुद्धिजीवी इसे जरूर कबूल करेंगे कि इन मुश्किलों का उपाय बुद्धि-विवेक के जरिए ही निकलेगा। और चूँकि ये व्यापक मानवीय चुनौतियाँ हैं, इसलिए इनका मुकाबिला भी अखंड मानवीय स्तर पर ही करना होगा। यह कितनी अजीब बात है कि आणविक शस्त्रीकरण, औद्योगिक प्रदूषण, पेट्रोकेमिकल्स, पर्यावरण अथवा जनसंख्या वृद्धि जैसे अहम मसलों पर दुनिया के किसी कोने में इसलामी जमातों की ओर से कोई आवाज नहीं उठती। इन सारी समस्याओं पर गंभीर अध्ययन और सघन अभियानों में मुख्यत: पश्चिमी देशों के लोग ही जुटे हैं। देखा जाए, तो दुनिया को बिगाड़ने-सँवारने के प्राय: सभी मौलिक चिंतन और प्रयास संसार के उसी भाग में चल रहे हैं। गोकि शहर आगरा के नजीर अकबराबादी अठारहवीं सदी के शायर थे, लेकिन लगता है, जैसे आज की मगरिबी (पश्चिमी) दुनिया के रंग-ढंग देखकर ही उन्हें यह खयाल आया हो—

या आदमी पे जान को वारे है आदमी
और आदमी पे तेग को मारे है आदमी
चिल्ला के आदमी को पुकारे है आदमी
और सुन के जो दौड़े हैं सो भी हैं आदमी

पिछले सौ साल के अंदर विज्ञान ने अपनी सोच की दिशा बदल ली है। यों कहें कि अब तो उसका नजरिया ही बदला-बदला है। मगर दिक्कत यह हुई है कि अपने नवीन निष्कर्षों के बल पर नित्य नई तकनीक ईजाद करने में जिस तेजी से वह कामयाब होता गया, उस अनुपात में लोगों की मानसिकता वह नहीं बदल पाया। आधुनिक विज्ञान का उदय सोलहवीं-सत्रहवीं सदी में हुआ था। उससे पहले उसकी अपनी स्वतंत्र सत्ता नहीं थी। वह 'प्राकृतिक-दर्शन' (नैचुरल फिलॉसफी) का ही अभिन्न अंग माना जाता था, जिस कारण पूर्वकालीन सभी विज्ञानियों का उल्लेख 'दार्शनिक' नाम से ही मिलता है और न्यूटन ने लैटिन भाषा में लिखी अपनी जगप्रसिद्ध पुस्तक का शीर्षक रखा था, 'प्राकृतिक दर्शन के गणितीय सिद्धांत' (अंग्रेजी में 'मैथमैटिकल प्रिंसिपल्स ऑफ नैचुरल फिलॉसफी')। यद्यपि इटली के पाडुआ विश्वविद्यालय का प्राध्यापक गैलीलियो (1564-1642) पहला व्यक्ति था, जिसने अपने प्रयोगों को गणितीय भाषा में प्रकट करते हुए प्रकृति के नियमों की व्याख्या की थी और उसके वैसे महत्त्वपूर्ण योगदान के लिए ही

लोग उसे आधुनिक विज्ञान का जनक बताते हैं; तथापि आधुनिक विज्ञान के आधारभूत स्तंभों के निर्माण का मुख्य श्रेय इंग्लैंड के फ्रांसिस बेकन (1561-1626), फ्रांसवासी रेन देकार्त (1596-1650) तथा इंग्लैंड के ही आइजक न्यूटन (1624-1727) को दिया जाता है। गैलीलियो के सूत्रों को वैज्ञानिक प्रणाली में विकसित करने की शुरुआत बेकन ने ही की थी।

बेकन से पहले विज्ञान का उद्देश्य मात्र इतना था कि प्रकृति की विधि-व्यवस्था को ठीक से समझ लिया जाए, ताकि उनके अनुरूप ही लोग जीवन-यापन करें। लेकिन बेकन के कारण बिज्ञान का लक्ष्य बदलने लगा और वह प्रकृति पर मानवीय प्रभुत्व और नियंत्रण के लिए अधिक उत्सुक होता गया। कैपरा ने लिखा है ('द टर्निंग प्वॉइंट', पृ. 40) कि 'बेकन ने अपनी अन्वेषण प्रणाली का जिस ढंग से उपयोग किया था, वह न केवल भावावेश से भरा था, बल्कि नितांत कटु और दुर्दांत भी था। बेकन का इरादा प्रकृति का पीछा उस हद तक करते जाना था, जब तक वह अपने सारे राज उगल न दे और विवश होकर मानवीय सेवा में सर्मार्पित न हो जाए।'

बेकन द्वारा संकलित वैज्ञानिक तथ्यों को तर्क की सहायता से दार्शनिक आयाम देते हुए देकार्त ने प्राकृतिक जगत् की जो रूपरेखा प्रस्तुत की, वह एक ऐसी उन्नत मशीन की थी, जो सुनिश्चित गणितीय नियमों द्वारा सुचारु रूप से संचालित होती रहती है। देकार्त भी बेकन की इस राय से सहमत था कि विज्ञान का प्रयोजन प्रकृति को मानवीय प्रभुत्व और नियंत्रण में रखना है। उल्लेखनीय है कि देकार्त आधुनिक पाश्चात्य दर्शन का स्थापक माना जाता है, जिसके विचारों की सुबद्धता और ताजगी की तारीफ करते हुए बर्ट्रेंड रसेल को प्लेटो और अरस्तु की याद आ गई थी। हालाँकि अपने सिद्धांतों का केवल बाहरी खाका खींचने से ज्यादा देकार्त कुछ नहीं कर पाया था। उसकी प्रस्थापनाओं को सुव्यवस्थित सैद्धांतिक रूप देने का श्रेय आइजक न्यूटन को दिया जाता है, जिसने न केवल देकार्त, बल्कि कोपरनिकस, केपलर, बेकन तथा गैलीलियो जैसे सभी पूर्ववर्ती वैज्ञानिकों के सिद्धांतों को परिष्कृत कर एक वैसे ठोस वैज्ञानिक सिद्धांत की प्रस्थापना कर दी, जिस पर पूरे दो सौ बरस तक क्लासिकी भौतिक विज्ञान निर्बाध रूप से आगे बढ़ता गया।

न्यूटन की वैज्ञानिक सोच यह थी कि सृष्टि-रचना की प्रारंभिक घड़ियों में ईश्वर ने भौतिक कणों का निर्माण कर उनमें बलशक्ति (फोर्स) भर दी और वे आधारभूत नियम भी निर्धारित कर दिए, जो निरंतर उनकी गति संचालित करते रहें। उसके बाद ईश्वर ने अपना हाथ खींच लिया और तब से एक विराट् मशीन की भाँति यह जगत् केवल उन्हीं पूर्वनिर्धारित नियमों द्वारा संचालित होता रहा तथा सदा संचालित होता रहेगा। न्यूटन कहा करता था कि उसके वैज्ञानिक प्रयासों का सबसे बड़ा उद्देश्य उन नियमों

के प्रमाण प्रस्तुत कर देना था, जिन्हें प्राकृतिक घटनाओं के संचालन हेतु ईश्वर ने प्रारंभ में ही निर्धारित कर दिया था। इस पूरे संदर्भ में ठोस पिंडों की गति और गुरुत्वाकर्षण के नियम प्रतिपादित करते समय 'डिफरेंशियल कैलक्यूलस' नामक जिस गणितीय विधि का न्यूटन ने प्रयोग किया था, वह उसकी सर्वथा मौलिक और सर्वाधिक महत्त्वपूर्ण देन थी। आइंस्टीन उससे इतना ज्यादा प्रभावित था कि उसकी राय में सोच की दुनिया में शायद ही दूसरा कोई व्यक्ति उतना बड़ा काम अकेले कर गया हो।

इस भाँति विज्ञान और दर्शन के सहप्रयास से पश्चिमी दुनिया में जिस परम भौतिकवादी जीवन-दर्शन की प्रस्थापना हुई थी, उसकी धार तब और तेज हो गई, जब उस पर इंग्लैंड के जीवविज्ञानी चार्ल्स डार्विन (1809-1882) के 'विकासवाद' और 'अस्तित्व-संघर्ष सिद्धांतों' ने अपनी सान चढ़ा दी। जमाने के बदले तेवर से मानवीय महत्त्वाकांक्षा, भौतिक समृद्धि की लालसा, निष्ठुर प्रतिस्पर्धा जैसी प्रवृत्तियों को बल मिलता गया। प्रतिस्पर्धा यदि नेकी और नैतिकता के मामले में बढ़े, तो वह मानव समाज के लिए निश्चय ही मंगलकारी है। लेकिन लोभ, स्वार्थ और अनीतियों की होड़ लग जाए, तो उसका अंत अवश्य ही दुःखदायी होगा। यह उसी की देन है कि सारी सुख-सुविधाओं के बावजूद हमारा जीवन-संघर्ष, कटुता और तनाव से बुरी तरह ग्रस्त हो चुका है। आज हम जिन विकट समस्याओं से जूझ रहे हैं—चाहे जनसंख्या वृद्धि हो या औद्योगिक प्रदूषण अथवा प्रकृति का निर्मम दोहन तथा पर्यावरण असंतुलन—प्रत्यक्ष या परोक्ष रूप में सब उसी मानसिकता के कुपरिणाम हैं। अपनी अकुलाहट में हममें से अनेक लोगों को बाइबिल की बात ठीक लगती है कि ज्ञानाधिक्य ही हमें किसी महाविपदा की ओर धकेलता जा रहा है। यह बात कुछ देर के लिए मान भी ली जाए, तो भी उस संभावित विपदा से बचने का उपाय अज्ञानता की गोद में सिमट जाना नहीं है। हर मुसीबत से ज्ञान ही हमारी रक्षा कर सकेगा। असल में हमारा ज्ञान बहुत नहीं बढ़ा है। सिर्फ हमारी जानकारियाँ बेहिसाब बढ़ गई हैं। जानकारियों की तो जैसे बाढ़ आ गई हो। विचारवानों के लिए चिंतनीय बात यह है कि इस बाढ़ में तैरकर हम कैसे पार निकल जाएँ और इस काम में भी हमें ज्ञान की ही सहायता लेनी होगी। ज्ञान, जो सुविचारित जानकारियों से उत्पन्न समग्र और सम्यक् बोध का नाम है और जो जगत्-जीवन के प्रति हमें संतुलित दृष्टिकोण देता है। 'विज्डम' से रसेल का अभिप्राय उसी समग्र और सम्यक् बोध से है, जिसे भारतीय शास्त्रों ने 'प्रज्ञा' कहा है।

मानवीय समस्याएँ प्रखंडित जानकारियों से सुलझनेवाली नहीं हैं। विज्ञान या धर्मशास्त्र या फिर इतिहास अथवा अर्थशास्त्र—इनमें से कोई अकेले पूर्ण और पर्याप्त नहीं। सबने जगत्-जीवन के किसी क्षेत्र विशेष, किसा खास पक्ष पर ही अपना ध्यान केंद्रित किया है। जबकि वस्तुस्थिति यह है कि अस्तित्व एक संपूर्ण घटना है और

इसकी समस्याओं को समग्रता के परिदृश्य में ही ठीक से समझा और हल किया जा सकता है।

सौभाग्यवश 'सापेक्षतावाद' (थ्योरी ऑफ रेलटिविटी) तथा 'क्वांटम सिद्धांत' की उपस्थिति हमें अपनी मानसिकता बदल लेने के लिए प्रेरित करती जा रही है। विज्ञानविद् अब बड़ी गहराई से महसूस करने लगे हैं कि यह विश्व यंत्रवत् नहीं, जिसके पुर्जे निर्जीव और निरपेक्ष हों, बल्कि यह एक ऐसी प्राणवान काया है, जिसके समस्त प्रकट-अप्रकट अंग अपने क्रिया और प्रभावों में प्रत्यक्ष या परोक्ष रूप से एक-दूसरे के संग जुड़े हैं। आधुनिक भौतिक विज्ञान संपूर्ण विश्व की आधारीय एकता पर बल देने लगा है। फ्रित्जाफ कैपरा, जो उच्च ऊर्जा भौतिकी के एक सफल अन्वेषक तथा निपुण विज्ञानविद् हैं, उन्होंने लिखा है कि संसार को हम सूक्ष्म पृथक् इकाइयों में अपघटित नहीं कर सकते। वे बताते हैं कि आणविक कणों के अंदर जब हम झाँकते हैं, तो वहाँ कोई अंतिम पृथक् खंड नहीं मिलता; बल्कि एक ही अस्तित्व के विभिन्न क्रियात्मक पहलुओं की तरंगें दिखती हैं। विज्ञान का आज जिन सत्यों से साक्षात्कार होने लगा है; उन्हें भारत और चीन के रहस्यदर्शियों ने हजारों वर्ष पूर्व अपनी अंतर्दृष्टि से देख लिया था और यही कारण है कि पूरब के प्राचीन मनीषियों की प्रज्ञा के साथ आधुनिक विज्ञान अपने नवीन निष्कर्षों की सुर-संगति बिठाने के लिए इतना उत्सुक होता जा रहा है।

तो क्या विज्ञान की ओर से प्रेषित ऐसे शुभ संकेतों की इसलाम अनदेखी कर देगा? क्या अब भी उसे विज्ञान के बढ़ते हाथ को खुशी-खुशी थाम न लेना चाहिए? कोई मजहब, जिसका दावा हो कि उसके उसूल और पैगाम सारे जहान के लिए मुफीद हैं, उसे तो दुनिया के हर कोने में छिटकी सुनहली धूप और सुगंधित हवाओं का स्वागत करना चाहिए। इसलामी मुल्ला अगर यह मानते हों कि कुरआन की बदौलत उन्हें इल्म का खजाना हाथ लग गया है, तो उन्हें यह भी जरूर याद रखना होगा कि इल्म से अगर इल्म का इजाफा (वृद्धि) न हुआ, तो वह इल्म बेमानी और बेकार हो जाएगा। 'व कुर्रब्बि जिद्नी इल्मन' इसी गरज से कुरआन में नाजिल हुई थी। लिहाजा कुरआन और इसलामी दीनयात (धर्मशास्त्रों) में जो कुछ कहा है, नए जमाने की रोशनी में नए नजरिए से उसकी व्याख्या निहायत जरूरी हो जाती है। वरना गुमराह जिहादी फित्नए-आलम व दहशतगर्दी में ही मशगूल रह जाएँगे और हम-आप भी नाहक तबाह होते रहेंगे।

धर्मों की कतार में इसलाम गरचे उम्र के लिहाज से सबसे पीछे है; मगर इल्म और नेकी की राह में वह सबसे आगे निकल आए, तो यकीनन उसका स्वागत होगा। □

संदर्भ सूची (Bibliography)

1. RIGVEDA : The Sacred Books of the East (Vol. XXX IL)
   Edited By F MaxMuller
2. Origin and Growth of Religion
   By F MaxMuller
   Longmans' Green & Co. , London, New Edition 1891
3. Principal Upanishads
   By Sarvapalli Radhakrishnan
   Harper Collins Publishers India, 1998 Edn.
4. The Hindu View of Life
   By S Radhakrishnan
   Unwin Books, London; 1963 Edn.
5. Eastern Religions and Western Thoughts
   By S Radhakrishnan
   Oxford Univ. Press; USA Reprint, 1969
6. Religion and Culture
   By S Radhakrishnan
   Orient Paperbacks; 1968 Edn.
7. Hinduism
   By Kshiti Mohan Sen
   Penguin Books Ltd., Middlesex, England; 1981 Edn.
8. Nature of Indian Culture
   By R N Vyas
   Concept Publishing Co., New Delhi; 1992 Edn.
9. The Concept of Rudra—Shiva Through the Ages
   By Mahadev Chakrawari
   Motilal Banarsidas, Delhi; 1986 Edn.
10. The Holy Bible (King James Version)

American Bible Society, Newyork
11. A Sketch of the History of Judaism and Christianity
By G T Bettany
Ward, Lock, Bowden & Co., London; 1892 Edn.
12. Did Jesus Live 100 BC?
By G R S Mead
Theosophical Publishing Society, London and Banaras; 1903 Edn.
13. The Origin of Islam in its Christian Environment
By Richard Bell
MacMillan & Co. Ltd., London; 1926 Edn.
14. The Historical Role of Islam
By M N Roy
Ajanta Publications (India) Delhi : 7
Fourth Reprint 1981
15. Al-Farabi: An Intellectual Portrait
By Shaukat Ali
Aziz Publishers, Lahore, 1989 Edn.
16. Ibn-Khaldun
By Nathaniel Schmidt
Universal Books, Lahore
17. Plutarch's Lives (Vol. 3)
English Translation By Aubrey Stewart
George Bell & Sons, London, 1881 Edn.
18. The Great Alexander
By Benjamin Ide Wheeler
G P Putnams' Sons, Newyork, London, 1900 Edn.
19. The Legacy of Ancient World
By W G DeBurgh
The MacMillan Co., Newyork, 1924 Edn.
20. An Unfinished History of the World
By Hugh Thomas
Hamish Hamilton Ltd., London, 1982 Edn.
21. Life and Thought in the Ancient World
By C. Cyril Eastwood
Peter Smith Publishers Ltd.
University of London Press, 1964 Edn.

22. The Medieval World (History in the Making Series)
Series Editor: J A P Jones
MacMillan Edn. Ltd., London
23. History of Persia
By Percy Sykes
MacMillan & Co. Ltd., London, 1921 Edn.
24. Europe in the Nineteenth and Twentieth Centuries
By Grant and Temperly
Longman Group Ltd., London, 1978 Edn.
25. History of Ancient India
By R S Tripathy
Motilal Banarsidas, Delhi, Varanasi, Patna, 1977 Edn.
26. Ancient History of India
By L P Sharma
Vikas Publishing House Pvt. Ltd., New Delhi, 1981 Edn.
27. Ancient India—An Introductory Outline
By D N Jha
People's Publishing House, New Delhi, 1981 Edn.
28. Glimpses of Medieval Indian Culture
By Yusuf Husain
Asia Publishing House, Bombay, New Delhi, Newyork, London
1962 Edn.
29. Early Medieval India
By A B Pandey
Central Book Depot, Allahabad
30. Khuda Baksh Lectures: Indian and Islamic (Vol. 1)
K B Oriental Public Library, Patna, 1993 Edn.
31. Isaac Newton Historian
By Frank E Manuel
Syndicate of the Cambridge University Press, London, 1963 Edn.
32. The Philosophy of the Physical Science
By Arthur Stanley Edington
Cambridge University Press, 1939 Edn.
33. Science and the Unseen World
Arthur Stanley Edington

George Allen & Unwin Ltd., London, 1929 Edn.

34. Science in History (Vol. 1-2)
By J D Bernal
Penguin Books Ltd., Hermondsworth, Middlesex, England 1968 Edn.

35. A Brief History of Time
By Stephen Hawking
Bantam Books, Newyork, London, Sydney etc.
Export Edn. 1989

36. In The Beginning
By Isaac Asimov
New English Library, London, 1981 Edn.

37. The Tao of Physics
By Fritjof Capra
Richard Clay Ltd. (The Chaucer Press), Suffolk, 1980 Edn.

38. The Turning Point
By Fritjof Capra
Flamingo (Harper Collins Publishers) London, 1983 Edn.

39. Dancing Wuli Masters
By Gray Zukav
Bantam Books, Newyork, London, Sydney, 1989 Edn.

40. My Views of the World
By Erwin Schrodinger (Translated in English By: Cecily Hastings)
Syndics of the Cambridge University Press, London, 1964 Edn.

41. My Views
By Albert Einstein

42. The Impact of Science on Society
By Bertrand Russell
Unwin Books, London, 1971 Edn.

43. The Basic Writings of Bertrand Russell
Edited By Robert E. Egner and Lester E. Denonn
Simon & Schuster Ltd., Newyork

44. Psycho-Cybernetics
By Maxwell Maltz
Pocket Books Division of Simon & Schuster Ltd., Newyork 1977 Edn.

45. Speed, Space and Time
By Vernon Sommerfield
Thomas Nelson & Sons Ltd., London, Newyork, Sydney and Paris
1935 Edn.
46. Travel and Transport Through the Ages
By Norman E. Lees
Cambridge University Press, 1951 Edn.
47. Everyday Life of Medieval Travellers
By M Rowling
B. T. Batsford Ltd., London, 1971 Edn.
48. Children's Encyclopaedia (Vol. 1-3)
By Arthur Mee
Fleetway Publications Ltd., London
49. The Great Ideas (Vol. 2)
Chief Editor - Mortimer J Adler
Encyclopaedia Britanica Inc. London, Chicago, Sydney, Tokyo
50. Religious Nationalism
By Peter van der Veer
Oxford Books, OUP, 1996 Edn.

ग्रंथ-सूची

51. (क) कुरआन शरीफ
हिंदी अनुवादक : नंद कुमार अवस्थी
लखनऊ किताब घर
(ख) कुरआन मजीद
हिंदी अनुवादक : मौलाना फतेह मुहम्मद खाँ जालंधरी
52. तरजुमानुल कुरआन
मौलाना अबुल कलाम आजाद
(हिंदी अनुवादक : उबैदउल्लाह नासिर)
मौलाना आजाद मेमोरियल अकादमी, लखनऊ
53. वेद और कुरआन
मुहम्मद फारूक खाँ

इसलामी साहित्य प्रकाशन, नई दिल्ली
संस्क. 1995

54. सत्यार्थ प्रकाश
स्वामी दयानंद सरस्वती
55. पुराण-परिशीलन
पं. गिरिधर शर्मा चतुर्वेदी,
बिहार राष्ट्रभाषा परिषद् प्रकाशन, पटना
56. वैदिक विज्ञान और भारतीय संस्कृति
लेखक : पं. गिरिधर शर्मा चतुर्वेदी
57. मनुस्मृति
संकलन एवं अनुवाद : पं. केवल आनंद जोशी
राधा पॉकेट बुक्स, दिल्ली
संस्क. 2001
58. भारतीय संस्कृति के स्रोत
भगवत शरण उपाध्याय
पीपुल्स पब्लिशिंग हाउस, नई दिल्ली
संस्क. 1973
59. भारतीय समाज का ऐतिहासिक विश्लेषण
भगवत शरण उपाध्याय
पीपुल्स पब्लिशिंग हाउस, नई दिल्ली
संस्क. 1950
60. वृहत्तर भारत
भगवत शरण उपाध्याय
राजपाल एंड संस, दिल्ली
संस्क. 1981
61. वयं रक्षाम: भाग 1-2
आचार्य चतुर सेन
राजपाल एंड संस, दिल्ली
संस्क. 1955, 1980

ओशो रजनीश—साहित्य

62. ईशावास्योपनिषद
63. कठोपनिषद्
64. अध्यात्म उपनिषद्
65. सर्वसार उपनिषद्
66. आत्मपूजा उपनिषद्
67. निर्वाण उपनिषद्
68. ताओ उपनिषद्
69. महावीर वाणी
70. धम्मपद
71. गीता दर्शन
72. शिवदर्शन
73. योग-सूत्र
74. तंत्र-सूत्र
75. कृष्ण : मेरी दृष्टि में

□□□